우리시대 기록과 평가의 문화

시사인물사전 7

시사인물사전 7

초판 1쇄	2000. 7. 5
지은이	강준만 외
편 집	편집부
마 케 팅	이태준
펴낸이	최은자
기 획	강준우
디 자 인	손미라
펴 낸 곳	인물과사상사
등 록	1998. 3. 11(가제17-204호)
주 소	서울특별시 강동구 성내동 434-10 광명빌딩 3층
전 화	02) 471-4439
팩 스	02) 474-1413
우 편	134-600 서울 강동우체국 사서함 164호
전자우편	하이텔·천리안·나우누리 - personak
E-mail	personak@hitel(chollian, nownuri).net
홈페이지	http://inmul.co.kr

값 9,000원

ISBN 89-88410-29-7 04300
       89-88410-17-3 (세트)

파손된 책은 교환하여 드립니다.

우리시대 기록과 평가의 문화

시사인물사전 7

강 준 만 외

인 물

김수철	10
김수현	28
박지만	42
법정	49
서세원	57
신경림	68
신구범	90
오웅진	97
오한숙희	103
왕자웨이 王家衛	112
은희경	121
이홍렬	127
장준하	136
페드로 알모도바르 Pedro Almodovar	162
이디 아민 Idi Amin	172

샬린 바셰프스키	Charlene Barshefsky	186
팀 버튼	Tim Burton	198
스티브 케이스	Steve Case	213
빌 코스비	Bill Cosby	221
칼리 피오리나	Carly Fiorina	230
어빙 고프만	Erving Goffman	237
오드리 헵번	Audrey Hepburn	251
에릭 홉스봄	Eric J. Hobsbawm	262
자크 라캉	Jacques Lacan	274
제임스 레스턴	James Reston	302
허버트 쉴러	Herbert I. Schiller	310
요지프 브로즈 티토	Josip Broz Tito	332
버지니아 울프	Virginia Woolf	348
제리 양	Jerry Yang	364
찾아보기		372

머 리 말

'기록의 문화'를 위해

『인물과 사상』은 그간 미력하나마 한국 사회에 '기록과 평가의 문화'를 정착시키기 위해 노력해 왔습니다. 물론 저희들은 저희들이 늘 모든 면에서 다 옳았다고 생각하지는 않습니다. 차분한 '기록'보다는 성급한 '평가'가 앞선 적도 있었고 '이성'보다는 '감성'이 앞서 공정치 못한 평가를 시도한 적도 있었을 것입니다.

저희들은 저희들이 저지를 수 있는 과오가 '시장 기능'에 의해 교정될 수 있으며 또 반드시 그렇게 되어야 한다고 믿습니다. 그러나 한국의 커뮤니케이션 시장은 여전히 '힘의 논리'가 우세한 가운데 사적인 이해득실의 차원에서 기능하는 경향이 있습니다. 어떤 의견의 메시지와 논리 자체가 대접을 받는 게 아니라 그 의견을 말하는 측의 힘이 얼마나 센가 하는 기준에 따라 대접이 달라진다는 말입니다. 그래서 활발한 토론과 논쟁이 일어나기 어렵습니다.

저희들은 그런 문제 역시 '기록과 평가의 문화'가 제대로 정착되지 못했기 때문에 발생하는 것이라고 생각합니다. 저희들은 '기록과 평가의 문화'를 정착시키기 위해선 어떤 강한 주장을 하기에 앞서 우선 기록에 치중하는 그런 작업도 매우 소중하다고 생각합니다. 저희들은 '기록의 문화'를 위해 『시사인물사전』이라는 책을 내기로 했습니다. 이 책은 『인물과 사상』과 더불어 '기록과 평가의 문화'를 정착시키는 데에 기여할 것입니다.

물론 어떤 의미에선 '기록'은 이미 과잉입니다. 이 시리즈의 제1권에서 다룬 움베르토 에코가 지적했듯이, 우리는 '정보의 과잉 공급'이라고 하는 문제에 직면해 있습니다. 에코는 한 심포지엄에서 발표할 주제의 참고자료를 얻기 위해 인터넷의 하이퍼텍스트를 이용했는데, 그는 '불운하게도' 거기에서 대략 1만1천 개나 되는 항목을 발견했고, 결국 작업을 중단할 수밖에 없었다고 합니다. 또 그는 오리너구리(Playtypus)라는 검색어를 사용할 경우 무려 3천여 개나 되는 웹사이트가 나온다며 꼭 알고 싶은 정보만을 찾아내기란 거의 불가능한 일이라고 개탄합니다. 어느 것이 진정한 것이고 어느 것이 농담이나 거짓된 정보인지 알아내기조차 힘들거니와 설령 모두 자신에게 필요한 정보라 할지라도 너무 많으면 그 자체로 문제가 된다는 겁니다. 그래서 그는 우리에게 참으로 필요한 것은 바로 '선택의 과학'이라고 주장합니다.

그렇습니다. 『시사인물사전』은 바로 그러한 '선택의 과학' 정신에 입각해 독자 여러분들의 시간과 노력을 덜어드릴 것입니다. 지금 한국에선 엄청나게 많은 수의 매체들이 엄청나게 많은 양의 정보를 쏟아내고 있습니다. 그 가운데엔 매우 소중한 정보도 많습니다만, 모두 다 정기간행물의 특성상 하루에서 한 달이라고 하는 아주 짧은 수명만을 누린 채 쓰레기통으로 또는 서재나 인터넷의 어두운 한구석에 처박히고 맙니다. 그걸 다시 일일이 찾아내는 데에 따르는 시간과 노력은 한 개인으로선 매우 감당하기 어려운 것입니다.

인물 정보에 관한 한 『시사인물사전』이 그 일을 대신 해드리겠습니다. 이 책은 한 달에 한 권 이상 발간하는 시리즈입니다만, 그렇다고 정기간행물은 아닙니다. 저희들은 『시사인물사전』이 한 달만 보고 내팽개쳐도 좋을 그런 잡지가 아니라 두고두고 보관해 놓고 자주 이용할 수 있는 사전(事典)임을 강조하고자 하는 것입니다. 그러나 이 책은 동시에 처음부터 끝까지 재미있게 읽을 수 있는 교양서이기도 합니다. 인물을 통해 세상 돌아가는 국내외 시사(時事)를 풍부하게 접할 수 있을 것입니다.

저희들은 나름대론 매우 큰 야심과 그걸 뒷받침할 수 있는 준비 태세를 갖고 이 작업에 임하고 있습니다. 저희들은 궁극적으로 전국의 모든 도서관, 학교, 관공서가 『시사인물사전』을 비치하게 되리라 믿습니다. 저희들은 폭넓은 대화와 사교를 위해 좀더 깊이 있는 시사적 정보를 얻고자 하는 모든 사람들이 『시사인물사전』을 읽게 되리라 믿습니다. 저희들은 입시 준비에 몰두하느라 시사 문제에 어두운 고교생들과 대학 신입생들, 그리고 상식 시험을 치르는 모든 취업 수험생들이 '시사 상식'을 위해 『시사인물사전』을 읽게 되리라 믿습니다. 이는 그렇게 되게끔 저희들이 그만큼 원대한 비전을 갖고 열심히 노력하겠다는 걸 의미하기도 하는 것입니다.

『시사인물사전』은 어떤 시사 인물에 관한 각종 정기간행물들과 도서 정보를 중심으로 해서 쓰여질 것입니다만, 점점 자체 취재와 인터뷰에 근거한 정보 비중을 늘려나갈 생각입니다. 참고한 자료의 내용이 널리 알려진 단순한 사실일 경우엔 출처를 일일이 밝히지 않았습니다. 예컨대, 외국 인물, 특히 미국 인물들에 대해 많이 참고한, 미국에서 발행되는 『Current Biography』의 내용이 그런 경우에 해당될 것입니다. 그러나 일반적인 논문 작성 기준에 비추어 출처를 밝히는 것이 온당하다고 생각되는 경우엔 각주(脚註)를 달아 출처를 밝혔습니다. 이는 독자들께서 어떤 인물에 대해 더욱 깊이 알고자 할 경우 큰 도움이 되리라 믿습니다.

『시사인물사전』에 실리는 인물들은 정치, 경제, 사회, 문화 등 모든 분야를 망라할 것입니다. 또 국내외 인물들을 거의 같은 비율로 다룰 것입니다.

사람이 하는 일이라 완벽하다고 말할 수는 없겠습니다만, 저희는 인물에 관한 기록에 있어서 가능한 한 최선을 다해 저희들의 주관을 배제하고 객관성과 공정성을 지키고자 합니다. 국내 인물들의 경우, 반론의 문은 언제든지 활짝 열려 있습니다. 그 반론이 타당하다고 생각할 경우, 이미 다뤄진 인물이라도 적어도 1년 후 어떤 시사(時事)와 관련이 있을 경우 다시 다루게 될 것이므로 그때엔 바로잡도록 하겠습니다.

저희들은 매호마다 전호들에 실린 인물들을 포함하는 누적적 색인을 책 끝부분에 실을 것이며, 그 양이 많아질 경우엔 별책으로 만들어 드리고자 합니다. 독자들께서는 곧 이 책이 집에 두고두고 보관할 가치가 있다는 데에 동의하시리라 믿습니다. 그런 독자들의 편의를 위해 정기 독자를 모집하고자 하오니 자세한 사항은 전화 02-471-4439로 문의해주시기 바랍니다.

2000년 6월
대표 저자 강준만 올림

김 수 철

한국의 음악계에서 국악이 차지하고 있는 자리는 애매하다. 국악은 대중음악도 아니고 그렇다고 고급음악도 아닌 자리를 차지하고 있으며 그래서 많은 이들에게 외면받고 있다. 대중음악의 주류는 서양음악 일색이고 국악은 간간이 '끼워넣기' 식으로만 유지되었다. 국악이 이렇듯 자신의 자리를 차지하지 못한 채 대중음악과 고급음악 사이에서 떠돌고 있는 이유는 무엇 때문일까?

우선 근대화를 추구하는 과정에서 이루어진 전통과의 단절, 그리고 그에 따른 서양문화의 무분별한 수입을 들 수 있을 것이다. 해방 이후 구한말 때와는 비교할 수 없을 정도로 전통문화와의 단절이 이루어졌다. 미군 주둔과 경제 원조로 인해, 미국은 선진국을 표상하는 나라로 인식되었고 한국인들은 그들을 통해 들어오는 서양문화가 한국 전통문화보다 우수하다는 인식을 갖게 되었다. 이런 인식하에 서양문화의 무분별한 수입은 곧 전통문화와의 단절을 가져왔고 국악은 자신의 자리를 잃어버린 채 공중에서 부유(浮游)하는 신세로 전락해버렸다. 이와 동시에 국악인이 설자리도 점점 협소해졌고 대중과 국악과의 거리는 멀어져갔다.

국악이 이렇게 된 데에는 이 외에도 여러 요인이 있다. 근대화를 추구하는 과정에서 나타난 이농현상과 기계의 유입으로 인한 농촌 공동체의 붕괴, 그에 따른 농악·노동요의 실종, 일제 문화정치의 영향, 수박 겉 핥기 식으로 진행된 학교에서의 국악교육, 사회 변화에 능동적으로 대처하지 못했던 국악의 폐쇄성, 일회성으로 이루어진 국악행사 등이 그것이다.

이에 덧붙여 국악인들의 전통만을 고수하는 폐쇄적인 생각도 국악과 대중 간의 간극을 벌려놓은 한 요인으로 작용했다. 그 동안 국악인들은 예전의 모습을 그대로 유지하는 것이 전통을 지키는 것이라 생각했고 그런 이유로 국악은 발전하지 못한 채 그대로 머물러 있었다. 현대적인 감각에 맞게 국악을 접목시키지 못하고 국악을 소수의 음악으로 만들어버린 것이다. 물론 당시에는 전통을 고수하는 것만으로도 벅찬 일이었을 것이다. 그러나 시대가 바뀌고 서양음악이 주류를 이루며 음악의 다양성을 침해하는 현실에서는 전통 수호만이 만병통치약은 아니다. 음악의 다양성을 위해, 그리고 국악의 활로를 모색하기 위해 국악을 어떻게 활성화시킬 것인가, 국악과 대중과의 거리를 어떻게 하면 좁힐 수 있을 것인가 하는 것이 국악이 나아가야 할 방향인 것이다. 즉, 국악의 대중화가 이루어져야 한다. 이렇게 될 때 국악은 살아남을 수 있고 한국 대중음악계의 획일화를 불식시키는 데 한몫 할 수 있는 것이다.

현재 한국 음악계에서는 대중문화의 최대 수요자인 10대 이외의 세대가 자신의 취향에 맞는 대중음악을 향유하고자 하는 현상이 나타나기 시작했다. 그리고 한국 대중음악의 다양화를 위해 과거보다 더 열정적으로 활동을 펼쳐 가는 구시대의 가수들이 등장하기 시작했다. 이들은 10대 위주로 편성된 한국 대중음악계의 획일화, 유행풍조를 바꾸려고 노력하고 있고 이를 위해 모든 세대가 자신이 즐길 만한 음악을 활성화시킬 대중적인 토양을 만들고자 한다. 이들이 만들려고 하는 모든 세대를 포괄하는 대중적 토양은 국악이 예전보다 더 쉽게 대중에게 가까이 다가갈 수 있는 상황을 만들고 있다. 이런 시기적 상황에 발맞추어 국악은 대중화를 통해 활로를 만들어 갈 수 있을 것이다.

국악의 대중화 작업은 사실 김덕수,[1] 김수철 등에 의해 그 동안 진행되어 왔다. 김덕수는 1970년대 사물놀이를 만들어, 대중에게 좀더 편하게 다가갈 수 있는 국악을 탄생시켰고 70~80년대 대학가에 사물놀이 붐을 일으켰다. 또 김수철은 1980년대 중반부터 국악을 공부하기 시작해 다양한 장르에 국악을 활용한 음악을 선보이고 있다. 이들의 선구적인 작업은 현재 눈에 확연히 드러날 만큼의 성과는 이루어 내지 못했으나 과거보다는 훨씬, 대중에게 근접한 국악을 선보였고 대중의 관심을 유발시켰다. 김덕수는 앞에서 언급했듯 대학가에 사물놀이 붐을 일으킴으로써 국악의 대중화에 기여했고 또 외국 재즈 그룹과의 협연을 통해 국악의 현대화 작업을 시도했다. 그리고 김수철은 영화음악 제작, 국악앨범 제작, 행사음악, 무용음악 등을 통해 '우리소리'를 알려나갔다.

이들은 자신의 목표를 국악의 대중화로 설정한 데 있어서는 비슷하다. 그러나 그 음악적 출발점은 다르다. 김덕수가 어린 나이에 남사당패에 들어가

---

1) 김덕수에 대해서는 『시사인물사전 4』를 참고하십시오.

국악을 자신의 음악의 첫 출발로 삼았던 반면, 김수철은 중학교 2학년 때부터 치기 시작한 기타로 음악 인생을 시작했다. 한 명은 국악을, 다른 한 명은 서양음악을 그 출발점으로 삼은 것이다. 그들의 차이점은 또 있다. 김덕수가 국악을 하게 된 것은 타의에 의한 것이었다. 김덕수는 자신이 태어나기 전 아버지가 한 약속 때문에 남사당패에서 국악을 배웠다. 이에 반해 서양음악을 통해 음악을 접한 김수철이 국악을 선택하게 된 이유는 자의에 의한, 자신이 진정으로 하고자 했던 일이었다. 김수철이 국악을 선택한 것은 '우리소리'가 없다는 자괴감 때문이었다. 이 때문에 그는 1980년대 중반부터 '우리소리'를 찾는 작업을 꾸준히 하고 있으며 그 작업의 결과로 다양한 분야에 걸친 '우리소리'가 깃들어 있는 앨범을 내놓았다.

김수철은 올해 나이 43살이다. 그는 1957년 4월 7일 서울에서 태어났다. 아버지 김종대와 어머니 서순자 사이에서 4남 2녀 중 막내로 태어난 그는 엄격한 아버지 밑에서 자랐다. 그의 아버지는 애들은 몰려다니면 못쓴다며 소풍이나 수학여행도 못 가게 할 정도로 보수적이었고 김수철은 이런 보수적인 집안 분위기에서 성장했다.[2] 김수철이 기타를 처음 잡은 것은 장충중학교 2학년 때인 1972년이었다. 당시 대학가에서는 청바지와 통키타가 유행처럼 퍼져 있었고 중학생이나 고등학생들도 이 열풍에 합류하던 때였다. 김수철은 자신의 셋째형이 연주하던 통키타를 접했고 그에게 기타연주를 가르쳐 달라고 졸랐다. 그러나 형이 그것을 가르쳐 주지 않자, 김수철은 기타를 독학으로 공부했다. TV를 보거나 라디오를 들으며, 그리고 엄격한 아버지에게 들키지 않기 위해 이불 속에서 연습을 하거나 친구 집을 돌아다니며 연주를 했다. 때론 기타소리를 죽이기 위해 기타 선 사이에 종이를 끼운 채

---

[2] 김영모, 〈국악 공부하는 기타리스트〉, 월간 『옵서버』, 1990년 3월호, 479쪽.

연습을 하기도 했다.[3]

이렇듯 기타에 심취해 연습을 계속한 김수철은 독학으로 공부했다는 사실이 믿기지 않을 만큼 빠르게 기타를 배워나갔고 곧 통키타에 싫증을 느꼈다. 그가 통키타에 싫증을 느낀 이유는 세계적인 기타리스트 지미 헨드릭스와 한국 록의 대부 신중현[4]의 연주를 접하고 나서였다. 김수철은 통키타로는 낼 수 없는 전자기타 특유의 소리에 심취했고 통키타를 잡은 지 6개월 만에 전자기타로 전향했다. 이때부터 김수철은 하드록의 세계에 빠져들었다. 당시 그가 좋아하던 기타리스트는 지미 헨드릭스였다. 그는 지미 헨드릭스의 기타연주를 듣고 그것을 따라하며 자신의 기타 실력을 키워나갔다. 김수철의 기타는 빠른 속도를 자랑하는데 이것은 그가 어렸을 때부터 속주로 기타를 연습했기 때문이다. 김수철이 신중현의 대를 잇는 한국 최고의 기타리스트로 평가받는 데에는 이 같은 그의 피나는 노력이 있었다.[5]

외국의 유명 록 그룹이나 뮤지션의 기타연주를 흉내내며 기타의 묘미를 깨달아가던 때, 김수철은 단순한 연주만으로 자신의 음악적 열정을 만족시킬 수 없게 됐다. 그는 순수한 '내 것', '나만의 것'을 추구했고 중학교 3학년 때부터 작곡을 시작했다.[6] 고등학교에 진학하면서 그의 음악적 열정은 한층 더 발전하고 그에 따라 활발한 활동을 펼치게 된다. 그는 용산공고에 재학할 때 처음으로 자신의 그룹을 만들었다. '파이어 폭스(불여우)'라는 이름을 가진 이 그룹은 3인조 록 그룹이었고 김수철은 이들을 이끌고 서울 무교동 등의 업소에서 가발을 쓰고 활동하기도 했다.

---

3) http://www.kimsoochul.com/korean/k_history.htm
4) 신중현에 대해서는 『시사인물사전 3』을 참고하십시오.
5) 정종화, 〈한국 록 음악의 어제와 오늘 그리고…〉, 『리뷰』, 1995년 가을호, 250쪽.
6) 이성수, 〈음악인 김수철씨〉, 『샘이깊은물』, 1997년 11월호, 132쪽.

고등학교 시절을 음악과 함께 지낸 김수철은 부친의 결정으로 광운공대 통신과에 입학했다. 비록 통신과에 입학했지만 김수철이 대학에 가서 열중한 것은 학과공부가 아닌 음악공부였다. 그는 이때 핑크 플로이드의 프로그레시브 록에 심취했고 무선 전자기타를 사용하는 등 전위적인 실험을 해나갔다. 대학 1학년 때 그는 '퀘스천'이라는 그룹을 만들어 활동했는데 이 그룹은 1977년 TBC 연포가요제에 참가하기도 했고 YMCA 강당에서 콘서트를 열기도 하는 등 다양한 활동을 해나갔다.

이때까지만 해도 김수철은 대중들에게 잘 알려져 있지 않았다. 김수철의 음악이 대중에게는 낯선 하드록이었기 때문이다. 김수철이 대중에게 어느 정도 알려지게 된 것은 1978년이었다. 당시 김수철은 자신의 별명이기도 한 '작은 거인'이라는 그룹을 만들었다. 보컬 김수철, 건반 김근성, 베이스기타 정원모, 드럼 최수일 등으로 짜여진 이 그룹은 라면 2박스로 합숙훈련에 들어갔고 어려운 상황에서 연습한 결과 1978년 전국 대학축제 경연대회에 출전해 록그룹부문 대상을 수상했다.[7] 당시 그들의 출전곡은 하드록 『일곱색깔 무지개』였다. 김수철의 음악적 역량이 대중에게 처음으로 평가받은 것이었고 이 같은 평가에 고무받은 김수철은 자신의 첫 음반을 제작하게 된다. 이렇게 해서 만들어진 앨범이 1979년에 나온 『작은 거인 1집』이다. 『일곱색깔 무지개』, 『내일』 등의 노래가 실려있는 이 앨범은 그러나 인기를 얻지 못했고 가요 관계자들은 그룹 '작은 거인'을 계속 존속하기 힘든 학생 그룹 정도로만 인식했다.[8]

---

7) http://www.kimsoochul.com/korean/k_history.htm
8) 김형진, 〈일곱색깔 무지개처럼 다양했던 '작은 거인' 김수철의 음악〉, 『내일신문』, 1998년 5월 13일, 38면.

그러나 김수철은 뒤이어 나온 한 장의 앨범으로 이런 가요 관계자들의 평가를 뒤집었다. 1981년에 나온 『작은 거인 2집』 앨범이 그것이다. 하드록 『새야』, 국악가요라 불릴만한 『별리』, 펑키 리듬의 『일곱색깔 무지개』, 『어쩌면 좋아』, 『알면서도』, 『어둠의 세계』 등의 노래가 실려 있는 이 앨범은 김수철의 다양한 음악적 시도와 그 성과가 돋보이는 수작이다. 김수철은 이 한 장의 앨범에서 하드록, 펑키, 발라드 등 여러 장르의 음악과 자신의 뛰어난 기타연주를 선보였다. 김수철이 이 앨범에 들인 공은 이만저만 대단한 것이 아니었다. 우선 그는 앨범 홍보를 위해 KBS『젊음의 행진』에 출연해 지미 헨드릭스를 연상시키는 기타 물어뜯기 등 현란한 무대 매너로 대중들을 압도했다. 또 그는 자신의 음악이 대중들에게 어떻게 하면 더 정확히 전달될 수 있을까를 고심한 끝에 일본인 녹음기사를 데려와 녹음을 했다. 당시 기타소리, 드럼소리가 따로따로 들리는 하드록 녹음방식의 심각한 문제점을 보완하기 위해서였다. 김수철의 이 같은 노력으로 녹음은 성공적으로 이루어졌고 이 앨범은 한국 하드록 앨범 명반 대열에 올라섰다.[9]

한편, 김수철은 그룹 활동 이외에 작곡가로서도 활발한 활동을 펼치는데 1979년에서 1981년까지 내리 3년 동안 MBC 서울 국제 가요제에서 자신이 작곡한 노래가 입선하기도 했다. 또 그는 이 시기 진작부터 관심이 있었던 영화음악 쪽에 진출했다. 김수철은 1980년 송승환, 진유영, 김종원 등과 소형 영화클럽 '뉴버드'를 조직했다. '뉴버드'는 1980년 두 번째 작품인 16mm 소형영화 『탈』을 내놓게 되는데 이 영화가 뜻밖에 프랑스 청소년 영화제 본선에 진출했다. 영화음악을 맡은 김수철은 그의 동료들과 프랑스에 가게 됐

---

9) 김형진, 〈일곱색깔 무지개처럼 다양했던 '작은 거인' 김수철의 음악〉, 『내일신문』, 1998년 5월 13일, 38면.

는데 여기에서 그는 자신의 음악적 방향을 바꾸는 결정적인 계기를 맞는다. 프랑스에 간 김수철은 곤혹스러운 입장에 처하게 된다. 한국 젊은이의 방황을 그린 이 영화를 보고 '한국적인 것이 뭐냐'고 물어오는 현지 사람들의 질문에 답할 수가 없었기 때문이다.[10] 김수철은 이때 당한 곤혹스러움, 즉 한국적인 음악을 모르고 있다는 새삼스러운 깨달음 때문에 결국 국악 공부를 시작했다.

김수철이 대학을 졸업함과 동시에 그룹 '작은 거인'은 해체되었다. 결혼, 군복무 등으로 그룹 활동을 못하게 된 멤버들 때문이었다. 음악을 시작하면서부터 부친과 형들의 반대에 부딪혀 자유로운 음악활동을 펼치지 못했던 김수철에게 '작은 거인'은 소중한 그룹이었다. 음악과 자신을 이어주는 유일한 통로였기 때문이다. 이런 '작은 거인'의 해체와 여전히 음악인을 '딴따라'라 부르는 부친의 반대로 김수철은 일시적으로 음악과 담을 쌓게 됐다. 그리고 김수철은 부친의 권유로 건국대학교 행정대학원에 진학했다. 평범한 직장인이 되라는 부친의 의도였다.

김수철은 이 같은 악조건하에서 결국 음악을 포기하려 했다. 그러나 이 상태에서 끝내는 것이 너무 아쉬웠다. 김수철은 이 아쉬움을 달래고자 고별 앨범을 제작했다. 이렇게 나온 앨범이 1983년에 발표한 김수철 솔로 1집 앨범이다. 김수철의 대표적인 히트곡 『못다 핀 꽃 한 송이』, 『정녕 그대를』, 『내일』 등의 노래가 실려 있는 이 앨범은 김수철의 의도와는 달리 폭발적인 대중의 인기를 얻었다. 김수철은 『못다 핀 꽃 한 송이』로 조용필[11]의 인기가 하늘을 찌를 것 같았던 1984년 조용필의 아성을 깨뜨리고 KBS 가수왕 자

---

10) 이성수, 〈음악인 김수철씨〉, 『샘이깊은물』, 1997년 11월호, 134쪽.
11) 조용필에 대해서는 『시사인물사전 3』을 참고하십시오.

리에 등극했다. 그러나 이 앨범은 기존의 김수철 팬에게는 변절을 의미하는 것이었다. 록의 느낌이 전혀 가미되지 않았기 때문이었다. 때문에 일부 팬들은 이 앨범을 부셔서 음반사로 보내는 방법으로 김수철에 대한 분노를 표시하기도 했다.[12]

1980년대 중반은 김수철이 대중적인 면에서 전성기를 누리던 시기였다. 김수철은 솔로 1집 앨범의 히트에 이어 83년에는 영화배우로 진출했다. 영화『고래사냥』에 어수룩한 병태 역을 맡아 출연한 김수철은 84년 백상예술대상 신인상을 수상했다. 또, 84년에 발표한『나도야 간다』,『젊은 그대』,『왜 모르시나』등의 노래가 실린 솔로 2집 앨범도 연이어 히트작이 됐다. 음악과의 연을 끊으려 했던 자신의 의도와는 너무나 다른 결과가 나온 것이었다. 그는 결국 음악을 자신의 길로 생각하고 행정대학원을 중퇴, 본격적인 음악인으로서의 활동을 시작했다.

정상의 인기를 구가하던 1984년, 김수철은 본격적으로 국악 공부를 시작했다. 같은 음악이지만 국악과 관련해서는 전혀 문외한이었던 김수철은 중앙대학교 국악과의 박범훈 교수를 찾아갔다. 그에게 국악을 배우기 위해서였다. 그러나 박 교수는 그를 쉽게 받아들이지 않았다. 돈이나 벌지 힘든 국악은 왜 하느냐며 그를 따돌린 것이다.[13] 그러나 김수철의 국악에 대한 열정은 그렇게 쉽게 무너져 내릴 것이 아니었다. 박 교수에게 문전박대를 당한 이후에도 김수철은 끈질기게 박 교수를 찾아다녔다. 학교로 또, 집으로 박 교수를 쫓아다닌 김수철은 박 교수에게 결국 항복선언을 받아냈고 박 교수

---

12) 김형진, 〈일곱색깔 무지개처럼 다양했던 '작은 거인' 김수철의 음악〉,『내일신문』, 1998년 5월 13일, 38면.
13) 이성수, 〈음악인 김수철씨〉,『샘이깊은물』, 1997년 11월호, 135쪽.

는 김수철에게 책 한 권을 소개해줬다. 그리고 앞 페이지 6쪽만을 설명해줬다. 김수철은 그것에 만족하고 6개월 동안 그 책에만 매달렸다. 그렇게 해서 김수철은 국악의 기본 지식을 익힐 수 있었다.[14] 김수철은 이후 김성운에게 태평소와 피리를, 백인영에게 가야금과 아쟁을, 박용호에게 대금을, 1987년 만난 김덕수에게 삼도지방의 장단을 배우는 등 여러 선생님에게 국악을 사사(師事)했다.[15]

　국악을 본격적으로 배우게 된 김수철은 이후 다양한 활동을 펼쳐나가게 된다. 그는 1980년대와 1990년대를 정말 음악에, 특히 그가 '우리소리'라 지칭하는 국악에 묻혀 살았다. 그 면면을 살펴보면 그 이유를 알 것이다. 국악을 배우기 전 김수철은 1983년 영화 『너무합니다』로 영화음악에 진출했다. 이후 『고래사냥』(1983) 영화음악을 맡았고 85년에는 자신의 솔로 3집 앨범을 발표했다. 그리고 이때 KBS의 『TV문학관』으로 드라마 음악에 진출했다. 이같이 다양한 분야에서 활동을 시작한 김수철은 86년에는 아시안게임 전야제 음악을 맡음으로써 행사음악을 시작했고 이때 국악과 서양음악을 조화시킨 '기타산조'라는 김수철 특유의 음악 형식을 만들어 선보였다. 같은 해 김수철은 솔로 4집 앨범과 영화음악수록집을 발표했는데 이 중 영화음악수록집에서 처음으로 국악가요를 선보였다. 또 이 시기 김수철은 인기리에 방영되었던 KBS 대하드라마 『노다지』의 주제곡을 작곡하기도 했다.

　1987년 김수철은 영화음악에 이어 무용음악에도 진출한다. 대중음악가로는 보기 드물게 무용음악에 진출한 김수철은 대한민국 무용제 대상작 『0의 세계』의 무용음악을 맡아 두각을 나타냈다. 그는 이 작품으로 '87년 대한민

---

14) 김영모, 〈국악 공부하는 기타리스트〉, 『음서버』, 1990년 3월호, 478쪽.
15) 이성수, 앞의 글.

국 무용제 음악상' 수상자로 선정됐으나 대중음악가라는 이유로 수상이 취소되기도 했다.[16] 그는 이 시기 영화『두 여자의 집』,『성 리수일년』등의 영화음악을 제작해 음반으로 발표하는 한편, 자신의 첫 국악앨범을 냈다. 그러나 국악에 무관심했던 당시 세대에 이 국악앨범은 실험적이고 무모한 시도일 수밖에 없었고 판매고는 극히 저조했다. 결국 이 앨범은 음반사 측에서 절판을 선언했고 김수철은 막대한 제작비를 고스란히 빚으로 떠안아야 했다. 참담한 실패였다.

그러나 김수철의 음악적 행보는 멈출 줄 몰랐다. 그에게 음악이라는 화두는 인생이라는 화두와 같았기 때문이다. 1988년 김수철은 영화『칠수와 만수』와『개그맨』의 영화음악을 맡았고 이 중『칠수와 만수』를 앨범으로 발표했다. 당시 오리지널 사운드 트랙이 일반화돼 있지 않은 현실에서 실험적인 도전을 한 것이다. 그는 같은 해 데뷔 12주년 기념 앨범인 6집 앨범을 발표했고 '86 서울 아시안게임'의 전야제 음악에 대한 호평에 힘입어 '88 서울 올림픽 전야제' 음악 작곡과 음악감독을 맡았다. 그리고 MBC 어린이 드라마『꿀지 수색대』의 음악을 맡았다. 1989년 김수철은 제11회 대한민국 무용제 대상작『불림소리』의 음악을 맡아 그 해 무용제 음악상을 수상했다. 87년의 수상 취소의 아픔을 딛고 대중음악가 출신으로 순수음악상을 처음으로 수상한 것이다. 또한 김수철은 1987년 자신에게 참담한 실패를 안겨주었던 국악앨범 제작에 재시도했다. 이렇게 나온 앨범이『황천길』이다.『황천길』은 김수철 국악앨범 1집보다는 대중적으로 나은 평가를 받았으나 전체적인 제작비와 비교해 볼 때 역시 실패였다. 그러나 이 앨범은 전작보다는 대중들의 관심을 끌어 국악앨범에 대한 희망을 보여주기도 했다. 김수철은 이 외

---

16) http://www.kimsoochul.com/korean/k_library.htm

에도 자신의 7집 앨범을 발표했는데 이 앨범은 김수철 특유의 실험정신이 돋보이는 작품이었다. 그는 이 앨범을 'One Man Band'로 만들었다. 'One Man Band'란 작사, 작곡, 편곡 등을 비롯해 앨범 제작에 필요한 모든 악기연주를 자신이 혼자 다해 만드는 것을 의미한다. 김수철의 이런 실험정신 때문일까? 이 앨범에 실린 『정신차려』란 노래가 대중들에게 인기를 끌게 돼 김수철은 오랜만에 TV 브라운관에 모습을 나타내기도 했다.

1990년도 김수철에게는 바쁜 해였다. 김수철은 『그들도 우리처럼』의 영화음악을 맡았고 이 작품으로 91년 한국 평론가 음악상을 수상했다. 또, 그 동안 그가 작곡한 TV드라마 음악모음집 『역사는 흐른다』를 발표하는 한편, 어린이들에게 인기가 있었던 KBS 만화영화 『날아라 슈퍼보드』 음악을 제작했다. 91년에 김수철은 오랜만에 그룹음악을 선보인 8집 앨범을 발표했고 『베를린 리포트』, 『은마는 오지 않는다』, 『경마장 가는 길』 등의 영화음악을 맡아 제작했다. 또, 이 해에 인기리에 방영되었던 KBS 드라마 『형』과 MBC 드라마 『사랑이 뭐길래』의 주제곡을 작곡했다. 92년 2월 22일 김수철은 11세 연하의 오소영과 결혼했다. 만난 지 3달 만에 이루어진 결혼이었다. 그리고 같은 해 제11회 대한민국 무용제 대상작이었던 『불림소리』를 앨범으로 발표했고 MBC 어린이 드라마 『천사들의 노래』 음악을 제작했다.

1993년은 그 동안 김수철이 퍼부은 국악에 대한 열정이 대중들에게 어느 정도 인정을 받게 된 해였다. 임권택[17] 감독이 메가폰을 잡은 영화 『서편제』의 흥행 때문이었다. 『서편제』 영화음악을 맡은 김수철은 자신의 국악에 대한 열정과 그 성과를 이 영화에 고스란히 담아내었다. 『서편제』가 판소리를

---

17) 임권택에 대해서는 『시사인물사전 6』을 참고하십시오.

소재로 한 영화이듯 김수철은 이 영화에 '우리소리'를 담아냈고 영화 개봉과 함께 오리지널 사운드 트랙을 동시에 발표했다. 이 앨범은 70만 장 이상이 팔려 국악앨범으로는 최고의 판매고를 올리기도 했고 김수철은 『서편제』 영화음악으로 한국 평론가 음악상을 수상했다.[18] 김수철이 이 영화음악을 통해 이룩해낸 성과는 비단 이것만이 아니었다. 『서편제』는 그 동안 도외시해 왔던 '우리소리', 즉 국악에 대한 대중의 관심을 증가시켰다. 고루하고 지루한 것으로 여겨져 대중과의 거리가 멀었던 국악에 대한 관심을 불러일으킨 것은 『서편제』의 최대 성과였고 김수철의 '우리소리' 찾기 작업의 성과였다.

『서편제』의 흥행 성공 이후 김수철은 임권택 감독과 계속 작업을 해나갔다. 1994년 조정래의 대하소설 『태백산맥』을 영화로 만들게 된 임권택은 김수철에게 이 영화음악을 맡겼다. 비록 영화의 질이나 흥행 면에서 소설보다 못하다는 평을 받은 『태백산맥』이었지만 김수철은 이 영화의 음악에 심혈을 기울였다. 지난한 한국사의 어두운 면과 그로 인해 파생된 한국민의 한을 보여줘야 했기 때문이다. 김수철이 가장 아낀다는 이 영화음악은 제16회 청룡상 음악상과 제33회 대종상 음악상을 수상해 『태백산맥』 음악에 들인 김수철의 공이 인정받았다. 94년은 김수철이 다시 한번 스크린에 나들이를 한 해였다. 그는 자신이 영화음악을 맡은 『금홍아 금홍아』에 화가 구본웅으로 출연했다. 이 영화로 김수철은 96년 춘사예술제 음악상을 수상했다.

1995년 김수철은 우연히 소록도를 방문하게 된다. 소록도에서 군의관으로 근무하는 후배를 면회하기 위해서였다. 소록도에 도착한 김수철은 소록도 병원에서 치료를 위해 머물러 있던 환자들과 그들에게 최선을 다하는 의

---

18) http://www.kimsoochul.com/korean/k_history.htm

료진들의 모습에 감동을 받았다. 그리고 이들을 위해 '내가 뭘 해줄 수 없을까'를 고민한 끝에 위문공연을 생각해 냈고 주도적으로 나서서 경비를 마련하고 연예인을 끌어 모았다. 그의 이런 뜻에 동참해 참가해준 연예인은 영화배우 안성기,[19] 정경순, 오정해, 가수 임지훈 등이었다.[20] 김수철과 동료 연예인들의 위문공연은 95년 5월 소록도 병원 개원 80주년에 맞춰 열렸다. 한편, 김수철은 이 해에 그 동안 꾸준히 관심을 기울여온 어린이 노래를 앨범으로 발표했고 96년에는 영화『축제』의 음악을 맡았다. 97년에는 임권택의 영화『노는 계집 창』의 영화음악을 맡았고 동계 유니버시아드 대회 개막식 음악을 작곡했다. 또 국악앨범『불림소리Ⅱ』를 발표했다.

1998년 김수철은 국악앨범『팔만대장경』을 발표했다. 총 4집으로 기획된 것 중 1집만을 먼저 발표한 것이다. 말 그대로 팔만대장경을 소리로 표현하는 이 작업은 95년 말 한 스님이 김수철을 찾아오면서 시작됐다. 1995년 팔만대장경이 유네스코(UNESCO)가 선정한 세계문화유산으로 지정되자 고려대장경연구소 종림 스님이 팔만대장경을 세계에 알리기 위해 음악으로 만들자는 아이디어를 가지고 김수철을 찾아온 것이다. 종림 스님에게 이 같은 제의를 받은 김수철은 곧 작업에 들어갔다. 그러나 시련도 많았고 좌절도 많았다. 팔만대장경이라는 역사적이고 추상적인 대상을 음악으로 만드는 작업은 힘겨운 것이었다. 김수철은 이 작업을 위해 녹음기를 들고 해인사를 찾아가 풍경소리, 종소리 등을 녹음하기도 하고 대장경을 직접 손으로 만져가며 선조들의 정신을 느끼려고 애를 쓰기도 했다. 결코 쉬운 일이 아니었다. 그러나 김수철은 작업에 들어간 지 2년 반 만에 그 결실을 내놓았다. 그

---

19) 안성기에 대해서는『시사인물사전 6』을 참고하십시오.
20) 이성수, 〈음악인 김수철씨〉,『샘이깊은물』, 1997년 11월호, 137쪽.

렇게 나온 것이 『팔만대장경 1집』이다. 98년 5월에 출시된 『팔만대장경 1집』은 팔만대장경의 역사를 표현한 것이다. 김수철은 이 같은 1집에 이어 청소년을 대상으로 한 2집, 서양인을 겨냥해 만들 예정인 3집, 그리고 해인사의 모든 소리를 담은 4집을 앞으로 내놓을 예정으로 있다.

  2000년 들어 김수철은 자신이 그 동안 쌓아올린 음악적 성과물에 대한 부당한 처사에 불만을 토로하고 나섰다. 그것은 자신과의 계약이 끝난 상태, 또는 계약을 하지도 않은 음반사가 자신의 앨범을 부당하게 판매한 것에 대한 분노였다. 2000년 3월 21일 기자회견을 열어 삼성전자, 서울음반, E&E 미디어 등 자신의 음반을 불법으로 유통·판매한 음반사를 상대로 서울지법에 음반제작판매 가처분신청을 냈다고 밝힌 김수철은 저작권자 개인의 권익 침해뿐만이 아니라 전체 음반유통질서를 흐리는 이 같은 불법음반을 근절해 달라고 호소했다.[21] 김수철의 이 같은 폭로는 그 동안 한국 음반 유통의 고질적인 문제를 밝힌 것이고 저작권과 관련해 새로이 문제가 되고 있는 인터넷 쇼핑몰을 통한 유통, 판매에도 영향을 끼칠 것으로 보인다.

  김수철의 삶은 한마디로 음악의 삶이었다. 그는 기타를 통해 접하게 된 음악을 불혹의 나이를 넘어설 때까지 계속했고 그 성과물은 그가 출반한 40여 장의 앨범에 고스란히 녹아 있다. 한국 대중음악사에서 40여 장의 앨범을 낸 가수는 드물다. 또 다양한 장르를 섭렵하며 음악적 성과를 이룩해낸 음악인도 드물다. 그러나 그가 TV를 비롯한 대중매체에 자주 등장하지 않았던 까닭에 그의 작업은 그다지 많이 알려지지 않았다. 때문에 그는 많은 이들에게 영화 『고래사냥』, 『금홍아 금홍아』에서 보이는 어수룩한 인상의 김수철,

---

21) 김호일, 〈음반사 불법유통에 '작은 거인' 화났다〉, 『부산일보』, 2000년 3월 25일, 15면.

또는 80년대 『못다 핀 꽃 한 송이』를 부르던 김수철만으로 기억된다. 그러나 그의 음악적 성과물들을 살펴보고 그것을 들어보면 '음악인 김수철'의 또다른 모습을 볼 수 있을 것이다.

보통 우리는 사람의 외모를 보고 그 사람을 평가해선 안 된다고 말한다. 외모만이 그 사람의 전체를 규정하는 것이 아니라는 말이다. 이것은 우리가 살아가면서 만나는 많은 사람들을 통해 몸으로 체험하는 것이다. 이런 경우는 비단 우리가 만나는 주변 사람들에게만 적용되는 것은 아니다. 대중매체가 발달하면서 우리는 대중매체를 통해 보여지는 것만이 거의 전부인 양 생각하게 되었다. 특히나 대중매체에 얼굴을 자주 내미는 사람들을 판단할 때에는 이런 경향이 더 짙다. 그래서 연예인들은 자신의 이미지를 대중매체를 통해 조작할 수 있는 것이다. 그러나 때때로 이들은 자신의 상품가치를 높여주는 대중매체에 불만의 목소리를 내기도 한다. 사람들이 대중매체를 통해 보여지는 자신의 일부 모습을 전체 모습인 양 착각하고 있다고 푸념을 하는 것이다. 비록 김수철이 이 같은 푸념을 하지는 않지만 그가 이로 인해 받는 대접은 그 동안 김수철이 해온 작업의 성과에 비추어 보았을 때 부족하고 미흡하다. 어느 한 평론가가 김수철에 대해 한 말은 김수철에 대한 세인의 평가가 너무 부족하다는 것을 확연히 느끼게 해준다.

> 김수철의 음악을 들으면서 나는 두 번 운다. 첫 번째는 그 음악에 감동해서 울고, 두 번째는 이런 뮤지션이 우리 나라에서 받는 대접이 너무 억울하기 때문에 운다.[22]

---

22) 김형진, 〈일곱색깔 무지개처럼 다양했던 '작은 거인' 김수철의 음악〉, 『내일신문』, 1998년 5월 13일, 38면에서 재인용.

그러나 김수철은 이 같은 세간의 미흡한 평가에 아랑곳하지 않고 음악이라는 화두에만 매달린 채 자신의 일을 꿋꿋이 해나가고 있다. 그가 이처럼 음악에 대한 열정으로 아직까지 작업을 계속하고 있는 이유는 "사람의 소리"를 찾기 위해서다.

음악은 아름다움을 추구하지만 소리는 진실을 추구합니다. 나는 도를 닦는 사람은 아닙니다. '불림소리'를 통해서 사람과 소리가 함께 숨쉴 수 있는 공간을 마련하고자 했습니다. 그 공간에 사람이 사는 소리가 들리지요. 나는 바로 사람의 소리를 찾고 있는 것입니다.[23]

김수철의 소리에 대한 탐구는 앞으로도 계속될 듯 보인다. 그는 1997년에 내놓은 『불림소리 Ⅱ』에서 자신의 음악적 방향과 소리에 대한 탐구, 그리고 이것을 계속 해나가리라는 의지를 밝히고 있다.

불림소리 첫 번째 음악은 89년에 무용음악으로 작곡했습니다. 그러나 제 개인적으로는 의미가 매우 깊은 작업이었습니다. 인간이 신을 만나는 과정, 그 과정을 그린 곡들인데요. 유혹, 좌절, 인내, 그리고 극복 마침내는 신을 만난다는 그런 내용입니다. 8년이 지난 지금 불림소리 첫 번째 음악, 그 연장선상에서 이어져 나온 것이 불림소리 두 번째 음악입니다. 저는 그동안 많은 것을 배우고 그리고 깨달았습니다. 저는 감사하는 마음으로 사람들과 함께 머물고 함께 느끼고 또 함께 생각하며 더불어 살아가

---

23) 이성수, 〈음악인 김수철씨〉, 『샘이깊은물』, 1997년 11월호, 139쪽에서 재인용.

는 그런 소리를 작곡해야겠다고 마음 속 깊이 다짐했습니다. 저는 인생을 결과보다는 과정이 중요하다고 생각합니다. 늘 사람들 곁에 건강한 소리가 머물기를 저는 원합니다. 불림소리 두 번째 음악은 몇 년 후에 해야 할 작업의 기초적인 것에 불과합니다. 언젠가 불림소리 세 번째 음악으로 이어집니다. 이제부터 시작입니다. 항상 감사하는 마음으로 열심히 노력하겠습니다.[24]

최 을 영

---

24) 김수철, 〈에필로그〉, 음반 『불림소리Ⅱ』(삼성뮤직, 1997).

김 수 현

2000년 새로운 세기를 맞이하는 사람들의 흥분이 가라앉기도 전, '흥행 보증수표', '언어의 연금술사'로 통하는 김수현이 2000년 2월부터 새로운 드라마를 집필한다는 소식이 전해졌었다. 이 소식은 신문을 비롯한 대중매체를 통해 금세 사람들 사이로 번져나갔고, 사람들은 김수현이 다시 한번 『청춘의 덫』이나 그 이전의 히트작과 같은 드라마를 만들어낼 수 있을 것인가에 궁금해했다.

그렇게 해서 SBS 드라마 『불꽃』은 방송이 시작되기도 전부터 화제를 모았지만, 『불꽃』은 중반부를 넘어설 때까지 시청률 10%대를 배회하며 열세를 면치 못했다. 더군다나 『불꽃』의 1, 2회를 시청한 일부 시청자들은 "또 불륜의 삼각관계냐", "사랑에 대한 진정한 가치를 탐구한다고 말해놓고선 정작 보여준 것은 불꽃처럼 타오르는 러브신이었다"며 혹평을 쏟아놓기도 했다.[1]

그렇게 해서 시작된 『불꽃』은, 후반부에 들어서면서 시청률 30%대에 진입하기도 했지만 예전과 같은 성공은 거두지 못한 채, 2000년 5월 18일 막을 내렸다. 김수현, 과연 그의 전성시대는 끝난 것인가?

김수현은 1943년 3월 10일 서울 흑석동에서 부친 김순석과 모친 이재순 사이에서 3남 3녀 중 장녀로 태어났다. 그녀가 태어나고 얼마 후, 그녀의 부모는 가난한 서울 살림을 청산하고 그녀의 외가가 있는 충북 청주로 내려갔다.

"사람은커녕 깨묵생이두 안되겠어 ……."
고양이 밥만큼도 안 먹는 나를 보면서 속상해 엄마에게 뇌까리시던 외할아버지의 말씀과 그 표정이 지금도 눈에 선하다. 그 때문에 많은 시간을 혼자 늘어져 누워보내거나, 친구들 모두 학교 가 있는 대낮에 혼자 마루 끝에 맥없이 쪼그리고 앉아 바람에 흔들리는 마당의 화초나 멍하니 바라보고 있거나, 하늘의 두둥실 떠가는 구름에 홀려 시간을 잊기도 했다. 지금 생각하면 그것이 나 데리러 온 저승사자가 아닌가 싶은데 그때 키가 천장에 닿는 도깨비도 보았고 이상한 꿈도 숱하게 꾸었다.[2]

그녀가 어린 시절을 돌이켜본 위의 글처럼, 가난한 집안 형편 때문에 영양부족으로 12달 만에 태어난 그녀는 돌이 지나도록 걷지도 못하고 잔병치레가 잦아 식구들의 애간장을 태웠다고 한다. 몸이 약해 거의 학교에도 나

---

1) 이광형, 〈시청률 제조기' 김수현 한물갔나〉, 『국민일보』, 2000년 2월 9일, 22면.
2) 김수현, 〈내 식대로 열심히 살았을 뿐〉, 동아일보 출판부 편, 『나의 길 나의 삶』(동아일보사, 1991), 40~41쪽.

가지 못하고 집안에서 많은 시간을 보내야 했던 김수현은 글을 깨치고 나서는 소설책을 벗으로 삼고 늘 책에 파묻혀 살았다. 결석을 밥먹듯이 하면서도 명석한 머리 덕에 그녀는 시험삼아 응시한 사범학교시험에 붙어 주위 사람들을 놀라게 만들기도 했다. 그러나 선생이라는 직업을 탐탁지 않게 여겼던 그녀 어머니의 반대로 그녀는 사범학교를 포기하고 청주여중에 입학했다. 중학교를 졸업하고 청주여고에 진학한 그녀는 늘 학교공부보다 소설이나 영화에 심취해서 살았다.

그래도 성적만은 늘 상위였던 그녀는 1961년 청주여고를 졸업하고 무시험으로 고려대 국어국문학과에 입학했다. 대학생활의 낭만도 잠시, 그녀는 대학에 입학하던 해 아버지가 위암에 걸려 가정형편이 더 어려워지자 일곱 식구의 가장이 되어야 했다. 대학교 1학년 때인 61년,『고대신문』지령 3백호 기념 단편소설 공모에 낸 작품이 가작에 당선된 뒤, 그녀는 오로지 상금을 목적으로 드라마나 소설작품 공모가 날 때마다 응모를 했다. 그렇게 대학 4년을 아르바이트와 작품 공모에서 번 돈으로 65년 학교를 졸업한 그녀는 잡지사 등에서 일했다. 그러나 스스로 그만두거나 혹은 쫓겨나면서 그녀가 직장 생활에서 터득한 것은 자신은 '직장생활 부적격자'라는 사실뿐이었다.[3]

김수현은 1968년 문화방송 개국 7주년 라디오 연속극 공모에『그 해 겨울의 우화』가 당선되어 방송작가로 데뷔했다. 당시 드라마 현상공모의 심사위원이었던 현(現) 호남대학교 신문방송학과 교수인 김포천의 말을 들어보자.

---

3) 김수현, 〈내 식대로 열심히 살았을 뿐〉, 동아일보 출판부 편,『나의 길 나의 삶』(동아일보사, 1991), 42쪽.

그 해는 건질 것이라고는 없는 흉작이었다. 본심에 올릴 작품 한 편 찾지 못하고 실망에 빠져 있다가, 우연히 한 작품을 읽게 된 것이다. 한 줄기 신선한 빛살 같은 것을 보게 되었다. 우선 참신한 감각이 내 눈을 사로잡았고 펄떡펄떡 뛰는 생선 같은 싱싱한 대사가 시선을 끌었다. 지천으로 펄럭이는 피륙 가운데서 유난히 흰 옥양목을 보았다고나 할까.[4]

이렇게 해서 방송작가의 길을 걷게 된 김수현의 첫 작품인 『그 해 겨울의 우화』는 이듬해 『저 눈밭에 사슴이』라는 제목으로 바뀌어 라디오 방송을 타게 되었다. 연속극 형식으로 제작되었던 이 드라마는 김수현 특유의 독특한 인물과 깔끔하면서도 직선적인 대사로 곧 청취자들 사이에서 화제가 되었고, 이후 영화로도 각색되었다.

그 후 4년 동안 『약속은 없었지만』, 『지금은 어디서』 등의 라디오 드라마를 집필하던 그녀는 1972년 목요연속극 『무지개』로 텔레비전 드라마를 시작했다. 방송작가 시절 초창기 때부터 김수현은 자기식대로의 고집으로 밀어붙이는 스타일을 보여줬는데, 그 일화를 소개하자면 다음과 같다.

첫 텔레비전 드라마인 『무지개』 때의 일이다. 출근길을 서두르는 누나(윤여정)가 남동생(송재호)에게 원피스의 뒷지퍼를 올려 달라는 부분이 나왔다. 지금으로서야 아무렇지 않게 받아들일 수 있겠지만, 70년대 초반의 시대적 상황에서, 더군다나 온 가족이 시청하는 홈드라마라는 점에서 그 장면은 연출진들에게도 그대로 방송하기엔 무리가 있었다. 또 맏딸이, 아버지와 불륜을 저지르고 새엄마로 들어온 여자(김용림)에게 독설을 퍼붓는 장면도 문제

---

4) 김포천, 〈거울과 창 그리고 꿈〉, 김포천·원우현·김만수·김홍근 엮음, 『김수현 드라마에 대하여』 (솔, 1998), 12쪽.

가 있는 것으로 지적되었다. 이 두 장면은 촬영 때부터 논란이 되었다. 그러나 김수현은 그대로 방송할 것을 고집했고, 결국 문제의 그 두 장면은 김수현의 주장대로 먼저 것은 그대로, 나중 것은 대사를 약간만 수정해서 방영했다.[5] 그러나 이것은 직설적인 대사와 파격적인 인물 설정으로 늘 화제를 모았던 '김수현 드라마'의 서막을 알리는 전초전(?)에 불과했다.

그녀는 『무지개』에 이어 후처의 이야기를 다룬 『새엄마』라는 드라마에서 그녀의 이름을 시청자들의 머리 속에 각인시켰다. 드라마는 30회가 넘어서면서부터 안방극장을 휘어잡았다. 『새엄마』는 총 4백11회라는 일일연속극 사상 최장수 드라마 기록을 세웠고, 김수현은 이 드라마로 1973년 제1회 방송대상 극본상을 수상했다. 『새엄마』에 대해 MBC의 오명환은 그의 저서 『텔레비전 드라마 사회학』에서 다음과 같이 말했다.

"텔레비전 연속극 『새엄마』는 의붓 엄마에 대한 선입견을 완전히 뒤엎는 데 결정적으로 공헌했으며 여성들에게 재혼, 재취의 긍정론을 일거에 고취시켰다는 점에서 진취적인 여성 사회극이 되었다. 복잡하고 말도 많은 대가족 식구 속에 후취로 들어간 여자는 일단 편치 못할 것이라는 대전제가, 도마 위에 오른 음식처럼 시청욕을 돋구었다."[6]

1970년대 그녀의 드라마는 대부분 일상성의 묘미를 살린 홈드라마였다.[7]

---

5) 윤여정, 〈그이와의 지난 28년 동안의 만남〉, 김포천·원우현·김만수·김홍근 엮음, 『김수현 드라마에 대하여』(솔, 1998), 315~316쪽.

6) 김포천, 〈거울과 창 그리고 꿈〉, 김포천·원우현·김만수·김홍근 엮음, 『김수현 드라마에 대하여』(솔, 1998), 22~23쪽에서 재인용.

7) 신상일, 〈김수현 드라마의 인간과 문화〉, 김포천·원우현·김만수·김홍근 엮음, 『김수현 드라마에 대하여』(솔, 1998), 75쪽. 김수현이 1970년대 집필했던 드라마는 다음과 같다. 74년 1월~6월 일일드라마 『강남 가족』, 6월~12월 일일드라마 『수선화』, 75년 2월~5월 일일드라마 『안녕』, 75년 6월~76년 2월 일일드라마 『신부일기』, 76년 5월~77년 4월 일일드라마 『여고 동창생』, TBC 단막

김수현이 75년 6월부터 이듬해 2월까지 집필했던 일일드라마 『신부일기』는 '가지 많은 가족 바람 잘 날 없다'는 속담처럼 말 많고 탈 많은 대가족의 이야기와 갓 결혼한 막내 부부의 일상이 위트 있게 묘사되었다. 특히 구세대와 신세대간의 갈등과 가부장적인 남자들에 대항하는 여자들의 모습 등은 그녀 특유의 감칠 맛 나는 대사로 인해 시청자들로 하여금 청량음료의 톡 쏘는 맛을 연상시켰다. 매일 저녁 9시부터 25분간 방영된 이 드라마는 70% 대의 시청률을 기록했다.[8] 『신부일기』는 일일연속극으로서는 처음으로 그 해 대한민국 방송대상 작품으로 선정되어 대통령 표창을 받았고, 한국백상예술대상, 청룡상, 한국방송작가협회 작가상 등을 휩쓸었다. 또 단역 탤런트였던 박은수, 나영진, 김윤경도 이 드라마를 통해 유명배우가 되었다.[9] 이때부터 김수현 드라마가 방영되는 시간대에는 전화국이 한가해진다는 말이 나오기 시작했다.

그러나 그녀가 집필한 드라마들이 항상 순항만을 한 것은 아니었다. 1975년 방영된 일일드라마 『안녕』과 77년 방영된 주말드라마 『후회합니다』, 그리고 78년 방영된 주말드라마 『청춘의 덫』은 유부남과 미혼 여성과

극 『보통 여자』, 77년 5월~78년 6월 일일드라마 『당신』, KBS 무대 단막극 『말희』, 77년 11월~78년 4월 주말드라마 『후회합니다』, 78년 6월~11월 주말드라마 『청춘의 덫』, TBC 단막극 『불행한 여자의 행복』, 78년 10월~79년 5월 일일드라마 『행복을 팝니다』, 79년 5월~9월 주말드라마 『엄마, 아빠 좋아』, 1979년 가을~1980년 봄 TBC 주말드라마 『고독한 관계』 등등.

8) TV 프로그램의 시청률에 관한 신문 보도는 시청률과 점유율을 혼동해서 사용하는 경향이 있다. 김수현의 드라마 중 1975년 『신부일기』(70%)와 84년의 『사랑과 진실』(76%), 87년의 『사랑과 야망』(70%) 등의 시청률은 점유율을 가리키는 것으로 보인다. 시청률은 전체 TV 수상기 소유 가구 가운데 특정 프로그램을 시청한 비율을 말하고, 점유율은 특정 시간대 TV 시청 가구 가운데 특정 프로그램을 시청한 비율을 말한다.

9) 이효영, 〈『신부일기』로 맺은 인연〉, 김포천·원우현·김만수·김홍근 엮음, 『김수현 드라마에 대하여』(솔, 1998), 296~297쪽.

의 불륜, 혼전임신 같은 이야기를 다루었다고 해서 처음 기획했던 횟수를 다 채우지도 못하고 중단되거나 조기 종영되기도 했다.

1970년대 김수현의 드라마에서 홈드라마가 많은 비중을 차지했다면 80년대 그녀가 집필한 많은 드라마들은 '사랑'과 '배신'과 '야망'을 화두로 한 멜로 드라마였다.[10] 그녀가 84년 집필한 『사랑과 진실』은 1부 56회와 2부 29회에 걸쳐 방영되었다. 이 드라마는 출생이 다른 언니의 자리를 뺏기 위해 의붓동생이 거짓말에 거짓말을 눈덩이처럼 불려가다 결국에는 모든 것을 잃는다는 내용을 다루고 있다. 『사랑과 진실』의 주제는 누구나 그 결말을 예상할 수 있는 '사필귀정'이 주제였다. 그러나 이 드라마는 76%라는 시청률을 기록하며 또다시 수도꼭지를 잠그게 하고, 택시 기사들을 한가하게 만들었으며, 전화기 사용량을 급감시켰다.[11] 이 드라마를 집필하면서 김수현은 특별 원고료를 제외하고, 당시만 해도 파격적이었던 1억 원이라는 원고료를 받아 최초로 억대작가라는 타이틀을 얻기도 했다.[12]

1980년대 그녀의 대표작으로 87년에 방영된 『사랑과 야망』을 빼놓을 수 없다. 강원도 춘천의 한 시골마을과 서울을 배경으로 하는 이 드라마는 사

---

10) 김수현이 1980년대 집필했던 드라마는 다음과 같다. 80년 TBC 봄 주말드라마 『잃어버린 겨울』, TBC 여름 주간드라마 『아롱이 다롱이』, 81년 1월 1일 KBS 신년특집극 『옛날나 어릴 적에』, 신년특집극 『첫손님』, 81년 1월~7월 주말드라마 『안녕하세요』, 81년 4월 6일 『사랑의 굴레』, 81년 6·25 특집극 『불타는 다리』, 81년 9월~82년 6월 일일드라마 『사랑합시다』, 81년 12월~82년 2월 주말드라마 『야상곡』, 82년 1월 1일 신년특집극 『아 버지』, 82년 10월~83년 3월 일일드라마 『어제 그리고 내일』, 83년 1월 1일 KBS 신년특집극 『딸의 미소』, 83년 3월~8월 일일드라마 『다녀왔습니다』, 84년 5월~11월 주말드라마 『사랑과 진실』 1부, 85년 1월~4월 『사랑과 진실』 2부, 87년 1월~12월 주말드라마 『사랑과 야망』, 88년 9월~10월 미니시리즈 『모래성』 등등.
11) 이효영, 〈『신부일기』로 맺은 인연〉, 김포천·원우현·김만수·김홍근 엮음, 『김수현 드라마에 대하여』(솔, 1998), 307쪽.
12) 〈두 여류작가 '자존심' 대결〉, 『일요신문』, 1990년 6월 17일, 18면.

랑과 일에 대한 성공과 실패를 끊임없이 반복하는 인물들의 이야기를 다루고 있다. 이 드라마 역시 70%대의 시청률을 기록하며 80년대의 주말 저녁은 김수현이라는 작가에 의해 울고 웃는 시간이 되어버렸다.

1990년대에 들어서면서 김수현의 작품은 '집'과 '사랑'의 기둥에 사회성·코믹함·가정·죽음이라는 가지를 쳤는데, 이 시기에 들어서면서 김수현의 드라마는 다양한 소재거리를 드라마에 담았다.[13]

교통 사고로 식물인간이 된 남편을 버린 한 여인의 인생역정을 그린 1990년 『배반의 장미』이후 그녀는 지금까지의 다소 무거운 주제를 벗고 과감하게 코믹 드라마에 도전했다. 그 첫 번째 시도작인 91년 방영된 『사랑이 뭐길래』는 가부장적인 집안과 그와는 정반대인 집안의 모습을 경쾌하게 그리고 있다. 이 드라마는 장안에 엄청난 화제를 불러일으키며 인기리에 방영되었고 얼마 전, 한 방송대상 시상식에서 90년대를 대표하는 드라마로 선정되기도 했다.

1990년대에 들어 김수현은 노인문제에도 관심을 기울여 92년 SBS 『어디로 가나』, 95년 SBS 『인생』이라는 두 드라마를 선보였다. 이 두 드라마는 자식들에게 홀대를 당하는 치매에 걸린 아버지와 어머니의 노후를 그린 것으로, 이에 대해 문학평론가 정홍수는 "효/불효의 상투적 이분법을 넘어 늙음과 병듦이 우리의 일상과 함께 살 수 있는 공간을 깊이 성찰"하도록 했다

---

13) 김수현의 1990년대 작품들을 살펴보자면 다음과 같다. 90년 1월~8월 주말드라마 『배반의 장미』, 91년 11월~92년 5월 주말드라마 『사랑이 뭐길래』, 91년 12월~92년 1월 SBS 미니시리즈 『여자 나이 마흔 다섯』, 92년 8월~9월 미니시리즈 『두 여자』, 92년 11월 SBS 창사 기념 특집극 『어디로 가나』, 93년 4월~10월 SBS 주말드라마 『산다는 것은』, 94년 6월~12월 SBS 주간드라마 『작별』, 95년 11월 SBS 창사 기념 특집극 『인생』, 95년 11월 18일~96년 9월 KBS 주말드라마 『목욕탕집 남자들』, 97년 10월~98년 4월 케이블 TV HBS·KBS 주말드라마 『사랑하니까』 등등.

고 말했다.[14]

"모두 다 실컷 울어볼 필요가 있다"며 1994년 SBS 주간드라마 『작별』을 집필했던 김수현은 방송사를 옮겨 95년 11월부터 이듬해 9월까지 KBS에서 코믹 홈 드라마 『목욕탕집 남자들』을 집필했다.[15] 『목욕탕집 남자들』은 90년 방영된 『사랑이 뭐길래』와 비슷한 구성이라는 지적을 들으며 별다른 주목을 받지 못하고 시작되었다. 그러나 드라마는 중반을 넘어서면서부터 김수현의 빠르면서도 톡톡 튀는 대사와 개성 있는 인물 설정 등에 힘입어 곧 시청률 50%를 넘어섰다. '목욕탕집 남자들'이라는 제목에서 언뜻 풍기는 인상과는 다르게 이 드라마를 이끌어 가는 주체는 주로 여자들이었다. 수적으로도 여자가 남자보다 우세했다. 돌이켜보면 김수현 드라마에서 사건들을 이끌어 가는 주체도, 울고 웃는 데 주도적 역할을 했던 인물들도 대부분이 여성이었다. 그렇다면 김수현은 자신의 드라마를 통해 남존여비 사상의 타도를 외친 운동가인가? 그 같은 질문을 받을 때마다 김수현은 남성과 여성의 개념을 따지지 않고 자신은 모두가 '인간'이라는 생각을 가지고 있다며 다음과 같이 말하곤 한다.

> 갈등 없는 가정, 경우를 똑부러지게 따지고 싶지 않은 여자가 어디 있느냐. 남자들이 여자들의 경우 바른 말에 피해의식을 느끼는 것일 뿐이다. 나는 남자들을 적대적으로 그리지 않았다. 여성들의 깐깐함도 포근히 감싸안는 너그러운 품을 가진 신사, 정말 내 이상향의 남자를 그렸는데도

---

14) 정홍수, 〈말의 자유와 성찰하는 시선의 깊이〉, 김포천·원우현·김만수·김흥근 엮음, 『김수현 드라마에 대하여』(솔, 1998), 234쪽.
15) 윤여정, 〈그이와의 지난 28년 동안의 만남〉, 김포천·원우현·김만수·김흥근 엮음, 『김수현 드라마에 대하여』(솔, 1998), 335쪽.

싫어하니 문제다. 내가 썼던 남자들을 나는 모두 사랑한다. 나에게 남녀의 구분은 없고 인간대 인간이 있을 뿐이다.[16]

1990년 한국에서 인기리에 방영되었던 MBC 주말드라마『사랑이 뭐길래』는 한국 드라마로서는 처음으로 97년 6월 중국의 CCTV를 통해 방영되었는데, 외국 드라마 프로그램으로서는 드물게 높은 시청률 속에서 방영되었다. 방영이 끝난 후에도 이 드라마는 시청자들의 재방송 요구로 98년 7월 말 황금시간대에 재방영되었다. 재방송 때도『사랑이 뭐길래』는『북경 방송 텔레비전 신문』에서 조사한 '금주의 베스트 텔레비전 연속극 순위'에서 3위 권 안에 머물렀다. 이 드라마의 번역과 음악 감독을 담당한 CCTV 국제부 편집주임인 리쩐휘(李眞惠)는 이 드라마의 성공요인에 대해 다음과 같이 평했다.

"『사랑이 뭐길래』는 인간의 진, 선, 미를 노래하는 것을 종지(宗旨)로 삼고, 진실 되고, 섬세하며, 유모스럽고, 즐거우며, 감동을 주는 이야기를 연출해냄으로써 사람들을 계발시키고, 사람들로 하여금 생각하게 하고 음미하게 하는 아주 얻기 어려운 작품이다."[17]

1999년 1월 27일 시청자들은, 혼전 임신 등을 다루었다는 이유로 78년 11월 조기 종영되었던 『청춘의 덫』과 재회했다. 97년 10월 케이블 TV HBS와 공중파 SBS에서 방영된 『사랑하니까』가 이렇다할 성공을 거두지 못하고 막을 내렸기 때문에, 99년 판『청춘의 덫』방송 초기 이 드라마에 대

---

16) 이경철, 〈꾸밈없는 나의 삶 드라마에 투영"〉,『중앙일보』, 1998년 12월 11일, 40면.
17) 리쩐휘, 〈중국 시청자들은 왜「사랑이 뭐길래」를 좋아할까〉, 김포천·원우현·김만수·김홍근 엮음,『김수현 드라마에 대하여』(솔, 1998), 293쪽.

한 사람들의 관심은 시들했었다. 그러나 3주가 넘어가면서 언제 부서질지 모르는 동우(이종원)의 갈등과 그를 향한 복수심에 끓어오르는 윤희(심은하)의 독기에 사람들은 김수현이 쳐놓은 '덫'에 사로잡혔다. 24부작으로 제작된 『청춘의 덫』은 10회를 넘어서면서 시청률 30%대를 넘어섰고, 마지막회가 방영날인 4월 15일에는 53.1%라는 높은 시청률을 기록했다.[18] 결혼을 약속하고 아이까지 낳은 자신을 배신한 동우에 대한 윤희의 소름끼치는 복수극에, 78년 원작에는 없던 재벌 회장의 본처(김용림)와 후처(정영숙), 후처의 자식인 영국(전광렬), 영주(유호정)의 배역도 비중 있게 그려져 많은 볼거리를 제공했다.

20년이라는 시간이 흐르면서 '거친' 세상을 바라보는 김수현의 눈도 다소 너그러워진 걸까? 1999년 『청춘의 덫』의 결말은, 윤희와 영국의 결혼을 막지 못한 동우가 윤희를 향해 독기를 뿜으며 "나 혼자만 망할 수 없다"고 외치며 또다른 복수극을 예고했던 78년과는 다르게 네 명의 주인공들 모두 각자의 안식처를 찾았다.[19] 이 드라마는 주로 청순한 역을 맡아왔던 심은하[20]에게 '신들린 연기자'라는 영광을 얻게 했고, 그 해 SBS 연기대상을 수상하게 했다.

일에 있어서 김수현의 깐깐함은 많이 알려져 있는 부분이다. 그러나 가끔 이것이 표면적으로 드러났을 때가 있는데, 이럴 때 김수현의 '깐깐함'과 '치밀함'은 논쟁거리가 되었다. 『청춘의 덫』이 방영될 때의 일이다. 방송 대본이 통신에 올라왔는데 각 회 대본의 첫 페이지에 "지저분한 색 쓰지 마세

---

18) 구둘래, 〈김수현은 힘이 세다?〉, 『씨네21』, 1999년 4월 27일, 70면.
19) 이순녀, 〈'청춘의 덫'에 걸린 시청자 눈길〉, 『대한매일』, 1999년 3월 20일, 13면.
20) 심은하에 대해서는 변희재, 〈심은하: 그녀는 더 이상 여기 살지 않는다〉, 변희재 외, 『스타비평 1』(인물과사상사, 1999)을 참고하십시오.

요", "홀태바지는 왜 계속 입어야 하나요. 치워주세요", "남들이 잘한다는 소리 믿지 마세요" 등, 소품이나 연기자들의 차림새 등에 대한 김수현의 요구사항이 빼곡하게 적혀 있었다. 김수현의 이 같은 요구 사항은 한동안 통신상에서 논쟁이 되었는데, 일부 네티즌들은 "연기자도 인격체입니다. 나라면 기분 나빠서 연기하기도 싫겠다 하는 생각이 들었습니다", "그냥 강조점을 두거나 밑줄을 친다거나 하는 방법으로 주지시키면 안 되는 것인가"라며 대본에 적힌 김수현의 요구 사항을 비난했다.[21]

이 같은 논란이 일자 『청춘의 덫』을 연출한 정세호 PD는 "작가들이 모두 다 배우의 의상이나 연기에 대해서 말한다. 김수현 선생님은 그걸 대본에 써 놓은 것 뿐"이라며 "일방적 충고가 아니라 타당성 있는 충고이기 때문에 많은 이들이 공감한다"고 말했다.[22] 프로그램 담당자들은 통신상에서 이 같은 논쟁이 거세지자 20회 이전까지의 대본에 표기된 김수현의 지문을 삭제하고 통신에 올렸다. 그러나 아무리 유명한 작가라지만 이 '사건'은 연출자에 대한 권한 침해라는 점에서, 다시 말해 작가와 연출가의 역할을 둘러싼 논쟁이었다는 점에서 시사하는 바가 컸다.

'언어의 연금술사', '대사의 귀재'라는 별명답게 그녀의 드라마에서는 대사들이 많은 비중을 차지한다. 그만큼 외울 것이 많아 연기자들에게는 늘 고역이지만 그것이 브라운관을 통해 방영될 때 '김수현 드라마의 묘미는 대사에 있다'라는 사실에 시청자들은 수긍하게 된다. 그러나 그것 때문에 탈도 많았다. 1990년 작(作) 『사랑이 뭐길래』와 94년 작(作) 『작별』은 지나치게 쏟아지는 거친 대사들 때문에 방송위원회로부터 중징계를 받기도 했다.

---

21) 구둘래, 앞의 글.
22) 구둘래, 앞의 글.

이는 96년 작(作)인 『목욕탕집 남자들』에서도 논란이 되었는데, 김수현은 전작들의 중징계 처사에도 아랑곳하지 않고, "또 한번만 그딴 얘기하면 입을 재봉틀로 들들들 박아버릴 거야", "입에 달린 모터가 고장났나", "재수가 없으려니까 별 해괴한 인종을 다 만나겠네 ……, 육갑 찍고 앉았네" 등 외에도 무수히 많은 거친 대사들을 거침없이 쏟아내서 논란을 불러일으키기도 했다.[23]

그러나 김수현 드라마의 묘미가 직설적이고 톡톡 튀는 대사에 있다는 사실은 많은 사람들이 인정하고 있는 부분이다. 문학평론가인 김홍근은 김수현 드라마의 성공요인에 있어 대사가 차지하는 비중이 가장 크다면서 다음과 같이 말했다.

> 김수현 드라마의 묘미는 그 대사에 있다. 폐부를 찌르듯이 너무나 정교하여 때때로 그 대목에 멈춰서 한참을 생각하게 만드는 문장들. 또한 그 대사들은 예리하면서도 한편으로 맛깔스러움을 가득 담고 있다. 술에 비유한다면 향기 짙은 적포도주, 드라이한 백포도주, 스위트한 핑크빛 포도주, 얼얼한 위스키와 화끈한 코냑, 얼싸한 소주와 시원한 맥주 등 온갖 맛이 골고루 배어 있다.[24]

김수현은 방송작가 이외에도 소설가와 시나리오 작가로서도 인정받고 있다.[25] 문화평론가 강영희는 화려한 방송작가의 경력 탓에 소설가로서 김수현

---

23) 김경애, 〈작가 김수현 또 언어폭력〉, 『한겨레신문』, 1995년 12월 8일, 12면.
24) 김홍근, 〈『사랑과 진실』의 '사랑'과 '진실'〉, 김포천·원우현·김만수·김홍근 엮음, 『수현 드라마에 대하여』(솔, 1998), 92쪽.

이 많이 알려져 있지 않을 뿐이라며 다음과 같이 말했다.

　　김수현 작품의 주인공은 현실적으로는 허위의식적 통념에서 벗어나지 못하되 감정적으로는 이에 강력히 반발하다가 궁극적으로는 반통념적 가치를 우위에 놓음으로써, 독자들에게 통념으로부터의 인간적인 해방감을 선사한다. 이것은 문학예술이 주는 대리만족의 기능을 통해서다. 반통념적 가치기준의 문학 예술적 승리선언(?)이 대중의 갈증을 풀어주는 청량제의 역할을 한다는 사실은 결국 대중 스스로가 이데올로기의 완강한 지각을 뚫고 나오려는 강렬한 욕구를 지녔음을 의미한다. 그것이 바로 김수현의 감각적 예리함이자 인기의 비결이다.[26]

　　1975년 남편과 이혼한 김수현은 87년 (사단) 한국방송작가협회 이사장을 지냈으며 슬하에 이화여대와 동(同) 대학원에서 정치외교학을 전공하고 미국에서 일본 정치를 전공하고 있는 외동딸을 두고 있다.　　　　**신은정**

---

25) 소설; 장편소설 『상처』·『포옹』·『유혹』·『여자 나이 마흔 다섯』·『결혼』·『겨울새』·『모래성』·『그 늘과 장미』, 산문집 『미안해 미안해』·『생의 한가운데』·『겨울로 가는 마차』, 소설집 『안개의 성』, 등등. 시나리오; 『잊혀진 여인』(정소영 감독, 1969), 『아빠와 함께 춤을』(정소영 감독, 1970), 『필녀』(정소영 감독, 1970), 『미워도 다시 한 번』 3부(정소영 감독, 1971), 『미워도 다시 한 번』 4부(정소영 감독,　1976), 『보통 여자』(변장호 감독, 1976), 『불행한 여자의 행복』(변장호 감독, 1979), 『어미』(박철수 감독, 1985) 등등.
26) 강영희, 〈김수현론(論)〉, 『나는 그렇게 생각하지 않는다』(사회평론, 1994), 274쪽.

박 지 만

박 지만, 박정희 대통령의 아들이자 성장기의 불우한 경험과 기억으로 인해 마약에 손을 댄 마약 중독자. 이것이 지금까지 언론을 통해 알려진 박지만에 대한 정보이다. 박지만은 마약으로 인해 구속될 때를 제외하고 언론에 오르내리지 않았다. 그런 그가 이번에 대사업가로서의 변신을 꿈꾸며 우리 앞에 나섰다. 박지만이 대표로 있는 주식회사 이지(EG)의 코스닥 등록으로 인해 대주주인 박지만은 1백73억 원의 평가익을 얻게 된 것이다.

주식회사 이지(EG)는 1987년 설립되어 포철의 냉연강판 생산과정에서 나오는 폐산을 독점해 전자용 산화철을 만드는 곳이다. 산화철 가공부문에서 수입대체 기술을 가지고 있어 신기술 개발 벤처기업으로 지정돼 정부의 지원도 받은 바 있다. 박지만은 89년 마약사용으로 구속됐다가 풀려난 직후 당시 포항제철의 회장인 박태준의 도움으로 이 회사의 부사장이 됐다. 90년 2월에는 대표이사가 된 뒤 김우중[1] 대우 전(前) 회장의 도움을 받아 8억 원을 출자해 대주주가 됐다.[2] 이 회사의 총자본금은 36억 원으로 박지만이 전체 지분의 74.3%, 박지만의 둘째 누나 서영 씨가 8.3%의 지분을 보유하고 있다.[3]

박지만은 1959년 박정희와 육영수 사이에서 태어났다. 박지만은 어려서부터 청와대에서 생활했다. 그의 아버지 박정희가 61년 5·16 군사 쿠데타를 통해 국가재건최고회의의장이라는 직함으로 사실상 정권을 거머쥔 후 63년 윤보선과 치른 대통령 선거에서 이김으로써 청와대의 주인이 되자 박지만은 청와대에서 생활하게 되었다. 박지만이 궁에 사는 왕자와 같이 대통령의 아들로서 청와대에 살면서 그의 삶은 일반인들의 그것과는 거리가 먼 것이었다. 물론 박근혜는 그녀의 책『나의 어머니 육영수』에서 육영수가 그의 자녀들에게 대통령의 자녀라는 특권의식을 갖지 않도록 교육시켰다고 전하고 있지만, 말을 배우던 시기부터 고등학교를 졸업할 때까지 청와대에서 생활한 박지만이 다른 사람들과 같이 생활했다고 보기는 어렵다. 이것은 그가 마약으로 인해 구속된 96년 당시 인터뷰를 통해서 어려서부터 따라다니던 경호원 때문에 친구를 사귈 수 없었다고 말한 것에서 드러난다.[4]

그러나 육영수는 나름대로 자신의 아들이 다른 아이들과 같은 생활을 하길 바랬다. 그녀는 박지만을 청와대에 들어가기 전에 살던 신당동 집과 가

---

1) 김우중에 대해서는 강준만, 〈김우중의 '일 중독' 이데올로기: '존경받는 기업인'은 가능한가?〉, 『인물과 사상 2』(개마고원, 1997)를 참고하십시오.
2) 박현동, 〈박지만씨 '코스닥 황태자' 변신〉,『국민일보』, 1999년 12월 4일, 19면.
3) 이원재, 〈박지만씨 대주주 '이지' 코스닥등록 심사 청구〉,『한겨레』, 1999년 10월 8일, 19면.
4) 김순덕, 〈어떤 업보〉,『동아일보』, 1996년 12월 4일, 21면.

까운 서울사대부속국민학교에 입학시켰다. 이것은 박정희의 재임 기간이 끝나 신당동 집으로 들어가게 될 때를 고려한 것이었다. 또한 박지만에게 등하교시에도 다른 이들과 같이 버스나 전차를 이용하도록 하기도 했다.

그렇게 별탈 없이 생활하던 그에게 어머니 육영수의 죽음이라는 커다란 아픔이 직면했다. 그가 중앙고 1학년에 재학 중이던 당시 그의 어머니 육영수가 갑작스럽게 죽임을 당했던 것이다. 너무 예민한 시기였고 정신적으로 어머니에게 많은 것을 기대던 박지만은 어머니를 여의고 방황할 수밖에 없었다. 어머니 육영수는 아버지의 엄격함과는 달리 자상함으로 그를 돌보며 여린 그가 세상을 살아가는 데 길을 밝혀주었다. 어려서부터 '대통령의 아들'이라는 중압감이 그의 어깨를 짓누르고 그것이 현실로 드러나 그를 외롭게 만들었을 때 그런 그의 어깨를 다독여주며 그를 잡아준 것이 그의 어머니 육영수였던 것이다. 그는 마치 등대를 잃어버린 배와 같았다.

어머니를 잃고 방황하며 고등학교를 마친 그는 아버지의 뜻에 따라 육군사관학교에 들어갔다. 박정희는 방황하며 갈피를 잡지 못하는 박지만을 엄격한 규율과 혹독한 훈련으로 강한 인물로 태어나게 하고 싶었던 것이다.[5] 그러나 1979년 김재규의 총탄에 의해서 박정희는 그의 아들의 육사 졸업식을 보지 못하고 죽음을 맞았다. 박정희의 죽음은 박지만에게 남은 마지막 보루의 무너짐이었다. 보호막으로 자리잡고 있던 권력조차 잃어버리고 그에게 남은 것은 사람들의 아버지에 대한 따가운 비판의 소리와 자기 자신뿐이었다. 박지만은 그러한 상태에서 81년 쓸쓸히 육군사관학교를 졸업했다. '대통령의 아들'이라는 중압감과 부모를 모두 총탄에 잃은 아픔, 어려서부

---

5) 박찬식, 〈박 전대통령 아들의 인생유전〉, 『한국일보』, 1994년 12월 18일, 5면.

터의 청와대 생활, 그 모든 것이 그를 사회에 적응할 수 없도록 만들었다. 이때 그가 택한 것이 마약이었다.

자신의 모든 것을 잊어버리고 싶어했을 박지만에게 마약은 하나의 탈출구였다. 그는 1983년부터 마약을 했다고 한다. 박지만이 81년 육사를 졸업하고 86년 3월 대위로 전역했으니 그는 군복을 입고 있을 때부터 마약을 한 것이다. 결국 그는 89년 10월 대통령의 아들로서는 처음으로 검찰에 구속됐다. 그러나 전직 대통령의 아들이라는 점과 불우한 성장기 등이 고려되어 기소유예로 풀려났다. 그 직후 박태준의 도움으로 당시 삼양산업이라는 회사에 부사장으로 들어가게 되었다. 이 삼양산업이 지금 그에게 1백73억 원의 평가익을 안겨준 주식회사 이지(EG)의 전신이다. 그는 이때 대전에서 15평짜리 전셋집에 살며 혼자 빨래도 하고 밥도 해먹으며 건실한 생활을 했다고 한다. 이렇듯 회사 일에 전념하며 재기에 성공하는 듯 보였으나 마약의 유혹은 떼어내기 힘든 것이었다. 박지만은 89년 이후에도 91년 3월, 94년 12월, 96년 11월 그리고 98년 2월 등, 4차례에 걸쳐 마약사범으로 구속됐다.

처음 마약으로 인해 구속될 당시인 1989년 여론은 그에게 가벼운 처벌이 가해지기를 바랬다. 그의 불우한 성장기로 인한 그의 아픔은 다른 사람들의 동정을 샀던 것이다. 그러나 계속된 마약 복용과 이로 인한 구속, 뒤이어지는 박지만의 사죄의 눈물 등 반복적인 일련의 사건들은 사람들에게 남은 박지만에 대한 신용과 동정심을 없애기에 충분한 것이었다. 그는 점점 말 그대로 마약사범이 되어가고 있었다.

그러나 지금까지 그에게 가해진 처벌들은 다른 사람들에 비해 가벼운 처벌들이었다. 한 예로 1996년 마약으로 인해 징역 2년에 집행유예 3년, 사회봉사 2백 시간을 선고받았던 그가 집행유예 기간 중인 98년 다시 마약을 복용했다. 이것은 징역 10년 이하의 구속이나 1억 원 이하의 벌금형에 처할 수 있는 중죄였다. 그러나 정작 박지만에게 내려진 것은 벌금 8백만 원과 추징금 1백만 원 그리고 치료감호가 전부였다. 그나마 99년 2월 발표된 '특별사면 및 복권대상'에 포함되어 박지만은 출소했다. 이것은 당시 형평성에 어긋난다는 논란을 일으켰으나 박지만을 향해 각계의 탄원과 불우한 어린 시절로 인한 동정적 여론이 이어지고 그가 사죄의 눈물을 보임으로써 일단락 됐다. 그는 자신이 마약에 손을 대게 된 것은 자신의 외로움 때문이라고 강조했다.

> 말 한마디 나눌 상대가 없는 외로움 때문에 히로뽕에 빠져들었다. 혼자 집에 있으면 고독한 존재라는 회한과 알 수 없는 서러움에 괴로웠다.[6]

박지만은 1996년 마약복용으로 재판을 받을 때에는 법정에서 자신의 외로운 심정을 토로하며 가정을 갖고 싶다고 고백하기도 했다. 그러자 그가 재판을 마치고 퇴정할 즈음 20대 한 여성 방청객이 그의 누나 서영에게 박지만과 결혼하고 싶다는 의사를 전달했고 박지만이 있던 구치소로도 청혼편지를 보냈다. 뿐만 아니라 이러한 박지만의 법정 발언이 보도되면서 박지만이 수감되어 있던 서울구치소에는 전국 각지의 여성들로부터 일주일에 2~3통의 편지가 왔다. 검사 사무실에도 선처를 바라는 전화와 편지가 잇따랐다.[7]

그러나 이제 박지만은 자신의 외로움을 달래줄 여인을 찾은 것 같다. 1998년 또다시 마약복용으로 인해 검찰에 구속될 당시 그는 도피해 있던 용

---

6) 김순덕, 〈어떤 업보〉, 『동아일보』, 1996년 12월 4일, 21면.
7) 정길근, 〈박지만 법정고백, 여심에 파문〉, 『경향신문』, 1997년 1월 14일, 23면.

평 스키장에 후배의 소개로 만난 30대의 한 여인과 같이 있었고 99년 출소 인터뷰에서 출소 후 여자친구와 결혼해 가정을 이루는 소박한 삶을 계획하고 있다고 말했다.[8]

그가 이제 완전히 마약의 늪에서 벗어났는지는 아직 알 수 없다. 그러나 중요한 것은 그가 이제 마약에 빠지지 않을 만큼 사업에서도 어느 정도의 자질을 보이고 있고, 가정을 꾸미게 됨으로써 적어도 외로움 때문에 힘들 일은 없을 것이라는 사실이다. 또한 1999년 박정희와 육영수의 추모식에서 10년 동안 거의 같이 자리한 적 없던 3남매인 근혜, 서영, 지만 씨가 자리를 함께 했는데 이것은 그들간의 화해무드로 보인다. 박지만이 98년 마약으로 인해 구속될 당시 둘째 누나 서영 씨는 서울지검장을 찾아가 "가족들의 무관심 때문에 이런 일이 생긴 것 같다. 앞으로 자주 면회를 가 가족끼리 벽을 허물고 정을 느끼도록 해주겠다"며 가족간의 오랜 단절을 없애기 위한 화해의 의지를 보이기도 했다.[9]

박지만의 상황이 좋아졌다고 판단한 정치권에서는 그에게 정치에 입문하라는 손짓을 하기도 했다. 1998년 IMF로 인해 경제적 상황이 어려워지자 이에 국민들 마음속에 '박정희 향수'가 싹트기 시작했다는 것이 정치권의 판단이었다. 정치권에서 이러한 기회를 그냥 지나칠 리 만무했고 박지만은 이러한 정치권의 판단하에 박정희의 아들이라는 후광을 등에 업고 기존의 정치권으로부터 프로포즈를 받게 된 것이다. 그가 구체적으로 정치적 의사를 밝힌 것은 지난 97년 대선 당시가 처음이다. 그 당시 현재 한나라당 부총재로 있는 그의 누나 박근혜[10]가 한나라당을 지지하고 나선 반면 그는 김

---

8) 박창신, 〈특별사면 화제의 인물〉, 『세계일보』, 1999년 2월 23일, 25면.
9) 함영훈, 〈지만씨 이번엔 방황 끝내나〉, 『세계일보』, 1998년 2월 13일, 25면.

대중을 지지한다는 의사를 나타냈다. 그리고 박지만은 박정희가 평소 은인으로 생각했던 고 이용문의 장남인 자민련 이건개 의원에 의해서 정치입문의 프로포즈를 받았다.[11] 그러나 지금 당장 박지만은 정치에 대한 마음은 없는 것 같다. 그는 자신의 이런 몸으로는 정치할 수 없다는 의사를 정치권에 보냈다. 그것은 마약으로 인해 여러 번 구속당한 자책감에 의한 것으로 풀이된다.

이제 그는 안정된 가정 생활을 바탕으로 사업가로서 발빠른 행보를 보이고 있다. 삼양산업은 회사명을 주식회사 이지(EG)로 바꾼 1998년 총매출액 1백47억 원에 32억 원의 당기순이익을 냈다. 99년에도 98년에 이어 약 37억 원의 이익을 냄으로써 건실한 기업으로 성장해가고 있다. 박지만은 98년 말에 주식회사 이지(EG)의 대표 이사 사장직을 전문 경영인에게 넘기고 자신은 회장을 맡고 있는 것으로 알려졌다. 이 밖에도 그는 서울에 삼양올드건설과 서오정보통신 등 2개의 회사를 운영하고 있다.[12] 이제 그의 사업가로서의 당당한 행로에 귀추가 주목된다.

이 경 희

---

10) 박근혜에 대해서는 강준만, 〈박근혜: 아버지를 위하여〉, 『사람들은 왜 분노를 잃었을까』(인물과사상사, 2000)를 참고하십시오.
11) 강민석, 〈'박정희 家 챙기기' 자민련 지극 정성〉, 『경향신문』, 1998년 8월 5일, 5면.
12) 이원재, 〈박지만씨 대주주 '이지' 코스닥등록 심사 청구〉, 『한겨레』, 1999년 10월 8일, 19면.

법 정

보통 승려라는 말에서 우리는 산 좋고 물 맑은 절에서 염주를 굴리고 사람들에게 부처의 가르침을 설법하는 이미지를 떠올린다. 그러나 그 중에 특이한 행동으로 사람들의 관심의 대상이 되거나 입에서 입으로 그 덕(德)이 알려져 유명해진 승려도 있다. 어떤 승려는 스스로를 '걸레 스님'이라며 거렁뱅이 행세를 하기도 한다. 또 어떤 승려는 북한동포돕기 운동에 앞장서기도 한다. 물론 그들은 대부분, 소신대로 하는 행동이 자의와는 상관없이 유명종교인이라는 이유로 매스컴에 회자되는 경우다. 이런 승려 중에는 『무소유』의 저자인 법정도 포함된다. 그는 승려로서는 드물게 베스트셀러 작가로 유명한데 강원도 두메산골로 들어가 은자(隱者)생활을 해 사람들의 궁금증을 자아내기도 하는 인물이다. 그런가하면 시가 1천억 원짜리 음식점을 시주 받아 세상을 떠들썩하게 만든 주인공이기도 하다. 이렇게 법정은 늘 세간의 관심을 받아온 인물이다.

그런 법정이 1999년 12월, 산문집 『오두막 편지』(이레)를 출간했다. 이 산문집은 강원도 두메산골에서 은자(隱者)생활을 하고 있는 법정이 96년부터 써온 짧은 글들을 모아놓은 것으로 이 책은 그가 그 동안 발간했던 여타의 산문집과 더불어 베스트셀러 목록에 올라 있다.

법정 개인의 신상명세에 대한 기록은 그가 출가한 1954년부터 시작된다. 출가하기 전, 어디서 무엇을 했는지, 어느 집 자식인지 법정 자신이 공식적으로 언급한 적이 없기 때문이다. 그는 54년 전남대 철학과를 졸업하고 얼마 후, 효봉 스님을 찾아가, 머리를 깎았다. 소위 말하는 출가(出家)를 한 것이다.

> 나는 아마 전생에도 출가 수행자였을 것이다. 이렇게 단정적으로 말할 수 있는 것은 직관적인 인식만이 아니라 금생에 내가 익히면서 받아들이는 일들로 미루어 능히 짐작할 수 있다. …… 어느 스님의 소개로 안국동에 있는 선학원에서 효봉선사를 친견하고 출가의 결심을 말씀드렸다. 내 얼굴을 살펴보고 생년월일을 묻더니 그 자리에서 쾌히 승낙을 하셨다. 그 날로 조실방에서 삭발, 먹물옷으로 갈아입고 선사께 인사를 드리자 선뜻 알아보지 못했다. 곁에서 누군가 방금 삭발하고 옷 갈아입은 행자라고 말씀 드리니 "허허, 구참(舊參) 같구나!" 라고 하셨다. 구참이란 오래된 중이란 뜻. 삭발하고 먹물옷으로 갈아입고 나니 훨훨 날 듯 어찌나 기분이 좋던지 나는 그길로 밖에 나가 종로통을 한바퀴 돌았다.[1]

---

1) 법정, 〈아직 끝나지 않은 출가〉, 동아일보출판부 편, 『나의 길 나의 삶』(동아일보사, 1991), 152~153쪽.

법정이 머리를 깎고, 행자시절을 하던 그 무렵, 한국 불교계는 '교단정화운동'이 한창이었다. 그는 스승인 효봉이 수행하고 있는 통영의 미래사(彌來寺)에서 행자시절을 보내고 그 해(1954) 7월 계를 받고 정식 승려가 되었다.

유신철폐 시위가 전국적 운동으로 번지던 1970년대 중반 법정은, 60년부터 이듬해까지 함께 『불교사전』을 편찬했던 운허 스님과의 인연으로 동국역경원 개설 작업에 참여했다. 그는 이 시기에 장준하, 함석헌 등을 만나 민주수호국민협의회와 유신철폐개헌 서명운동에 참여하기도 했다. 그러던 중 법정은 75년 인혁당(人革黨) 사건의 관련자들이 다음날 전원 사형 당하는 사건이 발생하자, 그 해 10월 서울을 등지고 조계산으로 들어갔다.

"생때같은 젊은이들을 하루아침에 죽게 한 이와 같은 반체제운동이 어떤 의미가 있을지 곰곰이 생각하지 않을 수 없었다. 명색 출가 수행자로서 마음에 적개심과 증오심을 품는다는 일 또한 자책이 되었다. 무슨 운동이든지 개인의 인격형성의 길과 이어지지 않으면 별 의미가 없겠다는 생각이 들었다."[2]

법정은 1975년 이후 조계산의 불일암과 전남 순천의 송광사에서 속세(俗世)를 등지고 불념(佛念)에만 열중했다. 76년 법정은 자신의 첫 저서인 『무소유』를 출간했다. 이 산문집에서 법정은 '사람은 버릴수록 겸허해진다'라는 명제를 자신이 수도를 통해 깨달은 삶의 이치로 풀어내었다.

> 우리들이 필요에 의해서 물건을 갖게 되지만, 때로는 그 물건 때문에 적잖이 마음이 쓰이게 된다. 그러니까 무엇인가를 갖는다는 것은 다른 한편 무엇인가에 얽매인다는 것이다. 필요에 따라 가졌던 것이 도리어 우리

---

2) 법정, 앞의 글, 156쪽.

를 부자유하게 얽어맨다고 할 때 주객이 전도되어 우리는 가짐을 당하게
된다. 그러므로 많이 갖고 있다는 것은 흔히 자랑거리로 되어 있지만, 그
마만큼 많이 얽히어 있다는 측면도 동시에 지니고 있는 것이다.[3]

이 산문집은 1976년 첫 출간된 이래 25년의 시간이 흐르는 동안 판과 쇄
를 거듭하면서 많은 사람들에게 사랑받고 있다. 이 책은 84년 '이달의 청소
년도서', 85년 '새마을문고용도서', 86년 '사랑의 책 보내기 선정도서', 90
년 '서울시립 남산도서관 독서권장도서'에 선정되었다.『무소유』는 2000년
현재 총 3천93쇄에 1백64만 부가 판매되어 법정에게 승려 외에 베스트셀러
작가라는 직함도 가져다주었다.

법정은 1980년대엔 인도와 동남아시아의 불교 유적지를 여행하며 견문을
쌓았다. 이것 외에 80년대 법정의 행적에 대한 자료들은 전무(全無)하다시피
하다. 그럼에도 법정은 명상집과 산문집, 그리고 불교관련 번역서들을 출간
하며 꾸준히 사람들의 입에 오르내렸다. 자신은 수련한다는 이유로 어떤 매
스컴과의 인터뷰도 기피했지만 법정의 저서가 출간되었다는 소식이 들리기
무섭게 사람들은 각종 매스컴을 통해 법정의 소식을 들을 수 있었다.

불일암에 안거[4]중이던 1989년 어느 날, 법정은 그의 모친이 위독하다는
소식을 듣게 되었다. 주위에서 어서 집에 다녀오라고 재촉하자 그는 "출가
이후 한번도 속가를 찾은 일이 없다. 하물며 지금은 안거중이지 않은가"라
는 말로 일거에 거절했다. 다음날 모친이 사망했다는 소식을 들었음에도
"이미 돌아가신 분이 내가 간다고 살아오시겠느냐"며 수행을 계속했다.[5] 그

---

3) 법정,『무소유』(범우사, 1995), 31쪽.
4) 안거(安居): 승려들이 3개월 간 절문 밖 출입을 삼가고 수행하는 것.

런 그에게서 사람들이 진정한 출가인(出家人), 출세인(出世人)의 모습을 보게 되는 것은 너무나 당연한 일인지도 모른다.

법정은 1993년 『버리고 떠나기』(샘터)를 출간하고, 송광사 불일암을 떠나 강원도 두메산골에 둥지를 틀었다. 그는 화전민이 버리고 간 오두막에서 전기도, 라디오도, 시계도 하나 두지 않았다. 그의 말을 빌자면 그는 비로소 자유스러운 몸이 되었던 것이다.

> 시계가 멎고 시간을 알리는 라디오의 기능이 쉬게 되자, 나는 비로소 시간 밖에서 살 수 있었다. 배가 고파야만 끼니를 챙기고 눈꺼풀이 무겁게 내려온 후에라야 잠자리에 들곤 했다. 시계바늘이 지시하는 시간 말고 자연의 흐름을 따라 먹고 자고 움직이니 마음이 아주 넉넉하고 태평해졌다.[6]

법정은 1994년 봉사활동과 환경보존 운동을 실천하는 사단법인 '맑고 향기롭게'를 설립했다. 이 단체는 자선음악회와 다일공동체 무료병원 설립운동, 선천성 얼굴 기형아를 위한 사랑의 시술 캠페인, 터키 지진 피해자 돕기 운동 등을 통해 '나누어 주는 삶'을 실천하고 있다.

> 나눔의 삶을 살아야 한다. 꼭 물질적인 것만이 아니고 따뜻한 말을 나눈다든가 눈매를 나눈다든가 일을 나눈다든가, 아니면 시간을 함께 나눈다든가, 함께 살고 있는 공동체와의 유대가 절대적으로 필요하다. 나누는

---

5) 이형삼, 〈'무소유 정신'을 따르는 사람들 "법정(法頂)이 있어 맑고 향기롭게 산다"〉, 『신동아』, 1999년 12월호, 266쪽에서 재인용.
6) 법정, 『오두막 편지』(이레, 1999), 22쪽.

기쁨이 없다면 사는 기쁨도 없다. 시간적으로나 공간적으로 외떨어져 독립되어 있다 하더라도 나누는 기쁨이 없다면 그건 사는 것이 아니다.[7]

'맑고 향기롭게'의 이사진 가운데는 전 청와대 사정수석을 지낸 김유후 변호사와 아나운서 이계진, 방송작가 윤청광 등이 포함되어 있다. '법정 팬클럽'의 회원인 작곡가 노영심도 '맑고 향기롭게'에서 주최하는 모든 행사의 음악을 담당하고 있다. 노영심은 이 같은 활동에 참여하게 된 이유에 대해 다음과 같이 말했다.

"살다 보면 그런 일을 할 기회는 꽃잎처럼 떨어져 내립니다. 그걸 피하지 않고 그냥 받아 쥐는 거죠. 누군가를 직접 돕거나 돕기 위한 통로 혹은 연결망의 역할을 하는 과정에 소중한 사람들을 만나게 되어 의미가 더해집니다. 그중 한 분이 법정 스님이죠. 스스로 부족함을 깨닫고 고개 숙일 줄 알되, 그 부족함이 남에게 줄 게 없는 부족함이 돼선 안 된다는 가르침을 주셨어요."[8]

법정으로부터 법명과 오계(五戒)를 받은 소설가 정찬주는 법정의 사는 모습 하나하나가 자신에게는 큰 가르침이었다며 다음과 같은 일화를 소개했다.

"스님이 불일암에 계실 때 가끔씩 찾아뵈면 국수를 삶아주시곤 했습니다. 스님 국수 삶는 솜씨가 보통이 아닌데다 암자의 물이 좋아 맛이 기가 막혔죠. 하루는 스님이 삶은 국수를 우물물에 담가 식히는데, 국수 두어 가닥이 그릇에서 흘러 떨어졌어요. 그걸 보시더니 얼른 주워서 드시는 겁니다. 그

---

7) 법정, 〈홀로 있는 시간〉, 류시화 엮음, 『산에는 꽃이 피네』(동쪽나라, 1998), 27쪽.
8) 이형삼, 〈'무소유 정신'을 따르는 사람들 "법정(法頂)이 있어 맑고 향기롭게 산다"〉, 『신동아』, 1999년 12월호, 265쪽에서 재인용.

러면서 이러세요. '신도들이 나더러 수행 잘하라고 보내준 정재(淨財)인데, 국수 한 가닥도 가볍게 여겨선 안 되지 ······.'"[9]

1997년 월북 시인 백석의 연인으로 유명한 고(故) 김영한이 시가 1천억 원대의 대원각을 법정에게 시주했다. 김영한이 법정에게 대원각을 시주하겠다는 의사를 전한 것은 87년도였다. 법정이 87년 미국 LA에 있는 송광사 분원(分院)인 고려사에 들렀을 때 그녀도 마침 같은 곳에 와 있었다. 그 곳에서 처음 법정을 만난 그녀는 법정에게 대원각을 시주할 의사를 밝혔었다. 그러나 법정은 그녀의 시주의사를 계속 거절해오다가 10년 만에 그 뜻을 받아들였다. 요정정치의 현장으로 불리던 '대원각'의 간판이 내려지고 '삼각산길상사'라는 현판이 새로 걸렸다. 법정은 대원각을 시주한 김영한에게 '길상화(吉祥華)'라는 법명을 지어주었다. 길상사 내부 공사가 끝나고 그 해 12월 14일 대웅전에서 개원법회를 열었다. 개원법회에 참석한 김영한은 '기쁜 마음'을 다음과 같이 말했다.

"여든 해를 살아오면서 죄를 많이 지었다. 그리고 무식하고 게으르게 살아왔다. 부처님을 모시고 종을 한 번 치는 것이 소원이었다. 내 딴에는 종을 하나 마련한 것이 대단한 사업이었다. 정말 만족스럽다."[10]

개원법회에는 김수환[11] 추기경도 참석해 자리를 빛내 주었다. 이에 대한 보답으로 법정은 이듬해(1998) 2월 24일 명동성당에서 특별 강연을 하기도 했다. 이처럼 법정은 50년 가까운 세월을 불가에서 보냈음에도, 기독교나 천주교 같은 타종교에 대한 선입견이 없는 인물로 알려져 있다. 송광사 불

---

9) 이형삼, 앞의 글, 264쪽에서 재인용.
10) 이문혁, 〈진흙에서 연꽃 피듯 도심에 선 길상사〉, 『시사저널』, 1997년 12월 25일, 86면.
11) 김수환에 대해서는 강준만, 〈우리에게 김수환은 무엇이었나?: 김수환 추기경의 30년간의 고뇌〉, 『인물과 사상 12』(개마고원, 1999)를 참고하십시오.

일암 시절, 그의 암자에는 불상, 십자가, 성모상이 놓여 있었으며, 김수환 추기경을 비롯, 목사, 신부, 수녀들과도 친분이 두터운 것으로 알려지고 있다. 춘천 교구장을 맡고 있는 장익 주교와는 벌써 30년이 넘는 세월을 벗으로 지내고 있다고 한다.

법정은 1998년 '조계사 사태'가 발생하자 93년부터 『동아일보』에 게재하던 〈산에는 꽃이 피네〉라는 칼럼을 중단하고, '조계사 사태'가 마무리 될 때까지 절필(絶筆)하겠다며 다음과 같이 말했다.

"수행자인 승려는 부처님의 가르침을 몸소 실천하는 사람입니다. 그런 수행자들이 주기적으로, 잊어버릴만 하면 싸우니 정말 송구스러울 뿐입니다. 얼마전 서울에 왔을 때 지하철에서 40대 신사가 신문을 보다 '중놈들 또 지랄이군'이라고 욕하는 걸 들었습니다. 귀는 면구스러웠지만 사실은 사실이니 고개를 숙일 수밖에요."[12]

법정은 1998년 8월 법문집『산에는 꽃이 피네』(동쪽나라, 1998)를 출간했다. 이 책은 시인 류시화가 정리했고, 판화가 이철수가 표지를 디자인했으며, 98년 내내 베스트셀러 목록에도 올랐다. 법정은 이 책을 출간하면서 받은 인세 중 1천만 원을 동아일보사에 수재민돕기 성금으로 기탁했다.

법정은 본문에서 소개한 책 이외에『서 있는 사람들』,『물소리 바람소리』, 『산방한담』,『새들이 떠나간 숲은 적막하다』,『법구경』(역),『숫타니파타』(역),『인연 이야기』(역) 등을 펴냈다. *신은정*

---

12) 한진수·이기홍, 〈잿밥싸움 그만두고 출가때 마음으로 돌아가야〉,『동아일보』, 1998년 12월 12일, A6면.

서 세 원

'**토**'끼처럼 툭 튀어나온 앞니'를 생각하면 머릿속에 떠오르는 사람이 있다. 바로 개그맨 서세원이다. 40대 중반이 된 그의 개그 인생은 20년이 넘는다. 그렇게 오랜 시간이 흘렀음에도 아직도 그가 팬들에게 많은 사랑을 받고 있는 것은, 뛰어난 입담으로 사람들을 즐겁게 해주기 때문일 것이다. 얼마 전에는 멕 라이언의 헤어스타일을 그대로 연출해, 사람들 사이에서 화제의 대상으로 떠올랐던 서세원은 지금 '제2의 전성기'를 누리고 있다.

1998년부터 예감되었던 그의 인기는 KBS, MBC, SBS 세 방송사를 넘나들며, 네 개의 방송 프로그램 메인 MC로 바쁘게 뛰어다니는 그의 모습에서 실감할 수 있다. 특히 현재 서세원이 자신의 이름을 걸고 진행하는 토크쇼 『서세원 쇼』는 30%를 넘나드는 높은 시청률을 자랑하고 있다. 그는 자신의 노련한 입담과 재치로서 톡톡 튀는 신인 부럽지 않은, 방송가 최고의 MC 자리에 올랐다.

2000년, 서세원은 영화감독에 재도전하겠다는 자신의 포부를 밝혀, 연예가에서 화제가 되었다. 이번엔 SF영화에 도전해보겠다는 그는, 할리우드의 기술까지 도입하겠다는 등 영화에 대한 굉장한 열의를 보이고 있다. 그의 이번 영화 나들이는 86년 영화 『납자루떼』 이후 14년 만에 이뤄지는 것이다.

영화 『납자루떼』를 통해 첫 메가폰을 잡았던 서세원은 당시 참담한 실패만 맛보고 빚더미에 올랐었다. 영화의 실패로 마음의 상처도 크게 입었던 서세원은 한동안 브라운관에서조차 모습을 감추었었다. 그런 서세원이 자신의 못다 이룬 영화에 대한 꿈을 다시 실현시키겠다며 발벗고 나섰고, 다음과 같은 말로 자신의 포부를 밝혔다.

> 그 동안 이상은 등 가수의 앨범제작에 손을 대면서 자신감을 되찾을 수 있었습니다. 신인 시절부터 품었던 영화의 꿈을 이제부터 본격적으로 펼치겠습니다.[1]

서세원은 1955년 3월 18일 충북 충주에서 태어났다. 2남 2녀 중 막내였던 그는 어려서부터 많은 귀여움을 받고 자랐다. 특히 그의 아버지는 서세원이 먹고 싶어하고, 하고 싶어하는 일이라면 다 들어 줄 정도로 서세원을 아꼈다. 철도 공무원이었던 그의 아버지 덕분에 서세원은 여러 지방을 돌며

---

1) 유진모, 〈서세원 영화감독 재도전〉, 『스포츠서울』, 2000년 2월 25일, 40면.

학교를 다녀야 했다. 이는 그의 출신학교에서 드러난다. 초등학교 입학은 충주에서 했고, 이후 아버지를 따라 여덟 번이나 전학을 하다가 졸업은 대전 삼성초등학교에서 했다. 중학교는 부산 대신중학교, 고등학교는 대구 대륜고를 다녔다. 고등학교도 처음에는 서울에서 다녔다. 그의 아버지가 막내아들 공부시켜보겠다고 서울로 보냈으나, 매번 말썽만 피워 대구로 불러들인 것이다. 대학은 경기대 국문과를 졸업했다.

사실 서세원이 처음 대중에게 모습을 드러낸 것은 대학 재학시절인 1978년이었다. 박철수 감독의 『머저리들의 긴 겨울』이란 영화에 출연했던 것이다. 그 이후 서세원은 자신이 갖고 있는 넘치는 '끼'를 발휘하기 시작했다.

1979년 그는 아르바이트로 서대문 앞에 있던 음악다방 DJ로 일했다. 서세원은 DJ로 일할 때부터 인기가 좋았다고 한다. 자신이 DJ로 일하고 있는 시간이 되면, 사람들이 좌석을 전부 뮤직박스 쪽으로 돌려 앉을 정도로 말이다.[2] DJ로 일하는 동안 서세원은 동양방송(TBC) 라디오에 몇 번 출연하는 행운을 얻었는데, 방송 후 반응이 좋아 그는 3개월 동안 계속 출연하게 되었다. 라디오를 통해 점차 이름이 알려진 그는 TV에도 두세 번 출연할 수 있었고, 마침내 MBC에 픽업되어 본격적인 연예계 길을 걷게 되었다.

1980년 서세원이 방송계에 데뷔한 지 1년밖에 지나지 않았지만, 그는 『영 11』과 같은 프로에 출연해 많은 인기를 얻었다. 같은 해 서세원은 해태제과와 전속모델로 계약하여 CF를 찍게 되었다. 이 CF를 통해 만난 사람이 지금의 아내 서정희로, 그녀는 당시 열 여덟 살이었다. 지금도 그렇지만 당시

---

2) 김명렬, 〈서세원표 웃음의 즐거운 공장〉, 『월간중앙』, 1999년 9월호, 278~279쪽.

에도, 아름답고 깔끔한 이미지를 가진 서정희와 특별히 잘생긴 구석 하나 없는 서세원이 어떻게 부부가 되었는지 의아해하는 사람이 많았다. 서세원과 서정희의 러브스토리를 들어보자.

처음 서세원을 본 서정희는 그냥 '못생긴 멀대'라고만 생각했다. 그러다 CF를 촬영하는 동안 서투른 자신을 감싸주는 서세원의 태도를 보면서 서서히 마음을 열기 시작했다. 또 자신에게 "너처럼 때묻지 않은 여자들은 연예인생활을 견디기 힘들어. 가급적 연예인이 되지 말고 네 결심처럼 미국으로 유학 가서 공부했으면 좋겠다"고 조언해주는 서세원을 보고, 그녀는 결혼까지 결심하게 되어 버렸다.[3] 서세원은 서정희의 모델 파트너에서 매니저로, 다시 그녀의 남편으로 그 영역을 점차 넓혀나갔다.

그러나 서세원과 서정희 두 사람은 온전한 부부가 되기까지, 멀고도 험한 길을 지나야만 했다. 서정희의 집안에서는 그녀를 유학 보내려고 생각하고 있었던 데다, 미래가 불분명한 서세원의 '연예인'이라는 직업을 마음에 들어 하지 않았다. 서세원의 집에서도 나이 어린 며느리를 들이고 싶지 않아 결혼을 반대했다. 이런 양쪽 집안의 반대에 두 사람은 동거를 시작했고, 서정희가 첫 아이를 낳은 1983년에서야 정식으로 웨딩마치를 올릴 수 있었다.

서세원이 자신의 입담 실력을 인정받기 시작한 것은 라디오 진행을 맡으면서였다. 1981년 3월 서세원은 이수만[4]의 바통을 이어받아 라디오 프로그램『별이 빛나는 밤에』를 진행했다. 85년 3월까지 4년을 '별밤지기'(DJ)로 활약한 그는 당시 대학생으로 방송작가에 입문한 송지나[5]와 호흡을 맞춰,

---

3) 서정희, 〈내 인생을 바꾼 CF모델 발탁〉,『국민일보』, 1999년 12월 16일, 27면.
4) 이수만에 대해서는 김주화, 〈이수만: 스타 프로젝트 개발자〉,『스타비평1』(인물과사상사, 1999)을 참고하시기 바랍니다.

생방송 청취율 1위를 기록하기도 했다. 프로그램 애청자를 중심으로 '별밤 가족'이라는 개념을 도입한 것도 바로 서세원, 송지나의 작품이라고 한다.[6]

TV 코미디 프로그램, 라디오 진행, CF 등을 통해 사람들에게서 많은 사랑을 받고, 아름다운 아내도 얻은 서세원은 방송 바깥일에 눈을 돌리기 시작했다. 1986년 서세원은 영화에 손을 댔다. 사실 영화 만드는 것은 그가 어릴 적부터 간직해왔던 바램이었다.

서세원 자신이 직접 시나리오를 만들고, 연출한 영화의 제목은 『납자루떼』였다. 소설가 이외수가 지어준 영화 제목은 '무리를 지어 떠도는 물고기'를 뜻하는 것으로, 영화 속 방황하는 젊은이들의 모습을 비유한 것이다. 그러나 정작 영화 『납자루떼』로 방황한 것은 서세원 자신이었다. 영화는 참패에 가까울 정도로 흥행에 실패했고, 이에 심한 충격을 받은 서세원은 한동안 방송에 출연하지 않았다. 이후 약 10년 간 그가 출연한 프로는 『청춘행진곡』, 『스타데이트』 정도밖에 되지 않았다.

오랜 기간 동안 서세원은 방송계를 떠나 있었던 것이나 다를 바 없었다. 방송 대신 서세원은 신앙 생활에 주력했다. 이는 독실한 기독교 신자였던 아내 서정희의 영향이 컸다. 서세원은 1989년부터 일체의 야간업소 출연을 중지했을 뿐만 아니라, 주일성수에 장애가 되는 프로그램의 출연까지 사양할 정도로 신앙 생활에 열의를 보였다.

신앙 생활을 통해 기력을 되찾은 서세원은 조금씩 방송활동을 재개했다. 지난날 그를 아프게 했던 기억들은 그를 사랑해주는 사람들 덕분에 서서히

---

5) 송지나에 대해서는 『시사인물사전 2』; 정혁, 〈송지나: 『모래시계』와 송지나를 말한다〉, 『스타비평3』 (인물과사상사, 2000)을 참고하십시오.
6) 김현미, 〈오늘은 왠지 서세원을 만나고 싶어〉, 『신동아』, 1997년 1월호.

잊혀지는 듯했다. 1996년, 그는 또다시 여러 방송사를 누비고 다녔다. 그간 서세원은 MBC와 SBS 방송사와 출연 계약 문제로 법정 싸움까지 벌이기도 했으나, 모두 툴툴 털어 버리고 방송에 전념했다.

같은 해 서세원은 『코미디 세상만사』, 『행복이 가득한 집』에 출연하면서 라디오 프로그램 『가요산책』도 진행하고 있었다. 특히 그는 『가요산책』이라는 라디오 프로를 통해 "오늘은 왠지"라는 유행어를 퍼뜨리기 시작했다. 바로 1970년대 음악다방 DJ들의 고정 멘트를 흉내낸 것에서 시작된 유행어였다. 사람들은 말을 할 때면 항상 "오늘은 왠지"로 시작하는 버릇이 생겨났다. 단순한 유행어라고 하기보다는 "오늘은 왠지" 신드롬이었다. 그 "오늘은 왠지" 신드롬의 한 예를 들면 다음과 같다.

> 오늘은 왠지 동해바다로 달려가고 싶어요/ 처얼썩거리는 파도 소리에 샤워하고/ 바닷속에서 물장구치는 꽁치 6만 8천 3마리와/ 하늘을 날고 있는 갈매기 7만 8천 9백 50마리의 노랫소리에 안마 받고 싶어요.[7]

1997년 그는 『서세원의 화요 스페셜』이라는 TV 토크쇼를 진행하게 되었다. 이때부터 그에겐 '개그맨 서세원'보다 'MC 서세원'이 더 어울리는 것 같았다. 그만큼 MC로서의 능력을 인정받고 있었던 것이다. 당시 그와 견줄 만한 MC가 있었다면, 그것은 『이홍렬 쇼』를 진행하던 개그맨 이홍렬이었다. 프로를 진행하는 방식은 서로 달랐지만, 두 사람과 그들이 진행하는 프로그램의 인기는 쌍벽을 이루었다. 『서세원의 화요스페셜』의 담당 PD였던

---

7) 오광수, 〈서세원 흉내내기 '오늘은 왠지…' 신드롬〉, 『경향신문』, 1996년 8월 31일, 34면.

이용준은 진행자 서세원의 즉흥성과 돌발성을 이홍렬과 비교하며 다음과 같이 말했다.

> 한쪽이 거친 야생마를 타는 로데오라면, 다른 쪽은 잘 훈련된 말로 섬세함을 겨루는 마장마술이다. …… 『서세원의 화요스페셜』은 다른 토크쇼에 비해 게스트가 특별하거나 흔히 '장치'라고 부르는 기발한 코너가 없다. 그러나 이 프로그램을 두고 지루하거나 밋밋하다고 불평하는 시청자는 없다. 연출진도 예측할 수 없는 다양한 얼굴의 서세원이 버티고 있기 때문이다. 어떤 게스트가 나와도 자신의 분위기로 끌어들이고, 흥만 나면 무대에 누워 춤도 출 수 있는 서세원의 활약으로 다양하고 흥미로운 즐거움을 준다.[8]

1998년 SBS는 『서세원의 좋은 세상 만들기』라는 프로그램을 내놓아, 그해 언론사 방송담당기자단에서 선정한 '올해 최고의 프로그램' 비드라마 부문 1위로 선정되었다. 『서세원의 좋은 세상 만들기』가 흔히 방송 매체의 소외 계층이라 불리는 노인들을 대상으로 제작, 그들을 안방으로까지 끌어냈다는 평가를 받았던 것이다. 덕분에 프로그램이 시작될 때만 하더라도 주변 관계자들의 비전이 없을 것이라는 소리에도 불구하고, 이 프로는 지금까지도 방영되고 있는 장수 프로그램이 되고 있다.

단, 『서세원의 좋은 세상 만들기』가 갖고 있는 문제점이 있다면, 방송의 대상이 된 노인들의 어리숙함을 방송의 상업성으로 지나치게 이용하지 않느

---

[8] 〈KBS '서세원의 화요 스페셜' vs SBS '이홍렬 쇼'〉, 『TV저널』, 1997년 11월 12일, 32면.

냐는 것이다. 노인들과 더불어 방송을 매끄럽고 재밌게 이끌어간 서세원의 진행이 시청률을 올리는 데 큰 몫을 한 것은 분명하다. 그러나 방송이 회를 거듭할수록, 서세원과 그의 프로가 단순히 시청률을 높이기 위해 노인들을 대상으로 장난치고 있다는 비판의 목소리가 계속해서 제기되고 있는 것이다.[9]

서세원에게 있어 지난날 영화제작 실패로 인해 맛보았던 아픔은 이제, 단순히 사람들을 웃기기 위해 던지는 '농담거리' 가운데 하나가 되었다. 그가 과거 영화를 만들었고, 그 영화가 흥행에 참패했었다는 얘기를 들으면 사람들은 그냥 웃으며 지나친다. 과거의 참담함이 무색할 만큼, 그는 많이 성장한 것이다. 최근에는 자신이 MC로 활동하고 있는 『서세원 쇼』에서 자신의 첫 영화인 『납자루떼』가 그 해 상영된 한국 영화 중 흥행 성공 '톱 10'에 포함될 정도로 흥행에 성공을 거두었다는 여유를 보이기도 했다.

현재 그가 메인 MC로 진행하고 있는 TV 프로그램만 해도 네 개나 된다. KBS의 『야(夜)!한 밤에』·『서세원 쇼』, MBC의 『일요일 일요일 밤에』, SBS의 『서세원의 좋은 세상 만들기』 등이 그것이고, 라디오 프로그램으로도 『서세원의 2시가 좋아』가 있다. 이 밖에도 2000년 봄철 개편 전까지 진행했던 『시사터치 코미디 파일』, 일본 프로 표절 혐의로 방송 시작한 지 얼마 되지 않아 막을 내린 『서세원의 슈퍼스테이션』 등도 그의 활동무대였다.

서세원이 이렇듯 많은 프로그램 진행을 맡을 수 있었던 것은 그가 갖고 있는 상품성 때문이다. 1998년 서세원이 KBS와 SBS에 벌어다 준 수익효과만 하더라도 각각 1백40억 원, 1백70억 원에 달한다고 한다. 한마디로 말

---

9) 전상금, 〈발상전환, 시청률 경쟁의 돌파구〉, 『여성신문』, 1998년 6월 19일, 11면.

해 서세원이 진행했던 프로그램들은 방송가에서는 '황금알을 낳는 거위'로 인식되고 있는 것이다. 그렇다면 서세원의 어떤 점이 시청자들에게 어필하고 있는 것일까? 문화연구가 조흡은 서세원이 지닌 매력을 다음과 같이 말한다.

"서세원의 이런 성공 비결은 무엇일까? 무슨 이유로 그가 맡고 있는 프로그램들이 하나같이 히트작이 되느냐는 말이다. 우선 그가 다른 코미디언이나 사회자와 달리 전혀 요란하지가 않다. 억지나 과장이 절제돼 있다는 말이다. 실제로, 그가 맡고 있는 프로그램을 살펴보면 그의 역할을 뾰족하게 집어내기가 어려울 정도로 그는 쉽고 편하게 진행한다. 서세원의 성공 비결은 여기에 있는 것 아닐까? 자신의 존재를 별로 크게 드러내지 않으면서도 자신의 게스트로 하여금 솔직한 얘기를 할 수 있도록 유도해내는 능력이 그의 장점인 것이다."[10]

"자신의 게스트로 하여금 솔직한 얘기를 할 수 있도록 유도해내는 능력"은 토크쇼 MC를 맡기 위해선 필수적인 요소라 할 것이다. 다시 말해 그런 능력이 없는 사람이 토크쇼를 이끌어가기란 불가능하다는 말이다. 그런 점에서 이것만으로 서세원의 인기 비결을 설명하기엔 부족한 느낌이다. 서세원이 '황금알을 낳는 거위'로 성장하기까진 보다 더 주요한 요인이 있지 않았을까? 이 점에 대해 조흡은 위에서 한 말에 이어 다음과 같이 말하는데, 이것이 서세원이 누리고 있는 인기 비결의 원천이 아닌가 한다. 한마디로 그는 시청자들에게 재미를 안겨줄 수 있는 방법이 어떤 것인지를 알고 있다는 말이다.

---

10) 조흡, 〈시청자 중심의 방송 민주화-서세원 방송독점의 문제점〉, 월간 『인물과 사상』, 1999년 8월호, 131쪽.

이런 조용한 역할 뒤에 간혹 파격적으로 터지는 서세원의 빠른 상황판단과 재치가 그를 보는 재미를 더해준다. 그는 위기를 기회로 만들 줄 아는 순발력이 있다. 그래서 서세원의 방송은 자세한 대본이 필요치 않으며, 대신 순간 순간을 임기응변으로 대부분 넘어간다. 준비된 스크립트를 무시하고 즉흥적으로 웃음을 만들어 낼 수 있다는 것은 분명 남다른 능력이다. 서세원은 그런 재능을 가지고 있는 드문 연예인이다.[11]

서세원의 인기 상승을 또다른 측면에서 살펴보면 경쟁 스타의 부재라는 호조건이 자리잡고 있다. 1990년대 후반 높은 인기를 자랑하던 두 개그맨 이경규와 이홍렬의 부재였다. '양심맨', '뺑코' 등과 같은 개성 있는 캐릭터로 사랑을 받고 있던 두 사람은 자신들의 늦공부를 위해 잠시 해외로 나가 있었다. 98년부터 99년까지, 약 2년 동안 두 사람은 연예계를 떠나 있었다. 두 사람의 부재는 서세원에게 행운을 가져다주었고, 오늘의 서세원이 있을 수 있는 기회도 많이 마련해 주었던 것이다.

아내 서정희와 함께 다수의 CF에도 출연한 바 있는 서세원이, 이제 브라운관을 벗어나 다시 한번 자신의 꿈을 위한 도전을 준비한다. 과거 자신에게 많은 상실감을 안겨주기도 했던, 영화에 대한 도전이다.

같은 개그맨으로 영화에 손을 댔다가 눈에 띄는 성공을 거둔 사람은 흔치 않았다. 기껏해야 영화『용가리』로 화제가 되었던 심형래 정도라고 할 수 있을 것이다. 영화『납자루떼』참패 후 적지 않은 세월을 잠적하다시피 살았던 서세원이다. 그런 그가 영화에 재도전하는 것은 그의 성격 탓도 있다. 그는

---

11) 조흡, 〈시청자 중심의 방송 민주화-서세원 방송독점의 문제점〉, 월간『인물과 사상』, 1999년 8월호, 131~132쪽.

현실에 안주하고 가만히 있으면 답답해진다며 다음과 같이 말한다.

내가 하고 있는 일과 전혀 무관할 정도로 파격적인 변화는 어렵지만 인접 분야에서 못해본 일, 새로운 일을 늘 찾아다닌다. 그런데서 삶의 자극과 재미를 얻는다. …… 인생은 결코 길지 않다. 하지만 내가 사는 동안 할 수 있는 일이라면 끊임없이 도전하고 싶다[12].   임 수 진

---

12) 김재번, 〈나는 대통령도 안 부러운 코미디언 서세원〉, 『TV저널』, 1997년 12월 3일, 25면.

신 경 림

징 이 울린다 막이 내린다/ 오동나무에 전등이 매어달린 가설무대/ 구경꾼이 돌아가고 난 텅 빈 운동장/ 우리는 분이 얼룩진 얼굴로/ 학교 앞 소줏집에 몰려 술을 마신다/ 답답하고 고달프게 사는 것이 원통하다/ …… 비료값도 안 나오는 농사 따위야/ 아예 여편네에게나 맡겨두고/ 쇠전을 거쳐 도수장 앞에 와 돌 때/ 우리는 점점 신명이 난다/ 한 다리를 들고 날라리를 불거나/ 고갯짓을 하고 어깨를 흔들거나[1]

위의 시는 신경림의 대표시 『농무』 중 일부이다. 1970년대 초반, 이 시가 표제작으로 수록되어 있는 『농무』라는 시집을 출간함으로써 당대 한국 시단

---

1) 신경림, 〈農舞〉, 『農舞』(창작과비평사, 1975), 18~19쪽.

의 흐름을 바꾸어 놓을 만큼 문학적 파급력을 행사했던 신경림은 『농무』 출간 당시 30대 중후반의 아직은 젊은 피가 흐르는 사람이었다. 하지만 어느덧 세월은 많이도 흘러가 버렸다. 새로운 세기를 맞이한 지금 그는 환갑도 훌쩍 뛰어 넘어 버린 60대 중반의 나이에 이른 것이다. 그도 이제 자신이 지고 있는 나이의 무게를 감당하기가 조금은 부담스러워지기 시작한 것일까? 아니면 자신이 걸어왔던 길을 되짚어 보며 또다른 성찰의 계기를 마련하고 싶었던 것일까? 그 자세한 이유야 어쨌든, 새로운 세기가 시작되던 2000년 초 그는 자신의 60여 년 세월을 담담한 어조로 책 한 권에 풀어내었다. 문이당에서 출간한 자전적인 에세이집 『바람의 풍경』이 바로 그것이다.

신경림은 1935년 4월 6일 충청북도 충주시 중원군 노은면 연하리에서 출생했다. 그의 본명은 신응식이며 등단하면서 필명으로 갖게 된 것이 신경림이었다. 그의 시를 접해 본 사람들은 흔히 그가 평범한 농군의 핏줄을 받아 자란 이라고 생각하기 쉽지만, 사실 그는 전형적인 농사꾼 집안의 자식은 아니었다. 그의 아버지는 농업학교 출신으로 금융조합의 서기나 광산에서의 연상(鉛商), 분광(分鑛), 그리고 약방을 경영하기도 했다. 그렇다고 그의 집안이 유복했던 것은 아니다. 그의 아버지는 이재에 눈이 어두워 여러 사업에 손을 대었다가 성공보다는 주로 실패의 쓴잔을 들이켰기 때문이다. 또한 주색잡기에 빠져 있기 일쑤였다.

하지만 그의 집안은 일찌감치 신학문에 눈을 뜬 집안이었다. 그저 사람 사귀기만을 좋아했던 아버지와는 달리 그의 어머니는 정규교육은 받지 않았지만 책 읽기를 즐겨하는 사람이었다. 그의 친척집에는 많은 책들이 놓여 있었고, 당연하게도 그가 책을 접할 기회는 보통의 아이들보다 많을 수밖에 없었다. 그 시절을 신경림은 이렇게 이야기한다.

"그때 저는 어려서 잘 몰랐지만 하여튼 집안에 책을 좋아한 사람이 많고 신학문 한 사람도 많았어요. 재당숙 가운데는 일본 가서 대학 나온 사람이 더러 있고, 의사도 있고, 고등학교 교사하는 사람들도 있고 했으니까. 할아버지 항렬 중에도 일본 유학생이 있고, 서울에 가서 사범학교 다닌 사람도 있었어요. 하여튼 시골에서는 희한한 집안이라고 소문났었어요. 돈도 없는 사람들이 공부는 다들 악착같이 했으니까 말이죠."[2]

일찌감치 교사에 대한 꿈을 품고 있었던 신경림은 사범학교를 졸업하길 희망했다. 당시 사범학교는 똑똑하지만 가난해서 대학을 갈 수 없었던 사람들이 교사라는 안정된 직장을 얻기 위해 진학하는 곳이었다. 하지만 그는 사범학교 병설중학교 시절의 영어 교사였던 정춘용의 집요하리만큼 강한 권유로 대학 진학을 위해 고등학교에 진학하게 되었다. 정춘용은 신경림의 문학적 재능을 간파하고 있었고, 사범학교를 졸업하고 그저 평범한 교사가 되어 문학적 재능을 썩히기보다는 대학에 들어가 본격적인 문학 수업을 받기 원했던 것이다. 그렇게 해서 충주고등학교에 입학하게 된 신경림은 곧 그곳의 독일어 교사로 전근 온 정춘용과 인연을 계속 이어나갈 수 있었다.

그리고 고교시절 신경림은 또 한 명의 은사를 만나게 되는데 유촌 선생이 바로 그 사람이었다. 유촌 또한 신경림의 문학적 재능을 파악하고 있었고 그를 많이 독려해 주었다. 덕분에 신경림은 유촌 선생의 아들 유종호(문학평론가이자 이화여대 영문과 교수)와도 인연을 맺게 되었고, 그들의 인연은 지금도 계속되고 있다. 그렇게 문학에 대한 열정으로 들떴던 고등학교 생활이었지만, 한편으로는 사춘기 시절의 미묘한 감성과 방황으로 얼룩지는 것이 또

---

2) 신경림·정희성·최원식 대담, 〈신경림 시인과의 대화: 삶의 길, 문학의 길〉, 『신경림 문학의 세계』 (창작과비평사, 1995), 15쪽.

한 그때의 시절이었다. 그리고 신경림에게도 대학 진학을 위한 입시철이 다가왔다. 그 시절을 신경림은 이렇게 회상한다.

"삼 학년이 되자 조금 정신을 차렸다. 같은 집에서 공부하던 집안 형들이 거푸 몇 명씩 서울의 명문대에 들어간 것이 자극이 되었다. 밤을 꼬박 세우는 극성도 부리고 학교에서 실시하는 입시특강에도 빠지지 않았다. 조금만 더 분발하면 명문대에 무난히 합격하리라는 담임의 격려도 나를 고무시켰다. 여름방학이 되었다. 두 달 가까이 시골집에 가 있지 않으면 안되었기 때문에 나는 그 사이 공부할 참고서를 구하러 나갔다. …… 참고서를 다 고르고 났는데 책꽂이 맨 위칸에 십여 권 끈으로 묶인 채 옆으로 뉘어 있는 책이 눈에 띄었다. 신조사(新潮社)란 출판사에서 나온 열 권 짜리『도스토예프스키 전집』이었다. 나는 흥분했다. …… 참고서나 교과서는 최소한 줄이고, 이 전집을 지고 오십 리를 걸어 시골집으로 돌아가면서 나는 꼭 개선장군이 된 기분이었다. 나는 그날 저녁으로 당장『죄와 벌』에 달라붙었다. ……『죄와 벌』을 읽고 나니 이번에는『카라마조프네 형제』마저 읽고 싶어졌다. '이왕 늦은 거' 나는 이렇게 체념하고 다시 그 책에 달려들었다. 개 머루 먹듯이지만, 다 읽고 나니 여름방학이 지났다. ……『도스토예프스키 전집』은 내게 명문대학으로 가는 길 대신 다른 길을 열어주었나 보다."[3]

신경림은 이듬해인 1954년에 동국대학교 문리대 영문학과에 입학했다. 하지만 대학생활은 그를 만족스럽게 하지 못했다. 대신 그는 청계천에 줄지어 있던 고서점에 드나드는 것을 대학생활의 낙으로 삼았다. 이렇게 고서점을 드나들다가 신경림은 우연히 같은 대학의 대학원생과 인연이 닿아 매주

---

3) 신경림,『바람의 풍경』(문이당, 2000), 67~70쪽.

금요일 사회과학서적을 가지고 책 이야기를 나누는 모임에 참석하게 되었다. 이 모임을 통해 그는 문학 외의 많은 서적들을 접할 수 있었다. 이 시기에 그는 『공산당 선언』 같은 책도 접할 수 있었던 것이다.[4]

그가 시 『갈대』, 『묘비』 등으로 『문학예술』을 통해 등단했던 때는 대학 3학년이던 1956년이었다. 하지만 그 시절의 사회·정치적 상황은 신경림을 시인으로 놔두지 않았다. 평소 존경의 마음을 아끼지 않았던 죽산 조봉암이 진보당 사건으로 사형당하는 사태를 목격하며, 그는 새삼 시대의 엄혹함을 깨닫게 되었다. 대학 진학 후 시작되었던 서울생활에도 제대로 적응을 하지 못했던 그는 결국 57년 초에 낙향했다. 그리고 그가 다시 서울로 올라오게 되는 65년까지의 근 10년이라는 기간 동안, 그는 어느 한 곳에 정착하지 못하는 방랑의 세월을 보내야 했다. 당시를 신경림은 이렇게 회상한다.

"처음에는 농사도 지어보고, 광산이나 공사장에 가서 일하고, 장사도 하고 하여간 별걸 다 했어요. 그렇게 하다 보니 금방 10년이 흘렀지요. 평창·영월·문경·춘천 이렇게 돌아다니다 보니까. 무슨 큰 의미는 없었어요. 그냥 뭐, 한번 내려가니까 기회가 영 안 되었던 거지요."[5]

물론 그 사이인 서른의 나이에 그는 이강임이라는 여성과 결혼식을 올렸다. 그는 이제 혼자가 아니었다. 함께 삶을 꾸려나갈 아내가 생기자 떠돌이 생활도 청산해야 했던 것이다. 그래서 구한 것이 과외 영어 지도 교사 자리였다. 그러나 그것도 그리 오래가지 못했다. 그러다가 김관식 시인을 우연히 만나게 된 신경림은 그에 의해 다짜고짜 끌려가 서울 생활을 다시 시작

---

4) 신경림, 『바람의 풍경』(문이당, 2000), 80~83쪽.
5) 신경림·정희성·최원식 대담, 〈신경림 시인과의 대화: 삶의 길, 문학의 길〉, 구중서·백낙청·염무웅 엮음, 『신경림 문학의 세계』(창작과비평사, 1995), 25~26쪽.

하게 되었다. 그가 당시 자리잡은 곳은 전국에서 모여든 가난한 실향 농민들의 집합소나 매한가지였던 서울의 홍은동 끝자락이었다. 그리고 학원의 영어강사 자리를 얻어 궁색하게나마 취직도 되었다. 홍은동 안에서 몇 번 거처를 옮기는 동안 그는 어느 새 자신의 피를 물려받은 아이들의 아버지가 되었다. 그리고 서른 둘이라는 조금은 늦은 나이에 대학 졸업장을 손에 쥘 수 있었다.

그러다가 신경림은 한 일간지로부터 시 청탁을 받아 『산1번지』라는 시를 썼다. 그러나 이 시를 보냈던 그는, 신문사 측으로부터 신문에 싣기에 부적합하다는 통보를 받고 『산1번지』를 몇 년 간 묵혀 두어야만 했다.[6] 홍은동의 생활을 형상화 한 이 시를 잠시 발췌해 보면 이렇다.

> 해가 지기 전에 산1번지에는/ 바람이 찾아온다./ 집집마다 지붕을 덮은 루핑을 날리고/ 문을 바른 신문지를 찢고/ 불행한 사람들의 얼굴에/ 돌모래를 끼어 얹는다./ …… 어둠이 내리기 전에 산1번지에는/ 통곡이 온다. 모두 함께/ 죽어 버리자고 복어알을 사온/ 어버이는 술이 취해 뉘우치고/ 애비 없는 애기를 밴 처녀는/ 산벼랑을 찾아가 몸을 던진다.
> ……[7]

결국 이 시는 『창작과 비평』 1970년 가을호에 『눈길』, 『파장』 등과 함께 발표되었다. 이는 유종호의 소개로 인해 맺게 된 『창작과 비평』과의 첫 인연

---

6) 구중서, 〈현실의 바닥에서 일어나는 노래〉, 구중서·백낙청·염무웅 엮음, 『신경림 문학의 세계』 (창작과비평사, 1995), 153~154쪽.
7) 신경림, 〈산1번지〉, 『창작과비평』, 1970년 가을호(영인본), 501쪽.

이었다. 그 후 신경림과 『창작과 비평』과의 인연은 실천문학사에서 간행된 『가난한 사랑 노래』를 제외한, 『농무』에서 1998년의 『어머니와 할머니의 실루엣』에 이르기까지 그의 모든 시집이 '창비시선'으로 출간된 것을 보더라도 매우 각별하다는 것을 알 수 있다.[8]

홍은동에서 생활한 지 몇 년 만에 신경림은 안양에 자신의 집을 가질 수 있었다. 그러나 정작 그에게 찾아온 것은 행복이라기보다는 오히려 불행 쪽에 가까웠다. 자신의 곁에서 고생만 하던 아내가 자신들만의 보금자리를 마련한 지 얼마 안 되었을 때 몹쓸 병을 얻어 갑작스레 세상을 떠났기 때문이다. 아이들 셋을 남겨두고 떠난 너무나도 이른 죽음이었다. 신경림은 그때를 이렇게 회상한다.

> 홍은동 산동네 생활을 청산하고 안양 비산동의 산비알에 작은 집을 지었을 때 아내는 여간만 좋아하지 않았다. …… 그러나 아내는 이 집에서 겨우 일년을 살았을 뿐이다. 시름시름 앓았으나 위궤양이라 해서 별것 아니려니 했던 것이 막판에 위암으로 판정을 받고 한 달만에 세상을 떴다. 아내의 장례가 치러지던 날까지도 집에서는 아내가 벽과 마루에 칠한 페인트와 니스 냄새가 가시지 않고 있었다.[9]

그의 슬픈 마음을 하늘도 알고 있었던 것일까? 그의 아내를 선산에 묻던 날 하루종일 비가 내렸다. 그러나 당시 그의 불행은 아내의 죽음으로 끝나지 않았다. 그 이듬해 그의 할머니가 돌아가셨고, 또 2년이 채 되기 전에 그

---

8) 여기서 미래사나 문학세계사 등에서 출간된 신경림의 시선집은 예외로 분류했다.
9) 신경림, 『바람의 풍경』(문이당, 2000), 89~90쪽.

의 아버지마저 중풍으로 고생하다가 결국 세상을 등졌기 때문이다. 이렇듯 차례차례 찾아온 불행 때문에 그가 자포자기하듯 자신의 삶을 영위했던 것은 아니다. 얼마 후인 1973년 월간문학사에서 그의 첫 시집 『농무(農舞)』가 출간되었다.[10] 그가 『갈대』로 등단한 지 무려 17년 만에 이루어진 시집 발간이었으니 그의 감회는 남달랐을 것이다. 신경림은 첫 시집을 발간했던 때를 이렇게 회상했다.

"내가 서른 아홉을 특히 잊지 못하는 것은 그 해 봄에 첫 시집 『농무』(農舞)를 내어서이기도 하다. 10년이라는 공백이 있었다고는 하지만 문단에 나온 지 15년. 겨우 43편의 시를 가지고 첫 시집을 내었으니, 하릴없는 늦깎이요 어지간한 게으름뱅이였던 셈이다. 물론 자비출판이었지만, 같은 회사에서 제작을 보던 시인 서정춘의 강력한 권유가 없더라면 엄두도 내지 못했을 것이다. 양장본의 천값만 준비하면 나머지는 자투리로 어떻게 해보겠다고 나선 것이다. 출판사는 소설가 이문구가 있던 한국문인협회 월간문학사 이름을 빌리기로 했다. 내가 근무하던 출판사 이름을 빌릴 수도 있었지만 신세지는 것이 싫었던 것이다. 뒤에 알고 보니 월간문학사는 출판등록이 안된 터로, 말하자면 『농무』는 불법 출판물이 되고 말았다. 이렇게 해서 5백부를 만들었는데 갖다 놓으니 회사창고가 내 책으로 가득 찼다."[11]

이렇듯 초라하게 출발한 『농무』는 곧 한국 시문단에 큰 파장을 일으키게 된다. 그리고 높은 판매고를 기록하기도 했다. 당시까지 한국 시문단을 주도하던 모더니즘 계열의 난해하고 지식인적 취향의 시를 써오던 시인들에게

---

10) 『농무』는 1974년 창작과비평사를 통해 증보판으로 출간되었다. 창작과비평사에서는 처음으로 출간된 시집이었다. 곧 『농무』는 '창비시선'(創批詩選) 1호가 된 것이다.
11) 신경림, 『월간중앙 WIN』, 1996년 5월호, 236쪽.

『농무』는 하나의 신선한 충격이요, 반성의 매개체가 되어주었기 때문이다. 그의 시는 그만큼 쉽고 또한 현실적이었다. 특히 이 시집의 표제작 『농무』는 산업화라는 미명하에 소외되었던 농민들의 울분과 자꾸 사라져만 가던 농촌 공동체에 대한 환기를 노래한 시였다. 하지만 시집 『농무』는 어느 날 불쑥 튀어나온 것이 아니었다. 신경림은 이미 당대 한국 사회에 풍미하던 말놀음 위주의 현실과 괴리된 시들에 매우 비판적인 생각을 가지고 있었기 때문이다. 그가 『창작과 비평』 1973년 봄호에 기고한 〈문학과 민중〉이라는 글 중 일부를 보면 그가 가지고 있는 생각의 단면을 엿볼 수 있다.

> 마침내 우리의 시에서는 한용운, 이상화 또는 백석, 이용악 등 시대정신에 투철하고 민중의 목소리로 노래할 수 있었던 시인들이 남긴 것은 자취도 없어지고, 양반의 시, 선비의 시, 건달의 시만이 활개짓을 하게 되었다. 이들과 체질을 달리하는 시인들의 시안(詩眼)없는 침묵은 이들의 독무(獨舞)에 전혀 회의하는 자가 없는 환경을 조성했으며, 그들의 사고가 봉건시대로 후퇴하거나 유아의 수준으로 맴돌아도, 바로 시라는 한 가지 이유로 해서 객관적으로 존재이유를 확인 받거나 합리화되었다. 여기서 우리는 우리의 시가 말의 장난, 생각의 미미한 꼬투리에 매달려 끄적거리는 것 이외의 아무 것도 아닌 것으로 타락하는 과정을 보게 되는바, 한국시의 파행성은 이렇게 비롯된 것이다.[12]

이렇듯 치열한 문학적, 시대적 고민을 떠안고 신경림의 『농무』는 탄생되

---

12) 신경림, 〈문학과 민중〉, 『창작과비평』, 1973년 봄호, 8쪽.

었던 것이다. 지금은 고인이 된 시인 조태일은 살아 생전에 시집 『농무』가 이룩한 문학적 성취를 이렇게 이야기했다.

> 진지한 현실적 체험의 욕망도 없이 한가하게 현실에서 비켜서 있는 세계, 사람살이의 짙은 냄새가 풍기지 않는 세계, 나 몰라라 하며 자기도취에 빠져 있는 내면의 세계에 참여한 언어는 오직 '썩음'이 예약되어 있는 어려운 언어로 '고여 있는 시'의 세계를 보여주며 친화력이 없는 반면, 현실감각이 이룩한 세계, 민중의 의지가 있는 세계, 열린 공간에서 사람살이의 냄새가 물씬거리는 세계에 참여한 언어는 '움직이는 시'의 세계를 보여주며 친화력이 강하다. 이와 같은 '움직이는 시'의 한 모습으로서 시집 『농무』의 세계는 농촌민중들의 삶의 실상을 생생하게 보여준다. 절망하며 비관하고, 자학하며 실의에 빠지면서도 바람직스럽지 못한 현실을 극복, 변화시키려는 의지가 담겨 있는 시집이 『농무』이다.[13]

1974년 신경림은 『농무』의 증보판을 창작과비평사에서 출간했고, 또한 이 시집으로 제1회 만해 문학상을 수상하기도 했다. 그리고 『농무』의 문학적 성공 이후 그는 시작(詩作) 활동을 왕성하게 펼쳐갔다. 77년에는 그의 첫 평론집 『문학과 민중』이 민음사에서 출간되었다. 그러나 그의 두 번째 시집이 대중들에게 선보이기까지는 『농무』가 시집으로 묶여 나온 지 6년이나 흘러야 가능했다. 그렇게 해서 그의 두 번째 시집 『새재』는 79년 창작과비평사에서 출간되었다. 그리고 그의 70년대는 저물어 갔다. 그에게 70년대는 시

---

13) 조태일, 〈열린 공간, 움직이는 서정, 친화력〉, 구중서·백낙청·염무웅 엮음, 『신경림 문학의 세계』(창작과비평사, 1995), 151쪽.

집 『농무』의 발간을 통해 '신경림'이라는 이름을 한국 현대시사(史)에 커다란 족적으로 남긴 때이기도 했지만, 반면 그 이전과 마찬가지로 뚜렷한 직장 없이 떠돌이 신세를 면치 못했던 빈한함의 연속이었으며, 사랑하는 가족들을 연이어 저 세상으로 보내야만 했던 가혹한 시절이었다.

그리고 1980년대가 시작되었다. 하지만 80년 봄 광주에서 불어온 피바람은 많은 양심적인 사람들의 가슴에 '살아남은 자'로서의 죄의식을 심어 주었고, 신경림 또한 그러한 죄의식으로부터 결코 자유로울 수 없었다. 또한 그는 김대중 내란 음모 사건에 동료 문인인 송기원, 조태일, 구중서 등과 함께 연루되어 조사를 받은 후 두 달이 지나서야 공소 기각으로 풀려날 수 있었다.[14] 이렇듯 그를 옥죄어 오던 80년대 벽두의 암울한 현실은 오래전부터 문학과 삶의 끊임없는 소통을 고민해왔던 그로 하여금 80년대 이후 시인으로서만이 아닌, 운동가로서의 면모도 보여주는 계기가 되어 주었다.

신경림은 1981년에 한국문학작가상을 수상했다. 또한 평론집인 『한국 현대시의 이해』를 진문출판사에서 정희성 시인과 함께 공동으로 저술·출간하기도 했다. 82년에는 시 감상집인 『우리의 노래여 우리들의 넋이여』를 지인사에서 출간했으며, 83년에는 평론집 『삶의 진실과 시적 진실』이 전예원에서 출간되었다.

1984년은 그가 새롭게 시작하는 활동들이 유독 많았던 해였다. 그는 자유실천문인협의회의 고문직을 이 해에 역임했고, 또한 민주화청년운동연합의 지도위원을 맡게 되기도 했다. 또한 최하림 이성부 등과 함께 '민요연구회'를 결성했다.[15] 민요연구회가 결성된 이 해부터 그는 이 단체의 의장직을 맡

---

14) 이재무, 〈우리 시대의 민족 시인〉, 신경림·이재무·이동순, 『신경림 문학앨범』(웅진출판, 1992), 69~70쪽.

아 89년까지 그 자리를 지켰다. 사실 그는 이미 장시 『새재』를 쓸 당시인 70년대 말엽부터 민요에 지대한 관심을 기울이기 시작하고 있었다. 그리고 83년 초가을부터는 월간 『마당』에 민요와 관련된 글들을 기고하고 있었는데, 이러한 일련의 활동은 성장시절부터 친숙했던 민요에 대한 그의 남다른 관심의 표현법이라 할 만했다.

당시 그가 『마당』에 기고했던 글들은 1985년 봄까지 연재되었고, 85년 가을 한길사에서 『민요기행』이라는 이름의 단행본으로 출간되었다. 또한 나남출판사에서 『한밤중에 눈을 뜨면』을 출간하였다. 그리고 같은 해에 민족민주통일운동연합의 중앙위원회 위원으로 활동하기 시작했다. 또한 그의 세번째 시집 『달넘세』가 창작과비평사에서 출간되기도 했다. 『달넘세』는 그가 몇 년 간 기울여 왔던 민요가락에 대한 채집과 연구의 자취가 묻어 있는, 즉 시들에 민요의 가락을 많이 차용한 시집이었다. 하지만 그 스스로가 인정하듯, 민요형식의 차용에 대한 지나친 강박은 『달넘세』에 실린 시들의 생기를 오히려 빼앗고 말았다.[16]

어쨌든 그의 민요에 대한 애정은 집요하다라는 표현을 써도 무방할 정도였는데, 그 이유는 단순히 그가 어린 시절에 향유했던 민요에 대한 단순한 애착으로만 치부할 수 없는 또다른 것이 존재하기도 했다. 이에 관한 신경림의 말을 잠시 인용해 보면 이렇다.

> 또 나는 80년대 초 후배들과 함께 민요연구회를 만들어 민요운동을 한 일도 내 삶에 있어 중요한 부분을 이룬다고 생각한다. 물론 그 모임이 내

---

15) 장연철, 〈민중 바탕 … '농민시'의 새 장 열어〉, 『한국일보』, 1991년 5월 18일, 15면.
16) 이재무, 앞의 글, 66쪽.

건 목적은, 미국문화와 일본문화의 독소적인 요소의 침윤을 막고 우리 문화를 튼튼히 세우기 위해 우리 정서의 바탕인 민요를 발굴 계승 재창조하여 그것을 우리 문화의 복판에 갖다 놓자는 것이었다. 그러나 다른, 보다 중요한 목적은 80년대의 대탄압으로 철저하게 봉쇄 당한 우리들의 공간을 확보하자는 데 있었다.[17]

그는 1986년에 한길사에서 『우리 시의 이해』라는 단행본을 출간했고, 같은 해에 수필집 『다시 하나가 되라』를 어문각에서 출간했다. 이듬해인 87년에는 나남출판사에서 그의 문학선집인 『씻김굿』이 출간되었다. 그리고 『남한강』이라는 장시집을 창작과비평사에서 출간했다. 장시(長詩)인 『새재』, 『남한강』, 『쇠무지벌』로 이루어진 시집 『남한강』은 어린 시절 그가 자란 남한강가에서 그가 귀담아 들었던 많은 얘기와 노래들을 긴 시로 형상화시킨 문학적 결정체였다. 물론 신동엽의 장시 『금강(錦江)』만큼 세인들의 입에 거론되는 것은 아니지만, 그 치열한 역사 의식만큼은 『금강』 못지 않다고 할 수 있겠다. 후에 신경림은 『남한강』의 창작 동기에 대해 이렇게 말했다.

"내가 『새재』, 『남한강』, 『쇠무지벌』로 이어지는 연작 장시 3부작을 쓰겠다고 생각하면서 그 무대가 될 남한강 상류와 새재 부근을 돌아다닌 것은 70년대 중엽부터였다. …… 기억 속에서 잊혀졌거나 자세히 알지 못했던 고개와 골짜기와 들과 여울과 꽃의 이름과 특성도 확인할 필요가 있었으며, 이 지방에 전해져 내려오는 얘기와 이 지방 사람들이 즐겨 부르던 노래는 특히 시의 밑바탕으로 되지 않으면 안되었다. 그래서 틈나는 대로 녹음기를

---

17) 신경림, 〈강 따라 노래 찾아〉, 신경림·이재무·이동순, 『신경림 문학앨범』(웅진출판, 1992), 131쪽.

들고 길면 3박4일, 짧으면 당일치기로 남한강과 새재에서 가까운 곳곳을 돌아다녔는데, 이때 내게 가장 큰 감명을 준 것은 강이나 산의 아름다움이 아니었다. 그 속에서 어렵게 살아가고 있는 사람과의 만남이었다. 특히 취재 과정에서 만난 몇몇 사람의 삶과 이야기는 내게 큰 충격을 주었으며, 어쩌면 『남한강』의 3부작은 그들의 살아온 이야기를 종횡으로 엮은 것이라 해도 지나치지 않을 것이다."[18]

그러나 『남한강』에서도 드러나듯 역사 의식의 지나친 강조는 자칫 문학작품을 생경한 구호 수준으로 전락시키고 말았던 게 당대의 문단 현실이 아니었던가. 신경림의 『남한강』이 그 정도의 수준은 아니었다 해도, 그러한 비판들로부터 전적으로 자유로울 수는 없었을 것이다. 이는 신경림 스스로도 인정하는 바였는데, 훗날 문학평론가 윤영천은 『남한강』의 문학적 한계를 이렇게 지적했다.

> 그러나 이 작품은 적잖은 곳에서 '농민적 영웅주의'로 치달으려는 서사적 충동을 어쩌지 못한다. 말하자면 과도한 전망을 내보인다는 의미이다. 이는 시적 상황을 앞질러 나아가려는 시인의 관념적 낭만화의 소산에 다름 아닌데, 여타의 특점들이 집약해내는 시적 감동을 상당 부분 상쇄시키는 결과를 초래하는 커다란 단처로 된다. 특히 『쇠무지벌』의 경우, 민요나 무가의 빈번한 삽입으로 말미암아 서사 골격이 여러 가지 시적 주제들의 무거운 하중을 더 이상 견뎌내지 못함으로써, 작품의 전반적 구도가 지나친 단순성으로 회귀하고 만 것도 문제이다. '읽는 시'보다 '노래하

---

18) 신경림, 『진실의 말 자유의 말』(문학세계사, 1988), 34~35쪽.

고 듣는 시'에 편향된 필연적 귀결이라 하겠다.[19]

이듬해인 1988년 실천문학사에서 그의 네 번째 시집 『가난한 사랑노래』가 출간되었다. 『농무』, 『새재』, 『달넘세』를 통해 급격한 산업화의 과정 속에서 소외의 대상으로 전락해가던 농민들의 울분과 한을 줄곧 노래해 왔던 신경림은 이 시집에 이르러 그의 시야를 농민뿐만 아니라, 산업화되어 가는 도시 속에서 소외 받고 있던 가난한 산동네 사람들에게까지 뻗쳤다. 이 시집에 수록되어 있는 『상암동의 쇠가락』이라는 시의 일부를 옮겨 보면 이렇다.

> 동이 트기 전에 상암동 산동네 사람들은/ 타이탄 트럭에 짐짝처럼 실려/ 소삿벌 비닐 채마밭으로 들일을 나간다// 소주 한 주발에/ 묽은 된장국으로 시작되는 들일은/ 시골살이보다 오히려 고달퍼서/ 때로 뽑힌 명아주 뿌리로/ 눈에 핏발들이 서지만// 다시 타이탄 트럭에 짐짝으로 쟁여/ 돌아오는 상암동 산동네는/ 고향만큼이나 정겨운 곳/ 낯익은 악다구니에 귀에 밴 싸움질들// 좌도 상쇠 우도 끝쇠/ 느린 길굿가락으로 이내 손이 맞아/ 호서 버꾸잡이까지 어우러져/ 덩더꿍이 가락에 한바탕 자지러진다
> ......[20]

신경림은 이 해에 한국민족예술인총연합(민예총)의 결성에 주도적인 역할을 했으며, 이 단체의 초대 사무총장을 역임하기도 했다. 그리고 시선집 『우

---

19) 윤영천, 〈농민공동체 실현의 꿈과 좌절〉, 구중서·백낙청·염무웅 엮음, 『신경림 문학의 세계』 (창작과비평사, 1995), 195쪽.
20) 신경림, 〈상암동의 쇠가락〉, 『가난한 사랑노래』(실천문학사, 1988), 31~32쪽.

리들의 북』과 수필집 『진실의 말 자유의 말』이 문학세계사에서, 『민요기행』 2권이 한길사에서 출간되었다.

그의 다섯 번째 시집 『길』은 『가난한 사랑노래』 이후 2년 만인 1990년에 창작과비평사에서 출간되었다. '신경림 기행시집'이라는 부제를 달고 나온 시집 『길』은 그가 철원(『끊어진 철길』), 통일전망대(『금강산』), 후포(『동해바다』) 등, 한반도의 이곳 저곳 돌아다니며 쓴 시들을 모은 것들이 대부분이다. 이러한 기행시들은 서정적이면서도, 여전히 신경림의 치열한 현실의식을 느끼게 한다. 여의도 농민시위를 형상화한 시 『파도』가 그 대표적인 경우라 하겠다. 그러나 신경림이 『농무』 이후 일관되게 보여 주었던 시세계는 『길』에서 하나의 전환점을 보여준다. 이 시집의 후기(後記)를 보면 그의 변화를 금세 감지할 수 있는데 그 중 일부를 인용해 보면 이렇다.

> 시집을 정리하면서 또 하나 느낀 게 있다면, 오늘의 우리 시가 너무 크고 높은 것만 좇고 있는 것이 아닌가, 그래서 자잘한 삶의 결, 삶의 얼룩은 다 놓치고 있는 것이 아닌가 하는 점이었다. 어쩌면 민중을 노래한다면서 민중의 참삶의 깊은 곳은 보지 못하고 기껏 민중을 이끌고 가는 혹은 이끌고 가는 것처럼 보이는 힘을 힘겹게 뒤좇아가는 처절한 모습이 우리 시 한쪽에 보이기도 했기 때문이다. 과연 시가 그토록 욕심을 가지는 것이 올바른 일인가. 시의 값은 오히려 본질적으로 작고 하찮은 것, 못나고 힘없는 것, 보잘 것 없는 것들을 돌보고 감싸안고, 거기에 그치지 않고 스스로 낮고 외로운 자리에 함께 서고, 나아가서 그것들 속의 하나가 되는 데 있는 것이 아닐까. 또 그것이 시의 참길이 아닐까. ……[21]

신경림은 이 시집 『길』로 그 해에 제2회 이산문학상을 수상했다. 그리고 그 이듬해인 1991년에 미래사에서 그의 두 번째 시선집 『여름날』이 출간되었으며, 그는 민예총 공동의장, 민족문학작가회의 부회장을 역임하며 몸으로 뛰는 활동가의 모습을 여전하게 보여주었다.

그리고 2년 후인 1993년에 그의 여섯 번째 시집 『쓰러진 자의 꿈』을 창작과비평사에서 출간했다. 거의 60의 나이에 접어들었던 그가 3년 만에 새 시집을 출간하자 많은 사람들의 이목이 집중되기도 했다. 신경림은 이 시집에서 『길』 이후 변모되기 시작한 그의 시세계에 더욱 큰 변화를 감지할 수 있도록 하는 시들을 선보였다. 물론 그렇다고 해서 그가 현실에 대한 희망을 아예 부정해 버린 것은 아니다. 그는 전망의 부재가 도래한 90년대에 오히려 새로운 희망을 찾고자 애썼던 것이다. 이 시집에 실려 있는 『빛』이라는 시를 인용해 보면 이렇다.

> 쓰러질 것은 쓰러져야 한다/ 무너질 것은 무너지고 뽑힐 것은 뽑혀야 한다/ 그리하여 빈 들판을 어둠만이 덮을 때/ 몇 날이고 몇 밤이고 죽음만이 머무를 때/ 비로소 보게 되리라 들판 끝을 붉게 물들이는 빛을/ 절망의 끝에서 불끈 솟는 높고 큰 힘을[22]

『쓰러진 자의 꿈』이 발간되던 해인 1993년에 민족문학작가회의 회장을 역임하게 된 신경림은 그 이듬해인 94년에도 회장직을 연임했다. 또한 그는 94년에 단재문학상을 수상하기도 했다.

---

21) 신경림, 〈後記〉, 『길』(창작과비평사, 1990), 116~117쪽.
22) 신경림, 〈빛〉, 『쓰러진 자의 꿈』(창작과비평사, 1993), 31쪽.

그는 1994년 이후 4년 만인 98년에 민족문학작가회의의 회장으로 다시 선출되었다. 그리고 이 해에 창작과비평사에서 그의 여덟 번째 시집인 『어머니와 할머니의 실루엣』을 출간했다. 이 시집은 여기저기 돌아다니기를 좋아하는 떠돌이 기질을 가진 그가, 이제 그 시야를 한국의 땅에 두지 않고 전 세계로 뻗친, 굳이 말하자면 그가 90년에 출간했던 시집 『길』의 '세계기행' 편이라 해도 무방할 듯하다. 이 해 5월 말 그는 이 시집으로 『서울신문』이 제정한 공초문학상 제6회 수상자가 되기도 했다. 순수문학을 견지해왔던 공초 오상순 시인의 업적을 기리기 위해 제정된 공초문학상을, 현실 참여적인 문학을 계속해 왔던 신경림이 수상하게 된 것에 대해 수상자인 신경림 본인도 조금 의외라고 생각한 듯하다. 당시 신경림은 수상 소감을 이렇게 밝혔다.

"공초선생과는 문학경향이 달라 처음엔 상받기를 주저했어요. 그러나 작품세계가 달라도 작품 자체의 완성도를 잣대로 상을 준다는 말을 듣고 망설임이 줄더군요."[23]

또한 이 해 가을 신경림은 『신경림의 시인을 찾아서』(우리교육)라는 에세이집을 출간했다. 정지용, 신동엽, 조지훈, 백석, 김수영, 천상병 등 한국현대시사에서 빛을 발하고 있는 22명의 시인들이 남긴 발자취를 찾은 이 책은 시인들의 고향과 생가, 시비 등을 신경림이 현장 답사하며 쓴 일종의 답사기라 할 수 있을 것 같다. 이 책 『신경림의 시인을 찾아서』도 결국 그가 발로 뛰며, 걸으며 체험하고 느꼈던 것들이 글로 토해져 나온 것이라 할 수 있겠다.

---

23) 이종수, 〈문학의 임무는 현실 변화 담는 것〉, 『서울신문』, 1998년 5월 28일, 13면.

지금까지 보아 온 바처럼 그가 오랫동안 자유문인실천연합이나 민예총, 민족문학작가회의에서 활동해온 것을 통해, 꾸준히 보여주었던 그의 시세계를 통해, 우리는 그가 권력에 굴종하는 시인들에 대해 매우 비판적이라는 것을 짐작할 수 있다. 1996년 『경향신문』에 기고한 칼럼을 통해 그의 이러한 생각의 면모를 쉽게 엿볼 수 있는데, 그 글의 일부를 인용해 보면 이렇다.

> 남쪽에는 그런 정신 나간 시인들이 하나 둘이 아니다. 80년 총칼로 국민을 협박, 군사독재자가 정권을 탈취했을 때 위대한 민족의 영도자가 어떻고 단군 이래 가장 좋은 미소가 어떻고 하며 시를 써다 바친 시인들이 하나 둘이 아니었다. 또 그들의 행동이 영웅적일뿐더러 역사적으로 부득이하고 정당하다고 찬양하는 글을 쓴 작가도 여럿이었다. 광주에서 수백 명의 시민을 학살한, 그 피가 손에서 채 마르지도 않은 자들을 향해서 말이다. 그 때 쓰지 않고 어떻게 견딜 수 있었겠느냐고 이제 와서 군색하게 변명을 늘어놓는 소리도 들리지만 말도 안 되는 소리다.[24]

그러나 이렇듯 '정신 나간 시인'들을 날카롭게 비판하는 그가, 1980년 5월 광주의 시민들을 폭도로 몰아붙였던, 그리고 군부 정권의 나팔수 역할에서 최선봉을 자청했던 『조선일보』의 '아침생각'란에 요즈음 들어 칸을 메꾸어 주고 있는 것은 어찌된 일일까? 자신들의 과거를 깊이 반성하고 속죄하면 모르겠으되, 여전히 보수언론을 자임하며 공공연히 개혁에 딴지를 거는 『조선

---

24) 신경림, 〈문학 바로 세우기〉, 『경향신문』, 1996년 2월 9일, 5면.

일보』에 소위 진보적인 문인의 대명사로 통하는 신경림이 글을 기고하는 것은 과연 온당하다고 할 수 있을까? 이는 비단 신경림뿐만 아니라, 김용택, 황지우,[25] 이문구[26] 등 진보와 개혁을 이야기하는, 무수한 문인들에게도 해당하는 물음이겠지만 말이다. 이렇듯 쉽게 이해될 수 없는 한국 문학동네의 기이한 풍경에 대해, '파리의 택시운전사'로 알려진 홍세화[27]는 다음과 같이 강도 높게 그들의 행태를 꼬집었다.

> 『농무』로 유명한 신경림 시인은 민중시인, 농민시인으로 불리기도 하는 한국의 대표적인 시인의 한 사람이다. 그는, "왜 조선일보 같은 매체에 기고하십니까?"라는 질문을 받고 "시인은 우주를 말하는 사람이다. 어느 매체에 글을 싣든지 그것은 시인의 자유이다"라고 대답했다고 한다. 그 얘기를 들었을 때 순간적으로 나에게 떠오른 말이 있었다. '무지는 죄악인가?' 이 질문은 연전에 프랑스 대학 입학 자격 시험의 철학과목에 출제되었던 논제 중의 하나였다. 그의 우주적 시 정신이 토론마저 불가능하게 하는 것인지 나는 알 수 없다. 그리고 문학에는 문외한이어서 문학의 진정성이란 게 무엇인지 나는 잘 모른다. 대신에 '지성이란 무엇인가?'라는 질문을 던져보고 싶다. 사물과 현상의 본질을 꿰뚫어 보는 안목을 가지고 자신의 세계-우주-사이의 관계를 성찰하여 그 바탕 위에서 행동함을 지성이라 말하지 않던가.[28]

---

25) 황지우에 대해서는 『시사인물사전 6』을 참고하십시오.
26) 김용택, 이문구에 대해서는 강준만, 〈김용택·이문구·송기숙·김준태님께: 왜 문인들은 언론개혁을 방해하나?〉, 『인물과 사상 14』(개마고원, 2000)를 참고하십시오.
27) 홍세화에 대해서는 『시사인물사전 2』를 참고하십시오.
28) 홍세화, 〈시대의 프로피뢰르〉, 『아웃사이더』 1호, 14쪽.

오랫동안 시대를 고민해 온 사람으로서, 그리고 이러한 이유로 인해 많은 사람들로부터 존경을 받고 있는 문인으로서, 신경림은 홍세화의 지적에 한 번쯤 귀를 기울여 볼 필요가 있지 않을까?

어쨌든 시인으로서 운동가로서 보낸 그의 세월도 참 많이 흘렀다. 그리고 어느새 그의 시집 『농무』가 세상에 첫 선을 보인지도 근 30년이 다 되어 가고 있다. 그 30년이라는 시간의 간극은 『농무』의 값이 5백 원에서 5천 원으로 오른 것만큼이나 큰 변화를 의미한다 하겠다. 『농무』 출간 당시 30대 중후반이던 신경림은 이제 환갑을 훌쩍 뛰어넘은 노장 작가가 되었고, 당대의 불온한 시로 통했던 『농무』나 『가난한 사랑노래』는 이제 수능시험을 준비하는 수험생들이 언어영역의 시험점수를 높이기 위해 자주 접해야 하는, 부담스러운 시가 되어 버린지도 여러 해가 흘렀다. 허나 그에겐 역마살이 끼었을까? 그는 여전히 길 한가운데 서 있는 듯하다. 코스모스가 핀 어느 시골길이 되었건, 산업화의 결과로 잘 닦여진 신작로가 되었건, 그는 끊임없이 길을 걸으며 이 땅에서 소외받은 이웃들과 함께 울분과 고통을 나누고 있을 것만 같다. 그는 그가 걸어왔으며, 또한 현재 걸어가고 있는 길을 이렇게 이야기한다.

산허리를 구물구물 뱀처럼 타고 올라가, 넘어가는 해와 함께 좁다란 고개로 사라지던 언덕길, 소장수들이 이랴이랴 소를 몰고 왁자지껄 떼를 지어가던 신작로, 산과 강까지 묻어버린 안개 속에서 그물과 망태를 든 고기잡이 늙은이가 갑자기 나타나곤 하던 강길, 이것이 내 머릿속에 오랫동안 각인되어 있는 길의 그림이다. …… 그 뒤 참 많은 길을 걸었다. 먹고 살기 위한 길도 있었고 도망을 위한 길도 있었다. 즐거운 길도 있었고 고통스러운 길도 있었다. …… 그러는 사이 길은 내 삶의 한 부분이 되었고, 내가 하는 모든 일이 길 가는 일과 다름이 없다는 것도 알았다. 먹고 살고 일하고 싸우는 일이 다 길로서, 가령 나의 독서는 다른 사람이 갔던 길을 내가 밟아 가는 일이었으며, 나의 글쓰기는 서툴게나마 내가 길을 새로 만들어 가는 일이었다. …… 나는 지금도 틈만 나면 길을 걷는다. 나를 안으로 데리고 가는 길에서 더 큰 해방감을 맛보는 한편, 부끄러운 나 자신의 모습과 마주칠까봐 조마조마 마음을 졸이면서.[29] 이 휘 현

---

29) 신경림, 〈나를 만나러 가는 길〉, 『한국일보』, 2000년 1월 4일, 15면.

신 구 범

농·축·인삼협 중앙회 통합안[1]에 반대하며 1999년 8월 21일 국회 401호 농림해양수산위원회 회의장에서 자살을 기도했던 축협중앙회장 신구범이 축협의 정치세력화를 추진하고 있어 그 향방에 귀추가 주목되고 있다. 그는 2000년 2월 10일 축협전북도지회에서 기자간담회를 갖고 "4월 총선에서 축협의 입장을 지지하고 이해하는 정치인이나 정치집단과 정책 연대에 나서겠다"며 이 같은 의사를 밝혔다.[2] 그는 이와 더불어 "학계 전문가들도 협동조합의 강제통합이 헌법상의 결사의 자유를 침해하는 등 위헌의 소지가 있음을 인정하고 있"는 상황에서 "정부의 돈이 한푼도 투자되지

---

1) 헌법재판소는 2000년 6월 1일, 농·축협 중앙회 통합 헌법소원에 대해 합헌 결정을 내렸다. 따라서 1년이 넘도록 지리한 공방을 벌여 왔던 통합 논의는 일단락 되었다.
2) 문경민, 〈"축협 정치세력화 추진"〉, 『전북일보』, 2000년 2월 11일, 6면.

않은 순수 민간단체"인 축협을 강제 통합하려는 정부와 농림부의 결정을 강하게 비난했다.[3]

신구범은 1942년 2월 2일 제주도 북제주군에서 태어났다. 65년 육군사관학교 4학년을 중퇴한 그는 그 이듬해인 66년 제5회 행정고시에 합격했다. 그리고 이듬해 제주도청 행정사무관으로 부임해 74년까지 제주도에서 공무원 생활을 했다.

신구범은 1977년 노스캐롤라이나 주립대에서 경영학 연수과정을 수료한 뒤 83년 농업공무원 교수부장, 84년 주이탈리아 농무관, 92년 농림수산부 농업구조정책국장, 93년 농림수산부 기획관리실장, UN 산하 식량농업기구(FAO) 한국교체수석대표를 비롯 농업 관련 요직 등을 역임했다. 그러다가 89년 농림수산부 축산국장에 취임하면서 축산업과 인연을 맺었다.

신구범은 평소에는 속내를 잘 드러내지 않지만, 한번 신념이 선 일에는 주장을 굽히지 않는 것으로 알려져 있다. 신구범은 농림부 공무원 시설부터 강한 추진력, 설득력 있는 논리 전개로 업무능력이 탁월하다는 평과 지나치게 독선적이라는 상반된 평가를 받아왔다. 1989년 농업공무원교육원 원장과 농림수산부 축산국장 시절, 마사회 운영권이 체육청소년부로 이양되자 사표를 제출해 보직 해임되기도 했다. 이 일로 그는 '브레이크 없는 불도저', '카리스마를 갖춘 정치지향적 도백(道伯)'이라는 별명을 얻기도 했다.[4]

신구범은 1993년 제29대 제주도 관선지사로 취임했다. 그는 지사 취임 직후, 제주도 농축수산물 수출을 일괄적으로 담당하는 제주교역을 설립해, 제

---

3) 문경민, 앞의 글; 권태동, 〈어거지 통합, 순리(順理)로 이기겠다〉, 『월간중앙』, 2000년 3월호, 367쪽.
4) 이인열, 〈신구범씨는 누구-제주도지사 역임한 전농림관료〉, 『경향신문』, 1999년 9월 8일, 3면.

주도민에 한해 무료서비스를 실시했다. 이로 인해 신구범은 기존 수출 업무를 장악하고 있던 무역업자들로부터 비판을 받기도 했으나 제주교역은 신구범의 강력한 행정개혁의 상징으로 평가받았다.[5] 이후 신구범은 95년 6·27 지방선거에 출마하기 위해 도지사직을 사임했다. 당시 신한국당에 적을 두고 있던 신구범은 우근민이 공천을 따내자 탈당하고 무소속으로 출마해 제30대 제주도 초대민선 도지사에 당선되었다. 그는 초대 민선지사로 재직시 『시사저널』과 가진 인터뷰에서 강한 개혁정책의 의지를 보여주었다.

"93년 관선 지사로 취임할 때 이미 김영삼 대통령께서 '지사는 대통령의 분신이니 제주도를 개혁·변화시키라'는 지침을 주셨다. 제주도에 취임해 보니 세계는 빠르게 변하는데 제주도만 과거의 피해 의식과 부정적인 사고에 빠져 있는 것 같았다. 오렌지 수입 자유화 같은 변화에 적응하려면 도민의 사고를 공격적·미래지향적으로 바꿔야 한다. 그래야 제주도가 살아 남을 수 있다."[6]

신구범은 1998년 6·4 지방선거를 앞둔 98년 4월 국민회의에 입당했다. 전통적으로 무소속이 강세인 제주도에서 그의 국민회의 입당은 눈길을 끌 수밖에 없었다. 그는 당시 『일요신문』과 가진 인터뷰에서 국민회의 입당에 대해 이렇게 말했다.

"IMF라는 국가적 어려움이 있어 지방과 중앙간에 협력형 자치시대를 열기 위해 국민회의에 입당했다. 특히 제주도를 21세기 동북아의 중심도시로 발전시키려면 제도의 변화가 필요하다."[7]

---

5) 이정훈, 〈감귤나무에 '잡음' 걸렸네〉, 『시사저널』, 1997년 2월 27일, 59면.
6) 〈공격적 사고만이 제주도 살린다〉, 『시사저널』, 1997년 2월 27일, 60면.
7) 홍장기, 〈경제특별자치구로 지정하라〉, 『내일신문』, 1997년 4월 22일, 11면.

국민회의 입당 후 신구범은 제2기 민선 지자체장 선거에서 다시 제주도지사에 출사표를 던졌다. 그러나 그와 비슷한 시기에 우근민도 국민회의에 입당하자, 신구범은 95년에 이어 다시 한번 우근민과의 공천 경쟁을 벌여야 했다. 결국 신구범은 공천에서 탈락해 무소속으로 출마했다가 재선에 실패했다. 그는 98년 6·4 지방선거에 패배한 직후, 제주에서 장애인 법인 설립 활동을 시작했다. 그러던 중 축협 조합원들로부터 출마 제의를 받고 축협회장 선거에 출마했다.

신구범이 1999년 7월 축협중앙회장의 보궐선거에 입후보했을 때 주위에서는 '왜 고생길이 훤히 보이는 자리에 앉으려 하느냐'며 만류했다. 그러나 그는 축산인들의 생존권을 지키기 위해서라도 자신이 나서야 한다며 출마해 당선되었다.

당시 축협은 농림부의 '협동조합 개혁안'이라는 이름으로 추진 중인 농·축·인삼협 중앙회의 통합안으로 크게 혼란한 상태였다. 농림부는 비대해진 농·축·인삼협 중앙회로 인해 실질적인 생산자들이 그 혜택을 받고 있지 못하다며 이들을 통합해야만이 '중앙회' 중심의 운영체제에서 '단위조합' 운영체제로 바뀔 수 있다는 논리를 폈다.[8] 그러나 축협 측은 축협이 정부 산하기관도 아니고, 정부의 자금으로 운영되지 않는 축협을 농림부가 마음대로 농협과 통합한다는 것은 말도 안 된다며 반기를 들었다. 또 1999년 3월 26일 각 신문의 1면에 "농축산인의 의견을 무시한 채 반개혁적 통합결정을 주도한 김성훈 농림부장관의 즉각적인 사퇴를 촉구한다"는 광고를 실었다.[9] 이 광고가 나가자 농림부는 이례적으로 신문에 광고를 내고 "임직원들과 조합

---

8) 김수경, 〈농림부와 축협, 누가 농민 편인가〉, 월간 『말』, 1999년 5월호, 82~84쪽.
9) 김수경, 위의 글, 82~83쪽.

장들이 기득권 유지에 급급하여 벌이는 집단 이기주의"라고 맞받아쳐 협동조합 통합안을 둘러싼 농림부와 축협의 갈등은 극을 향해 치달았다.[10]

이런 일촉즉발(一觸卽發)의 상황에서 축협중앙회장으로 당선된 신구범은 당선 직후부터 협동조합 통·폐합법의 저지를 강력히 주장했다. 그러나 이같은 의사가 행정부처나 청와대 등에서도 받아들여지지 않자, 그는 협동조합 통합안에 대한 회의가 진행 중인 국회 401호 농림해양수산위원회 회의장에서 자살을 기도했다. 그는 김성훈 농림부장관과 14명의 국회의원들을 향해 "그 동안 감사했다"라고 인사한 뒤 미리 준비한 공업용 칼로 자신의 배를 갈랐다. 신구범은 할복 직전 제주도에 있는 부인 김시자에게 전화를 걸어 "중대한 결심을 했다. 하느님께 기도해 달라"고 말했다고 한다.[11]

국회의 법안 처리에 반대하는 단체의 인사가 국회 내에서 자해한 사건은 이번이 처음이어서 이 사건은 각종 언론매체를 뜨겁게 달구었다. 신구범은 병원 입원 중에 기자회견을 열어 "새 통합법안의 시행 시점인 내년 7월까지는 회장직을 유지하면서 축협 존속을 위해 헌법소원 등 합법적인 투쟁을 꾸준히 전개해 나가겠다"고 밝혔다.[12]

신구범은 『일요신문』과 가진 인터뷰에서 '꼭 할복까지 했어야 했느냐'는 물음에 이렇게 답했다.

> 개혁이란 미명으로 18년간 쌓아 온 조직을 희생시켜도 좋은가. 누가 이 조직을 희생시키는가. 그것은 곧 우리 사회다. 원칙 없는 우리 사회가

---

10) 김수경, 〈농림부와 축협, 누가 농민 편인가〉, 월간 『말』, 1999년 5월호, 83쪽.
11) 박재근, 〈수술 경과 좋아 신체기능 회복〉, 『부산일보』, 1999년 8월 13일, 26면.
12) 송창석, 〈"축협존속위해 '합법 투쟁' 계속"〉, 『한겨레』, 1999년 8월 18일, 14면.

한 조직을 죽이고 있는 것이다. 그런데 알릴 방법이 없었다. 그 당시 우리가 처한 상황이 그러한 극단적 방법 외에 달리 대안이 없었다. 다만 국민들에게는 물의를 일으켜 죄송할 따름이다.[13]

그의 할복사건이 '정치적 쇼'라는 주변의 반응에 대해 그는 절대 '쇼'가 아니었다고 말했다.

"옳다 그르다를 떠나, 아예 우리 주장을 아무도 들어주려 하지 않아서 그랬죠. 고민 끝에 '아, 이 문제는 어차피 목숨을 걸어야겠구나' 그렇게 생각한 거죠."[14]

신구범은 할복사건 후 차츰 건강이 회복되자 퇴원한 후 1999년 9월 6일부터 업무에 복귀해 전국 순회 강연회를 열어 협동조합 통합안에 대한 문제점 비판에 주력했다. 9월 15일에는 경남도지회를 방문해 통합법과 관련하여 "이 달 중 헌법소원을 제기, 법 시행 이선 재개정을 위한 노력을 다하겠다"고 말하며 통합안 반대에 대한 의지를 다시 한번 대외적으로 확인시켰다.[15]

그는 99년 12월 『노동일보』와 가진 인터뷰에서도 통합이 효율성 면에서 우월하다는 정부의 생각에 대해서 비판을 가했다.

> 잘못된 생각입니다. 아시다시피 사회전체가 갈수록 전문화되는 추세고 농업과 축산업도 예외가 아닙니다. 특히 농업과 축산업은 산업의 성격이 근본적으로 다릅니다. 농협에서 축협이 분리돼 나온 것도 이 때문 아닙니

---

13) 김시관, 〈'힘'의 일방통행에 '말'이 안통했다〉, 『일요신문』, 1999년 10월 10일, 25면.
14) 부지영·김동식, 〈신구범 축협회장의 저항 계속 선언〉, 『월간조선』, 1999년 12월호, 649쪽에서 재인용.
15) 이선규, 〈통합반대 이달 중 헌법소원 제기할 것〉, 『부산일보』, 1999년 9월 16일, 27면.

까? 정부의 통합안은 이 같은 전문화 추세와 거꾸로 가고 있습니다."[16]

신구범이 벌인 국회 내에서의 할복과 관련된 자살소동은 그에게는 처음 있는 일이 아니었다. 그는 부인 김시자와 결혼할 때도 한바탕 자살소동을 벌였던 것으로 알려진다. 그는 육군사관학교 4학년에 재학 중 서울대 농대 2학년생인 김시자를 만났다. 신구범은 그녀와 결혼하기 위해 재학 중에는 결혼을 금지하는 육사를 곧 그만두었다. 그러나 신구범의 그 같은 결심에도 김시자의 아버지와 어머니가 결혼을 허락하지 않자, 그는 김시자의 집으로 찾아가 한바탕 자살소동을 벌여 결혼 승낙을 받아냈다.[17] 신구범은 부인 김시자와의 슬하에 신용인, 신용구, 신용준 3형제를 두고 있다. 신 은 정

---

16) 정제혁, 〈통합이 곧 개혁은 아닙니다〉, 『노동일보』, 1999년 12월 4일, 6면.
17) 김정훈, 〈신구범 결혼 때도 자살소동〉, 『뉴스플러스』, 1999년 8월 26일, 24면.

오 웅 진

"꽃 동네를 떠나는 게 아닙니다. 오히려 이곳에 뼈를 묻자는 것이지요. 이제 완전히 꽃동네 사람이 된 것입니다."[1]

'거지 대장', '부랑아의 대부'로 불리며 1976년부터 부랑아와 장애인들의 안식처인 사랑의 집과 꽃동네를 이끌어오던 오웅진 신부가 2000년 1월 충북 음성의 꽃동네 회장직에서 물러났다. 꽃동네 회장직에서 물러난 오웅진은 1년 간 사제수련을 받기 위해 '예수의 꽃동네 형제회'로 들어갔다. 그는 사제 수련을 마친 후 다시 꽃동네로 돌아와 남은 여생을 사회에서 버려진 사람들을 위해 일할 계획이라고 한다.[2]

오웅진은 1944년 3월 22일 충북 청원군 현도면 상삼리의 가난한 농가에

---

1) 이경철, 〈"좀더 낮은 곳에서 봉사하고 싶습니다"〉, 『중앙일보』, 2000년 2월 1일, 21면.
2) 이경철, 위의 글.

서 부친 오덕만과 모친 양육순 사이에서 6남매 중 넷째 아들로 태어났다. 그의 집안은 무척 가난했다.

> 산골에서 가난한 농부의 아들로 태어나면서부터 나는 배고픔이 무엇인지를 뼈저리게 느끼며 자랐다. 국민학교 시절 아침에 일찍 일어나 세수를 하고 보니 우리 집 굴뚝에 연기가 나질 않아 어머니께 여쭈어봤더니 아침밥을 못해 그렇다고 하시면서 학교에 갔다오면 쌀밥을 해주겠다고 하셨다. 집으로 돌아와 보니 어머니는 쌀밥 대신 눈물을 흘리시며 싹이 튼 씨 고구마를 깎아주셨다.[3]

초등학교 4학년 때 아버지를 여읜 오웅진은 그 뒤 가세가 더욱 기울자 중학교에도 진학하지 못하고 산에서 나무를 해다가 나무장사를 시작해야 했다. 그러던 중 그는 초등학교 은사로부터 통신강의록을 선물받게 되어 주경야독으로 중학교 과정을 마쳤다. 독학으로 중학교를 마친 그는 형의 도움으로 1962년 대전 대성고등학교에 진학했다.

자신처럼 가난 때문에 고통받는 사람들을 돕는 정치인을 꿈꾸던 오웅진은 1960년 4월 19일에 일어난 독재 타도 운동인 4·19와 독학기간 동안의 펜팔 친구였던 김주열의 죽음 등으로 정치에 대한 깊은 회의에 빠져들었다. 그러던 중 고등학교 2학년 때인 63년 8월 15일, 광복절 기념식이 열리던 대전 공설운동장에서 가난하고 버려진 사람들을 돌보던 오기선 신부가 대통령 표창을 받는 것을 본 오웅진은 정치인이 아닌 신부가 되어 가난한 사람들을

---

3) 오웅진, 〈결인나라에서 찾은 천국의 열쇠〉, 동아일보 출판부 편, 『나의 길 나의 삶』(동아일보사, 1991), 201쪽.

위해 일생을 바치기로 결심했다. 그리고 65년 고등학교를 졸업하고 군에 입대하는 66년까지 대전의 부강천주교회에서 허드렛일을 도맡아하며 사제의 꿈을 키워나갔다.[4]

1966년 군에 입대한 오웅진은 군대 내에 성당이 없자 뜻을 같이 하는 동료들과 힘을 모아 성당 건축을 시작했다. 도중에 자재를 도둑맞고, 폭풍우로 건물이 부서지는 일도 있었지만 어려운 고비 때마다 김수환[5] 추기경을 찾아가 도움을 구했다. 그렇게 2년여 동안의 분투 끝에 마침내 소원하던 성당이 건립되었다. 어려울 때마다 도움을 주던 김수환 추기경이 축성미사를 해주었다.

제대 후, 오웅진은 본격적인 사제의 길을 걷기 위해 1969년 광주대건신학교(現 광주가톨릭대)에 입학했다. 학교를 마치고 76년 5월 청주 내덕동 성당에서 사제서품을 받은 오웅진은 청주 수동천주교회의 보좌신부를 거쳐 같은 해 8월 음성의 무극천주교회 주임신부로 발령을 받았다.

무극천주교회의 주임신부로 재임 시절, 오웅진은 자신보다 못한 거지들을 동냥으로 먹여 살리고 있던 일명 '귀동이 할아버지'로 불리는 최경락 노인을 만나게 된다. 그 시절을 오웅진은 다음과 같이 회고했다.

> 어느 날 해질 무렵 성당 앞을 넝마를 걸친 웬 거지 할아버지가 동냥깡통을 들고 지나가기에 나도 모르게 따라갔다가 태어나서 가장 슬프고 아름다운 광경을 목도하게 됐습니다. 할아버지가 들어선 움막에는 앞을 못

---

4) 오웅진, 〈눈물로 단련된 '꼬마 나무꾼'〉, 『경향신문』, 1996년 8월 3일, 31면.
5) 김수환에 대해서는 강준만, 〈우리에게 김수환은 무엇이었나?: 김수환 추기경의 30년간의 고뇌〉, 『인물과 사상 12』(개마고원, 1999)를 참고하십시오.

보거나 사지를 못 쓰거나 정신장애가 있는, 자신의 힘으로는 살 수 없는 사람들이 있었습니다. 최할아버지는 혼자 동냥을 해 그들을 먹여 살리고 있었던 것입니다. 저런 처지에서도 남을 도울 수 있는 사랑이 샘솟다니. 그날 밤 한숨도 못 잤습니다. 그리고 어릴 적부터 다짐해온, 때로는 실천 했노라 자부도 했던 불쌍한 사람들을 돕겠다는 내 마음을 근본적으로 다시 바꾸는 깨달음을 얻었습니다.[6]

최경락 노인을 만난 후, 오웅진은 모아 놓은 1천3백 원과 교우들의 도움으로 산 시멘트로 직접 벽돌을 찍어 방 다섯 칸과 부엌 다섯 칸을 마련했다. 그리고 그 해(1976) 11월, 최귀동 노인이 돌보던 18명의 노인들을 모시고 '사랑의 집'을 열었다. 이 '사랑의 집'이 훗날 전국 최대 규모로 성장한 부랑아와 장애인들의 안식처인 '꽃동네'의 시작이었다.

'사랑의 집'을 시작으로 오웅진은 전국의 장애인과 거지들을 '사랑의 집'으로 불러들였다. 그렇게 2년이 지난 후, '사랑의 집' 식구들은 60명으로 늘어났다. 사람들을 수용할 장소가 부족해지자, 그는 1980년 열린 사제총회에서 더 큰 규모의 수용시설을 짓자고 건의했다. '꽃동네' 건립 소식이 전해지자, 79년 그와 뜻을 같이 하는 신부와 수녀, 그리고 신자들에 의해 결성된 '예수의 꽃동네 형제회·자매회'와 81년부터 시작한 한 계좌에 1천 원 이상씩 회비를 납부하는 꽃동네 회원들의 후원금이 쏟아졌다. 그 같은 성원에 힘입어 마침내 83년 9월 충북 음성에 전국 최대 규모의 장애인과 부랑아 수용시설인 '꽃동네'가 문을 열게 되었다.

---

6) 이헌익, 〈"얻어 먹을 힘만 있어도 그것은 주님의 은총"〉, 『중앙일보』, 1996년 7월 22일, 15면.

이후 '꽃동네 요양원'은 정신병자와 노인, 알코올 중독자들을 분리해서 수용하는 요양원을 증원하고 '꽃동네' 안에 자체 병원시설인 인곡자애병원을 지었다. '꽃동네' 소식이 전국적으로 퍼져나가자 전국 각지에서 사랑에 굶주린 이들이 몰려들었다. 오웅진은 이에 더욱 힘을 얻어 92년에는 경기도 가평에 제2의 '꽃동네'를 설립했다.

1997년 5월 13일, 오웅진은 충북 음성군 음성읍 동음리에 '사랑의 연수원'을 개관했다. 익명의 독지가와 89년부터 시작한 땅 한 평씩 사서 기증하는 '사랑의 한마음 손잡기 운동'으로 마련된 20만 평의 부지에 대강당을 지은 것이다. 꽃동네가 '받는 사랑'에 굶주린 사람들을 치유하는 곳이라면, 사랑의 연수원은 '주는 사랑'이 부족해진 사람들을 치유하는 곳인 것이다.

1999년 1월, 오웅진은 충북 청원군 현도면 상삼리 307번지, 2만3천여 평의 대지에 터를 닦고 기둥을 세워 국내 유일의 사회복지 전문학교인 '현도 사회복지대학교'를 설립했다. 정진석 서울대교구장이 부지 2만 평을 선뜻 마련해 주었고 이점홍 노인은 평생 동안 행상을 하며 모은 1억 원을 건립자금으로 내놓았다. 이 외에도 한화그룹의 후원금 10억 원과 고(故) 유학성 장군의 미망인 안부성 여사의 1억 원을 비롯해 각계에서 보이지 않는 많은 손길들이 성금을 보내왔다. 그렇게 해서 '현도 사회복지대학교'는 6개의 강의실과 동아리 사무실, 어학실습실, 컴퓨터실, 도서실을 갖추고 99년 3월 1백20명의 첫 신입생을 선발했다. 이 대학의 학생들은 2년 동안 전액 장학금을 받게 되며 4학년 졸업 후 사회복지사 자격증을 받게 된다.

현노 사회복지대학교 초대 총장으로 임명된 오웅진은 앞으로의 계획에 대해 "규모는 작지만 공대하면 미국의 MIT가 떠오르듯 최고의 사회복지 전문 대학교로 자리잡을 수 있도록 교수진과 시설을 확충해 나가겠다"고 자신감

을 내비쳤다.[7]

'꽃동네'가 문을 연 지 24년이 흐르는 동안 정신 질환자와 부랑인, 심신장애자, 노인, 어린이들은 음성의 3천5백여 명과 가평의 1천5백여 명으로 늘어났다. 이를 돌보는 봉사자들도 7백여 명으로 증가했고, 매달 1천 원 이상씩 회비를 보내주는 꽃동네 회원들도 85만 명으로 늘어났다.[8] 그만큼 이 사회에서 버려지고 소외된 사람들이 많아졌다는 뜻이며 그만큼 이들에게 사랑을 베풀 오웅진과 자원봉사자들의 손놀림이 바빠졌다는 뜻이기도 하다. 오웅진은 음성과 가평에 이어 경남 거창에도 제3의 '꽃동네'를 계획 중이다.

평생을 버려지고 사랑에 굶주린 이들에게 사랑을 베푼 오웅진은 그간의 헌신을 인정받아 1987년 제1회 동아일보 인촌상, 91년 5월 국민훈장 동백상, 96년 8월 자랑스런 충북도민상과 53년 비행기 사고로 죽은 필리핀 대통령 막사이사이를 기념하기 위해 제정된, 막사이사이상을 수상했다.

신 은 정

---

7) 김준, 〈'외국서도 활동할 복지전문가 양성'〉, 『뉴스메이커』, 1999년 1월 28일, 43면.
8) 강근주, 〈"학교는 별도 성금으로 운영된다"〉, 『뉴스메이커』, 1999년 1월 28일, 45면.

오한숙희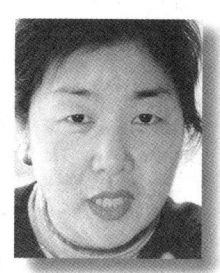

버스 안에서 앉을 자리가 생기면 멀리서 뛰어오는 발자국 소리가 들리고 그 소리 방향으로 고개를 돌리면 어김없이 한 아줌마가 자리를 향해 달려온다. 버스 자리를 차지하기 위한 아줌마들의 몸부림. 텔레비전과 같은 매체에서 자주 농담거리에 오르내리는 일상 생활에서 쉽게 접할 수 있는 우리 여성의 모습이다. 버스나 지하철 자리에 앉기 위해 펑퍼짐한 엉덩이를 들이미는 아줌마들에 대한 얘기는 언제나 웃음을 자아낸다.

우리 사회에서 여성들은 크게 이 범주를 벗어나지 못한다. 가부장제라는 몇 백년에 걸친 틀 속에서 살아 버티기 위한 여성들의 삶의 한 방법일지라도 이것은 언제나 질타의 대상이다. 그리고 여성들은 그것을 감내해낸다. 여성들조차도 페미니스트의 존재에 대해 달가워하지 않는 경향이 있어 한국 사회에서 페미니스트란 존재하기 어렵다고들 한다. 그런 속에서 자신의 이혼 경력도 밝혀가며 여성의 인권신장을 위해 노력하는 여성학자 오숙희[1]의 모습은 당당하다.

오숙희, 이제 오한숙희라고 불리는 그는 진정한 페미니스트로서 일상에서 지나치는 작은 것들에서부터 시작해 여성이기에 당하는 불평등을 모두 찾아내고 이를 고치기 위해 노력한다. 그는 TV와 라디오에서 사회를 보고 있는 MC로, 여성학을 강의하는 대학강사로, 여성인권 신장을 위한 여성운동가로 수많은 직함을 지니고 있다.

오한숙희는 1959년 11월 10일 인천 바닷가에서 3녀 1남 중 막내로 태어났다. 그의 부모는 황해도 해주에서 내려온 실향민이다. 그래서 고향에 가까운 인천에 터를 잡았다고 한다. 그는 어려서부터 자신의 생각을 다른 사람에게 말하는 데 익숙했는데 이것은 부모의 영향을 많이 받아서이다. 세무공무원인 아버지는 막내딸인 오한숙희에게 늘 동화 구연을 부탁했다. 그리고 동화 구연이 끝나면 가타부타 말하지 않고 환한 미소와 칭찬으로 그를 맞아주었다. 이것이 처음에 내성적이고 소심하던 그의 성격을 바꾸는 데 일등공신의 역할을 했다.

오한숙희의 어머니도 그의 자신만만한 성격 형성에 많은 영향을 주었다. 오한숙희는 어려서부터 어머니에게 자신의 모든 일에 대해서 다 말을 했다. 그의 어머니는 그러한 말들을 한마디도 놓치지 않고 잘 듣고 있다가 틀린 말은 고쳐주고 적당한 표현을 가르쳐주기도 했다. 그러나 그 말이 틀렸다고 고쳐주기보다는 스스로 고칠 수 있도록 한 것이었다. 또한 딸들이 경쟁력과 사회성을 갖기를 바란 그는 '여자의 솜씨'를 강요하지 않았다.[2] 오한숙희는

---

1) 오숙희에 대해서는 강준만, 〈'피해자 탓하기'는 이제 그만!: 여성 차별과 장애인 차별에 도전하는 오숙희〉, 『인물과 사상 6』(개마고원, 1998)도 참고하십시오.

자신이 여성학자가 된 것은 그 어머니의 덕이라고 말하기도 했다. 그의 부모들은 아들과, 딸로 자식을 분류하여 그들에게 다른 대우를 하던 그 당시의 다른 부모들과는 달랐다. 딸인 그에게 당당하게 말할 권리를 가르친 것이다. 오한숙희는 이렇게 말한다.

> 분명 나는 저절로 말 잘하게 되었다고는 할 수 없다. 학원을 다닌 적은 없어도 집에서 특별한 훈련의 기회를 많이 가졌던 것이다. 누구와 비교되지도, 좀더 완벽하길 요구받지도 않으면서 편하게 남 앞에 설 기회가 있었고 그때마다 항상 귀엽게 봐줄 준비가 되어있는 따뜻한 시선이 있었던 것은 억 만금을 주고도 살 수 없는 교육환경이었다.[3]

이러한 모든 것은 그의 부모가 지금의 그의 터전을 만들어 주었음을 보여준다.

초등학교를 마치고 그는 남인천중학교를 거쳐 인천에서 문제 많기로 소문난 여고에 들어가게 되었다. 항상 따지기 좋아하고, 힘 앞에서 무릎꿇는 것을 무엇보다 싫어하던 그에게 강압적인 학교 분위기는 견디기 힘들었다. 오한숙희는 학교를 그만두기로 마음먹고 이를 부모에게 말했다. 부모도 그의 결정에 한마디하지 않고 그의 의사를 존중하여 서울로 모두 이사를 가게 된다. 물론 그의 언니들이 서울에 터를 잡고 있기도 했었지만 학교를 그만두겠다는 딸의 말을 그대로 받아주고 이사를 감행한 것은 딸을 믿는 그의 부모의 성품을 대표적으로 말해주는 것이기도 하다. 그렇게 해서 그는 서울에 있던

---

2) 오숙희, 〈키 작은 여성해방주의자〉, 『샘이깊은물』, 1993년 11월호, 194쪽.
3) 오숙희, 『그래, 수다로 풀자』(석필, 1994), 103쪽.

명지여고에 다니게 된다. 그가 고등학교를 다니던 중 갑작스럽게 발생한 아버지의 죽음으로 그의 어머니는 삯바느질로 생활을 이끌어가게 되었다.

어렵게 고등학교를 마치고 대학에 가겠다고 조르는 그를 위해 큰언니가 입학금을 마련하여 그는 이화여대 영문과에 입학했다가 학교를 다니면서 사회학과로 전과했다. 서울의 사립대는 그 당시나 지금이나 학비가 커다란 부담이었고 그는 과외를 하면서 학비를 마련해 어렵게 학교를 다녔다. 그런 그에게 좋은 성적을 기대하기는 어려웠다. 경제적인 쪼들림 속에서 공부하던 그에게 대학생활의 여유는 찾기 힘든 것이었다.

오한숙희는 이화여대 사회학과를 졸업하면서 경제적인 어려움에서 벗어나고자 했으나 그것은 쉽사리 되지 않았다. 취직자리가 마땅치 않았고 여자라는 이유로 원서도 제대로 내보지 못한 것이다. 그러던 중 선배의 도움으로 회사에 취직을 하게 된다. 취업이 되지 않아 날마다 자신을 탓하던 그에게 취직이란 커다란 빛이 들어오게 된 것이다. 그는 그의 자신감과 당당함에는 맞지 않았지만 취업 전에 겪었던 경제적, 심리적 고통에서 벗어날 수 있었기에 커피심부름, 복사, 청소 등 갖은 잡무를 기쁜 마음으로 도맡아 했다.

그러나 그 생활이 오래 갈 리 없었다. 여자라는 이유로 받는 차별과 청소 등의 온갖 잡무들은 그가 하는 일에 대해 회의를 안겨주기에 충분한 것이었다. 그는 꾸역꾸역 겨우 1년을 채우고 회사를 그만뒀다. 회사를 그만두니 당장 먹고살 일이 걱정이었다. 그는 생활비를 벌기 위해서 여기저기 아르바이트를 해야 했다. 그의 취업 전 생활과 직장생활들 이런 모든 것들이 그를 여성학에 눈뜨게 한 것인지도 모른다. 그는 아르바이트를 하던 중 우연히 친구에게 여성학에 대한 말을 듣는다. 선배가 여성학을 전공한다는 것이었다. 그에게 여성학은 사막에서 만난 오아시스와 같은 것이었다.

여성학이라는 말을 듣는 순간 나는 귀가 번쩍 트였다. 나는 내가 누군지를 알고 싶어. 지금 내가 왜 이렇게 되었는지. 앞으로 어떻게 살아야하는지 지도 같은 게 있었으면 좋겠어.[4]

그 말을 들은 다음날 그는 곧장 그 선배를 만나 여성학과에 입학하기 위한 조언을 얻었다. 그리고 1984년 그는 이화여대 여성학과 대학원에 입학했다. 그렇다고 그가 처음부터 여성 문제를 심각하게 생각한 것은 아니다. '여자라서 이건 안 되는 데' 하는 식의 마음을 그도 품고 있었던 것이다.[5] 그러나 여성 차별에 대한 자신이 몸소 겪은 경험과 대학원에 진학하면서 배운 이론이 적당히 혼합되어 그의 여성학에 대한 확신이 만들어졌다.

대학원을 졸업하고 그는 강의활동을 시작했다. 대구에서의 첫 강의는 그에게 여성학이 이론만으로 사람들에게 먹혀들 수 없음을 깨닫게 했다. 강의 당시 남자는 물론이고 여자들도 이제 어느 정도의 성 평등이 이루어졌다고 생각하고 있었고 일상에서 부딪히는 약간의 성차별은 당연한 것으로 여기고 있었던 것이다. 그는 여기서 다짐했다. 그러한 상황이라면 사람들에게 여성이라는 것을 깨우쳐 주기 위해서는 게릴라 전법이라도 사용하기로 말이다.

배신과 당혹의 감정을 겪은 첫 강의를 마치고 돌아오면서 그날 밤 경부선 기차안에서 나는 내 스스로에게 지령을 내렸다. '우리사회에 자리잡고 있는 여성차별의 존재를 드러내어 그것을 중지하고 평등을 실현하려고 모두 나서기까지 여기저기를 쑤시며 돌아다녀라!'[6]

---
4) 오숙희, 『너무 아까운 여자』(풀빛, 1995), 36쪽.
5) 오숙희, 위의 책, 45쪽.

어렵게 마친 첫 강의를 시작으로 그는 계명대, 이화여대, 성심여대 등 대학에서 강사로 활동하는 한편 수많은 강연회에서 현실에 안주하고 있는 아줌마들을 일깨우는 활동을 했다. 이렇게 시작한 여성학자로서의 그의 행로에는 끝이 없다. 그는 1990년 KBS TV 여성시사 토크쇼 『생방송 여성』을 시작으로 기독교 방송의 『인생상담』, 『오숙희의 정보시대』, MBC 라디오 『오숙희 초대석』 등 많은 방송활동을 통해 얼굴이 알려졌다. 그는 누구에게도 뒤지지 않는 입심으로 방송이라는 매체를 통해 대중 여성운동의 발판을 다져나갔고 이제 명실공히 대중 여성학자로 자신의 확고한 위치를 다지고 있다. 그는 방송과 글쓰기라는 대중매체를 통해 여성학의 대중적 관심을 불러일으키고 있는 것이다. 그의 이러한 활동은 지식인에게만 머물던 여성학을 주부의 눈 높이에 맞춰 술술 풀어내 생활 속의 여성학으로 바꾸어나가는 활동으로 볼 수 있다.[7] 그의 이러한 체험을 바탕으로 한 여성학 이야기들은 그의 입심과 맞물려 주부들에게 커다란 공감을 얻어내며 여성학을 대중적으로 확산시키는 데 공헌했다.

그러나 그의 이러한 대중적 성공방식에 대한 비판이 없는 것은 아니다. 그러한 비판들은 하나로 일축되는데 즉, 그의 여성학의 대중화 방식이 너무 상업화되었다는 것이다. 상업적으로 신변잡기식 얘기를 너무 포장해낸다는 비판이다. 그러나 그는 말한다. 여성단체의 상황이 열악하긴 하지만 여성운동이라고 해서 대의명분 하나만으로 일하다가 진 다 빼는 방식에 변화가 와야 한다고 말이다. 즉, 대중들에게 양질의 서비스를 제공하고 그에 대한 대가를 받아야 한다는 것이다. 인간이 소외되지 않는 제대로 된 문화상품을

---

6) 오숙희, 『너무 아까운 여자』(풀빛, 1995), 44쪽.
7) 유숙렬 외, 『한국에 페미니스트는 있는가』(삼인, 1998), 136쪽.

만들어 내는 철저한 비즈니스가 바로 여성운동이 가야 할 방향이라고 오한숙희는 생각하고 있는 것이다.[8]

오한숙희는 흔히 입으로 성공한 사람으로 불린다. 어린 시절부터 자기감정을 솔직하게 말하던 그의 말은, 수다가 아니라 하나의 재능이다. 오한숙희가 방송 출연을 통해 여성학을 대중화시킬 수 있었던 것도 수다가 방송에서 빛을 발하면서 얻게 된 것으로 볼 수 있는 것이다. 이것은 곧 그가 말이 가지고 있는 힘을 너무도 잘 알고 있다는 것을 뜻한다. 말이 지니고 있는 힘에 대해서 알고 있다는 것은 오한숙희가 가진 최대의 무기이기도 하다. 그러한 그의 생각을 글로 옮긴 것이 1994년에 나온 『그래, 수다로 풀자』이다. 그는 이 책 외에도 여성학을 일반 생활에 적용시켜 여성 차별의 실례를 보여주는 『너무 아까운 여자』(1995), 자신의 아이를 키우며 살아가는 보통 사람으로서의 모습을 그린 『딸들에게 희망을』(1996) 등을 저술했다. 99년에는 우리 사회에서 꺼려지는 돈에 대한 이야기를 한 『솔직히 말해서 나는 돈이 좋다』를 저술했다. 오한숙희는 이 책에서 한국 사회에 존재하는 돈에 대한 사람들의 이중성을 꼬집으며 당당하게 돈이 좋다고 말을 한다.

오한숙희에게도 아픔은 있다. 그의 이혼과, 둘째 딸 희령의 문제가 그것이다. 오한숙희가 남편과 이혼을 하고 난 후 그는 자신의 이혼 문제에서 약해질 수밖에는 없었다. 당장 현실 생활의 문제와 자신 개인의 문제로 인해서 여성학이나 여성운동에 미치게 될 부정적인 영향들까지 모든 것이 그에게는 고민거리였다. 이때 그는 처음으로 신경정신과를 찾아가 보기도 했다. 하지만 결국 자신의 이야기를 들어주며 위로해주던 주변사람들로 인해 아픔을 다스릴 수 있었다. 그러나 지금도 사그라지지 않고 그에게 꼬리표처럼

---

8) 유숙렬 외, 앞의 책, 153쪽.

붙어 다니는 '그녀의 이혼이 그가 여성학자이기에 당연하다'는 식의 시선들은 잘못된 것이다. 그의 페미니스트 활동은 인권적 차원에서의 것이지, 그것이 여성 우월주의를 말하는 것은 아니기 때문이다. 그는 이제 이혼에 성공한 여자로 평가받는다. 이혼을 달가워하지 않는 방송의 가부장적 속성 때문에 방송을 도중하차하기도 했고 그의 이혼을 당연하게 받아들이는 따가운 시선도 받았지만 그는 자신의 일이 있었기에 이혼의 아픔을 딛고 일어나 이혼에 성공한 여자가 된 것이다.

그의 둘째 딸 희령은 자폐아적 증세를 가지고 있다. 그는 희령이 두 돌이 되었을 즈음 희령에게서 이상한 증세를 발견하고 의사를 찾아갔다. 희령은 자폐아는 아니라는 판정을 받았다. 다만 너무 바쁜 나머지 한 곳에 시선이나 청각을 집중시키지 못해서 다른 사람의 이야기를 듣지 못한다고 한다. 그러기에 말보다는 행동이 먼저 나가고 아기처럼 행동하게 되는 것이다.[9] 오한숙희는 그 원인을 자기 탓이라 생각했다. '내 잘못이다. 내가 이렇게 해서 희령이 그렇게 된 것이다' 하는 생각으로 눈물로 여러 날을 지새우기도 했다. 그러나 결국 그는 자신의 그러한 행동이 희령에게는 도움이 되지 못하며 스스로 딸의 증세를 인정하고 받아들이고 이를 같이 이겨내야 한다는 것을 깨달았다.

시간은 아픔을 잊게 하며 그에게 다른 기쁨을 안겨주고 있다. 그는 현재 두 딸 희록과 희령을 키우며 엄마, 언니와 함께 살고 있다. 딸을 키우며 얻는 기쁨은 모든 엄마들이 그러하듯이 두 아이의 엄마인 그에게도 절대적인 기쁨이다. 또한 그의 활동으로 인해 많은 사람들이 깨우쳐 가고 있다는 것도 그가 얻는 기쁨 중 하나이다. 그것이 비록 눈에 띄게 확연히 드러나지는

---

9) 오숙희, 『그래, 수다로 풀자』(석필, 1994), 221쪽.

않는다고 하더라도 자신의 말 한마디로 다른 사람이 느끼고 있는 삶의 무게가 조금은 덜어 질 수 있다는 것은 그에게 아주 커다란 기쁨인 것이다.

오한숙희에게 여성학이란 자신의 일이기 이전에 자신의 삶이 어려움에 처할 때마다 그에게 희망을 제시해준 삶의 힘이다. 그러한 여성학의 힘을 너무도 잘 알고 있는 그는 대학을 중심으로 한 페미니스트 학자나 여성단체 중심의 활동과는 달리 페미니즘과는 무관한 듯 보이지만 결국 페미니즘 문제에 정 가운데에 위치하고 있는 아줌마들을 대상으로 페미니즘의 대중화에 앞장서고 있다. 작은 키에 통통한 몸, 입을 크게 벌리며 활짝 웃는 모습까지, 평범한 이웃집 아줌마 스타일인 그는 지금 여성학이 자신의 입담에 의해서만 풀어지는 데 한계를 느끼고 이를 넘어서기 위해서 또다른 노력을 펼치고 있다. 그가 앞으로 자신의 입담을 넘어서서 더 나은 내실 있는 여성학을 펼치기를 기대해본다.

이 경 희

왕자웨이

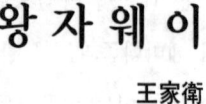

『해피 투게더』, 『중경삼림』 등으로 한국에도 많은 팬을 갖고 있는 홍콩의 시네아스트(cineaste; 영화예술가) 왕자웨이(王家衛)가 아마도 2000년 한해 동안 한국에서 많은 시간을 보내게 될 모양이다. "온라인 엔터테인먼트가 어떤 것인지" 보여주겠다며 2000년 2월 한국에 인터넷 회사 '2046잉크'를 설립했기 때문이다.[1] '2046잉크'에서는 그 동안 왕자웨이가 만들어온 영화 소개와 앞으로 제작 중인 영화 소식을 전하고 영화 관련 소품들도 판매할 예정이라고 한다. 뒤이어 3월 24일, 그는 오는 8월부터 한국의 부산에서 크랭크인 할 예정인, 『2046』의 제작발표회를 위해 한국을 다시 방문한데 이어, 4월 27일에는 제1회 전주국제영화제에 참석하기 위해 한국

---

1) 박은주, 〈"온라인 엔터테인먼트 진수 보이겠다"〉, 『한국일보』, 2000년 3월 25일, 21면.

을 다시 방문했다. 그는 KBS에서 5월부터 방영된 주말 시트콤 『사랑의 유람선』의 5회분까지 출연해 코믹 연기를 선보이기도 했다.

『2046』은 홍콩·일본·한국·프랑스의 합작영화로, 홍콩의 양조위·왕정문·유가령, 일본의 기무라 다쿠야, 한국의 심혜진[2] 등이 출연하기로 확정된 상태다. 제작 전부터 많은 관심을 불러일으키고 있는 주된 이유는 『2046』이 2046년을 배경으로 하는, 왕자웨이가 처음으로 시도하는 SF물이기 때문이다. 그는 이 영화에서 "인생에서 변하지 않는 가치는 있는가"에 대한 답을 찾을 예정이다.[3]

왕자웨이는 1958년 7월 17일 중국 상해에서 호텔 지배인인 아버지와 가정주부인 어머니 사이에서 3남매 중 둘째로 태어났다. 그가 다섯 살이 되던 해인 63년 그의 부모는 곧 다시 만날 것을 약속하며, 중국에 그의 형과 여동생을 남겨둔 채 그를 데리고 홍콩으로 이주했다. 그러나 그들이 홍콩으로 이주하고 한 달 뒤 중국에서 문화혁명이 일어나는 바람에 중국으로 들어갈 수 있는 길도 나올 수 있는 길도 완전히 막혀버렸다. 졸지에 이산가족이 된 그들은 왕자웨이가 열 여섯 살이 되어서야 비로소 다시 만날 수 있었다.[4]

이주 초기, 친구가 없었던 그는 영화광이었던 어머니와 함께 영화를 보는 것으로 외로움을 달랬다. 그리고 독서광인 아버지의 영향으로 한때 톨스토이나 도스토예프스키, 레이먼드 챈들러 같은 서양 작가의 소설에 심취하기도 했다. 사진과 그래픽에 관심이 많았던 그는 홍콩 폴리테크닉(Polytechnic)대학의 그래픽 디자인과에 진학해 그래픽 디자인과 카메라 사

---

2) 심혜진에 대해서는 『시사인물사전 4』를 참고하십시오.
3) 박은주, 앞의 글.
4) 『Current Biography』(1988).

용법을 배웠다. 그러나 대학 2학년 때 홍콩 TVB 텔레비전에서 주최하는 연출자 양성 연수프로그램에 참여하게 된 것을 계기로 그는 영화로 눈을 돌렸다. 1980년 대학을 졸업한 그는 TVB에서 구성작가와 시나리오 작가 교육을 받고 시나리오 작가로 영화계에 첫발을 내디뎠다. 그는 스승인 왕펑양과 함께 하베스트사(社)와 시네마시티사(社) 같은 대형 영화사의 하청을 받아, 87년까지 코미디·액션·쿵푸·포르노에 이르는 50여 편의 시나리오를 썼다. 그가 왕펑양과 함께 썼던 시나리오의 대부분은 그의 스승의 이름으로 영화화되었다.[5]

홍콩 느와르의 뉴 리얼리즘으로 평가받는 그의 데뷔작 『몽콕하문』[6]은 그에게 '분더 킨트'(놀라운 아이)라는 별명을 붙여준 작품이다.[7] 이 영화는 홍콩에서 1988년 개봉되었는데, 유덕화·장만옥·장학우라는 호화 캐스팅과 홍콩 금상장 10개 부문의 후보에 올랐음에도 불구하고 홍콩 관객들에게는 냉대를 받았다. 대신 이 영화는 한국과 대만에서는 큰 성공을 거두었으며, 그 해 칸 영화제 비평가 주간에 상영되어 왕자웨이의 이름을 국제적으로 알리는 데 기여했다.

"『아비정전』의 모든 인물들은 거부당해왔다. 그래서 그들은 거부당한다는 것에 두려움을 느끼게 되었고 그들은 다른 사람들이 자신들을 거부하기 전에 그들을 거부하게 되었다."[8]

왕자웨이는 1995년 열린 홍콩 국제영화제의 카탈로그에 『아비정전』의 주

---

5) Michel Ciment, 〈'마치 잼 세션(Jam Session; 즉흥 재즈 연주회)이라도 하는 것처럼'〉, 『키노』, 1995년 6월호, 122쪽.
6) 이 영화는 1988년 한국에서 『열혈남아』라는 제목으로 개봉되었다.
7) Julien Carbon, 〈왕가위, 또는 정복되지 않은 시네아스트〉, 『키노』, 1995년 6월호, 118쪽.
8) 『Current Biography』 (1988)

인공들을 이렇게 적고 있다. 사람들로부터 거부당하는 영화 속의 주인공들처럼 왕자웨이가 90년에 발표한 이 영화도 관객들에게 '거부' 당했다. 『아비정전』은 제작 초기 장국영, 장만옥, 유덕화, 유가령, 장학우, 양조위 등 홍콩 대스타들의 출연으로 화제를 모았지만 막상 개봉된 뒤에는 관객몰이에 실패했다. 왕자웨이는 이후 홍콩 영화계에서 '저주받은 영화인'으로 낙인찍히고 말았다.[9] 이 영화가 그 해 홍콩 금상장 영화제에서 최우수 작품상과 감독상, 남우주연상을 수상해 비평가들에게는 인정을 받았음에도 말이다. 이 영화는 같은 해 한국에서도 개봉되었는데, 관객들은 영화 도중에 극장측에 환불을 요구하는 소란을 벌이기도 했다.[10]

김용의 무협소설 『사조 영웅전』에서 영감을 얻어 그가 1994년에 발표했던 『동사서독』은 제작 기간만 2년이 소요되었고 홍콩영화 사상 가장 많은 제작비가 투입된 대작이다. 이 영화의 장르는 무협이었지만 막상 영화에서 풍겨 나는 이미지는 할리우드의 서부극과 뮤직비디오적인 요소가 짙다. 기존 홍콩의 정통 무협물과 그 성격을 달리한 이 영화는 엄청난 제작비에도 불구하고 그 의미가 난해하다는 이유로 본전도 건지지 못한 작품이 되고 말았다. 왕자웨이도 이 같은 결과가 예상 외였는지 "젊었을 때니까 해볼 수 있었던 작품"이라며 그것으로 위안을 삼았다.[11]

『동사서독』의 흥행 성적이 저조한 가운데 왕자웨이는 그 뒤 석 달 동안 임청하, 금성무, 왕정문, 양조위 등을 기용해 『중경삼림』을 제작해 발표했다. 석 달이라는 짧은 제작 기간과는 달리 이 영화는 개봉되자마자 아시아에서

---

9) Julien Carbon, 앞의 글, 119쪽.
10) 이문형, 〈왕가위 신드롬의 저편〉, 『MBC가이드』, 1996년 2월호, 96쪽.
11) http://www.theme.co.kr/dir/wong/00.htm.

선풍적인 인기를 끌었으며, 한국에 '왕자웨이 신드롬'을 불러일으키는 견인차 노릇을 한 작품이 되었다. 『중경삼림』은 두 개의 에피소드가 결합된 옴니버스식 구성을 택하고 있다. 이 영화는 '실연'을 소재로 한 다소 비극적이고 무거운 여타의 영화들과는 그 성격을 달리한다. 매년 자신의 생일인 5월 1일로 유효기간이 끝나는 통조림을 사 모으는 것을 취미로 삼고 떠나간 연인을 기다리는 금성무나, 애인을 잊으려고 집안의 집기(什器)들과 이야기를 나누는 양조위를 통해, 왕자웨이는 실연은 더 이상 슬픈 것이 아니라고 이야기하고 있는 듯하다. 영화평론가 이세용은 『중경삼림』의 이 '경쾌한 만남과 이별'을 다음과 같이 평했다.

> 사랑하면서도 상대방에게 부담이 되지 않으려는 신세대식 연애 풍속을 경쾌한 터치로 아기자기하게 그려낸 이 영화는 소재와 형식이 잘 어울린다. 이 작품이 옴니버스 형식을 선택한 것은, 젊은이들의 다양한 사랑법(사는 법)을 보여주기 위한 매우 요령 있는 방법이다. 이런 형식은 직접 시나리오를 쓰고 연출한 감독의 영화 만들기에 대한 방법적 자각에서 출발하는데, 왕가위의 영화 문법은 아직 위대하지 않지만 그의 독특한 개성을 주목해야 마땅하다. 화면 한쪽에 널어놓은 빨래가 흔들리고, 빈 공간으로 날아가는 비행기를 잡은 광각 촬영의 한 쇼트만으로도 그의 영상 감각을 엿볼 수 있다.[12]

영화감독 쿠엔틴 타란티노는 이 영화가 출품된 1994년 스톡홀름

---

12) 이세용, 〈'뻐뻐 세대' 감성의 사랑법〉, 『시사저널』, 1995년 9월 14일, 101면.

(Stockholm) 필름 페스티벌에 참석했었는데, 이 영화를 본 후 왕자웨이가 "최근 등장한 감독들 중 가장 존경할만한 감독"이라며 극찬해마지 않았다.[13] 이후 왕자웨이의 열렬한 팬이 된 타란티노는 96년 이 영화가 미국에서 개봉되는 데 주도적인 역할을 했다. 또 그는 왕자웨이를 UCLA로 초청해서 대학생들과의 토론의 장을 마련해주기도 했다. 『중경삼림』은 94년 베니스 영화제 폐막작으로 올려졌다. 또 이 영화 전체에 걸쳐 삽입되었던 마마스 앤 파파스의 『캘리포니아 드리밍』은, 신인이었던 금성무와 왕정문의 커트머리와 함께, 다시 한번 과거의 인기몰이를 재현하기도 했다.

그의 1995년작 『타락천사』는 『중경삼림』의 속편이라고 할 수 있다. 왕자웨이는 초기 『중경삼림』을 세 개의 옴니버스 형식으로 만들 계획이었다고 한다. 그러나 삽입될 에피소드들의 내용이 길어지는 바람에 하나에 다 담지 못하고 마지막 에피소드를 『타락천사』로 만들었다고 한다.[14]

왕자웨이가, 1996년에 출간된 『부에노스 아이레스 어페어』라는 소설에서 영감을 얻어 97년에 발표한 『해피 투게더』는 『춘광사설』 혹은 『부에노스 아이레스』로도 불린다. 이 영화는 과감한 동성애에 대한 표현으로 제작 초기부터 논란을 불러일으켰는데 그는 『해피 투게더』의 제작 동기에 대해 다음과 같이 말하고 있다.

> 나는 그때 홍콩을 벗어나 바깥으로 떠나보고 싶었다. 『중경삼림』과 『타락천사』를 찍고 나니까, 이제 좀 변화를 주고 싶다는 생각이 들었다. 그런데 어떻게 변화를 줄 수 있을까? 원칙은 하나였다. 이전에 해보지 않았

---

13) 『Current Biography』(1988).
14) 류재훈,〈"대본은 늘 내 머릿속에 있다"〉,『씨네21』, 1995년 9월 19일, 27면.

던 것을 해보자. 그래서 한번도 가보지 못한 곳에 도착했으며, 그 속에서 뭔가 새로운 것이 나오기를 바랐다. 또 다른 이유는 당시 홍콩에서는 동성애에 대한 영화가 유행처럼 계속되었는데, 나는 그 어떤 영화에도 동의할 수 없었다. 대부분 코미디였던 그 영화들은 극단적이고 모든 것을 미리 정해버리는 경향이 있었다. 그것이 일반적인 시각인지도 모른다. 하지만 사랑하는 두 사람이 남자와 남자든, 남자와 여자든, 또는 여자와 여자든 무슨 상관이 있단 말인가.『춘광사설』은 동성애자의 이야기라기보다는 '두사람'의 러브스토리이다. 어떤 사람은 나보고 이게 러브스토리라고 하는데 왜 하필이면 두 남자의 사랑이야기냐고, 술수를 쓰는 게 아니냐고 말하기도 한다. 나는 그 질문 자체에 문제가 있다고 본다. 왜 내가 이전에 만들었던 러브스토리는 반드시 남자와 여자의 사랑 이야기여야 하는가? 어차피 모든 건 똑같은 것이 아닐까? 나는 지금 사회에서 이성애, 동성애를 구분하는 건 더 이상 적당하지 않다고 생각한다. 문제는 그들 사이의 감정인 것이다.[15]

1997년 한국에서『해피 투게더』는 영화 도입부 10여 분 동안 등장하는 두 남자의 침실 장면이 '동성애가 주제로 - 우리 정서에 반한다'하여 한국 내 상영 불가 판정을 받았다. 그가 97년 7월 22일 서울에서 열렸던 '왕가위 영화 포스터 및『해피 투게더』스틸 전시회'에 참석하기 위해 한국에 방문했을 때 전시회가 열리는 동숭씨네마텍에서는 한국 동성애자 인권운동협의회와 퀴어영화제 사무국의 임원들이『해피 투게더』상영불가에 반대하는 침묵시위를

---

15) 장 징페이,〈왕가위, 홍콩의 천사들에서 부에노스아이레스의 게이들에게로〉,『키노』, 2000년 3월호, 117쪽에서 재인용.

벌이고 있었다. 이날의 '관객과의 만남'에 참석하기 위해 홍콩에서 비행기를 타고 날아왔던 왕가위는 한국에서 자신의 영화가 개봉 불가 판정을 받았다는 소식에 어떤 느낌이었을까?

"매우 아쉽고 예상치 못한 일이다. 『해피 투게더』의 전체적 주제는 사람과 사람 사이의 관계다. 동성애가 소재이기 때문에 상영불가라면 내 의도와 맞지 않는다. 한국 공륜에서 오해가 있었던 게 아닐까. 심의위원들이 너무 심각하게 본 것 같다. 개인적 입장으로는 보통 사람이 어떤 것은 보고 어떤 것은 보지 말아야 한다는 기준이 있는 것에 반대한다. 누구나 볼 수 있는 권리가 있어야 하지 않을까. 제도가 합리적인가 하는 것은 관객이 판단해야 한다. 어느 나라든 심의제도 비슷한 게 있지만 심의가 영화의 전제, 제한이 될 순 없다."[16]

『해피 투게더』는 1998년 공륜의 재심에 통과되어 그 해 8월 22일 한국 영화관에서 개봉되었다.

왕가위의 영화는 홍콩의 작가주의와 느와르, 그리고 상업성의 절묘한 결합과 더불어 '자유로운 서사구조', '장난스럽고 황당한 플롯', '자폐적인 인물'과 CF와 뮤직비디오를 연상시키는 '독특한 화면'으로 90년대 아시아의 젊은이들 사이에서 '전염병'처럼 번져나갔다.[17] 이렇게 해서 생겨난 말이 '왕자웨이 신드롬'이다. 한동안 아시아에 그의 영화와 비슷한 풍의 아류작들이 만들어졌을 정도였다. 그렇다면 왕자웨이 자신은 이 '왕자웨이 신드롬'을 어떻게 바라보고 있을까?

---

16) 황혜림, 〈영화는 간 데 없고 소문만 무성〉, 『씨네21』, 1997년 8월 5일, 13면.
17) 황 아이링, 〈왕가위, 새로운 이미지의 전염병〉, 『키노』, 2000년 3월호, 114쪽.

현재의 많은 영화들에 대해 사람들은 무언가를 발견하는 즉시 말한다. 이 영화는 왕가위 영화 같다고. 홍콩이나 대만, 다른 지역도 마찬가지다. 이것은 너무 불공평하다. 누구나 시작이 있으며 다른 사람의 영향을 받게 마련이다. 나도 물론 다른 사람에게 영감을 주는 것을 좋아한다. 그러나 나는 사람들의 영화가 다 비슷한 것을 싫어한다. 단지 멀리 바라보고 대안적인 영화를 만들기를 바란다.[18]

그렇다고 이 '왕자웨이 신드롬'에 모든 이들이 빠져든 것은 아니다. 어떤 이들은 "왕자웨이는 과대 포장되어 있다. 사실, 그의 영화는 뻔하다. 변화가 없다. 하나같이 사랑이야기다. 감동보다는 '보는 즐거움'에 그치고 있다. 그리고 카메라에 너무 의존한다"며 '왕자웨이 신드롬'에 일침을 가하기도 한다.[19]

『동사서독』은 1994년 베니스 영화제 예술 성취상과 최우수 촬영상, 같은 해 홍콩 금상장 영화제 최우수 촬영상·미술상·의상상, 역시 같은 해 대만 금마장 영화제 촬영상·편집상을 수상했다. 같은 해 『중경삼림』은 스톡홀름 영화제 여우주연상, 대만 금마장 영화제 남우주연상, 95년 홍콩 금상장 영화제 최우수 작품상·감독상·남우주연상·편집상을 수상했다. 95년 『타락천사』는 그 해 홍콩 금상장 영화제에서 여우조연상·촬영상·미술상·의상상·음악상을 수상했으며 『해피 투게더』는 97년 칸느 영화제 감독상을 수상했다. 왕자웨이는 대학 때 만나 11년 동안의 열애 끝에 결혼한 부인과의 사이에 아들 하나를 두고 있다.

신은정

---

[18] 장 징페이, 〈왕가위, 홍콩의 천사들에서 부에노스아이레스의 게이들에게로〉, 『키노』, 2000년 3월호, 116쪽에서 재인용.
[19] 오정국, 〈'왕자웨이 신드롬'의 허상〉, 『문화일보』, 1997년 12월 11일, 22면.

은 희 경

1990년대 여성작가 중 선두주자로 불리고 있는 은희경이 99년 12월 세 번째 장편소설 『그것은 꿈이었을까』(현대문학사)를 출간했다. 이 소설은 은희경이 PC통신 '하이텔문학관'에 『꿈속의 나오미』라는 제목으로 연재했던 것이다. 이 소설은, 은희경 소설의 특색이던 '명백한 서사적 줄거리'를 벗어나 '몽환적 분위기'를 잘 표현했다는 점에서, 그가 기존 작품 형식에서 벗어나 차별화를 시도한 첫 작품으로 꼽히고 있다.[1]

은희경은 1959년 전북 고창에서 1남 2녀 중 맏딸로 태어났다. 그의 아버지는 토건회사를 운영하고 있었고, 자식들에게 자상했던 아버지는 언제나 그에게 존경의 대상이었다.

---

1) 하응백, 〈환몽적 사랑에 대한 동경〉, 『뉴스메이커』, 2000년 1월 6일, 91면.

늘 바빴지만 아버지는 나와 동생에게는 언제나 자상하고 멋진 아버지로 인식되고 싶어했다. 특히 내게는 전혀 야단을 치는 일이 없었다. 공부 잘하라는 꾸지람도 "아빠는 초등학교 육년 동안 시험에서 틀린 것이라고는 한 개뿐인데 그것도 일학년 때 받아쓰기에서 군밤을 구운 밤으로 잘못 써 실수한 것이다"라는 말씀을 수없이 되풀이하는 일로 대신했다. 그러고는 마지막에는 늘 "우리 아무개는 아빠의 자존심이다", "인간은 자존심으로 산다", "벼는 익을수록 고개를 숙인다", "너는 고개 숙이는 벼가 되어라" 등 소중한 인생의 금언을 곁들인 인격적 대화로써 나를 감복시키는 것이었다.[2]

토건회사를 운영하는 아버지 덕에 그의 유년 시절은 풍족했다. 동네에서 텔레비전을 가장 먼저 산 집도, 제일 먼저 이층집을 지은 것도 그의 집이었다. 그러나 아버지의 사업 실패로 은희경의 유복한 유년 시절은 끝나게 된다.

은희경은 1977년, 전주여고를 졸업하고 숙명여대 국문과에 입학했다. 대학 졸업 후 연세대 대학원에서 국문학을 수료했다. 대학원 졸업 후 박사과정에 응시했다 실패하고 1년 반 가량 경기도에서 교사 생활을 했으며, 그 뒤 여성지, 이벤트 회사, 기획회사, 출판사에서 일하기도 했다.

은희경은 어려서부터 글쓰기에 재능을 보였다. 어린 시절 은희경은 크고 작은 백일장에서 많은 상을 받을 정도로 자신의 '끼'를 감추지 못했다. 그러나 그가 대학원을 졸업하고 곧바로 등단을 하지 못한 이유는 결혼이라는 장

---

2) 은희경, 〈서정시대〉, 채영주·김인숙·윤대녕·은희경·최인석·함정임·구효서, 『서정시대』(문학동네, 1998), 95쪽.

애물을 만났기 때문이다. 은희경은 대학원 재학 시절, 같은 대학원에 다니고 있던 현재의 남편을 만났다. 당시 남편은 학생운동을 했다는 이유로 대학교 1학년 때 제적을 당했다가 복학한 후 대학원에 다니고 있었다. 은희경이 그와 결혼하겠다고 하자 집안에서의 반대는 무척 심했다. 그러나 그는 1984년, 가출을 하면서까지 현재 남편과의 결혼을 단행했다. 남편이 졸업하고 직장에 취직하기 전까지 가장이라는 무거운 짐은 고스란히 은희경의 몫이었다. 은희경은 비록 그 같은 현실적인 문제로 작가의 꿈을 접고 살았지만 문학에 대한 열정을 버리지 못하고 94년 작가수업을 시작했다.

은희경은 1995년 『이중주』가 『동아일보』 신춘문예에 당선됨으로써 문단에 데뷔했다. 그리고 같은 해 11월에 『새의 선물』(문학동네)로 '제1회 문학동네 소설상'을 수상했다. 심사위원을 맡았던 소설가 오정희와 윤흥길은 『새의 선물』을 수상작으로 선정하게 된 경위에 대해 다음과 같이 말했다.

"시간의 흐름을 따르는 구성이나 원시적으로 느껴질 정도의 싱싱하고 직설적인 문장 등이 평이하게 읽히지만 강한 흡인력으로 사로잡는 힘이 있다. 결코 크거나 대단하지 않은 사람들의 삶과 행태가 적나라하게, 지극히 인간적인 모습으로 생생하게 살아 움직인다. 당돌하고 영악한 화자의 시선은 우리가 믿고 좇는 규범과 상식과 미망의 '허'를 여지없이 찌른다."[3]

"다른 무엇보다도 개개의 등장인물들이 저마다 독특한 개성으로 생생히 살아 있게끔 형상화에 성공을 거둠으로써 그들에 의해 생동감 있게 증언되는 지난 60년대 말의 상황은 이 작품을 단순한 성장소설이 아니라 시치미를 뚝 떼고 천연덕스레 펼치는 해학적 표현에 힘입어 한 편의 재미있는 세태소

---

3) 오정희, 〈심사평〉, 은희경, 『새의 선물』(문학동네, 1995), 385쪽.

설을 겸한 것으로 한층 더 의미를 부여하고 있다."[4]

『새의 선물』은 1995년 무궁화호가 발사되는 광경을 지켜보는 30대의 여성이, 69년 아폴로 11호가 달로 발사되던 12살 소녀 시절을 회상하는 내용을 액자형식으로 표현한 소설이다. 이 소설에 대해 문학평론가 신수정은 다음과 같이 평한 바 있다.

"『새의 선물』은 90년대 우리 문학이 획득한 장관의 하나라고 할 만하다. 은희경을 진정한 의미의 작가로 탄생시킨 계기가 되었다고도 할 이 소설은 대개의 뛰어난 소설들이 그러하듯 한 시대의 문학적 흐름에 강력한 영향력을 행사하고 있을 뿐만 아니라 작가 개인의 이후의 문학적 행보를 짐작하는 데 있어서도 핵심적인 고리로 작용하고 있다."[5]

그는 1997년 첫 소설집 『타인에게 말 걸기』(문학동네)를 발표했는데 이 소설은 문단과 독자들로부터 호평을 얻은 작품이다. 은희경은 『타인에게 말 걸기』의 창작 동기에 대해 다음과 같이 말했다.

> 힘 있는 자보다는 가진 것 없고 보잘 것 없는 사람에게 더 애착이 가요. 그래서 제 소설에는 위악적인 인물들이 많이 등장해요. 소심한 사람의 자구책으로서 자기 상처를 받지 않으려는 자의 위악성이죠. 하지만 이들에게도 사랑은 있습니다. 아니 누구보다 더 절실하죠. 이들을 통해 삶은 고통이 아닌 유희이고, 그 유희에는 우리 시대의 삶의 표정이 그대로 스며 있음을 한 점 위장 없이 그리고 싶었습니다.[6]

---

4) 윤홍길, 〈심사평〉, 은희경, 『새의 선물』(문학동네, 1995), 385~386쪽.
5) 신수정, 〈유쾌한 환멸, 우울한 농담〉, 『문학동네』, 1997년 봄호, 41쪽.
6) 최부자, 〈"소외된 사람에게 더 애착이 가요"〉, 『여성신문』, 1997년 1월 17일, 17면.

은희경은 1999년 5월, 장편소설 『마지막 춤은 나와 함께』(문학동네)를 발표했다. 이 소설에 대해 한 평론가는 "파국에 해당하는 사건을 만들지 않으면서도 극적 추진력을 유지하는 것이 은희경의 솜씨일 것이다"라고 평했다.[7] 그러나 그 같은 찬사 속에서도 "전체적으로 주변 인물들의 역할이 다소 미흡했고 주인공 진희의 삶에 대한 태도 역시 분명히 드러나지 않은 채 통속으로 흐르는 느낌이다"는 비판도 있다.[8]

은희경은 1999년 6월 창작집 『행복한 사람은 시계를 보지 않는다』(창작과비평사)를 출간했다. 문학평론가 김영옥은 "놀라운 대범함으로 삶의 큰 단위들을 뭉텅뭉텅 썰어내 한두 단어, 혹은 한두 문장으로 담아내버리는 그녀의 능력은 때로 순순히 동의하기 힘든 생략법으로 넘어가기도 한다"는 말로 이 소설의 성공에 우려를 표했다.[9] 그러나 7편의 중·단편 모음집으로 '오누이의 사랑', '유부남과의 불륜' 등 다소 빗겨간 사랑을 그린 이 소설은 출간되자마자 베스트셀러 목록 1위에 올랐다.

그러나 '90년대를 대표할만한 작가'라는 세평에도 불구하고 상지대 교수인 김정란[10]이 제기하는 은희경에 대한 비판은 은희경 개인과 그의 문학에 대한 총체적 비판이라는 점에서 주목할 만하다. 아니 김정란은 은희경 개인보다는 우리 시대의 극도로 상업화된 문학계의 현주소를 말하고자 했던 건지도 모른다. 문학계의 극심한 상업주의와 패거리주의, 그리고 문학과 신문의 유착에 대한 비판은 은희경 개인이 감당하기에는 너무 억울한 점이 있을

---

7) 정철성, 〈또 다른 사랑의 차가운 웃음〉, 『문화저널』, 1999년 5월호, 73쪽.
8) 오광수, 〈스물에서 서른으로 여자의 삶·고뇌·사랑〉, 『경향신문』, 1998년 11월 9일, 19면.
9) 김영옥, 〈'농담' 속에 깃들인 '병'의 흔적〉, 『서평문화』, 1999년 여름호, 27쪽.
10) 김정란에 대해서는 『시사인물사전 2』를 참고하십시오.

것이다. 다만 "한국 문학계, 과연 이대로 좋은가?"라고 하는 관점에서 김정란의 문제 제기가 매우 소중하다는 데엔 이론의 여지가 없을 듯하다. 필자로서는 독자들이 문제의 비평을 직접 읽어보실 것을 권한다.[11]

그런가 하면 은희경 소설에서 단골 소재로 등장하는 '멜로적 요소'에 대한 비판도 있다. 평론가 고미숙은 은희경의 소설에서 등장하는 이 '멜로적 요소'라는 것이 결국 '신파조 휴머니즘' 수준밖에는 되지 않는다고 말한다. 아울러 고미숙은 이 '멜로적 요소'가 삶을 위한 장식적 '소품'의 역할밖에 하지 못한다며 그가 '신파조 휴머니즘'으로 독자들을 '울리고' 있다고 비판했다.[12]

은희경은 서울출판컨설팅에서 기획홍보를 담당했던 경험을 살려, 1995년 출판평론가 최태원, 강철주, 문학평론가 이종환과 함께 '사인출판기획'이라는 '출판 매니지먼트 기획사'를 차렸다. 은희경은 기획사의 설립 취지에 대해 "국내작가 에이전시의 바람직한 모델의 실현과, 10개 정도의 출판사를 회원제로 운영하면서 회원사의 연합 사외보를 발행할 계획을 가지고 있다"고 밝혔다.[13]

신은정

---

11) 김정란, 〈조선일보를 위한 문학〉, 김민웅 외, 『조선일보를 아십니까?』(개마고원, 1999), 125~146쪽; 김정란, 〈'그들'의 문학-그 치명적 얽힘〉, 『인물과 사상 12』(개마고원, 1999), 389~422쪽 등을 참고하십시오.
12) 오정국, 〈'신파조 휴머니즘'은 가라〉, 『문화일보』, 1999년 6월 11일, 17면.
13) 이문재, 〈출판 전문가 4인방 "회원 출판사 찾습니다"〉, 『시사저널』, 1995년 1월 19일, 94면.

이 홍 렬

40대의 나이에, 10대에서 60~70대까지 폭넓은 팬을 확보하고 있는 개그맨은 드물다. 탤런트나 영화배우, 가수처럼 시대를 뛰어넘어 기억될 만한 명연기나 노래와는 달리, 한철의 유행보다 더 빨리 변하는 개그의 특성 때문일 것이다. 그러나 개그맨 이홍렬은 나이 50을 눈앞에 두고도 아직도 '만인의 오빠' 소리를 들으며 20년 가까운 세월 동안 요란하지 않고 꾸준한 인기를 누리고 있다. 그럼에도 자신의 인기 비결에 대해서는 "순전히 재능보다는 인덕(人德) 때문"이라며 겸손해하는 이홍렬은 최고의 인기를 누리고 있던 때에 두 번이나 외국 유학을 감행해 늘 공부하는 연예인의 이미지를 갖고 있기도 하다.[1]

---

1) 배국남, 〈웃음의 '스타일리스트' '속사포' 뺑코 아저씨〉, 『한국일보』, 2000년 2월 7일, 38면.

그런 이홍렬이 얼마 전에는 인터넷 벤처기업인 ㈜웰컴클릭의 홍보이사로 선임되더니, 2000년 5월에는 자서전을 겸한 에세이집 『아버지 되기는 쉬워도 아버지 노릇하기는 어렵다』(중앙M&B)를 펴냈다. 이 책에서 그는 어릴 적 가난했던 기억을 떠올리며 늘 원망의 대상이었던 아버지에 대한 기억과 현재 두 아이의 아버지가 되어 있는 자신을 돌이켜보며 이제는 아버지를 원망하던 자신이 부끄럽다는 고백을 진솔하게 털어놓고 있다.

마흔을 넘겼기 때문인가요. 몇 해 전부터 아버지에 대한 생각이 바뀌기 시작했어요. "돈을 많이 벌지 못했다지만 아버지는 많이 벌고 싶었겠지. 그러고 싶어서 그런 것은 아니야. 내게 돈을 남겨주진 못하셨지만 이 세상에서 가장 큰 재능을 물려주셨잖아" 이렇게 생각하기 시작하니 아버지가 너무나 그립고 여태까지의 제 모습이 부끄러웠습니다.[2]

이홍렬은 1954년 5월 22일 서울에서 태어났다. 가장으로서 무능했던 아버지, 그런 아버지 때문에 다섯 식구의 생계를 책임져야 했던 어머니, 그 때문에 늘 굶주렸던 기억들, 그의 가정환경은 그렇게 궁핍했다. 그럼에도 그의 어머니는 자식들에게는 힘든 모습을 보이지 않았다. 어렸을 때부터 개그에 소질을 보이는 아들에게도 "연예인이 되려면 돈도 좀 있고 줄이 있어야 한다는데 그 밑받침을 못 해줘서"하며 늘 미안해했다.[3] 이홍렬도 가난한 살림에 학비라도 벌 요량으로 새벽 신문배달을 했고, 주인집 아저씨의 일수돈 심부름을 하기도 했다.

---

2) 최경철, 〈"아버지 역할 함께 고민하자"〉, 『매일신문』, 2000년 5월 4일, 14면.
3) 이홍렬, 〈꿈에서 드린 용돈 이십만원〉, 『샘이깊은물』, 1997년 9월호, 178쪽.

이홍렬은 어릴 적부터 서영춘이나 구봉서 같은 개그맨을 꿈꿨다. 한양중학교에 다닐 때는 서영춘의 흉내를 잘 내서 친구들은 그를 서영춘의 별명을 따서 '살살이'라고 불렀다. 그러나 가난한 가정 형편 때문에 그는 개그맨의 꿈을 접고 도자기 굽는 사람이 되기 위해 서울공고 요업공학과에 들어갔다. 고등학교 2학년 때 진학반으로 옮겨 대학입시 준비도 해봤지만 만만치 않은 학원비 때문에 그것도 곧 포기해야 했다. 그는 고등학교 3학년 때 부천 세라믹회사에 실습생으로 취업했다. 그 곳에서 한 일본인 기술자가 기술도 가르쳐주고 회사에 취직도 시켜준다며 일본으로 함께 갈 것을 제의했다. 그러나 도예가가 아닌 개그맨을 꿈꾸던 그는 그 제안도 거절하고 8개월 만에 회사를 그만두었다. 그 뒤 이곳저곳에 입사했으나 두 달을 못 버티고 사표를 냈다. 그만큼 개그맨이 되고 싶었던 것이다.

그렇게 방황하던 그는 서울을 떠나기로 맘먹고 부산으로 내려갔다. 부산 다운타운가에 있는 '맘모스 술집'과 '태양다방' 등에서 DJ 보조생활을 하다가 다시 서울로 올라온 그는 '파노라마'라는 호프집에 취직해서 메인 사회자 보조생활을 했다. 그때 만난 사람이 개그맨 전유성[4]과 MC 허참이다. 그는 허참의 소개로 TBC에서 방영하는 코미디 프로그램의 엑스트라로 활동했다. 그러나 그에게 주어진 배역은 '길을 지나가는 사람'이 고작이었다. 그렇게 개그맨으로서 빛도 못 보고 있던 1974년 11월, 군 입대 영장이 날아왔다. 제대를 하고도 역시 그에게는 엑스트라 역 말고는 아무 것도 주어지지 않았다. 그는 생활비라도 벌기 위해 다시 다방 등에서 DJ를 시작해야 했다.[5]

---

4) 전유성에 대해서는 신은영, 〈전유성: 인기는 '엉뚱한' 데에 있다!〉, 정혁·조영한 외, 『스타비평 3』 (인물과사상사, 2000)을 참고하십시오.
5) 황경신, 〈남 얘기 들어주는 거 힘들지 않아요?〉, 『나는 정말 그를 만난 것일까』 (소담, 1999), 104~112쪽.

그러던 그에게 방송에 출연할 수 있는 기회가 주어졌다. 그는 선배 허참의 도움으로 1979년 3월 3일, TBC 라디오 프로그램 『임성훈 최미나 가요대행진』에 게스트로 출연했다. 그러나 처음으로 방송 출연을 했음에도 그는 기쁨보다는 서러움과 아쉬움을 느껴야만 했다. 가족을 위해 평생 희생만 하던 어머니가 두 달 전에 자궁암으로 세상을 떠났기 때문이었다. 그리고 그 착잡함을 달랠 새도 없이 1년 뒤에는 아버지도 떠나보냈다. 그 같은 슬픔을 이겨내고 이홍렬은 82년 MBC TV 『영11』의 한 코너인 '청춘극장'에서 변사 역을 맡아 유명세를 타기 시작했다.

그 뒤 『청춘만세』, 『청춘만만세』, 『청춘극장』 등을 통해 이홍렬은 아무 때나 끼어든다고 해서 붙여진 '촉새'라는 별명으로 주가를 올렸다. 그러던 어느 날이었다. 대학 교수와 인터뷰가 약속되어 있었는데 그 교수가 "대학도 안 나온 개그맨과 인터뷰 할 수 없다"며 거절하는 일이 발생했다.[6] 이에 큰 충격을 받은 이홍렬은 고등학교 졸업 후 14년 만에 만학의 꿈을 이루기 위해 막내동생뻘 되는 고3들과 함께 체력장을 치르고 학력고사를 준비했다. 그리고 1987년 중앙대학교 연극영화과에 입학했다. 33살에 시작한 만큼 학업에 열중하기 위해 그는 출연 프로그램도 1개로 줄이고 4년 동안 학교에 붙어살다시피 했다. MT, 수학여행, 체육대회, 축제 등 학교에서 하는 행사라면 그 어느 하나 빠지지 않았다.

그렇게 늦게 이룬 꿈이니 만큼 1991년 대학을 졸업했을 때의 감격은 남들의 두 배였다. 그러나 이홍렬은 거기서 안주하지 않았다. 대학 3학년 때부터 남들 모르게 수속을 밟고 대학을 졸업하던 해에 2년간의 일정으로 일본

---

6) 이상연, 〈한다면 꼭 하는 '귀여운 40대'〉, 『경향신문』, 1996년 6월 8일, 27면.

동경에 있는 프로페셔널 아카데미에 입학했다. 일본어라도 확실하게 배워둬야겠다는 생각에서였다. 매달 들어가는 33만 엔 정도의 생활비 중 11만 엔은 인쇄회사에서 운전 아르바이트로, 나머지는 전세를 놓은 22평짜리 아파트를 월세로 바꿔 그 돈으로 충당했다. 그렇게 2년간을 공부하고 일본이 외국인을 대상으로 치르는 어학검정시험에서 1급 자격증을 땄다.

1993년, 이홍렬은 생활비로 전세금도 다 날리고 맨주먹만 불끈 쥐고 한국으로 돌아왔다. 2년간의 공백에 대한 두려움도 있었지만 그보다 그 동안 아껴두었던 개그를 마음껏 펼쳐 보이고 싶었다. 한국으로 돌아온 뒤 그가 맡게 된 프로그램이 MBC『오늘은 좋은날-귀곡산장』과『데이터 쇼』,『콤비콤비』,『코미디 채널 600』등이다. 이때부터 그에게는 '촉새' 외에 별명이 하나 더 붙었는데, 바로 '뺑코'가 그것이었다.

그 별명이 붙게 된 경위는 이렇다. 1993년 이경실과 함께 KBS 라디오『정오의 가요쇼』를 진행하던 어느 날 이경실이 장난으로 "코가 무척 커 보인다. 5백 원짜리도 들어갈 것 같다"며 그의 손에 동전을 쥐어주었다. 자신도 코가 제법 크다고 생각하긴 했지만, 5백 원짜리 동전이 들어갈지는 의문이었던 그는 무심결에 동전을 코로 밀어넣었다. 5백 원짜리 동전이 금새 코 속으로 '쏙' 하고 들어가는 통에 전 스태프들이 포복절도하는 일이 발생했고 이 일을 계기로 그는 '뺑코'라는 별명을 얻게 되었다.[7] 97년에는 연예인으로서는 처음으로 '뺑코'의 이미지를 이용해 캐릭터 제품으로 상품화 할 정도로 그 별명은 인기를 끌게 되었다.

이홍렬은 1996년 2월 7일 자신의 이름을 건 토크쇼 SBS『이홍렬쇼』의 진

---

7) 전진우, 〈프로근성, 그리고 슬픔 속에서 피운 웃음〉,『신동아』, 1995년 7월호, 554쪽.

행을 맡게 되었다. 출연자와 앉아서 이야기하던 기존의 토크쇼 방식을 탈피해, 함께 음식을 만들어가며 이야기하는 새로운 토크 방식을 선택했다. 자신의 이름을 걸고 하는 프로그램이니 만큼 그는 『이홍렬쇼』를 의욕적으로 이끌어나갔다. 그 덕분인지 『이홍렬쇼』는 곧 SBS 내에서 최고의 시청률을 자랑하는 프로그램으로 떠올랐다.

『이홍렬쇼』와 더불어 KBS『출발 토요대행진』, SBS『TV 전파왕국』의 진행도 맡으면서 이홍렬은 그 어느 때보다도 개그맨으로서 최고의 인기를 누렸다. 그러나 그는 다시 한번 외국 유학을 단행했다. 그는 1997년 색소폰 연주자인 케니 G가 내한했을 때 말 한마디 못 붙여본 것이 후회가 되어 늦은 나이지만 영어를 배우겠다고 결심한 것이다.[8] 마침 IMF로 경제가 좋지 않은 상황에서 유학을 간다는 것에 어려움이 많았지만 열심히 해보라며 어깨를 두드려주는 사람들에게서 용기를 얻었다.

> 재충전의 시기가 됐다고 생각했어요. 코미디언을 오래하려면 끊임없이 자기투자를 해야 한다는 진리를 새삼 깨달은 거죠.[9]

이홍렬은 미국으로 떠나기 전, 그를 아끼고 사랑해준 팬들에게 마지막 선물을 마련했다. 가수 김창완[10]에게서 곡을 받고 후배 개그맨 표인봉이 프로듀서로 참여해 만들었던 앨범출시 기념 콘서트를 연 것이다. 1998년 3월 19일부터 22일까지 서울 연강홀에서 열린 이 콘서트에서 얻어진 수익금은

---

8) 강일효, 〈미국 유학 이홍렬 "싱싱한 웃음 가득 담아올게요"〉, 『TV가이드』, 1998년 4월 3일.
9) 노형석, 〈코미디도 투자한만큼 빛나죠〉, 『한겨레』, 1998년 3월 9일, 18면.
10) 김창완에 대해서는 『시사인물사전 5』를 참고하십시오.

투신자살한 후배 개그맨 고(故) 이철구의 유가족과, 자신이 홍보대사를 맡고 있는 한국복지재단에 전해졌다. 그가 98년 초, 한국복지재단의 홍보대사를 맡게 된 경위는 아주 특별하다. 86년 그는 한국복지재단의 전신인 한국어린이회에서 주최한 행사에서 MC를 맡았었는데 그때 출연료로 받은 10만원을 다시 '반납' 했다. 이를 계기로 10년이 넘는 세월 동안 한국복지재단의 묵묵한 후원자가 되어왔던 것이다. 그리고 개그맨 이성미와 함께 '늘 푸른 모임'을 만들어 매년 어린이를 위해 행사를 마련해왔고 자신의 앨범 수익금 전액도 한국복지재단에 기증했다.[11]

1998년 3월 4일 1백회를 맞이하는 『이홍렬쇼』를 끝으로 그는 가족과 함께 미국으로 떠났다. 그리고 LA의 캘리포니아 UC어바인대학의 영어교육 프로그램인 ESL(English Second Language) 코스에 등록했다.

"I'll be back."

1998년 한국에서의 마지막 방송이었던 『이홍렬쇼』 1백회 무대에서 이렇게 외치며 훗날을 기약하자던 그는 99년 10월 한국으로 돌아왔다.

> 나이와 머리가 따라주지 않아 고생을 참 많이 했어요. 그래도 게으름 피우지 않고 정말 부끄럽지 않을 정도로 최선을 다했습니다. 공부도 공부지만 내 뒷모습을 바라볼 수 있었던 귀중한 시간이었습니다.[12]

1999년 10월 11일 1백1회로 다시 시작한 SBS 『이홍렬쇼』로 컴백 인사를 한 이홍렬은 40대 중반이라고는 믿지 않을 정도의 의욕과 패기를 보여주

---

11) 유연옥, 〈"기도하면 축복이 … 다 이루어졌어요"〉, 『국민일보』, 2000년 3월 18일, 28면.
12) 유인근, 〈미국유학 마치고 돌아온 개그맨 '뺑코' 이홍렬〉, 『Queen』, 1999년 10월호.

고 있다. 그러나 『이홍렬쇼』는 "예전의 『이홍렬쇼』만 못하다"는 비판을 듣기도 했다. 또 같은 시간대에 편성되어 MBC의 시트콤 『세친구』의 인기 상승으로 예전에 기록했던 시청률에는 못 미치고 있다. 그럼에도 그는 『이홍렬쇼』를 자신이 가지고 있는 편안하면서도 정감 넘치는 프로그램으로 이끌어 나가겠다는 의지를 보여주고 있다.[13]

이홍렬은 연예인 사이에서 효자로 불린다. 부모는 모두 그가 스포트라이트를 받기 전에 세상을 떠났지만 그의 부모에 대한 사랑은 지극하다. 언젠가, 어머니를 만나서 용돈으로 20만 원을 드리는 꿈을 꾸었는데 "더 드릴 수 있었는데 …… 내가 가진 모든 것이라도 드리고 싶은데"라며 아쉬워했다고 한다.[14] 그는 인터뷰를 할 때마다 어머니 이야기만 나오면 끝내 눈물을 참지 못하고 만다. 그의 어머니가 식구들을 먹여 살리던 재봉틀이 그의 '재산목록 1호'다.

개그맨 인생 20년을 훌쩍 넘긴 이홍렬이지만 아직도 프로그램이 끝나면 후회가 더 많이 남는다고 한다. 그럼 그가 생각하는 '유능한 개그맨'은 어떤 사람일까? 그는 이렇게 정의한다.

> 개그맨은 무대에 올라가면 칼질을 잘 해야 합니다. 보이지 않는 칼을 들고 얘기를 이 정도에서 잘라야 한다 싶으면 과감하게 잘라야 돼요. 문제는 너무 일찍 자르면 재미없고, 너무 늦게 자르면 늘어져서 역시 재미없다는 거죠. 그렇다고 누가 대신 잘라 줄 수도 없는 거니까 자기가 적당한 선에서 딱딱 잘라야 하는데 하여간 이 칼질을 잘할 수 있어야만 뛰어

---

13) 김재범, 〈김빠진 『이홍렬쇼』 '재미도 절반'〉, 『스포츠투데이』, 1999년 11월 25일, 13면.
14) 이홍렬, 〈꿈에서 드린 용돈 이십만원〉, 『샘이깊은물』, 1997년 9월호, 179쪽.

난 개그맨이라고 할 수 있을 겁니다.[15]

  이홍렬은 1982년 MBC 연기대상 코미디부문 신인상, 83년 MBC 방송대상 코미디부문 최우수상, 94년 『TV저널』 올해의 스타상 코미디부문 우수상, 94년 MBC 방송대상 코미디부문 최우수상을 수상했으며 현재 미국 코스트라인 칼리지에서 식품영양학을 공부하고 있는 부인 박인규와의 사이에 재혁, 재준 형제를 두고 있다. 저서로는 본문에서 소개한 것 이외에 『사요나라 개그나라』(자작나무, 1993)가 있다.

신은정

---

15) 전진우, 〈프로근성, 그리고 슬픔속에서 피운 웃음〉, 『신동아』, 1995년 7월호, 557쪽에서 재인용.

장 준 하

1960~1970년대 권력의 핵심에 있었던 박정희. 그는 근 20년 동안 권력의 최상부에 위치하면서 한국 사회를 좌지우지했고 그가 권력을 지키기 위해 쌓은 철옹성은 결코 깨지지 않을 것 같았다. 많은 이들이 박정희 독재를 끝장내기 위해 도전하고 저항했지만 그가 차지하고 있는 자리는 언제나 굳건해 보였다. 사람들은 강압적인 그의 독재 아래에서 숨을 죽여야 했다. 그럼에도 불구하고 그에 대한 저항은 정치권에서, 재야에서, 학생운동 내에서 끊이지 않았고 그것은 박정희가 김재규의 총탄에 숨을 거둘 때까지 계속됐다.

그의 독재 권력을 저지하기 위해 정치권에서 그에게 도전했던 라이벌 중 대표적인 사람을 들자면 많은 사람들이 김대중 현대통령을 내세울 것이다. 1971년 대선 때 수많은 방해공작에도 불구하고 근소한 차로 박정희에게 패해 박정희 정권에 위기감을 안겨주었던 김대중은 뛰어난 정치적 수완과 40대 기수론의 선두주자로 박정희와 대결을 펼쳤고 그 뒤로 여러 번 죽음의 위기를 넘겼다. 그리고 박정희와 대결을 펼쳤던 재야 인사들이 죽임을 당하거나 노환으로 세상을 떴음에도 불구하고 그는 살아남아 현재 대통령직을 수행하고 있다. 그리고 자신에게 모진 고문과 죽음을 선사하려 했던 박정희의 기념관 건립에 국고를 지원하는 과감한(?) 화해의 결단을 내렸다.

김대중 이외에 박정희의 라이벌을 꼽아 보자면 김영삼 전 대통령, 박정희의 권좌를 넘보던 김종필, 그리고 재야 운동가이자 『사상계』 발행인인 장준하를 들 수 있을 것이다. 백기완은 이 중 장준하를 박정희의 최대 라이벌로 꼽는다. 그가 장준하를 이렇게 평가하는 이유는 장준하의 삶의 궤적이 박정희의 그것과 처음부터 대조를 이루기 때문이다. 일본군에 징용되어 그 곳을 탈출해 독립군으로 활동했던 장준하와는 달리 박정희는 일본군 출신으로 일본에 충성한 친일파였다. 그리고 철저한 민족주의자였던 장준하와는 달리 박정희는 여순반란사건 때 남로당 고위직을 차지하고 있었다.[1]

두 사람의 행적은 박정희의 군사 쿠데타 이후 극명하게 갈린다. 박정희는 최고 권좌에 앉아 종신 대통령 꿈을 꾸게 되고 장준하는 『사상계』와 재야운동으로 박정희 독재에 저항했다. 그러던 중 장준하는 의문의 죽임을 당했다. 이 사건은 70년대의 대표적인 의혹 사건으로 기록되고 있고 당시에도, 그리고 지금도 그의 죽음에 대한 명확한 결론은 내려지지 않았다.

한 시대를 독립투사로 민주투사로 살았던 장준하는 비록 이렇게 의문에 찬 죽음으로 사라졌지만 그를 기억하고자 하는 이들은 아직 있다. 1999년

---

[1] 백기완, 〈장준하와 박정희-누가 진정 민족주의자인가〉, 『한국현대사의 라이벌』(역사비평사, 1991), 204~210쪽.

3월 발족한 '장준하기념사업회'(기념사업회)가 그 대표적인 단체이다. 기념사업회는 장준하의 뜻을 널리 알리고자 『문화일보』와 공동 주최로 99년 7월과 2000년 1월에 장준하가 걸었던 '장정 6천리'를 몸소 체험하는 행사를 가졌다. '청년 등불'로 이름을 지은 이 팀은 정치인, 대학생, 재야인사 등 다양한 인사들이 참가해 지금까지 두 차례 장준하가 걸었던 '장정 6천리'를 답사했다.

장준하는 1918년 8월 27일 평북 의주에서 장남으로 태어났다. 할아버지 장윤희가 장로직을 맡고 있을 정도로 신심 있는 기독교 가정에서 태어난 장준하는 할아버지에게 한문과 한글, 산수 등을 배웠고 할아버지가 가지고 있던 배일사상에도 깊은 영향을 받았다. 어린 시절을 이렇게 보낸 장준하는 학교에 가게 되었다. 그러나 학교가 너무 멀어 적령기에 학교에 들어가는 것은 어려웠고 나이가 어느 정도 찬 뒤에 학교에 들어갔다. 그는 집에서 비교적 가까운 대안의 2년제 간이학교에서 수학하다 대관보통학교에 편입하여 약 2년 만인 1933년 대관보통학교를 졸업했다.

대관보통학교 졸업 후 장준하는 평양 숭실중학교에 진학했다. 그는 숭실중학교를 1년밖에 다니지 않았다. 1년 후 아버지를 따라서 정주에 있는 신성중학교로 옮겨갔기 때문이었다. 그는 중학교 3년 동안을 당시 『동아일보』가 주도하던 '브나로드 운동'[2]에 적극 동참하며 보냈다. 숭실중학교에 다니던 해, 장준하는 1학기가 거의 끝나가던 무렵 브나로드 운동에 동참하라는 포스터를 보게 되었고 그 운동에 참여하리라 마음먹었다. 1학기가 끝나고

---

2) 브나로드(vnarod)는 러시아어로 '민중 속으로'란 뜻인데 원래 이 말은 1870년대 러시아의 젊은 지식인들이 농민을 계몽하고자 농촌으로 뛰어들었던 것을 가리킨다. 한국에서도 이와 비슷한 운동이 있었는데 그것은 1930년대 『동아일보』가 문맹타파, 한글보급 등을 목표로 벌였던 운동을 가리킨다. 브나로드 운동을 소재로 한 대표적인 작품으로는 심훈의 『상록수』가 있다.

여름방학이 시작되자 그는 고향으로 내려가 고향의 문맹자들에게 한글을 가르치게 되었다. 이렇게 시작한 것이 3년 내내 계속되었다. 그러나 일제 식민지하에서 한글을 가르치는 것은 쉽지 않았다. 고향에 내려갈 때마다 장준하에게는 경찰의 감시가 항상 따라붙었다. 장준하는 이때 경험한 일본 경찰과의 만남으로 인해 일제에 대한 적개심과 반항심이 굳어버렸다고 회고했다.[3]

장준하가 거쳐간 숭실중학교와 신성중학교는 모두 배일(排日)사상이 강한 학교였다. 장준하는 브나로드 운동을 하며 가지게 된 배일사상에 덧붙여 학교의 분위기 때문에 일본을 싫어하는 마음이 더 강해졌다. 그리고 그것은 그가 중학교 3학년 때인 1937년 벌인 작은 시위로 나타나게 되었다. 당시 신성중학교의 교장으로 있었던 장이욱이 '수양동우회(修養同友會) 사건'[4]으로 일경(日警)에게 구속되자 장준하는 교장 선생을 돌려달라는 시위를 벌였다. 그 시위 방법이 특이했는데 그것은 자신이 가진 교과서 중 일본어로 쓰인 것들을 갈가리 찢는 것이었다. 각 학년 대표를 불러모은 자리에서 자신의 교과서를 찢은 장준하는 전교생에게 자신처럼 하라고 시켰고 곧 전교생을 이끌고 시위에 나섰다. 그러나 시위는 얼마 못 가 진압되었고 장준하는 주모자로 지목돼 일경에게 체포되었다. 당시 장준하의 1년 후배로 신성중학교에 다니던 계훈제는 이 날의 일을 다음과 같이 회고했다.

　　1937년 단오 다음날 30평 남짓한 중학 교실에는 일본 교과서의 파지로

---

3) 박경수, 『재야의 빛 장준하』(해돋이, 1995), 33~34쪽.
4) 수양동우회는 안창호가 이끌었던 동우회로 1937년 일제가 이 회원들을 구속한 사건이 수양동우회 사건이다. 이 사건으로 구속된 사람들은 이광수, 주요한, 한승인 등 1백50여 명이었다. 박경수, 위의 책, 65~66쪽.

가득찼다. 수양동우회 사건에 관련된 스승이 체포된 데 보복 항의한 것이다. 애국자들의 손자국이 가득한 유치장에는 일본 식민지 교육을 갈기갈기 찢어발긴 학생 우두머리 장준하가 눈 하나 깜짝하지 않고 철창을 응시하고 있었다. 유치장에의 첫 나들이가 트인 것이다.[5]

1938년 신성중학교를 졸업한 장준하는 정주(定州)의 신안소학교에서 교편을 잡게 되었다. 원래 숭실전문학교(숭전)에 진학하려고 했으나 숭전이 일본의 신사참배에 맞서기 위해 자진 폐교하게 되자 진학을 못하고 소학교 선생이 되었던 것이다. 그 곳에서 1941년까지 교사로 재직했던 장준하는 일본 유학 길에 오르게 되었다. 신성중학교 시절 친하게 지냈던 김익준(7·8대 국회의원)이 일본에서 그를 부른 것이었다. 일본으로 떠난 장준하는 동양대학 철학과에 1년 동안 다니다가 1942년 문익환, 문동환 등이 학생으로 있던 동경신학교에 입학했다.

장준하의 신학교 생활은 그리 오래가지 못했다. 당시 태평양 전쟁의 전황이 불리해지자 일본은 1943년 10월 '학도지원병제'를 실시하더니 44년에는 이를 징병제로 바꾸었다. 장준하는 이때 학병에 지원할 것을 결심했다. 뜻밖의 일이었으나 장준하로서는 집안을 고려한 결심이었다.

일인들이 가장 주목하고 또 가장 미워하던 목사 가운데 한 분이 나의 아버님이었다. 신사 참배를 반대하였다는 죄목으로 선천 신성중학교 교직에서 축출당한 뒤에도 계속 요시찰 인물로 형사들이 뒤를 따르던 형편이

---

5) 박경수, 『재야의 빛 장준하』(해돋이, 1995), 67쪽에서 재인용.

었다. 나는 장남이다.[6]

학병 지원을 결심한 장준하는 남은 학기를 마치지도 않고 1943년 11월 귀국했다. 그가 서둘러 귀국한 이유는 결혼 때문이었다. 결혼 상대자는 신안소학교 시절 자신이 머물렀던 하숙집 딸이자 제자였던 김희숙이었다. 일본에서 학업을 계속할 당시 김희숙과 편지를 주고받았던 장준하는 자신과 김희숙의 관계가 사제지간 이상도 이하도 아니었지만 그녀가 정신대에 끌려갈 위기에 놓이자 그것을 막기 위해 결혼을 결심한 것이었다. 두 집안의 반대가 심했지만 결국 그들은 1944년 1월 5일 결혼했고 장준하는 1월 20일 일본군에 입대했다.[7]

평양에 주둔해 있던 일본군에 입대한 장준하는 곧 중국으로 가게 되었다. 자신이 원하던 중국행이었다. 장준하는 이때 이미 탈주할 계획을 세워놓고 있었고 그 장소로 중국을 택했다. 중국에는 독립군과 임시정부가 있었기 때문이었다. 1944년 7월 7일, 장준하는 동료 3명과 함께 일본군 부대를 탈출해 중국 국부 유격대에 머물게 되었다. 장준하는 그 곳에서 미리 탈출해 있던 김준엽(전 고려대 총장)을 만났다. 김준엽은 이때부터 장준하의 평생지기가 된다.

장준하와 김준엽 등 탈주에 성공한 5명은 1944년 7월 28일 중경으로 떠나게 되었다. 중경에 위치한 임시정부가 목표였다. 후에 '장정 6천리'라 불리게 된 길고 고난한 여정은 이렇게 시작됐다.

여름 한낮의 뜨거운 폭우를 이겨내며 장정에 오르게 된 지 40여 일 만인

---

6) 박경수, 앞의 책, 93쪽에서 재인용.
7) 박경수, 앞의 책, 94~97쪽.

1944년 9월 10일, 장준하 일행은 임천(臨泉)에 당도했다. 당시 임천에는 '중앙군관학교 임천분교'가 있었는데 여기에는 '광복군 간부 훈련반'이 설치되어 있었고 약 70여 명의 훈련생이 있었다. 이 사실을 알게 된 장준하 일행은 곧 간부 훈련반에 편입했고 약 2달 동안 훈련을 받게 되었다. 그러나 장준하의 부푼 기대와는 달리 훈련은 일본군에서 받은 것과 별반 다르지 않았기 때문에 장준하는 곧 이를 지루해했다. 장준하는 이때 다른 일을 모색하게 되는데 그것은 훈련생들이 돌아가며 강의를 하는 것이었다. 당시 훈련생 대부분은 일본군에서 탈주한 학병이었고 그들의 전공분야도 다양했다. 장준하를 시작으로 많은 훈련생이 강의를 해나갔고 그들은 강의 내용을 글로 남기게 되었다. 그리고 곧 그 글모음은 장준하가 처음 만든 잡지인 『등불』로 발전했다. 장준하와 동료들은 인쇄시설은커녕 등사기도 없었던 열악한 환경에서 필사본으로 잡지를 만들었고 그 노력의 결과 『등불』은 2호까지 발행되었다.

　70여 일 동안 이곳에 머물렀던 장준하는 광복군 소위 계급장을 따고 11월 21일 다시 중경으로 길을 떠났다. 처음 길을 떠날 때 5명이었던 인원은 53명으로 늘어나 있었고 게 중에는 부녀자도 끼어 있었다. 행군은 느려질 수밖에 없었는데 장준하 일행은 그 와중에도 발걸음을 멈추지 않고 부지런히 걸은 결과 한 달여 만에 파촉령(巴蜀嶺)에 다다랐다. 파촉령은 정상인 대파산이 해발 3천 미터에 달하는 '제비도 넘지 못한다는 고개'였다.[8] 때는 겨울이었고 장준하 일행은 목숨을 건 행군을 각오해야만 했다. 도보로 걷는 데는 10일이 걸리는 고난의 길이었지만, 도보 이외에는 다른 방법이 없었

---

8) 박경수, 『재야의 빛 장준하』(해돋이, 1995), 159쪽.

다. 장준하 일행은 모진 고생을 다하며 파촉령을 넘었고 결국 중경에 다다랐다.

중경에 도착했을 때는 1945년 1월 31일이었다. 근 6개월에 달하는 기간이 걸린 것이다. 장준하 일행은 중경에 있던 임시정부(임정)에 들어섰고 그곳에서 김구 등 임정요인들의 환영을 받았다. 임정에 도착할 당시 장준하는 임정에 큰 기대를 품었다. 그러나 그것은 곧 임정에 대한 실망감으로 바뀌고 말았다. 이유는 당시 임정에서 암암리에 벌어지는 파벌싸움 때문이었다. 장준하가 본 임정의 상황은 다음과 같은 것이었다.

> 셋집을 얻어 정부청사로 쓰고 있는 형편에 그 정파는 의자 수효보다 많았다.[9]

결국 장준하 일행은 이 같은 파벌싸움에서 한발 물러나 중경에서 좀 떨어진 토교(土橋)란 곳에 머물며 군사적 임무가 내려오기만을 기다렸다. 장준하는 이 곳에서 여유 있는 생활을 하며 임천에서 만들었던 잡지『등불』 3호를 만드는 한편, 목회활동을 시작했다. 그렇게 3개월을 보낸 장준하는 그 해 4월, 이범석 장군을 만나게 되었다. 이범석은 장준하 일행에게 한국에 잠입하게 될 특수 요원을 뽑는다고 말했고 장준하와 그의 동료 18명이 이 임무에 자원했다. 이렇게 해서 장준하와 그의 동료들은 미국의 OSS(Office of Strategic Service : 미국 CIA의 전신) 대원이 되는 훈련을 받게 되었다. 계획은 3개월간의 훈련 후 본토에 잠입하는 것이었다. 장준하

---

9) 박경수, 앞의 책, 178쪽에서 재인용.

는 3개월 동안 정규 훈련을 받았고 그 와중에 잡지『제단』을 만들었다.

장준하와 그의 동료들이 훈련을 마친 때는 일본이 연합군 측에 항복하기 얼마 전인 1945년 7월 말이었다. 그들은 국내에 잠입하게 될 예정일을 8월 20일로 잡고 만반의 준비를 하고 있었으나 결국 국내에 잠입하지 못하게 됐다. 나가사키와 히로시마에 터진 원폭의 위력이 상상보다 훨씬 대단했기 때문이었다. 45년 8월 15일 일본은 연합군 측에 무조건 항복을 선언했다.

일본의 항복 선언 후 임정 요인들은 한국 본토에 들어가려 했으나 미군이 그것을 막았다. 당시 한국을 점령하고 있던 미군은 임시정부를 인정하지 않았고 그들의 귀국을 쉽게 허락하지 않았다. 결국 임정 요인들은 해방 후 3개월이 지난 1945년 11월 23일이 되어서야 개인자격으로 서울에 도착할 수 있었다. 당시 김구의 비서를 맡았던 장준하도 임정 요인들과 합류해 이 날 귀국했다.

장준하는 귀국 직후 김구의 비서로 바쁜 나날을 보냈다. 그러나 장준하는 당시 국내의 혼란스러운 상황하에서 벌어지는 임정 요인들의 파벌 싸움과 국내에 자리잡아가고 있던 각 정파간의 파벌 싸움에 질려가고 있었다. 그러던 중 1946년 6월 이범석이 귀국하게 되었다. 이범석은 장준하의 능력을 높게 사 그를 설득시켜 47년 자기 진영인 '조선민족청년단'의 교무처장직을 맡겼다. 그러나 장준하는 여기에서도 너무나 강한 정치적인 냄새를 맡았고 곧 교무처장직에서 물러났다.

장준하는 이후 문화 쪽으로 눈을 돌려 잠시 동안 '한길사'라는 출판사를 운영하기도 했으나 별 재미를 보지 못했고 1948년 동경신학교 교우였던 문동환의 주선으로 한국신학대학에 들어가 동경신학교에서 다하지 못했던 공부에 열중하게 되었다. 장준하는 6개월 동안 공부해 졸업장을 받았다.

장준하가 이렇듯 공부에 열중하는 동안 해방 후 혼란스러운 분위기는 계속되고 있었다. 1948년 김구의 눈물겨운 노력에도 불구하고 남과 북은 단독선거를 통한 단독정부를 각각 수립했고 38선을 경계로 대립하게 되었다. 남과 북의 대치상황은 갈수록 악화일로를 걸었으며 결국 1950년 6월 25일 한국전쟁이 일어났다.

한국전쟁이 발발하자 장준하는 부산으로 내려갔다. 1·4후퇴 때 부산까지 내려간 장준하는 그 곳에서 당시 문교부장관이던 백낙준을 만나게 되었다. 1952년 백낙준은 피난지 부산에서 문교부 산하에 '국민사상연구원'을 설립하고 장준하를 그 곳으로 끌어들였다. '국립사상연구원'에 들어간 장준하는 기관지를 만들자고 제안했고 그렇게 나온 것이 『사상계』의 전신인 『사상』이었다. 그러나 『사상』은 그리 오래 가지 못했다. 백낙준에 대한 이승만의 신임을 시기한 이기붕의 아내 박마리아 때문이었다.[10] 결국 장준하는 '국민사상연구원'을 그만두고 자신의 힘으로 잡지를 만들었다. 그렇게 나온 것이 자신이 그토록 애착을 가졌던 『사상계(思想界)』였다.

장준하의 『사상계』는 그야말로 자신의 피땀으로 만든 것이었다. 종이 한 장이 귀했던 전시하에서, 그것도 재산이 거의 없는 상태에서 장준하는 오직 잡지를 만들고야 말겠다는 의지 하나로 백방으로 뛰어다니며 잡지를 제작했다. 원고료를 주지 않고 원고를 모으고 한국 리더스 다이제스트사 사장 이춘우의 도움으로 조판을 할 수 있게 되어 월간 『사상계』는 1953년 2월 20일 제작이 완료되었다. 그리고 우여곡절 끝에 3월 10일 『사상계』 4월호가 대중들에게 첫선을 보였다. 『사상계』 창간호는 〈인간과 인격〉이라는 장준하의 권

---

10) 박경수, 『재야의 빛 장준하』(해돋이, 1995), 256~258쪽.

두언을 시작으로 김계숙의 〈인간과 문화〉, 김재준의 〈인간생활과 종교〉 등 인간에 대한 여러 단상들과 김성직의 〈병든 민족주의〉와 김재준의 〈민주주의론〉 등의 글이 실렸다.

『사상계』는 첫 출발의 어려움을 딛고 일어나 점점 독자층을 넓혀갔다. 한국전쟁이 1953년 7월 27일 휴전협정 조인으로 사실상 끝나자 장준하는 피난 시절을 마감하고 서울로 올라왔다. 장준하는 당시 종로 네거리에 위치한 한청빌딩에 『사상계』 사무실을 마련하고 『사상계』 12월호를 출간했다. 전쟁이 끝나고 모든 물자가 부족했던 상황이었지만 장준하는 『사상계』에 매진했고 『사상계』는 어수선한 시절과는 달리 제 모양새를 차리게 되었다. 편집위원들이 대거 참여하면서 잡지의 질은 높아졌고 대중들의 인기를 얻어갔다.

『사상계』가 대중의 인기를 한층 더 얻은 계기는 이승만 정권과의 충돌이 있은 후부터였다. 『사상계』는 1954년 이후로 이승만 정권과 반목하게 되었는데 그 출발점은 54년 7월 이승만 정부가 내놓은 '한글 간소화안'에 대한 정부와 『사상계』간의 논쟁이었다. 당시 이승만 정부가 내놓은 '한글 간소화안'은 문화를 정책으로 좌지우지하려는 우매한 발상이었고 장준하는 이를 반대했다. 『사상계』에 '한글 간소화안'을 반대하는 허정과 이숭녕의 주장이 실리고 다른 지면을 통해 '한글 간소화안'을 찬성하는 학자의 글이 실리면서 서면 논쟁이 시작되었고 그것은 날이 갈수록 뜨거운 논쟁이 되어 갔다. 이 결과 '한글 간소화안'은 국회를 통과하지 못했고 『사상계』의 주가는 날이 갈수록 오르게 되었다. 1955년에 이르러 『사상계』는 첫 발행 때부터 고수해 오던 3천 부 원칙을 깨고 6천 부를 찍었으며 그 해 말에는 1만3천 부를 찍어내게 되었다. 명실공히 한국 최고의 잡지가 된 것이다.[11]

---

11) 박경수, 『재야의 빛 장준하』(해돋이, 1995), 286~291쪽.

『사상계』가 이렇게 제자리를 찾아가고 있을 때인 1956년 장준하는 『사상계』의 대표적 논객 함석헌을 만났다. 함석헌은 『사상계』 지면을 통해 사회의 부조리한 면에 대해 통렬한 비판을 해댄 사람이었고 『사상계』의 발전에 큰 몫을 한 사람이었다. 함석헌의 지위고하를 막론하고 펼치는 날카로운 비판은 비판에 목말라 있던 대중들에게는 신선한 한 모금의 물이었다. 당시 한국의 정세는 끝날 것 같지 않은 이승만의 독재가 계속되고 있던 때였고 대중들은 그 사실에 대한 체념과 저항의 두 가지 반응을 보이고 있었다. 이런 상황에서 함석헌은 1958년 8월호 『사상계』 지면을 통해 〈생각하는 백성이라야 산다〉라는 글을 썼다. 『사상계』 역사상 처음으로 일어난 필화사건으로 기록된 이 글에서 함석헌은 당시 사회 통념상 금기시되던 '이승만'이라는 이름을 대놓고 썼을 뿐만 아니라 그를 "민중을 버리고 민중을 잡아먹는" 탐관오리처럼 묘사했으며 그를 "미국의 앞잡이"라고까지 비하했다. 또, "이제부터라도 진정으로 나라를 위해 일하라"고 훈계까지 했다.[12] 이 글로 인해 함석헌은 옥고를 치러야 했으며 장준하도 수사기관에 불려 다니는 고초를 겪어야 했다.

그러나 『사상계』는 이런 필화사건에도 굴하지 않고 그 뒤로 이어지는 이승만 정권의 몰지각한 만행이 일어날 때마다 날카로운 비판을 서슴지 않았다. 1958년 '보안법 파동'[13]이 일어나자 『사상계』는 59년 2월호에 〈무엇을 말하랴, 민권을 짓밟는 횡포를 보고〉라는 제목으로 백지 권두언을 냈다.[14]

---

12) 박경수, 앞의 책, 297쪽에서 재인용.
13) 보안법 파동은 1958년 12월 24일 국회에서 3백여 명의 무술경위를 통해 야당의원을 통제한 채 자유당 의원들만으로 신국가보안법을 통과시킨 사건을 말한다. 한국사사전편찬회 편, 『한국근현대사사전』(가람기획, 1990), 334~335쪽.
14) 박경수, 앞의 책, 299쪽.

무언(無言)으로 '보안법 파동'을 강력히 비판했던 것이다. 이같이 『사상계』는 민주사회에서 일어날 수 없는 사건들이 발생할 때마다 앞장서서 그것들을 비판했다. 그러던 1960년 3월 15일 일명 '3·15 부정선거'가 행해지고 이에 격분하여 거리로 나선 시위대를 진압하는 과정에서 고등학생 김주열의 시체가 마산 앞바다에서 떠오르자 시위대의 행렬은 걷잡을 수 없이 거세졌다. 4·19혁명이 일어난 것이었고 이승만의 기나긴 독재정권이 몰락하는 순간이었다.

1950년대의 『사상계』는 지식인들의 필독서였다. 4·19를 전후해 당시로서는 놀라운 9만7천 부를 찍은 것으로 알려진 『사상계』는 그만큼 많이 읽혔고 그 주요 대상은 지식인들이었다. 『사상계』가 이같이 지식인들에게 인기를 얻었던 것은, 학술지가 거의 부재했던 50년대 상황에서 선진국-미국-의 사상을 받아들이는 통로 역할을 했기 때문이다. 또 '사상계'는 미국의 주간지 『타임』지와 월간지 『라이프』지의 총판을 맡고 있었다. 당시 일명 식자층이라 불리는 사람들은 『사상계』와 『타임』, 『라이프』 등의 잡지를 꼭 읽어야 할 필독서로 파악하고 있었고 이를 통해 선진국의 사상을 받아들였다. 그런데 이때 들어온 사상이란 것들이 모두 미국의 것이었다. 때문에 이들 잡지들은 반공과 친미적인 성향을 드러냈고 그것은 지식인들에게도 영향을 끼쳤다.[15] 그러나 이런 한계에도 불구하고 『사상계』가 끊임없이 이승만 독재정권을 비판함으로써 4·19혁명에 큰 영향을 끼쳤다는 것은 결코 묵과할 수 없는 사실이다.

이승만 정권이 몰락하고 장면 정권이 들어서자 『사상계』는 독재 타도와는

---

15) 임대식, 〈1950년대 미국의 교육원조와 친미 엘리트의 형성〉, 『1950년대 남북한의 선택과 굴절』 (역사비평사, 1998), 179~180쪽.

다른 방향으로 눈을 돌리게 되었다. 그것은 바로 '국토 개발'이었다. 그는 이 명제를 실현하기 위해 '사상계' 내에 '국제연구소'를 설치하고 학계 전문가들의 논문을 수집했다. 이를 『사상계』에 실어 독자들에게 알리기 위해서였다. 그러나 이 계획은 미완으로 끝나고 만다. 장준하가 장면 정권 하에 생긴 '국토건설본부'에 기획부장으로 들어갔기 때문이었다.

1960년 8월 장준하는 당시 재무장관을 맡고 있던 김영선의 제의로 '국토건설본부'에 들어갔다. 김영선은 당시 어렵던 『사상계』에 자금을 대기로 하고 장준하를 끌어들였고 장준하는 마지못해 이 일을 맡았다. 장준하가 '국토건설본부'에 쏟은 애정은 대단한 것이었다. 자신이 생각했던 '국토 개발'이란 명제에 부합되는 일이었기 때문이었다. 장준하는 '국제연구소' 시절 모았던 논문을 이론적 토대로 장기적인 국토개발 계획을 세웠다. 그것은 대학 졸업자 2천 명을 선발해서 각 지역으로 내려보내 실무를 경험하게 만든 뒤 그들을 각 지방의 실무를 담당하는 공무원으로 채용하는 것이었다.[16] 그러나 이런 거창한 계획은 무산되고 말았다. 1961년 5월 16일 군사 쿠데타가 일어났기 때문이었다.

5·16 군사 쿠데타 이후 장준하는 다시 '사상계'로 돌아왔다. 당시 한국의 상황은 새롭게 떠오른 군부 세력에 대한 경계심과 기대로 가득 차 있었고 '사상계'는 이 같은 군부정권의 출현을 어떻게 볼 것인가에 몰두해 있었다. 『사상계』가 처음부터 박정희 정권과 반목한 것은 아니었다. 1961년 6월호 권두언에서 장준하는 "4·19혁명이 입헌 정치와 자유를 쟁취하기 위한 민주주의 혁명이었다면 5·16혁명은 부패와 무능과 무질서와 공산주의의 책

---

16) 박경수, 『재야의 빛 장준하』(해돋이, 1995), 321쪽.

동을 타파하고 국가의 진로를 바로 잡으려는 민족주의적 군사혁명이다"라고 박정희 군사정권에 지지를 표명했다.[17]

장준하가 이같이 5·16 군사 쿠데타를 "민족주의적 군사혁명"이라며 극찬을 아끼지 않은 이유는 5·16으로 등장한 군사정권이 친미(親美) 노선을 걸을 것으로 보았기 때문이었다. 사실 장준하는 매우 적극적인 친미주의자였다. 후에 그가 모든 통일은 다 좋다고 말한 것과는 달리 장준하는 이 당시만 해도 반공을 최우선에 두고 있었으며 '친미'를 가장 중요하게 생각했다. 때문에 장준하는 극도의 혼란으로 치닫던 장면 정권을 일거에 무너뜨리고 반공논리로 무장한 채 등장한 군사정권에 지지를 보내게 된 것이다. 또 여기에 덧붙여 미국이 군사정권을 지지한 것이 장준하가 군정을 지지한 중요한 동기로 작용했다.[18] 장준하는 군정 초기에 군정 세력과 미국 세력간의 만남을 주선하기도 했다. 당시 군정 세력은 군 내에서 비주류 세력이었기 때문에 미국과의 관계가 좋지 않았는데 장준하는 이들의 관계를 개선하기 위해 파티를 열었다. 1961년 7월 초 창경원에서 열린 이 파티에는 미국 측에서는 버거 대사와 하비브 정치참사관이 참석하고 군정 세력에서는 장도영 일파만이 참석했던 것으로 알려져 있다.[19]

이렇듯 군정에 대해 지지를 표명한 장준하는 곧 군정과 충돌을 겪게 된다. 1961년 7월호에 장준하의 권두언 〈긴급을 요하는 혁명 과업 완수와 민주 정치에로의 복귀〉와 함석헌의 글 〈5·16을 어떻게 볼 것인가〉가 나간 뒤 장준하는 군사정권에 처음으로 불려간다. 그들이 끌려간 곳은 남산이었고

---

17) 임대식, 〈1950년대 미국의 교육원조와 친미 엘리트의 형성〉, 역사문제연구소 편, 『1950년대 남북한의 선택과 굴절』(역사비평사, 1998), 182쪽에서 재인용.
18) 임대식, 위의 글, 184쪽.
19) 박경수, 『재야의 빛 장준하』(해돋이, 1995), 183쪽.

그 곳에서 그는 김종필을 만났다. 장준하는 김종필에게 처음에는 함석헌의 글과 관련한 위협과 장도영과의 관계가 무엇인지를 추궁 받았으나 나중에는 당시 시국에 대한 토론을 했다.[20]

군사정권과의 첫 충돌 후 장준하는 군사정권에 의해 '부패 언론인'이 되었다. '국토건설본부'에 참여할 당시 김영선으로부터 받은 돈이 문제였다. 그는 이 일로 정치정화법에 걸려 모든 활동이 금지되는 수모를 겪어야 했고 『사상계』 독자들에게 신임을 잃었다. 장준하가 군정에 대해 본격적인 비판을 하게 된 것은 이때부터이다. 때마침 장준하가 1962년 8월 필리핀의 '막사이사이상'[21]을 타게 되었다. 이 일로 인해 부패언론인의 수모를 어느 정도 벗은 장준하와『사상계』는 군사정권에 대해 비판의 포문을 열게 된다. 박정희의 '번의소동'[22]이 있을 때인 1963년『사상계』는 4월호에 함석헌, 조지훈, 부완혁, 김재준, 한경직, 윤보선, 이범석, 허정 등의 필진을 동원해 군정 연장 반대를 표명했고 이것을 그냥 두고 볼 리 없는 군사정권의 반격이 시작되었다.[23] 당시 군정은 장준하의 이름이 널리 알려져 있다는 것을 염두에 두고 우회적인 방법으로『사상계』에 대한 탄압을 시작했는데 그것은 바로 '반품 작전'이었다. '반품 작전'이란 것은『사상계』가 서점에 나오면 그것을 몽땅 사두었다가 다음호가 나올 때 본사로 반품을 들여보내는 것이었다. 『사상계』는 이 사실을 알지 못하고 재판을 찍어냈고 이것은 그대로『사상계』의 자본을 갉아먹었다. 지능적인 군정의 대처에『사상계』는 점점 재무구조가

---

20) 박경수, 앞의 책, 329~336쪽.
21) 막사이사이상은 필리핀의 대통령이었던 라몬 막사이사이를 기념하기 위해 제정된 국제적인 상이다. 박경수, 앞의 책, 341쪽.
22) 1963년 2월 27일 박정희가 민정에 불참한다는 공식적인 선서식을 한 후 약 보름 후인 3월 16일 그 선서를 뒤집고 군정을 연장한다는 성명을 낸 일이다. 박경수, 앞의 책, 344~345쪽.
23) 박경수, 앞의 책, 346쪽.

악화되어 갔고 63년 말에는 거액의 부채를 짊어져야 했다.

『사상계』가 이렇듯 어렵게 유지해나가고 있던 때 장준하는 다른 활동을 통해 박정희 군사정권에 대항했다. 그것은 1963년 말부터 1965년까지 계속된 대학생들을 대상으로 한 강연이었다. 때는 굴욕외교라고 일컬어지는 '한일회담'이 진행되는 시기였고 장준하는 함석헌의 〈매국 외교를 반대한다〉는 제목의 글이 실린 64년『사상계』 4월호로, 그리고 강연으로 굴욕적인 회담을 비판했다. 64년 3월 부산, 대구, 대전, 서울에서 각각 강연을 했던 장준하와 뜻을 같이한 서울 문리대 학생들의 시위를 기폭제로 부산, 대구 등지에서 대학생들과 고등학생들의 대규모 시위가 일어났다. 이른바 3·24 데모가 일어난 것이었다. 이 데모는 군정하에서 처음으로 일어난 대규모 데모였고 이는 이후에 일어난 6·3사태로 이어졌다. 군정은 끊임없이 일어나는 학생들의 시위를 저지하기 위해 64년 6월 3일 서울에 계엄령을 선포했다. 계엄령이 해제될 때까지 장준하는 몸을 피해야만 했고 계엄령이 해제되자 다시 강연에 나서게 되었다. 그러나 장준하에 대한 탄압도 멈추지 않았다. 장준하와 『사상계』의 행동에 대해 군사정권은 곧 반격을 가하기 시작했는데 그것은 『사상계』에 대한 세무사찰이었다. 어렵던 와중에서도 세금을 꼬박꼬박 냈던 『사상계』로서는 세무사찰이 두렵지 않았으나 군사정권은 『사상계』가 세금을 포탈했다는 혐의를 씌워 세금과 벌금을 물렸다.[24]

한편, 장준하와 『사상계』, 그리고 국민이 반대했던 '한일기본조약'이 1965년 6월 22일 체결되었고 연이어 국회에서 월남파병이 결정되었다. 그리고 삼성재벌 계열인 '한국비료 사카린 밀수 사건'[25]이 터졌다. 이 일로 온

---

24) 박경수, 『재야의 빛 장준하』(해돋이, 1995), 371~372쪽.
25) 이 사건은 삼성재벌 계열인 한국비료가 사카린 원료인 OTSA를 밀수, 시가 약 천8백만 원에 상당

나라가 시끄러웠는데 장준하가 이 일을 그냥 보고 넘길 리 만무했다. 장준하는 66년 10월 15일 민중당 주최로 대구에서 열린 규탄대회에서 연사로 나가 "우리나라 밀수 왕초는 바로 박정희란 사람입니다. …… 미국의 존슨 대통령이 방한하는 것은 박정희란 사람이 잘났다고 보러 오는 것이 아니라 한국 청년의 피가 더 필요해서 찾아오는 것입니다" 등의 발언으로 박정희 정권을 강도 높게 비판했다.[26] 장준하는 이 일로 두 달 동안 옥고를 치러야 했다.

1967년이 되자 장준하는 정치 일선에 나섰다. 그 해 5월과 6월에 있을 예정인 대선과 총선 때문이었다. 장준하는 야당통합과 대선후보 단일화에 힘썼고 4월에는 대선 후보인 윤보선을 지원하기 위한 유세에 들어갔다. 장준하는 윤보선을 지지하기 위해 연사로 나갔는데 그 자리에서 박정희를 친일파이자 남로당 출신자라고 강도 높게 비난했고 어떤 사람이든 대통령이 될 수 있지만 박정희만은 안 된다고 주장했다.[27] 장준하는 이 날의 연설로 5월 8일 선거법 위반으로 구속되었다. 장준하가 옥중에 있는 동안 윤보선은 대선에서 낙선했다. 이를 보고 장준하는 국회의원 출마를 선언했다. 장준하가 그 뜻을 동료들에게 전하자 함석헌과 박순천이 곧 지지 유세에 나서게 되었고 장준하의 인기는 급상승했다. 때마침 장준하가 3개월 동안의 감옥 생활을 마치고 출감했고 그 결과 장준하는 6월 8일 선거에서 상대방을 약 2만 표 정도로 따돌리고 국회의원에 당선됐다.

장준하가 등원한 7대 국회 때는 온 나라를 시끄럽게 했던 일이 많이 일어

하는 1,403포대를 시중에 유포시킨 사건이다. 이 사건으로 박정희 정권에 대한 국민의 불신감이 팽배해졌는데 박정희 정권은 이를 무마하기 위해 내각총사퇴라는 결정을 내렸다. 이 사건에 격노한 당시 국회의원 김두환은 그 해 9월 22일 국회에서 오물투척사건을 일으키기도 했다. 한국사사전편찬회 편, 『한국근현대사사전』(가람기획, 1990), 392쪽.
26) 박경수, 앞의 책, 376쪽에서 재인용.
27) 김삼웅, 『한국현대사 바로잡기』(가람기획, 1998), 230쪽.

난 시기였다. 1968년 1월 미 해군 정보함 푸에블로호가 북한에 피납되는 사건이 일어났고 1월 21일에는 김신조를 필두로 한 북한 특공대의 청와대 급습사건이 발생했다. 박정희 정권은 이에 위기의식을 느껴 2월에 반공법을 개정·보완하고 4월에 향토예비군을 만들었다. 69년에도 이수근 간첩 사건 같은 굵직한 사건이 많이 일어났고 결국 박정희는 이 같은 사회 분위기를 등에 업고 69년 3선개헌을 표명했다. 박정희의 3선개헌이 국회에서 논의되자 장준하는 3선개헌 반대를 위해 박영록, 이기택 등과 함께 원외투쟁을 결행했다. 그러나 이 같은 노력에도 불구하고 3선개헌안은 국회에서 통과되었고 그 뒤에도 박정희의 종신집권을 향한 행보는 멈출 줄 몰랐다.

1970년 『사상계』 5월호에 김지하[28]의 저 유명한 『오적』이 실렸다. 『오적』은 일파만파의 파장을 불러일으켰고, 그 일로 인해 김지하와 당시 『사상계』의 발행인 부완혁이 구속되었다. 그뿐만이 아니라 『사상계』 자체가 사라져 버렸다. 『오적』 필화사건 직후 정부로부터 정간물 등록이 취소당했기 때문이었다. 그러나 『사상계』는 1972년 최후의 발행인이었던 부완혁이 벌인 법정투쟁 결과 살아남았다. 『사상계』 잡지가 나온 것은 아니었고 정간물 등록 대장에서만 살아남은 것이었다. 『사상계』는 1998년 6월호가 나올 때까지 약 28년 동안 휴간 상태로 있었다.[29]

1971년 4월은 7대 대통령 선거가 있던 때였다. 공화당에서는 당연히 박정희가 대선 후보로 나섰고 야당에서는 김대중이, '40대 기수론'을 맨 먼저 들고 나온 김영삼과 이철승[30]을 신민당 내에서 제치고 대선 후보로 나와 박

---
28) 김지하에 대해서는 강준만,〈'생명사상'과 현실 정치의 갈등: 10년 후의 삶을 사는 김지하〉,『인물과 사상 6』(개마고원, 1998)을 참고하십시오.
29) 김창희,〈'사상계'가 아직 죽지 않았다고?〉,『뉴스플러스』, 1998년 11월 5일, 46면.
30) 이철승에 대해서는 강준만,〈'반공투사'의 역사적 명예를 위하여: 이철승과 『조선일보』의 '위험한

정희와 맞서게 되었다. 결과는 김대중의 노력에도 불구하고 박정희가 7대 대통령에 선출되었고 장준하는 이 해에 있었던 국회의원 선거에서 무소속으로 출마해 낙선했다.

대통령에 다시 오른 박정희는 종신집권을 위한 수순을 하나씩 밟아 갔는데 그 첫 번째 단계가 1971년 12월 6일 발표된 '국가비상사태'였다. '국가비상사태선언' 이후 박정희 정권은 72년 7월 4일, 이른바 '7·4 남북공동성명'을 발표했다. 통일을 위한 획기적인 방안을 담았던 이 성명은 당시 국민들에게 환영을 받았고 국민들은 곧 통일이 될 것이라는 부푼 기대를 하게 되었다. 박정희 정권의 반대파였던 장준하도 72년 『씨올의 소리』 9월호에 쓴 글 〈민족주의자의 길〉을 통해 이 성명을 찬성했다.

> 모든 통일은 좋은가? 그렇다. 통일 이상의 지상명령은 없다. 통일이 갈라진 민족이 하나가 되는 것이라면, 그것이 민족사의 전진이라면 낭연히 모든 가치있는 것은 그 속에서 실현될 것이다. 공산주의는 물론 민족주의·평등·자유·번영·복지 이 모든 것에 이르기까지 통일과 대립하는 개념이 되는 동안은 그 진정한 실체를 획득할 수 없다.[31]

장준하는 이 글에서 보여지듯 전에 주장하던 반공 이데올로기를 벗고 순수한 통일의 열정으로 '7·4 남북공동성명'을 찬성했다. 그러나 장준하의 이런 결정은 결과적으로 박정희 정권에게 이용당한 것이었다.

한동안 남북간의 교류는 활성화되는 듯 보였다. 8월에는 남북적십자 회담

장난〉, 『인물과 사상 13』 (개마고원, 2000)을 참고하십시오.
31) 박경수, 『재야의 빛 장준하』 (해돋이, 1995), 408쪽에서 재인용.

이 개최되었고 10월에는 남북조절위원회의 제1차 회담이 판문점에서 열렸다. 남북은 통일의 길로 나아가는 것처럼 보였고 국민들의 기대도 한층 더해졌다. 그러나 고조된 통일의 분위기는 1972년 10월 17일 이른바 '10월 유신'이 선포됨과 동시에 가라앉게 되었다. 이 일을 접한 국민들은 '7·4 남북공동성명'이 유신체제를 위한 하나의 수순이었다는 것을 어렴풋이 깨닫게 되었다. 그 해 11월 21일 비상계엄하에서 진행된 국민투표에서 유신헌법안이 91.9%의 찬성으로 통과되고 일명 '체육관 선거'로 8대 대통령에 당선된 박정희의 대통령 취임일인 12월 17일 유신헌법이 공포됐다. 4공화국의 출범이었다.

1973년이라는 새해가 밝았으나 정국은 박정희의 강압적인 독재체제로 인해 숨통이 트이지 않은 채였다. 그 해 2월 국회의원 선거가 있었다. 장준하는 또다시 국회의원 선거에 나갔으나 결과는 낙선이었고 이때부터 그는 자신과 뜻이 맞는 사람들을 만나며 박정희에 반대하기 위해 준비를 해 나갔다. 박정희에 대한 반대는 73년 12월 24일 '개헌청원운동'으로 나타났다. 이 운동을 주도적으로 해나간 사람들은 장준하를 비롯해 계훈제, 백기완, 함석헌, 김수환 등과 당시 『동아일보』 기자였던 이부영, 학생이었던 이신범,[32] 유광언 등이었다. 이들은 곧 '개헌 청원을 위한 백만인 서명운동'에 들어갔다. 서명운동은 국민들로부터 큰 호응을 이끌어냈으나 곧 박정희 정권에 의해 제지당한다. 그 해 12월 29일 박정희는 특별 담화를 발표해 개헌청원운동을 그만둘 것을 당부했고 그래도 서명운동이 계속되자 74년 1월 8일 긴급조치 1·2호를 발표했다. 긴급조치 1·2호는 백만인 개헌청원서

---

[32] 이신범에 대해서는 강준만, 〈이신범 의원은 '3김 체제의 희생자' 인가?〉, 『사람들은 왜 분노를 잃었을까』(인물과사상사, 2000)를 참고하십시오.

명운동을 겨냥해 만들어진 것이었고 그것을 주도적으로 이끌었던 장준하와 백기완이 구속되었다. 장준하는 이 일로 15년형을 언도받고 세 번째로 감옥에 들어갔다.[33]

장준하가 세상에 다시 나온 것은 1974년 12월이 되어서였다. 건강악화로 인한 형집행정지 때문이었다. 장준하는 병원에 입원해 2달 동안 치료를 받았는데 그 와중에도 박정희에게 민주인사와 학생들을 석방하고 스스로 민주헌법을 만들라는 내용의 공개서한을 보냈다.[34] 75년 2월 병원에서 퇴원한 장준하는 다시 활동을 시작했다. 그는 분열된 민주인사들을 모아 '민주회복국민회의'를 설립하고 2월 21일 '민주 헌장'이라는 것을 선포했다.[35]

한편, 1974년부터 진행된 박정희 독재정권에 대한 반발은 더욱 활발해졌다. 박정희 정권은 이를 보다 못해 긴급조치를 남발하게 되었고 75년 5월에 긴급조치 9호를 선포하는 한편, 7월에는 사회안전법이라는 악법을 제정하기에 이르렀다. 장준하는 이 시기 건강을 회복하기 위해 등산을 자주 다녔는데 백기완은 이때 장준하가 재야인사를 모아 유신에 반대하기 위한 모종의 계획을 준비하고 있었다고 회고했다.[36]

1975년 8월 17일 장준하는 자신이 회원으로 있던 호림산악회와 함께 강원도 포천군 이동면에 위치한 약사봉으로 등산을 가게 되었다. 오전 12시경 약사봉 초입에 도착한 산악회 회원들이 점심식사를 준비하고 있을 때 장준하는 정상을 향해 산을 타고 있었다. 그 뒤를 김용환이 따라갔고 오후 1시 50분경 김용환이 산에서 내려와 장준하의 죽음을 산악회원들에게 알렸다.

---

33) 한국사사전편찬회 편, 『한국근현대사사전』(가람기획, 1990), 438쪽.
34) 박경수, 『재야의 빛 장준하』(해돋이, 1995), 428쪽.
35) 박경수, 위의 책, 430쪽.
36) 〈백기완 "장준하 '타살' 전 반박정희 중대거사 계획"〉, 월간 『말』, 1993년 6월호, 136쪽.

14미터 정도의 벼랑을 내려오다 실족해서 떨어졌다는 것이었다. 회원들은 급히 그 곳으로 이동했고 장준하의 시신을 확인했다. 장준하는 그렇게 사망했고 75년 8월 21일 서울 명동성당에서 김수환 추기경의 집전으로 영결식이 거행되어 경기도 파주군 광탄면 천주교 나자렛 묘지에 안장되었다.[37]

장준하의 죽음에 대한 의혹은 그가 죽은 뒤 끊임없이 제기되었다. 장준하의 죽음에 처음으로 의혹을 제기한 것은 『동아일보』였다. 『동아일보』는 1975년 8월 19일자 신문에 〈장준하씨 사인에 대한 의문점〉이란 기사와 장준하의 지기인 김준엽의 추도문을 실었다. 그러자 정부 당국은 이런 의혹에 제동을 걸었다. 정부는 8월 19일 검찰을 통해 장준하의 죽음이 실족사라는 것을 재확인했고 기사를 쓴 『동아일보』 기자 성낙오와 장봉진을 당국에 소환했다. 이 중 성낙오 기자는 21일 밤 긴급조치 9호 위반으로 구속됐다.[38] 이런 정부 당국의 신속하고 강압적인 조처는 장준하의 죽음에 대한 의혹을 제기할 수 없게 했고 그것은 박정희 정권이 끝날 때까지 계속되다가 1985년에 이르러서야 『신동아』에 윤재걸이 〈장준하 그 의문의 죽음〉이라는 글을 씀으로써 다시 한번 제기되었다.

장준하의 죽음에 대한 의혹을 다시 제기한 것은 1993년 3월 두 차례에 걸쳐 방영된 서울방송의 『그것이 알고싶다』란 프로그램이었다. 장준하의 죽음을 타살로 결론 내린 이 프로그램은 시청률 44%를 차지할 정도로 높은 인기를 구가했으나 『월간조선』으로부터 '오보'라는 공격을 받기도 했다. 결국 두 매체 모두 비판을 받았는데 비판받은 요지는 다음과 같다. 먼저 서울방송은 장준하의 죽음을 팔았다는 선정성과 관련된 비판을 받았다. 즉, 그의

---

37) 김삼웅, 『한국현대사 바로잡기』(가람기획, 1998), 237쪽.
38) 김삼웅, 위의 책, 233~234쪽.

죽음의 원인을 찾기보다는 드라마적인 요소를 도입해 재미를 추구했다는 것이다. 한편, 『월간조선』 5월호에 내려진 비판은 역사를 다시 쓰려한다는 정치적 의도가 엿보인다는 점이다. 이런 비판은 『월간조선』이 그 동안 의혹 사건으로 기록된 것들을 심층취재라는 명목으로 자신들이 그 사건을 이해하는 방식으로 글을 쓰고 있었다는 사실에서 확인된다. 『월간조선』에 내려진 또 하나의 비판은 유족들과 재야인사들에 대한 취재를 하지 않았다는 것, 즉 취재원의 편향성에도 가해졌다. 또 가장 심각하게 받아들여야 할 비판은 『월간조선』의 심층취재물에는 허구가 걸러지지 않은 채 사실인 듯 보도되는 기사가 간혹 있었다는 것이다.[39]

그러나 이런 비판에도 불구하고 장준하의 죽음에 대한 의혹을 밝히려 했던 『서울방송』의 노력은 세인의 관심을 불러일으켰고 당시 민주당에서는 '장준하 선생 사인규명 조사위원회'가 1993년 3월 29일 결성되어 약 5개월 동안 장준하의 죽음에 관한 조사가 이루어졌다. 이 위원회는 조사 결과를 장준하가 "타살되었을 가능성이 농후"하다고 내렸다.[40]

장준하의 죽음에 대한 진상은 이렇듯 확실히 밝혀지지는 않았다. 그 이유는 당시에 장준하 사건을 검찰이 너무 빨리 종결시켜 관련자료가 거의 남아 있지 않기 때문이고 관련자의 증언이 확실치 않기 때문이다. 그럼에도 불구하고 그의 죽음에 타살 의혹을 제기하는 이유는 몇 가지 납득되지 않는 의문점이 있기 때문이다. 대표적인 것은 그의 시신이 추락사라고 보기에는 너무 깨끗하다는 점이다. 그리고 검찰이 너무 빨리 사건을 종결시켰다는 점, 현장에 있던 사람들이 장준하의 죽음을 연락할 시간도 없었던 오후 3시경에

---

39) 이태주, 〈장준하 죽음 의혹 공방의 진실〉, 월간 『길』, 1993년 6월호, 168~170쪽.
40) 김삼웅, 앞의 책, 254쪽.

부인 김희숙에게 장준하의 죽음을 암시한 전화가 걸려왔다는 점, 같이 산을 올랐던 김용환의 정체가 불투명하다는 점 등도 그의 죽음에 대한 의혹을 가중시키고 있는 것들이다.[41]

그의 죽음을 둘러싼 의혹은 당시 계훈제의 부탁으로 장준하의 시신을 검시했던 검안의 조철구의 증언에도 드러난다. 조철구가 장준하의 죽음을 실족사로 보기 어렵다고 판단한 이유는 먼저 장준하의 직접 사인이 된 후측두부에 대한 상처가 여간해선 다치기 어려운 곳이라는 점과 유독 그 곳에만 상처가 생겼고 그 주위에는 상처가 없었다는 것, 우측 둔부에 주사바늘 자국이 있었다는 것, 양쪽 겨드랑이에 누군가에게 끌려갈 때 생긴 듯한 피멍이 들어있었다는 점 등이다. 조철구는 이 같은 이유를 들어 장준하의 죽음이 단순 실족사로 보기 어렵다고 피력했다.[42] 이렇듯 장준하는 수많은 의혹만을 남긴 채 죽었고 그의 죽음에 대한 진실은 아직까지도 밝혀지지 않고 있다.

1999년 장준하는 자신이 평생 매진했던 『사상계』로 인해 상을 받게 되었다. 출판계에 끼친 공로를 인정한 정부가 그에게 금관문화훈장을 수여한 것이다. 그런데 이 상이 그리 순탄하게 수여된 것은 아니었다. 그 과정은 이렇다. 98년 10월 잡지협회는 장준하를 금관문화훈장에 추천했다. 그러나 정부는 잡지인에게 금관문화훈장이 수여된 관례가 없다며 이를 거부하고 장준하를 은관문화훈장에 추서(追敍)키로 했다. 그러자 장준하의 부인 김희숙은 이를 거부했다. 고인의 공에 대한 온전한 보상이 아니고 은관문화훈장을 받는 것은 『사상계』에 대한 모독이라고 생각했기 때문이었다. 결국 1998년 장준하

---

41) 김삼웅, 『한국현대사 바로잡기』(가람기획, 1998), 218~222쪽.
42) 〈검안의 "장준하 직접 사인 실족사 아닌 뇌좌상"〉, 월간 『말』, 1993년 6월호, 137쪽.

의 훈장수여는 무산되었고 장준하는 그로부터 1년이 지난 99년 11월 1일 제 34회 '잡지의 날'에 금관문화훈장을 받을 수 있었다.[43] **최 을 영**

---

43) 권오문, 〈고 장준하씨에 금관문화훈장 추서〉, 『세계일보』, 1999년 10월 23일, 21면.

페드로 알모도바르

Almodovar, Pedro

질 문 : 당신 영화의 성공은 어떤 요인에 기초한다고 보십니까?
대답 : 사람들이 지루해하고, 또 내 영화를 이해하지 못한데 있다고 보입니다.[1]

위의 문답은 '스페인의 악동'이라 불리는 영화감독 페드로 알모도바르가 행한 셀프 인터뷰의 구절 중 하나이다. 위의 문답 하나만으로도 사람들은 그가 왜 '악동' 소리를 듣는지 대충 짐작할 수 있을 것이다.

사실 알모도바르가 지난 20년간 만들어 온 영화는 '알모도바르식 영화'라는 수식어가 따로 생길 만큼 그만의 독특한 세계를 보여 주었다. 그는 전혀

---

1) 페드로 알모도바르, 송병선 역, 『알모도바르, 현실은 포르노를 모방한다』(열음사, 1994), 177쪽.

여과되지 않은 인간의 욕망을 그대로 필름에 담는가 하면, 출연배우들의 의상이나 배경에서 드러나는 유치할 만큼의 원색적인 화면을 통해 그만의 영화세계를 구축해 왔던 것이다. 이에는 그가 정규 교육을 받지 않고 자유스럽게 살아왔다는 그의 인생 배경이나, 엄숙주의에만 몰두해 있던 지식인들에 대한 그만의 날카로운 문제 의식이 녹아 있기도 하다. 이러한 알모도바르만의 직설적인 영화문법은 많은 사람들에 의해 프랑코 독재 정권하에서 오랫동안 억눌려 왔던 스페인 문화의 욕망을 분출시킨 대표적인 예로 꼽히기도 한다.[2]

그런 그가 지난 2000년 3월 말에 열린 제72회 아카데미영화상 시상식장에서 1999년에 연출한 영화 『내 어머니의 모든 것(About All My Mother)』으로 최우수 외국어 영화상 수상의 영광을 거머쥐었다. 사실 올해 개최된 아카데미영화제는 작품상이나 남우주연상 등 주요 부문에서의 수상 결과에 대해 말들이 많았다. 즉 아카데미가 가진 보수적 성향이나 교묘한 인종 차별 등이 이번 제72회에서도 그대로 드러났다는 비판은 아카데미상을 수상한 사람들의 심경까지 불편하게 만들만큼 끊이지 않고 계속되었기 때문이다. 하지만 최우수 외국어 영화상 수상에 대해서는 별다른 이의가 제기되지 않았다. 알모도바르의 『내 어머니의 모든 것』은 대중들에게 첫선을 보인 99년부터 각종 매스컴과 평론가들로부터 극찬을 받아왔으니 이는 어쩌면 너무도 자연스러운 일이었을 것이다.

페드로 알모도바르는 1951년 9월 25일 스페인의 남서부에 위치한 칼자다드 칼라트라바에서 출생했다. 그의 가족은 그가 8살이던 시절에 까세라스라

---

2) 구희영(김홍준), 〈스페인 영화의 '악동' 페드로 알모도바르〉, 『영화에 대하여 알고 싶은 두세가지 것들』(한울, 1991), 65~66쪽.

는 작은 시골로 이사했다. 이 곳에서 알모도바르는 그의 가족들과 비교적 친밀한 관계를 유지했지만, 어떤 이유에선지 그는 스스로 고립감에 빠져들어 가고 있었다. 알모도바르는 이 곳에서 그가 어린 시절부터 숭배해 왔던 가톨릭과 결별했으며, 대신 그 공백을 메꾸어 줄 수 있는 그 무언가를 찾고자 했다. 그리고 알모도바르가 찾은 그 '무언가'는 바로 영화였다. 그는 훗날 『Vanity Fair』지(1990년 4월호)와 가진 인터뷰에서 이렇게 말했다.

영화는 나에게 있어서 초자연적인 그 무엇이었다. 그것은 마치 나를 다른 세상에 도달할 수 있게 해 주는 '신(神)의 산'과 같은 것이었다.[3]

그는 17살의 나이에 '마드리드의 가장 모던한 인간'이 되고자 하는 욕망을 품고 까세라스를 도망쳐 나와 무작정 스페인의 수도인 마드리드로 향했다. 당시의 상황을 알모도바르는 이렇게 이야기했다.

열일곱 살이 되었을 때 고등학교를 끝마쳤습니다. …… 이제는 최근 영화를 보고 길을 잃고 방황하는 변덕스런 사춘기 소년이 아니라, 내 나름대로의 인생을 살아야겠다는 가능성이 급박한 필요성으로 대두되었습니다. 그래서 나는 이런 것을 아버지에게 설명했습니다. 아버지는 나를 그 마을의 은행 지점 사무원으로 일하면서 가장 편안하고 보장된 미래를 가질 수 있도록 이미 계획하고 설계해 놓으셨었습니다. 이런 모든 상황으로 인해 나는 내 인생에서 가장 중요한 결심을 해야만 되었습니다. 그것

---

3) 『Current Biography』(1990).

은 바로 마드리드로 오는 것이었습니다. 그러나 나조차도 그런 결정이 얼마나 나의 인생에 획을 긋는 것인지 모르고 있었습니다.[4]

마드리드에 정착한 후 거리에서 몇 년 간 수공예품을 팔며 근근히 생계를 유지해 왔던 그는 1970년에 국영전화회사인 뗄레뽀니까에 취직하여 비교적 안정된 생활을 영위할 수 있었다. 이후 10년 간 알모도바르는 이 전화회사에서 일했다.[5]

비록 이 곳에서의 직장 생활이 알모도바르에게는 그리 썩 나쁜 것이 아니었다 해도, 그의 예술적 끼가 그를 그저 평범한 전화회사의 직원으로 놔둘 리는 만무한 일이었다. 그의 예술적 끼는 그가 슈퍼 8-mm 카메라를 들고 다니며 단편영화들을 만들어 학교나 술집에서 상영하게 하거나 혹은 패티 디푸사(Patty Diphusa)라는 예명으로, 가공된 국제적 포르노스타의 추억담을 책으로 펴내게 하기도 했다. 또한 그는 '알모도바르와 맥나마라' 라는 이름으로 펑크 록 밴드 활동을 하기도 했다.[6]

이렇듯 1970년대 내내 여러 방면에서 자신의 예술적 끼를 발휘해 온 알모도바르가 영화감독으로 자신의 생업을 변경한 것은 1980년에 발표한 영화 『페피, 루시, 봄 그리고 엄마 같은 다른 소녀들(Pepi, Luci, Bom and Other Girls Like Mom)』을 통해서였다. 이 영화는 그가 16mm로 찍었던 필름을 35mm로 편집해 개봉한, 그가 만든 최초의 극장용 영화라고 할 수 있다.

---

4) 페드로 알모도바르, 송병선 역, 『알모도바르, 현실은 포르노를 모방한다』(열음사, 1994), 158~159쪽.
5) 『Current Biography』(1990).
6) 『Current Biography』(1990).

이후 82년에 『열정의 미로(Laberinro de Pasiones)』, 84년에 『어둠 속으로(Enter Tinieblas)』를 연속으로 발표하며 알모도바르는 영화연출가로서의 경력을 차곡차곡 쌓아가기 시작했다. 이렇듯 쉼 없이 정력적으로 영화 작업에 몰두한 자신의 연출 활동에 대해 알모도바르는 84년에 행한 '셀프 인터뷰'를 통해 이렇게 말했다.

> 내가 수차에 걸친 지난날의 인터뷰에서 말했다시피, 그것은 절망감에서 비롯된 것입니다. 내게 있어서 일은 긴장을 누그러뜨리기 위한 것이 아닙니다. 오히려 그 반대입니다. 그것은 새로운 불만감을 향한 출구입니다. 이것은 내가 즐겁게 일하지 않는다는 것을 의미하지는 않습니다. 나는 내가 하는 일을 즐겁게 생각합니다. 하지만 나는 자기 만족을 즐기는 사람은 아닙니다. 나는 영화 촬영이나 레코드 녹음 혹은 연기가 끝나면 시작하기 전보다 훨씬 더 기분이 좋지 않습니다. 그래서 나는 다른 계획에 빠져들어야만 합니다.[7]

그리고 1985년에 『내가 뭘 했기에 이런 일을 당하나요?(What Have I Done to Deserve This?)』를 발표한 알모도바르는 그 이듬해인 86년에 『마타도르(Matador)』를 연출했다. 이 영화는 현재 할리우드의 영화계에서 스타의 반열에 오른 안토니오 반데라스의, 지금보다는 좀더 젊었던 시절의 모습을 감상할 수 있는 영화이기도 하다. 은퇴한 투우사 디에고와 그의 밑에서 투우를 배우는 앙헬, 그리고 디에고를 사랑하는 마리아가 주요 인물

---

7) 페드로 알모도바르, 송병선 역, 『알모도바르, 현실은 포르노를 모방한다』(열음사, 1994), 174~175쪽.

로 등장하는 이 영화는 이들 주인공들 사이에서 벌어지는 죽음과 욕망, 가학과 피학, 그리고 시체애호증 등을 적나라하게 드러낸 영화라고 할 수 있다. 그리고 그 밑바탕에는 지그문트 프로이트가 인간의 가장 근원적인 두 가지 욕망이라고 설파한 성(에로스)과 죽음(타나토스)에 관한 본능이 짙게 드리워져 있다.[8]

그 이듬해인 1987년에 『욕망의 법칙(Law of Desire)』을 연출한 알모도바르는 다시 1년 후인 88년에 발표한 코미디 영화 『신경쇠약 직전의 여자(Women on the Verge of a Nervous Breakdown)』로 아카데미 외국어 영화상에 노미네이트되기도 했다. 이를 통해 그의 작품세계는 세계적으로 인정을 받기 시작했다. 하지만 정작 알모도바르는 이 영화의 가치에 무거움을 부여하지는 않았는데 그의 말을 잠시 인용해 보면 이렇다.

"이것은 가벼운 코미디입니다. 이 영화는 수많은 찬사와 동시에 잡음이 끊이질 않았습니다. 그리고 많은 상도 탔습니다. 그런 후 포화 상태에 이르게 되었습니다."[9]

1990년에 발표된 그의 영화 『욕망의 낮과 밤(Tie Me Up! Tie Me down!)』은 『마타도르』 이후 안토니오 반데라스와 다시 뭉쳐 만든 작품으로, 한 남성이 한 포르노 여배우를 납치한 상황에서 벌어지는 사랑과 욕망을 담고 있는 영화였다. 그리고 91년에 연출한 『하이힐(High Heels)』을 통해 알모도바르는 골든 글로브 외국어영화상에 노미네이트되어 다시 한번 영화감독으로서의 역량을 과시할 수 있었다.

이쯤에서 다시 한번 정리해 보면 이미 위에서 인용된 1984년의 '셀프 인

---

8) 김영진, 〈가짜 욕망을 향한 싸구려 해법〉, 『씨네21』, 1997년 10월 14일, 57면.
9) 페드로 알모도바르, 송병선 역, 앞의 책, 213쪽.

터뷰' 이후에도 알모도바르는 84년 작 『어둠 속으로』 이후 91년 작 『하이힐』까지 매년 한 편씩의 영화를 연출한 셈이 된다. 매해 영화를 한 편씩 연출했다는 것은 그의 지칠 줄 모르는 예술적 정력에 대중들이 놀라움을 표시하게 하는 사실적 근거가 되어준다 하겠다. 또한 이러한 다작(多作)활동을 통해서도 그의 예술성 혹은 창조성이 소진되지 않았다는 것은 그가 타고난 영화작가임을 입증하는 사실이 되어주기도 할 것이다.

『하이힐』이후 2년 만인 1993년에 알모도바르는 그가 이전의 영화들에서 꾸준히 보여주며 일종의 트레이드마크처럼 되어버린 욕망의 여과 없는 표출에다 기괴한 상상력까지 더해 만든 영화 『키카(Kika)』를 선보였다. 그는 이 영화 『키카』로 지난 십여 년 간 자신이 연출한 영화들을 통해 보여주었던 황당하면서도 싸구려 취향의 냄새가 다분한 스토리, 그리고 유치한 색감의 영화 화면을 더욱 극단으로까지 끌고 들어갔다. 비록 평단으로부터 찬사보다는 혹평을 받긴 했지만, 이 영화 『키카』는 결국 그 동안 그가 대중들에게 선보여왔던 '알모도바르식 영화'의 결정판이었던 셈이다. 이 작품은 또한 이후에 만들어질 그의 영화세계에 어느 정도의 변화를 짐작케 하는 필름이기도 했다. 그리고 대중들이 그 변화에의 예감을 실제로 목격하기까지는 『키카』이후 3년간의 공백기간이 필요했다.

알모도바르의 1996년 작 『비밀의 꽃(The Flower of My Secret)』은 그의 영화세계를 중간 결산하는 영화라고 해도 좋을 작품으로, 이 영화로부터 알모도바르는 점차 자신이 이전에 연출해 왔던 영화들과는 다른 변모된 모습을 본격적으로 보여주기 시작했다. 그리고 97년에 연출한 『라이브 플래쉬(Live Flesh)』는 기존의 알모도바르 영화와는 상당히 차별화 된, 알모도바르의 성숙한 면모를 과시하기 시작한 영화라고 할 수 있다. 프랑코 체제하에

억눌려 있던 1970년 성탄 전야에 버스 안에서 태어난 빅또르, 그리고 청년으로 성장한 빅또르가 어느 날 사랑하게 되는 여인 엘레나, 엘레나의 남편이자 전직 형사로서 빅또르와 실랑이 도중 하반신 불구가 된 장애인 농구선수 다비드, 또한 다비드가 형사로 재직하던 시절 동료 형사였던 산쵸, 산쵸의 아내이자 다비드와 내연의 관계였으며 후엔 빅또르와 사랑에 빠지는 클라라가 이 영화의 중심인물이다. 결국 이들간의 얽히고 설킨 이야기가 이 영화의 줄거리인 셈인데, 그냥 단순한 치정극으로 머물 수도 있는 영화를 알모도바르는 자신만의 독특한 시선과 직설적인 내러티브를 통해 수작으로 완성시켰다. 알모도바르 전문가로 통하는 『사이트 앤 사운드』의 폴 줄리언 스미스는 이 영화를 본 후 알모도바르에 대해 이렇게 평했다.

> 알모도바르는 기적적인 통합을 이룩했다. 그의 트레이드마크인 글래머러스함과 풍성한 스타일을 포기하지 않고도, 선배이며 좀 더 냉정한 카를로스 사우라[10]의 세계까지 껴안았다.[11]

알모도바르도 한 인터뷰를 통해 자신의 영화세계가 『라이브 플래쉬』를 기점으로 크게 변화하고 있음을 굳이 부인하지 않았다. 그는 『라이브 플래쉬』를 대중들에게 선보인 후에 가진 인터뷰를 통해 "알모도바르 스타일에 싫증났다. 이제 절제의 미학에 끌린다"라고 이야기했던 것이다.[12]

---
10) 카를로스 사우라(1932~)는 스페인의 영화계를 대표하는 영화감독으로 스페인에서 가장 존경받는 영화작가이기도 하다. 대표작으로는 『사냥, 페퍼민트 프리페』, 『사촌 안젤리카』, 『까마귀 기르기』, 『피의 결혼식』 등이 있으며 최근에는 『탱고』라는 작품이 한국에서도 소개되었다.
11) 허문영, 〈라이브 플래쉬〉, 『씨네21』, 1999년 10월 12일, 55면에서 재인용.
12) 허문영, 〈악동, 원초적 본능의 궤도를 이탈하다〉, 『씨네21』, 1999년 10월 26일, 34면.

그리고 자신이 이야기 한 '절제의 미학에 대한 끌림'을 증명이라도 하듯 『라이브 플래쉬』의 후속작으로 알모도바르는 『내 어머니의 모든 것(All About My Mother)』을 세상에 내놓았다.

마드리드의 한 거리에서 아들을 교통사고로 잃은 주인공 마뉴엘라가 아들의 생부를 찾아 바르셀로나로 떠나 만나게 되는 다양한 사람들과의 인연을 그 소재로 담고 있는 이 영화는 '모성(母性)'의 위대함을 찬양하는 영화다. 그러나 그 모성은 자기 자식만을 향한 어머니로서의 사랑이 아니다. 대신 이 영화에서는 여장남자, 에이즈에 걸린 임신한 수녀, 그리고 레즈비언 등 사회에서 소외받는 자들에 대한 무한한 사랑으로 모성이 발휘되고 있는 것이다. 결국 이 영화는 금기를 깬 수녀의 몸에서 에이즈라는 몹쓸 병까지 물려받고 태어난 아이가 몇 년 후 에이즈 검사에서 음성반응을 보이며 '희망'이라는 메시지로 대단원의 막을 내린다.

1999년에 발표한 이 영화『내 어머니의 모든 것』으로 알모도바르는 그 해에 깐느 영화제에서 출품된 경쟁작 중 유일하게 관객들로부터 기립박수를 받았으며, 최우수 감독상을 수상하기도 했다. 당시 깐느 영화제에 참석했던 많은 사람들은『내 어머니의 모든 것』이 최우수 작품상을 수상하지 못한 것을 못내 아쉬워했다고 한다. 또한 이 영화는『타임』에서 선정한 1999년의 10대 영화 중 1위로 등극하는 영광을 누렸다. 2000년 초에 열린 미국 골든 글로브 시상식에서도 최우수 외국어영화상을 수상했다.[13] 그리고 곧 제72회 아카데미 영화제에서 최우수 외국어영화상을 수상함으로써 다시 한번 이 영화가 걸작임을 대중들에게 확인시켰던 것이다.

---

13) 김희경, 〈오, 어머니 불행을 잉태하여 희망으로 낳아 키우는…〉, 『동아일보』, 2000년 1월 28일, A17면.

이러한 여러 가지 객관적 사실에서 드러나듯 알모도바르는 『라이브 플래쉬』를 통해 보여주었던 '거장'으로서의 '가능성'을 『내 어머니의 모든 것』을 통해 '확신'으로 바꾸어 놓은 셈이다. 그만큼 이 영화는 그가 기존의 영화들에서 보여주었던 알모도바르식의 영화문법에서 조금은 이탈한, 상당히 절제되면서도 모성의 위대함에 대한 철학적 성찰을 다분히 함축하고 있는 걸작임에 틀림없다. '여성은 아름답다. 그러나 어머니는 위대하다'라는 말에 동감하는 사람들에게 이 영화는 절대 놓쳐서는 안 될 영화일 것이다. 그리고 관객들은 이 영화를 통해 페드로 알모도바르라는 스페인의 악동이 세계적인 거장으로 성장했다는 것에 공감하게 될 것이다.

한국에서도 1980년대 말 이후 알모도바르의 영화는 꾸준히 소개되었다. 하지만 그가 한국의 일반 대중들에게 알려진 것은 90년대 중·후반 이후부터라고 할 수 있겠다. 하지만 영화 마니아가 아닌 이상 페드로 알모도바르라는 이름은 한국에서 여전히 소수들의 논의 대상이었다. 덕분에 그의 영화들은 한국의 극장가에서 외면을 받기 일쑤였고, 비디오 가게에서도 에로 비디오 목록에 포함되는 수난을 겪었다. 그러나 그의 영화세계는 『라이브 플래쉬』와 『내 어머니의 모든 것』을 통해 한국의 대중들에게도 새롭게 인식되고 있다. 드디어 한국 땅에서도 그의 명성에 걸맞는 제자리를 찾아가고 있는 것이다.

알모도바르에 관한 책은 한국에서도 이미 소개된 바 있는데 열음사에서 1994년 초에 나온 『알모도바르, 현실은 포르노를 모방한다』라는 책이 바로 그것이다. 이 책은 알모도바르의 영화세계에 대해 깊이 있게 접근하고자 하는 사람들에게는 괜찮은 텍스트가 되어 줄 것이다. *이 휘 현*

이디 아민

Amin, Idi

20세기 말에 세계 도처에서 유행처럼 번졌던 종말론이 21세기 들어서도 아프리카 곳곳에서 기승을 부리고 있다. 그 대표적인 국가가 바로 우간다이다. 2000년 3월 17일 우간다에서 '신의 십계회복운동'이라는 종말론을 믿는 신도들이 끔찍한 죽임을 당했다.[1] 이 사건으로 무려 9백여 명에 이르는 우간다인이 사망했다. 그들 중에는 약 80여 명에 이르는 어린이까지 포함되어 있어 국제 사회에 큰 충격을 던져 주었다. 그들을 죽음으로 이끈 것은 음웨린데라는 여자와 '신의 십계회복운동'을 이끌었던 주교 조셉 키브웨테레였다.[2] 하지만 우간다인들의 죽음을 단지 그들의 책임으로

---

1) 애초 '자살극'이라고 알려졌으나 후에 '타살극'으로 판명되었다.
2) 〈아프리카화된 종말론 분파 '우후죽순'〉, 『국민일보』, 2000년 3월 22일, 30면; Lara Santoro, 〈사이비종교 女지도자의 검은 손〉, 『뉴스위크』(한국판), 2000년 4월 12일, 57면.

만 떠넘길 수 있을까? 그렇진 않다. 왜 그럴까?

아프리카에서 기승을 부리고 있는 종말론은 아프리카의 구조적 모순에서 비롯된 측면이 적지 않기 때문이다. 쉽게 말해 아프리카에 번지고 있는 종말론은 기아와 질병, 끊임없이 발생하고 있는 내전과 군사 쿠데타 등의 본질적인 문제에서 파생된 것이다. 생지옥을 방불케 할 만큼 참혹하기 그지없는 현실 세계에서 위안을 얻지 못하는 그들이 고통 없는 내세 세계를 미끼로 접근하고 있는 종말론에 쉽게 현혹되고 있는 것이다. 이에 대한 책임을 누가 져야 할까? 근본적인 책임은 서방 세계에게 있다. 그들은 아프리카에서 발생하고 있는 제반 문제들과 관련해서 자유롭지 못하다. 물론 기근이나 가뭄 등 자연재해까지야 그들에게 책임을 묻는다는 것은 논리의 비약이다.[3] 하지만 얽히고 설킨 내전과 끊임없이 발생하고 있는 군사 쿠데타에 이르면 책임 소재는 분명해진다. 아프리카의 군사 독재와 군사 쿠데타는 '자생'적이라기보다는 서방 세계에 의해 '이식'된 성질의 것이기 때문이다.[4] 한마디로 아프리카의 비참한 현실은 서구 열강이 남긴 제국주의의 후유증인 셈이다.

상황을 우간다에 국한시킨다면 어떻게 될까? 그러면 떠오르는 인물이 한 명 있다. 히틀러나 스탈린, 피노체트[5] 등의 독재자와 동류항으로 묶을 수 있는 이디 아민이 바로 그다. 물론 이디 아민도 서방 세계-영국-가 '이식'

---

3) 하지만 자연재해로 인해 파생되는 문제들에 대해 서방 세계가 전적으로 책임질 일이 없다고는 할 수 없다. 지속적으로 발생하고 있는 군사 쿠데타와 군부 독재를 지원함으로써 자연재해에 대한 대비책을 마련할 기회조차 박탈했기 때문이다.
4) 하성봉, 〈군부독재 장수만세, 아프리카〉, 『한겨레21』, 1998년 6월 25일, 51면.
5) 피노체트에 대해서는 〈아우구스토 피노체트〉, 『시사인물사전 2』; 송기도, 〈아우구스토 피노체트: 얼룩진 칠레의 얼굴〉, 송기도·강준만 외 지음, 『권력과 리더십 2』(인물과사상사, 1999)를 참고하십시오.

한 군부 독재의 산물이다. 집권 기간 내내 그의 관심사는 오직 하나였다. '어떻게 하면 권력을 강화 유지할 수 있을까?', 그것이 바로 그의 유일한 관심사였다. 이를 위해 그는 온갖 만행을 저질렀다. 그래서일까? 그의 이름 앞에는 '인간 도살자'라는 치욕스런 수사가 따라다닌다. 우간다 국민들이 굶어 죽든 질병에 걸려 죽든, 그런 것은 그에게 관심의 대상이 되지 못했다. 그러니 우간다 국민들이 현실 세계에서 그 어떤 행복과 기쁨을 느낄 수 있었겠는가? 고통 없는 내세를 미끼로 접근하는 사이비 종교의 유혹으로부터 자유로울 수 없었다는 말이다.

이디 아민은 1925년 나일강의 서부 지역에 위치한 코코보 계곡에서 이디 아민 다다 오우미라는 이름으로 태어났다. 우간다는 서방 제국주의에 의해, 아프리카의 여느 국가들처럼 여러 종족으로 구성되어 있는데, 그는 농사를 생업으로 삼으며 빈곤한 생활을 하던 북부인 중 카쿠유족의 혈통을 물려받았다.[6] 어린 시절 아민은 염소를 돌보고 농사일을 도우며 성장했다. 그는 어려운 가정 형편 때문에 별다른 교육을 받지는 못했다. 아민은 봄보시에서 청소년기를 보냈는데, 이 당시 봄보시가 우간다에서 가장 큰 부족인 바간다족에 의해서 점령당하는 사태를 목격해야만 했다. 당시 우간다 내에서 비일비재했던 종족간의 싸움은 아민이 일찍부터 정치적 야심가로 성장하는 주요한 원인이 되었다.[7]

---

6) 우간다의 권력 투쟁은, 여타의 다른 아프리카 국가들에서 발견할 수 있듯, 종족간의 알력이 가장 큰 원인 중 하나이다. 우간다는 크게 북부인과 남부인으로 구분되는데, 북부인은 군대와 경찰 등에 많이 진출해 있고 남부인은 고학력을 기반으로 사업가나 전문기술자 등으로 활동하고 있다. 이들의 갈등은 1966년 우간다의 초대 수상이었던 밀턴 오보테가 우간다의 초대 대통령이었던, 남부인 중 가장 큰 종족인 바간다족의 지도자, 에드워드 무테사를 축출하면서 본격적으로 불거지기 시작했다. 김상온·김태형, 〈20년 내전 … 상처뿐인 「검은 진주」 우간다〉, 『국민일보』, 1991년 5월 21일, 19면.
7) 『Current Biography』(1973).

자신의 야심을 이루기 위해 아민은 18살 때 왕립 아프리카 소총부대 11사단에 입대해 군 생활을 시작했다. 2차 대전이 한창이던 시기에 군에 입대한 아민은 곧바로 버마 전선에 투입되어 소총수로 활동했다. 2차 대전이 끝나고 1946년 아민은 왕립 아프리카 소총부대 제4대대로 옮겨 우간다 북부 지방에서 발생했던 종족간 전쟁에 투입됐다. 전쟁 후 영국군으로부터 능력을 인정받았는지 아민은 49년 하사로 진급했다.

1953년 아민은 당시 케냐에서 발생했던 마우마우단[8] 사태 진압을 위해 케냐에 파견되었다. 이때 그는 용의자들을 잡아다 그들의 성기를 거세하는 등 만행을 저질러 악명을 떨치기 시작했다. 얼마나 잔혹한 만행을 저질렀던지 영국인들조차 혀를 내둘렀다고 한다. 그가 저지른 만행이야 어찌됐든 그는 영국군으로부터 능력을 인정받기 시작했다. 영국인들로서야 아민이 무슨 짓을 저지르든 식민 정부에 충성만 하면 그만이라는 생각을 하고 있었다.[9] 케냐에서의 공로를 인정받아 아민은 57년 특무상사로 진급하는 등 군에서 출세 가도를 달리기 시작했다. 59년 영국 군대는 그 동안 아프리카인에게 부여하지 않았던 '선생'(effdndi)이라는 호칭 사용을 허락했는데, 이 호칭을 들은 첫 번째 아프리카인의 영광(?)을 차지한 것도 아민이었다.[10] 비록 이 호칭은 실권은 없는 상징적인 조치였지만 아민이 영국군의 입맛에 딱 들어맞는 인물이었다는 점을 증명하는 것에 다름 아니었다. 그로부터 2년 후 아

---

8) 마우마우단은 자신들에게서 토지를 빼앗아 간 매판 자본가와 식민 정부에 대항해 반정부 활동을 벌였다. 이들은 케냐의 가장 본질적인 문제 중 하나인 토지 문제를 해결하기 위해 식민 정부를 상대로 치열한 전투를 벌였다. 이들은 케냐 토지 및 자유 수호단(Kenya Land Freedom)으로 불리다가 훗날 마우마우단으로 불리게 됐다. 김윤진, 『동아프리카사』(대한교과서주식회사, 1994), 374쪽.
9) 조프리 리건, 장동현 역, 〈인육을 먹은 아프리카의 악동-우간다의 이디 아민〉, 『세계사의 대실수』 (세종서적, 1996), 143~144쪽.
10) 『Current Biography』(1973).

민은 실권도 얻는 위치에 올랐다.

1960년대 들어 영국은 우간다를 독립시키기로 결정하면서 우간다에 자신들의 심복을 심기 위해서 노력했다. 독립이라는 '시대정신'에 굴복하긴 했지만, 영국이 우간다를 그냥 포기한다는 것은 있을 수 없는 일이었다. 그 과정에서 아민이 적임자로 간택되었다.[11] 아민은 영국군에게는 상당히 매력적인 인물이었다. 우선 아민의 체구는 보통사람들에게 위압감을 줄 만큼 우람했다. 키가 190cm에 이르렀고 몸무게도 만만치 않은 거구였다. 게다가 아민은 생각이 없었다. 몇 년간이나 영국군과 함께 생활했으면서도 할 줄 아는 말이라곤 "Good Morning, Sir!"가 전부였을 만큼 아민은 무지했다.[12] '몸집은 우람하고 생각은 없다'. 영국이 생각할 때 아민보다 더 좋은 조건을 갖춘 인물은 찾기 힘들 만큼 그는 타의 추종을 불허했다. 요컨대 영국은 누구보다도 아민이 자신들의 명령을 잘 따를 것으로 생각했던 것이다.[13]

1962년 우간다에서는 자치 정부를 수립하고 선거를 실시했는데, 이 선거에서 밀턴 오보테가 이끄는 우간다 인민연합(UPU)이 압도적인 승리를 거두었다. 오보테는 우간다 총리에 취임했고 대통령직은 우간다 내 최대 종족의 수장이었던 카바카가 차지했다. 실권은 총리인 오보테에게 있었다. 그리고 62년 10월 9일 우간다는 염원하던 독립을 달성했다. 영국의 든든한 지원을 받았던 아민은 우간다가 독립한 후에도 여전히 출세가도를 달리기 시작했다. 우간다가 독립을 달성하던 날 아민은 소령으로 진급했으며 계속해서 군

---

11) Angus Deming with Scott Sullivan, 〈IDI AMIN'S RULE OF BLOOD〉, 『Newsweek』, March 7, 1977, p.17.
12) Angus Deming with Scott Sullivan, 위의 글, p.16.
13) 조프리 리건, 장동현 역, 〈인육을 먹은 아프리카의 악동-우간다의 이디 아민〉, 『세계사의 대실수』 (세종서적, 1996), 144쪽.

에서 승진에 승진을 거듭했다. 소령 진급 후 그는 64년까지 우간다 공군을 이끌었다. 이를 위해 영국에서 특별 군사훈련을 받기도 했다. 그 과정에서 아민은 밀턴 오보테와 유대관계를 형성했다. 아민은 대령을 거쳐 66년 2월 12일 우간다 군 총사령관으로 진급했고 오보테를 최측근에서 보좌했다.

1966년 오보테는 개별 부족의 자치를 더 이상 허용하지 않겠다는 법률을 공표했다. 곧 오보테는 부족주의와 전쟁을 선포했고 권력을 공고히 하기 위한 계획을 실행했다. 오보테는 본보기로 바간다 종족이 반란을 일으켰다는 누명을 씌워 바간다 종족의 지도자 카바카가 거주하던 곳을 급습했다. 이 공격에서 아민은 총책을 맡았다. 급습에 놀란 카바카는 이를 피해 영국으로 망명했고 3년 후 그 곳에서 사망했다. 자신의 최대 라이벌이었던 카바카를 축출한 후 오보테는 바간다족이 차지했던 국가 요직에 자신의 부족인 랑기족 출신들을 중용하기 시작했다. 이를 통해 권좌를 공고히 한 오보테는 3년 후 우간다 대통령에 취임했다.

이 당시까지만 하더라도 아민과 오보테의 관계는 끈끈했다. 아민과 오보테는 출신 부족이 달랐지만 아민은 오보테의 오른팔 역할을 수행했던 것이다. 하지만 초고속 승진을 거듭하면서 아민은 권력의 단맛에 이미 중독되어 가고 있었다. 이를 눈치 챈 오보테는 아민과 거리를 두려 했다. 그러던 와중에 1969년 카바카를 추종하던 일단의 사람들에 의해 오보테는 암살 위협을 받자, 자신이 직접 군을 지휘할 계획을 세웠다. 그는 군 주요직에 자신의 부족인 랑기족 인물을 배치했다. 랑기족 출신의 중용은 아민의 자리를 위협하기에 충분했다.

가만히 앉아서 당하고 있을 아민이 아니었다. 오보테의 마음을 읽은 아민은, 오보테와 마찬가지로, 자신이 전권을 장악하고 있던 육군과 공군에 자신의 부족인 카쿠유족을 중용하기 위해 노력했다.[14] 이를 통해 아민은 오보테와 힘의 수평 관계를 유지하려 했던 것이다. 오보테와 아민 둘 다 자신들의 권력 유지를 위해 힘겨운 줄다리기를 하고 있었던 것이다. 그런 상황에서 오보테는 아민이 거액의 군사 자금을 유용한 사건의 배후에 도사리고 있다는 소식을 들었다. 기회를 잡았다고 생각한 오보테는 아민에게 용도가 불분명하게 사용된 군자금의 사용처를 해명하라고 압력을 가했다.[15]

결국 자신의 범죄 사실이 드러날 것을 염려했던 아민은 쿠데타를 계획했다. 1971년 1월 25일 그는 오보테가 영연방 수상 회의에 참석하기 위해 출국한 기회를 이용해 쿠데타를 일으켜 정권을 장악했다. 아민의 쿠데타 시도는 너무나 쉽게 성공했다. 아민에게 어떤 특별한 재주가 있었던 것일까? 짐작했겠지만, 아민의 배후에는 영국이 도사리고 있었다. 당시 영국 정부는 집권 후 좌파적 성향을 보이고 있던 오보테를 그리 곱지 않은 시선으로 바라보고 있었던 것이다.[16] 아민이 쿠데타에 성공했을 때 우간다 국민들은 그에게 큰 기대를 했었다. 그들은 아민이 종족간의 심한 알력으로 분열되어 있던 우간다에 통일을 가져다 줄 것으로 생각했다. 쿠데타 당시만 하더라도 우간다 국민들은 아민이 독재 권력을 무너뜨린 만큼 우간다에 평화와 화해를 가져다 줄 해방군으로 인식했던 것이다.[17]

우간다 국민들이 아민에게 가졌던 초기의 기대는 곧 무너졌다. 물론 쿠데타 성공 초기 아민은 국민들의 불만을 잠재우기 위해 자신의 이미지를 정교

---

14) Angus Deming with Scott Sullivan, 〈IDI AMIN'S RULE OF BLOOD〉, 『Newsweek』, March 7, 1977, p.16.
15) Angus Deming with Scott Sullivan, 위의 글, p.12.
16) 조프리 리건, 장동현 역, 〈인육을 먹은 아프리카의 악동-우간다의 이디 아민〉, 『세계사의 대실수』 (세종서적, 1996), 146쪽.
17) 타임 라이프 북스, 한국일보 타임-라이프 편집부, 『세계의 국가-동아프리카』, 115쪽.

하게 포장하는 데 노력했다. 그는 대중적 지지를 확보하기 위해 지방 시찰을 단행해 종족간 분쟁을 해결하려는 인상을 심었다. 또 그는 우간다에서 강력한 영향력을 행사하던 종교 지도자들을 포섭하기 위해 자신의 두 아들을 사제 교육을 받는 가톨릭 신학교에 입학시키기도 했다. 이것뿐 아니다. 아민은 우간다 내 최대 종족이었던 바간다족의 지지를 얻기 위해 카바카의 주검을 영국에서 가져와 성대하게 국장을 치러주기도 했다. 여기에 아민은 오보테 정권하에서 정치적 사건으로 구금되었던 정치범들을 사면시키는 유화 정책을 구사했다. 그리고 아민은 곧 자유 선거를 실시할 것이라고 발표해 국민들의 눈과 귀를 현혹시켰다.

하지만 그건 자신의 권좌를 공공히 하기 위한 일시적인 속임수에 불과했다. 권력을 장악한 지 1년 정도 지나면서 아민은 자신의 본색을 드러내기 시작했다. 우간다는 곧 피로 물들기 시작했다. 바야흐로 아민이 추구했던 '피의 통치'가 시작된 것이다. 아민은 국민과 약속했던 선거 대신 곧바로 자신이 권력을 장악하는 데 조금이라도 방해가 될 만한 인사들을 숙청하기 시작했다. 먼저 그는 군에 손을 댔다. 아민은 오보테와 직간접적으로 관계를 맺었거나 자신을 반대할 가능성이 있다는 정적들을 골라내 3천 명이 넘는 군인들을 죽여 버렸다. 민간인이라고 해서 아민의 철권을 피해갈 수 없었다. 그는 무려 1만 명이 넘는 민간인까지 살해하는 '희대의 살인극'을 연출했다. 그들의 죄목은 단 하나, 오보테를 지지했다는 것이었다. 아민이 자행한 '살육의 잔치'는 도를 넘은 것이었다. 아민의 만행을 묘사한 다음과 같은 대목은 읽는 이로 하여금 소름돋게 만든다.

아민이 우간다에서 자행한 잔악한 억압을 상세하게 묘사하는 일은 삼가는 것이 좋을 것 같다. 대량 살인범으로서 아민은 수십 만 희생자를 기록한 명단과 함께 가장 악독한 자 가운데 하나에 들어갈 것이다. 그러나 놀라운 점은 그 숫자만이 아니다. 살인 방법 - 피해자들로 하여금 쇠망치로 서로 처형하게 하기도 했다 - 이 너무나 충격적이었으며, 스스로 살인을 저지르면서 즐긴 사악한 쾌락 또한 놀랍기 그지없다. 엎드린 희생자의 가슴팍 위에 뛰어올라 그 엄청난 구둣발로 뭉갠 것이다. 아민은 죽은 자의 친척들에게 사체를 수습하는 비용을 짜내서 살인을 저지른 부하들에게 봉급을 주었다. 아민한테서 안전한 사람은 아무도 없었다.[18]

이디 아민은 게릴라 활동이나 반정부 활동에 관련된 사람들 혹은 관련된 것으로 의심이 가는 사람들은 무조건 처형했는데 처형 방법도 지극히 극악해서 인간이 저지를 수 있는 잔인함의 극치를 극명하게 보여주었다. 예컨대 다섯 명의 죄수들을 선택한다. 일렬로 서게 명령한 다음 첫 번째 죄수에게 망치를 주고는 두 번째 죄수의 머리를 치라고 명령한다. 두 번째 죄수는 세 번째 죄수의, 세 번째 죄수는 네 번째 죄수의 머리를 망치로 쳐서 죽게 하고는 마지막 다섯 번째 죄수는 총으로 쏴서 처단한다. 반(反)이디 아민 게릴라 활동으로 체포된 자는 반드시 고향에서 가족과 친지들이 지켜보는 가운데 처형하도록 했다. 처형된 사람들은 주로 한적한 빅토리아호 연안 등에 버려지곤 했는데 시체를 가라앉히기 위해 배를 갈라 돌을 집어넣고 버린 경우가 허다했다고 한다.[19]

---

18) 조프리 리건, 장동현 역, 〈인육을 먹은 아프리카의 악동 - 우간다의 이디 아민〉,『세계사의 대실수』 (세종서적, 1996), 151쪽에서 재인용.

1972년 아민은 우간다에서 인도와 파키스탄 혈통의 아시안들을 추방하는 결정을 내렸다. 우간다 경제를 망쳤다는 것이 그들의 죄목이었다. 당시 그들은 우간다 경제의 노른자위를 장악한 그룹이었다. 국가 경제는 날로 피폐해지는 상황에서도 그들은 부를 축적해 우간다인들로부터 원성을 사고 있었다. 아민은 이것을 이용했던 것이다. 하지만 아시아인들이 추방됐다고 해서 우간다 경제가 회복된 것은 아니었다. 애초부터 아민에겐 국민들을 위해 경제를 재건할 마음이 없었던 것이다. 아민은 아시아인들을 추방하고 우간다 경제의 근간을 이루던 모든 것을 자신의 손아귀에 넣었다. 그는 이렇게 얻은 것들을 자신의 심복들에게 나눠주며 권력을 강화하기 시작했다. 그뿐 아니다. 아민은 자신의 심복이었던 군인들이 저질렀던 악행을 눈감아주었고, 더 나아가서는 국가 산업에 대한 약탈과 만행을 사주하는 어이없는 짓을 저질렀다. 아민의 사주를 받은 군인들은 아무런 거리낌없이 조직적으로 정부 기관을 약탈해 국가 재산을 털었다. 아민이 우간다의 대통령인지를 의심하게 만드는 사건들의 연속이었다. 아민은 그의 심복들에게 다음과 같이 말했다고 한다.

　　너의 총이 곧 너의 아버지와 어머니다. 그것으로 먹고 살 길을 찾아라.[20]

아민과 그의 심복들이 우간다의 경제를 독점하면서 우간다 국민들의 생계는 피폐해지기 시작했다. 군인들에게 저항하면 되돌아오는 것은 곧 죽음이

---

19) 양철준, 『피카소가 사랑한 아프리카』(황금가지, 1998), 58~59쪽.
20) 타임 라이프 북스, 한국일보 타임-라이프 편집부, 『세계의 국가 동아프리카』, 116쪽에서 재인용.

었다. 필수 의약품은 물론이고 일상 생활용품까지도 터무니없이 부족한 현상이 발생했다. 곧 우간다 내에서는 생필품과 의약품을 사고 파는 암시장이 만들어졌고 밀무역이 성행했다. 우간다인들이 받는 경제적 고통은 이루 말할 수 없었다. 그럼에도 아민은 온갖 사치품을 사들이며 자신과 그를 충실하게 따랐던 가신들의 뱃속을 채우기에 여념이 없었다. 물론 그러한 비용은 국민들에게 부과하였다. 우간다 국민들의 고혈 위에서 아민은 철옹성을 쌓았던 것이다.

1975년 아민은 아프리카 단결기구(OAU) 의장으로 선출되었다. 그리고 그 해 10월 아민은 유엔 총회에서 아프리카 단결기구 의장 자격으로 연설할 기회를 얻었다. 그런데 유엔 총회에서 연설하기 위해 준비한 그의 모습이 가관이었다. 그는 연설장에 입장하면서 손에 군대를 지휘할 때 사용하는 지휘봉을 들고 갔다. 또 입고 있던 제복에는 셀 수 없이 많은 훈장을 달아 자신을 과시했다. 세계 각국을 무시하는 어처구니없는 행위였다. 외교에 대한 기본적인 상식조차 제대로 갖추지 못했던 아민의 태도에 각국 대표단은 자리를 박차고 회의장을 나가버렸다.[21]

1976년 아민은 케냐와 영토 분쟁을 일으켰다. 아민은 케냐 영토 일부가 역사적으로 우간다의 땅이었다고 주장했는데, 이것이 빌미가 되었던 것이다. 당연히 아민의 주장에 케냐가 발끈하고 나섰다. 아민의 어설픈 객기로 인해 그 동안 케냐를 통로 삼아 서방 세계에서 주요 물자를 공수해왔던 우간다는 케냐 정부와의 알력으로 인해 물자 보급로를 상실해야 했다. 결국 그 피해는 고스란히 우간다 국민에게 되돌아왔다. 아민의 잇단 기행은 아프

---

21) 조프리 리건, 장동현 역, 〈인육을 먹은 아프리카의 악동-우간다의 이디 아민〉,『세계사의 대실수』(세종서적, 1996), 152~153쪽.

리카 단결기구 안에서도 '집단 따돌림'을 당하기에 이르렀다. 당시 아민의 든든한 후원인이었던 사우디 아라비아와 리비아가 우간다에 실시해오던 원조에 냉담한 자세를 보이기 시작했던 것이다.[22]

'피를 부르는 통치'로 일관했던 아민의 독재는 1977년 그 종말의 징후를 보이기 시작했다. 우간다 내에서 자행한 아민의 야만 통치는 갈 데까지 간 상태였다. 77년 2월 17일 발생한 성공회 교구장이었던 자나니 룸 대주교의 죽음은 아민이 몰락하는 시발점이었다. 아민은 자국 내에서 높은 신뢰를 받던 자나니 룸 대주교가 쿠데타와 연루되었다고 올가미를 씌워 사형시켜 버렸다. 자나니 룸이 아민에게 체포되었다는 사실이 알려지자 우간다 내 주교들은 아민에게 자나니 룸의 석방을 촉구하는 탄원서를 제출했었다. 그럼에도 자나니 룸이 사형을 당하자 우간다 내에서는 물론이고 서방 세계에서도 아민을 강력하게 비난하고 나섰다. 잠비아 대통령인 케네스 카운다는 아민이 아프리카뿐만 아니라 인류 전체의 수치스런 인물이라고 공격하고 나섰고 아프리카 대다수 국가들이 우간다와 국교 단절을 선언했다.[23]

하지만 아민의 철권 통치는 수그러들 기세를 보이지 않았다. 아민의 폭정이 극에 달하자 결국 우간다 국민들은 국경을 넘어 인근 아프리카 국가인 케냐와 탄자니아로 탈출했다. 그들은 그 곳에서 아민을 권좌에서 끌어내릴 계획을 세우는 등 반 이디 아민 전선을 조직적으로 만들기 시작했다. 게다가 그 동안 아민의 철권 통치를 든든하게 뒷받침했던 군대 내에서도 그를 반대하는 징후가 나타나기 시작했다. 그런 상황에서 1979년 3월 탄자니아가, 78년 발생했던 우간다 군인의 탄자니아 국경 침입과 악행을 보복하기

---

22) 양철준, 『피카소가 사랑한 아프리카』(황금가지, 1998), 59~62쪽.
23) 양철준, 위의 책, 63쪽.

위해 우간다를 공격해오는 사태가 발생했다. 탄자니아에서 활동하고 있던 반 이디 아민 조직들도 탄자니아 정규군과 결합해 아민의 숨통을 죄었다. 이들은 별다른 저항을 받지 않고 순식간에 우간다의 수도 캄팔라 근처까지 밀고 들어왔다. 약탈과 온갖 만행을 저지르느라 제대로 준비된 군대가 있을 리 만무한 우간다의 상황에서 이것은 당연한 귀결이었다. 탄자니아군이 우간다 수도 캄팔라를 점령할 것이 확실시되던 때 아민은 바로 리비아로 피신했다.

이디 아민이 몰락한 후 탄자니아에 피신해 있던 오보테를 비롯해 이디 아민에 반대했던 주요 그룹은 우간다에 입성할 준비를 하기 시작했다. 이들은 우간다 민족해방전선(UNLF)을 구성해 우간다를 새로운 국가로 거듭나게 만들 계획을 세웠다. 아민이 축출되자 우간다 국민들은 8년 만에 자유와 민주주의를 누릴 기쁨에 차 있었다. 하지만 8년 동안 아민의 폭정 속에서 시달렸던 우간다에 또다시 독재의 검은 그림자가 밀려오기 시작했다. 반 아민 그룹을 이끌고 우간다에 복귀한 오보테는 망가져 가던 나라를 일으켜 세울 생각을 하지 않았다. 그는 권력욕에 눈이 멀었고 결국 부정을 동원해 1980년 12월에 실시된 선거에서 권력을 잡았다. 오보테는 권력을 잡자 반대파들에 대한 탄압을 강화하기 시작했고 부정부패를 척결할 의지도 보이지 않았다. 결국 오보테의 권좌도 그리 오래 가지 않았다. 85년, 권력투쟁 과정에서 오보테에게 밀려 피신했던, 요웨리 무세베니가 쿠데타를 일으켰던 것이다. 86년 권좌를 장악한 무세베니는 현재까지 우간다를 통치하고 있다. 연이어 발생한 쿠데타로 인해 우간다는 민주주의의 싹을 틔워 보지도 못한 것이다.

리비아로 피신했던 아민은 그 곳에서 리비아의 국가 원수 가다피[24]의 딸을 희롱하다가 추방당했다. 리비아에서 추방당한 후 아민은 사우디 아라비아에 새로운 보금자리를 마련했다. 아민은 열성적인 회교도인데, 이슬람 국가의 종주국을 자처하는 사우디는 그에겐 더할 나위 없는 피신처였다. 아민은 4명의 아내에게서 무려 43명의 자녀를 두었다. 아민은 이 중 9명과 함께 살고 있는데, 지금까지도 사우디 아라비아에서 초호화판 생활을 지속하고 있다.[25]

아민의 집권 기간 중 사망한 우간다인은 30만 명에 이른다고 한다. 8년이라는 아프리카 내에서 비교적(?) 길지 않는 독재 기간 동안 무수한 사람들이 죽어나간 것이다. 평균 하루에 1백25명 이상이 그가 벌인 '살육의 잔치'에서 희생양이 된 것이다. 아민은 20세기 최고의 살인마 히틀러와 막상막하를 이루는 인간 도살자였다. 그래서인지 그는 히틀러를 찬양하는 데 주저하지 않았다. 『뉴스위크』는 아민의 기행과 그가 행한 발언을 기록하기도 했는데, 아민이 했던 히틀러 찬양 발언을 들어보자.

> 히틀러의 유대인 학살은 잘한 일이다. 유대인들은 세계 사람들을 위해서 일하지 않는 사람이다. 이것이 독일 땅에서 유대인들이 독가스로 죽임을 당하고 불에 타 죽은 이유이다.[26]

김환표

---

24) 가다피에 대해서는 김환표, 〈무하마르 엘 가다피: 아랍민족의 통일과 해방을 위하여〉, 송기도·강준만 외 지음, 『권력과 리더십 2』(인물과사상사, 1999); 김종도, 〈카다피: 20세기 아랍 민초의 선동가〉, 『권력과 리더십 5』(인물과사상사, 2000)를 참고하십시오.
25) 나윤도, 〈쫓겨난 독재자 아민 생존〉, 『서울신문』, 1996년 1월 23일, 7면. 그는 회교도이다.
26) 〈Quotations From President Amin〉, 『Newsweek』, March 7, 1977, p.13.

샬린 바셰프스키
Barshefsky, Charlene

지난 11월 15일 오전 8시쯤 빌 클린턴 미국 대통령은 유럽 지도자들과 정상회담을 위해 방문 중이던 터키 수도 앙카라의 호텔에서 막 샤워를 하려던 참이었다. 그 때 베이징(北京)에서는 샬린 바셰프스키 美 무역대표부(USTR) 대표와 진 스펄링 백악관 국가 경제회의 의장이 중국 대외무역경제합작부의 1층 여자 화장실에 들어가 있었다. 휴대폰을 사용할 수 있는 유일한 장소였기 때문이다. …… 클린턴은 자신의 외교 정책에서 최대의 승리로 기록될지 모를 성과를 젖은 몸으로 들었다. 그가 전화기를 들자 스펄링은 "대통령 각하, 세계 최고의 무역 협상가가 희소식을 전한답니다"하고 말한 뒤 휴대폰은 바셰프스키에게 넘겼다. 그녀는 최종 순간에 朱총리의 개입이 있은 뒤 중국이 갑자기 입장을 바꿔 여러 주요 사항을 양보했다고 말했다. 강경하기로 유명한 바셰프스키 대표가 13년 간 미국의 압력에 꿈쩍하지 않던 중국으로부터 양보를 얻어낸 것이다. 협상 기간 중 자신을 '출산을 앞둔 어머니'에 비유했던 클린턴은 바셰프스키에게 "너무 기쁘다"고 말했다.[1]

『뉴스위크』(한국판) 1999년 12월 1일자는 미국 대통령 빌 클린턴이[2] 11월 15일 중국의 WTO 가입을 둘러싸고 벌어진 긴박했던 중국과 미국의 협상 타결 소식을 전해 듣는 순간을 이렇게 묘사했다. 중국의 WTO 가입을 두고 벌어진 미국과 중국의 협상은 실패에 실패를 거듭하다 극적으로 성공한 한 편의 드라마였다. 그리고 이 드라마의 주인공은 단연 샬린 바셰프스키 미국 무역대표부(United States Trade Representative)[3] 대표였다. 그로부터 약 6개월이 흐른 후 바셰프스키가 뿌린 씨앗은 열매를 맺었다. 2000년 5월 27일 미 의회가 중국에 항구적 정상무역관계(PNTR) 지위를 부여하는 법안을 통과시켰던 것이다. 중국이 WTO에 가입하기 위해서는 아직도 유럽을 비롯해 일본 등 경제대국과 협상을 남겨 두고 있긴 하지만, 유일무이 초강대국 미 의회의 협상 결과 승인으로 중국의 WTO 가입은 기정사실화 된 것이라 해도 과언은 아닐 것이다. 중국과의 협상을 최전선에서 진두지휘하며 13년 동안 질질 끌어온 미-중 협상을 성사시킨, 진 스펄링이 "세계 최고의 무역 협

---

1) Michael Hirsh, 〈협상 막전막후 워싱턴과 北京〉, 『뉴스위크』(한국판), 1999년 12월 1일, 18면.
2) 클린턴에 대해서는 강준만, 〈빌 클린턴: 이미지 정치와 '섹스 스캔들'〉, 송기도 외 지음, 『권력과 리더십 1』(인물과사상사, 1999)을 참고하십시오.
3) 미국 무역대표부는 미국의 통상 교섭을 담당하는 대통령 직속기관으로 1963년 만들어졌다. 이 곳은 국무부, 상무부와 함께 미국의 무역정책을 총괄하고 있는 삼두마차 중 하나이다. 이 곳은, 주로 미국 기업이 무역 상대국의 덤핑수출, 관세장벽 등으로 인해 자신들의 이익을 침해받았다는 내용으로 제소를 하면 자체 조사를 거쳐, 자국내 법인 슈퍼 301조 등을 적용해 무역 상대국에 반덤핑관세 및 보복관세를 부과하는 역할을 수행하고 있다.

상가"라고 치켜올려 세운 샬린 바셰프스키는 과연 누구인가?

샬린 바셰프스키는 1951년 일리노이에서 태어났다. 그의 부모는 양쪽 모두 10대의 어린 나이에 러시아에서 미국으로 건너온 이민자였다. 그의 아버지는 시카고에서 화학 기술자로 근무했고 그의 어머니는 교사로 재직했다. 그의 부모는 영어에 익숙하지 못했는데 바셰프스키도 영어를 능숙하게 구사하진 못했다. 그럼에도 자녀에 대한 그의 부모의 교육열은 누구보다도 높았다. 그래서인지 몰라도 바셰프스키는 어렸을 적부터 총명한 기질을 보였다. 그의 두 언니가 바셰프스키는 반드시 대학에 진학해 박사 학위를 받아야 한다며 등을 떠밀다시피 했다. 그만큼 그에 대한 가족들의 기대가 컸던 것이다.

가족들의 기대를 등에 엎고 바셰프스키는 위스콘신대학에 진학해 영어와 정치학을 전공하고 문학사 학위를 취득했다. 대학을 졸업한 1972년 그는 가족들의 반대에도 불구하고 워싱턴 D.C.에 있는 가톨릭대 법대 대학원에 등록했다. 일찍부터 바셰프스키에게 큰 기대를 걸고 있었던 그의 부모는 바셰프스키가 법조계에 투신하는 것을 달가워하지 않았던 것이다. 가족들의 반대 속에서 그의 외할머니만은 바셰프스키의 결정을 존중해 주었다. 그의 외할머니는 스스로 만족감을 느끼는 직업을 사회생활의 보금자리로 삼아야 한다고 생각했던 것이다. 가족들의 기대를 저버리면서까지 법대에 진학해서일까? 그는 동기들 중에서 일곱 번째로 우수한 성적으로 75년 졸업했다.

졸업 직후 바셰프스키는 콜럼비아에서 가장 잘 나가던 법률 회사인 스텝토&존슨사에 입사했다. 이 곳에서 그는 자신이 갈 길을 확실히 정했다. 그의 눈길을 사로잡은 것은 통상 관련 분야였다. 당시만 하더라도 법률 회사에서 통상 관련 업무는 상대적으로 생소한 분야였다. 때문에 통상 관련 분야는 남성들을 비롯해 많은 능력 있는 법조인들이 기피하던 곳이었다. 그런데, 오히려 남들이 터부시했던 통상 분야가 바셰프스키에게는 매력의 대상이었다. 남들이 꺼려하던 아직 널리 인정받지 못하고 있던 통상 분야에, 비록 그것이 모험이었지만, 바셰프스키는 주저 없이 뛰어들었다.[4] 결과적으로 바셰프스키의 모험은 성공적이었다. 이 곳에서 그는 통상 전문 변호사로 활동하며 이름을 날리기 시작했다. 1993년 스텝토&존슨사를 그만둘 당시 그는 법률 회사의 파트너로 성장해 있었으며, 국제 부문 위원장직을 맡고 있었다.

바셰프스키는 1993년 5월 미키 캔터 당시 미 무역대표부 대표의 추천으로 미 무역대표부 부대표로 발탁됐다. 이때부터 그는 미국의 대외무역정책의 한복판에 서서 무역 협상을 이끌기 시작했다. 당시 그가 받은 봉급은 통상 전문 변호사로 활동할 당시의 4분의 1밖에 되지 않았지만, 이후 그가 느낀 성취감은 경제적 손실을 메우기에 충분했다.[5]

바셰프스키가 담당한 분야는 주로 동아시아와 라틴 아메리카 국가들과의 협상이었다. 1993년 5월, 미 무역대표부 부대표로 임명된 직후, 그는 일본과의 쌍무협상을 위해서 태평양을 건넜다. 일본에서 그는 협상이 진행되는 동안 내내 강경한 태도로 일관했다. 그런 그에게 동료들은 '돌벽(Wallstone)'이라는 별명을 선사했다.[6] 후술하겠지만, 일본에서 보인 이런 그의 협상 태도는 이후 그의 트레이드마크가 되다시피 했다. 일본 정부는 협상과 대화는 무시한 채 '무대포'로 일관하는 그에게 두 손을 들 수밖에 없

---

4) 『Current Biography』, February, 2000, pp. 12~13.
5) 『Current Biography』, February, 2000, p. 13.
6) 『Current Biography』, February, 2000, p. 13.

었다. 결국 바셰프스키는 일본과의 협상에서 컴퓨터, 농산물, 목재 등을 비롯한 미국산 통신장비 설비를 일본이 구입하겠다는 약속을 받아냈다.

바셰프스키의 다음 협상 상대국은 중국이었다. 1995년 그는 중국이 음반과 소프트웨어 산업, 영화 등에서 미국의 지적재산권을 침해하고 있다고 공격하고 나섰다. 그는 직접 중국을 방문해 중국의 지적재산권 침해 사례를 일일이 거론하며 중국으로부터 지적재산권 보호 협정을 이끌어내 클린턴의 두터운 신임을 받기 시작했다. 협상 타결 후 중국 국가 주석 장쩌민[7]과 만나 환담을 나누기도 해 국제 무대에서 바셰프스키의 주가는 상종가를 치기 시작했다. 중국과 협상을 통해 바셰프스키가 양손에 선물 보따리를 가득 들고 귀국하자 미국 언론은 자국의 이익을 관철시켰다며 그를 집중 조명했다. 미국인에게 그는 경제 전쟁에서 승리하고 돌아온 개선장군이었던 셈이다.

1996년 3월 바셰프스키는 당시 유럽 연합 무역장관이던 리언 브리튼과 설전을 벌였다. 내용은 사소한 것 같으면서도 의미 심장한 것이었다. 이들의 불화는 우루과이라운드 이후의 새로운 다자간 무역협상의 명칭을 놓고 발생했는데, 리언 브리튼은 그 명칭을 '밀레니엄 라운드'로 부르자고 제안하며 세계 각국을 돌며 자신의 주장을 관철시키려 했다. 반면에 바셰프스키는 뉴 라운드의 명칭을 클린턴의 이름을 따서 '클린턴 라운드'로 부를 것을 제의했다.[8] 바셰프스키가 추구하고자 하는 목표가 극명하게 드러나는 순간이었다. 다자간 무역협상의 명칭을 '클린턴 라운드'로 부르자는 바셰프스키의 제안에서 '팍스 아메리카나의 광기'를 느꼈다면 지나친 비약일까? 그럴

---

7) 장쩌민에 대해서는 『시사인물사전 1』; 이상옥, 〈지앙 쩌민: 평범한 기술관료에서 일약 13억의 통치자로〉, 송기도 외 지음, 『권력과 리더십 5』(인물과사상사, 2000)를 참고하십시오.
8) 김의구, 〈1천여 NGO 시위 본격화 긴장고조〉, 『국민일보』, 1999년 12월 1일, 12면.

수도 있겠다. 하지만 『뉴요커』 96년 5월 18일자와 가진 인터뷰에서 그가 정의한 무역관(觀)을 들어보면 그가 경제 영역에서 팍스 아메리카나를 노래하는 전도사라는 것을 알 수 있다. 그의 말을 직접 들어보자.

> 오늘날 무역은 미국의 성장을 촉진시킬 뿐만 아니라 미국의 동맹국들에게 민주주의와 미국적 가치를 전파시키는 매개물이다.[9]

미 연방 농업국 의장이었던 딘 클레커가 1996년 행했던 다음과 같은 발언도 이런 분석을 뒷받침하기에 충분하다.

"우리는 해박한 지식과 리더십을 가진 그녀가 얼마가 확실하게 미국의 국익을 방어하면서 무역협상을 주도하는지를 지켜보게 될 것이다."[10]

1996년 4월 미키 캔터 미 무역대표부 대표가 상무장관으로 옮겨가자 바셰프스키는 미 무역대표부 대표서리로 임명됐다. 국제무역협상 무대에서 바셰프스키의 시대가 도래한 것이다. 96년 3월 리언 브리튼과 다자간 무역협상을 놓고 벌인 설전은 얼마 후 다시 시작되었다. 96년 12월 싱가포르에서 열린 WTO 회의에서 브리튼은 바셰프스키가 뉴 라운드의 명칭을 '클린턴 라운드'로 하자는 것에 대해 "바셰프스키 대표가 어처구니없는 것을 말하고 있다"고 먼저 포문을 열었고, 이에 대응해 바셰프스키는 "브리튼 경은 정신분열증 환자"라고 쏘아붙였던 것이다.[11] 이 회의에서 바셰프스키는 설전을 벌이는 와중에도 오는 2000년까지 세계 각국이 정보통신 제품에 대한 관세

---

9) 『Current Biography』, February, 2000, p.17.
10) 오경환, 〈세계 통상협상 주도하는 '철의 여인'-샬린 바셰프스키〉, 『세계일보』, 1999년 12월 30일, 14면.
11) 김의구, 앞의 글.

장벽을 폐지하는 것을 목표로 한 정보기술협정(ITA)을 타결시키는 능력을 발휘하기도 했다.[12] 미 무역대표부 부대표로 임명된 후 그가 거두어들인 성과물들은 클린턴의 마음을 풍족하게 해주기에 충분했다.

1996년 대선에서 클린턴이 재선에 성공하자 바셰프스키는 로버트 루빈[13] 전 미 재무장관 등과 함께 미국 경제팀을 이끌 주요 인물로 각광받았다. 하지만 97년 미 의회에서 인준을 받는 과정은 순조롭지 못했다. 무역대표부 부대표로 활동하는 동안 미국의 국익을 위해 눈부신 활동을 펼쳤는데, 왜 그랬을까? 그의 과거 전력 때문이었다. 95년 통과된 로비적발법에는 미국 정부의 이익을 위해 과거 외국 정부를 위해 일했던 경력을 가지고 있는 인물이 무역대표부 대표직에 오를 수 없다고 규정돼 있는데, 바셰프스키가 이 조항에 해당되었던 것이다. 바셰프스키는 스텝토&존슨사에 변호사로 근무하면서 93년 북미 자유무역협정(NAFTA)과 관련해 멕시코 기업과 캐나다 정부의 무역 관계 자문변호사로 활동했던 것이다. 결국 이를 보수당이 문제삼고 나선 것이다. 하지만 그에 대한 클린턴의 신임은 무척 두터웠다. 의회가 거세게 반대하자 클린턴은 로비적발법이 만들어지기 전부터 바셰프스키가 미 무역대표부 부대표로 활동했기 때문에 별 문제가 되지 않는다고 주장했다. 더 나아가 클린턴은 의회에 정식으로 이 규정을 바셰프스키에게는 적용하지 말아 달라고 주문했다.[14]

클린턴은 무엇 때문에 바셰프스키에게 이처럼 집착했던 것일까? 그건 바로 클린턴은 바셰프스키를 국제 무대에서 미국의 경제적 이익을 대변할 수

---

12) 〈미 새 경제팀 3인 프로필〉, 『세계일보』, 1996년 12월 15일, 6면.
13) 로버트 루빈에 대해서는 『시사인물사전 3』을 참고하십시오.
14) 〈"외국 위해 일한 인물 배제규정 - 바셰프스키 예외인정을"〉, 『한국일보』, 1997년 1월 10일, 11면; 〈여자문제 하나로도 속 썩는데 - 클린턴 "이번엔 의회가"〉, 『서울신문』, 1997년 1월 15일, 8면.

있는 최적의 인물로 평가했기 때문이다.[15] 앞서 잠깐 언급했지만, 바셰프스키는 그간 미국의 이익을 위해서라면 물불을 가리지 않을 정도로 맹렬 여성이었다. 군사적 측면에서 매들린 올브라이트[16] 국무장관이 '팍스 아메리카나'의 확대 재생산을 위해 최일선에서 고군분투하고 있다면, 바셰프스키는 경제 영역에서 '팍스 아메리카나'를 소리 높이 외치고 있는 것이다. 바셰프스키가 들으면 섭섭할지 모르겠지만, 그는 외교 통상 분야의 매들린 올브라이트인 것이다. 아니, 현재적 의미에서 보자면 국제 무대에서 바셰프스키는 '떠오르는 태양'이고 올브라이트는 '지는 태양'이라고 하는 것이 더 정확한 표현일 것이다. 올브라이트는 1999년 나토의 대 유고 공습을 강력히 주장해 발칸에 피바람을 불고 온 원인을 제공한 후 그 영향력이 급속도로 감소했으며 탈냉전 이후 국제 무대는 경제 전쟁터로 변해가고 있기 때문이다.

어쨌든 올브라이트와 마찬가지로 그는 미국의 경제적 이익을 위해 교역 대상국과 가진 협상 테이블에서 상대방의 처지와 여건을 무시하는 직설적 발언으로 일관했다. 그런 이유로 미국과 통상 마찰을 일으켰던 세계 각국에게 그는 공포의 대상으로 인식되었다. 그가 협상 상대국들로부터 '암사자', '철의 여인', '리무진 탱크'라는 별명을 얻은 것도 다 이유가 있었던 것이다. 하나같이 강함이 풍겨 나오는 별명들이다. 자신에게 꼬리표처럼 따라다니는 별명을 입증이라도 하듯, 그는 세계 곳곳을 누비고 다니며 '글로벌 스탠다드'를 가장한 '아메리칸 스탠다드'의 전도사로 활동하고 있다. 이런 그에 대해 전임 미국 무역대표부 대표였던 미키 캔터는 다음과 같이 평했다.

---

15) 오경환, 〈세계 통상협상 주도하는 '철의 여인'〉, 『세계일보』, 1999년 12월 30일, 14면.
16) 매들린 올브라이트에 대해서는 『시사인물사전 4』를 참고하십시오.

잠도 자지 않으면서 완벽한 문장을 구사하고, 상대방을 꼼짝 못하게 만드는 사람이다. 그런 사람은 처음 봤다.[17]

바셰프스키가 미 무역대표부 부대표로 활동할 시 동아시아를 전담했다는 점에서 한국도 미국의 국익을 앞세운 그의 공격 대상에서 예외일 수 없었다. 1997년 미 무역대표부 대표로 지명되면서 그는 한국을 주요 쌍무협정 대상국으로 지정했다. 그리고 만일 한국과의 협상이 원활하게 진행되지 않을 경우 그 동안 전가의 보도처럼 휘둘러 온 미국 내 통상법인 '슈퍼 301조'[18]를 근거로 무역 제재 조치를 취할 것이라며 철저하게 미국 중심주의로 일관했다. 나아가 그는 한국이 경제협력개발기구(OECD) 회원국임에도 불구하고 개발도상국으로서의 지위를 과도하게 이용하고 있다며 자동차 시장과 조선산업의 덤핑 및 보조금 철폐를 강하게 주장하고 나서기도 했다.[19] 결국 98년 한국은 자동차 관련 세제의 대폭개편 등을 협상 카드로 제시해 무역 분쟁을 해소할 수밖에 없었다.

1999년 1월 바셰프스키는 교역 대상국들에 대한 압력을 기존의 그것보다

---

17) 이홍환, 〈미 대표 샬린 바셰프스키 - "마침내 그녀가 웃었다"〉, 『주간동아』, 1999년 12월 2일, 66면 에서 재인용.
18) 슈퍼 301조는 미국의 종합 무역법 중의 하나로 미국이 자신들의 입장에서 볼 때, 수입장벽을 두고 있는 나라에 압력을 가해 그런 관행을 구체적으로 지목해 폐지하도록 규정하고 있다. 만일 교역 대상국이 3년 이내에 응하지 않으면 미국에 수입되는 교역 대상국 수출품에 관세를 올리는 등 보복조치를 발동한다. 슈퍼 301조는 1988년 8월, '74년도 통상법' 301조를 개정하면서 그 내용을 크게 강화했다. 이 법은 88년부터 3년간 한시적으로 시행되다가 레이건 행정부 때 폐기됐다. 그러다가 94년 3월 클린턴 정부에서 다시 부활했다가 98년 8월에 효력 기한이 만료됐다. 하지만 경제 문제에 집착하고 있는 클린턴은 99년 1월 26일 행정명령으로 슈퍼 301조를 부활했다. 슈퍼 301조는 국제적 효력을 발휘하는 GATT의 기본 정신에 어긋나는 미국의 대표적 통상 악법이다.
19) 오경환, 〈세계 통상협상 주도하는 '철의 여인' - 샬린 바셰프스키〉, 『세계일보』, 1999년 12월 30일, 14면.

더욱 강화하고 나섰다. 그는 경제적 어려움을 겪고 있는 국가라도 보호무역이나 덤핑을 추구한다면 미국이 가만있지 않을 것이라고 경고했다. 그리고 바셰프스키의 경고를 입증이라도 하듯, 클린턴은 99년 1월 26일 행정명령으로 슈퍼 301조를 부활시켰다.[20]

1999년 4월 바셰프스키는 중국 국무원 총리 주룽지[21]가 미국을 방문한 기회를 이용해 백악관 국가안보담당 보좌관인 새뮤얼 샌디 버거와 국무장관 매들린 올브라이트 등과 함께 중국과의 협상을 타결해야 한다고 강하게 주장하고 나섰다. 하지만 당시 중국의 미국 핵기술 절취설이 흘러나오면서 중국과 미국의 관계는 급속도로 냉각돼 바셰프스키의 주장은 허공에서 떠도는 메아리가 되고 말았다. 게다가 당시 재무장관이었던 로버트 루빈이 중국과의 협상 타결에 반대하고 나섬으로써 협상은 결렬되고 말았다. 이로 인해 바셰프스키와 클린턴의 관계는 한때 서먹해지기도 했다. 협상이 결렬된 후 바셰프스키는 협상 반대파였던 진 스펄링을 설득해 자신의 동지로 만들고 중국과 협상 타결을 위한 디딤돌을 쌓기 시작했다.

그리고 1999년 11월 바셰프스키는 협상 타결을 위해서 중국을 방문했다. 하지만 협상은 처음부터 순탄치 않았다. 한 편의 극적인 드라마가 탄생하기까지 수많은 고개를 넘어야 했다. 그만큼 협상은 긴장 상태를 유지했다. 『한국일보』가 보도한, 다음과 같은 협상 초기 상황은 협상이 타결되는 과정이 얼마나 힘들었는지를 보여주는 것이리라.

샬린 바셰프스키 무역대표부(USTR)대표와 스광성(石廣生)대외무역경

---

20) 권태호, 〈내년선거 의식 정치적 계산〉, 『한겨레신문』, 1999년 1월 28일, 7면.
21) 주룽지에 대해서는 『시사인물사전 2』를 참고하십시오.

제합작부장이 이끄는 양국 대표는 회담이 벽에 부딪힐 때마다 상대방을 비난했고 협상 테이블에서는 한치의 양보라도 더 얻어내기 위해 피를 말리는 신경전을 벌였다. 당초 정해진 협상기한은 10일부터 11일까지로 이틀간, 그러나 첫날 회의를 마친 10일 저녁 주룽지(朱鎔基) 총리가 ALNR 대표단을 접견한 뒤 강경한 어조로 '중국은 개발도상국 지위로 가입할 것'이라고 밝혀 협상 타결이 쉽지 않음을 시사했다. 다음날인 11일 오전 회의를 마친 바셰프스키 대표도 '이제 모든게 끝났다. 할 말이 없다. 못해먹겠다'는 등의 말로 험악했던 협상분위기를 대변했다. 이날 회담은 심야까지 속개됐으나 분위기는 더욱 악화됐다.[22]

99년 11월 12일 바셰프스키는 협상 테이블을 박차고 일어섰다. 더 이상 중국에 머무를 명분이 없다는 것을 의미하는 행동이었다. 그러면서도 그는 중국 경제를 이끌고 있는 주룽지를 직접 만나게 해 줄 것을 강도 높게 요구하고 나섰다. 강경한 자세로 일관했던 그의 행동은 중국 지도부에 먹혀 들어갔다. 주룽지가 바셰프스키의 면담 요구를 받아들였던 것이다. 하지만 협상은 진척되지 않았다. 바셰프스키는 협상이 고착될 때마다 미국으로 돌아가겠다고 으름장을 놓았고 끝내 그의 전략은 열매를 맺을 수 있었다.[23]

중국과 협상을 성공적으로 끝마친 후 그는 잠시 쉴 틈도 없이 1999년 11월 30일 뉴라운드 협상이 열렸던 시애틀에 모습을 드러냈다. 당시 시애틀에는 신자유주의에 반대하는 비정부기구의 반 세계화 시위가 맹렬하게 열리고 있었다. 세계화에 반대하는 세계 각국에서 모인 1천여 개의 비정부기구 회

---

22) 송대수, 〈연기… 강경… 반전… '6일간의 드라마'〉, 『한국일보』, 1999년 11월 16일, 8면.
23) 이흥환, 〈미-중 '13년 담판' 여자화장실서 끝냈다〉, 『주간동아』, 1999년 12월 2일, 66면.

원들이 집결해 신자유주의에 대해 명백한 반대 입장을 보이던 상황에서 바셰프스키는 이렇게 말했다.

"WTO가 세계를 통치하는 기구가 아니며 세계화는 지구촌의 평화와 번영에 공헌한다."[24] 바셰프스키는 세계화가 '윈-윈 게임'이라고 강조하고 싶었던 모양이다. 하지만 그의 뜻은 관철되지 못했다. 시애틀 회의는 바셰프스키의 의도와는 반대로 결렬되고 말았던 것이다. 회담 결렬 원인이 비정부기구의 조직적인 반 세계화 시위에서 기인한 것이기도 하지만, 각료회의를 이끌었던 바셰프스키의 지나친 독단과 독선이 잉태한 것이라는 분석이 제기되었다. 바셰프스키가 입으로는 '윈-윈 게임'을 말하면서도 행동으로는 '팍스 아메리카나'에 너무 집착했다는 것이다.[25]

바셰프스키는 에드워드 코헨과 결혼해 슬하에 딸 둘(Mari와 Devra)을 두었다. 부모의 열렬한 교육열을 그대로 물려받아서일까? 그 또한 자식에 대한 교육열이 무척 높다고 한다. 업무의 특성상 해외 출장을 자주 다니는 그는 저녁마다 집에 국제전화를 걸어 두 딸의 숙제를 점검할 정도라고 하니 말 다하지 않았는가?

김환표

---

24) 김의구, 〈1천여NGO 시위 본격화 긴장고조〉, 『국민일보』, 1999년 12월 1일, 12면.
25) 오경환, 〈세계 통상협상 주도하는 '철의 여인'〉, 『세계일보』, 1999년 12월 30일, 14면.

팀 버튼
Burton, Tim

미국의 명절 중에 '할로윈 데이'라는 게 있다. 이 날의 풍경은 할리우드 영화에 심심찮게 등장하는 것처럼 어린아이들이 귀신복장으로 사탕을 받으러 동네를 돌아다니고 사람들은 밤에 귀신분장을 한 채 파티를 연다. 이 날은 귀신이라는 초자연적인 존재에 대한 인간의 공포를 즐거움으로 승화시키는 날이다. 공포가 즐거움으로 환원되어서일까? 사람들은 - 어른 아이 할 것 없이 - '할로윈 데이' 때 마음껏 먹고 즐긴다.

공포와 유머가 혼재해 있는 '할로윈 데이', 전혀 어울릴 것 같지 않은 두 감정을 한데 버무려 놓은 이 날의 풍경은 우리에게 한 영화감독을 떠올리게 한다. 팀 버튼, '할리우드의 악동'이라고 불리는 그는 할로윈 데이에 가장 걸맞는 인물이다. 그가 그 동안 만든 영화 면면을 살펴보면 그가 왜 '할로윈 데이'의 분위기에 맞는 감독인지 알게 될 것이다. 그가 그 동안 만든 대표적인 영화들은 『비틀쥬스』, 『배트맨 1·2』, 『가위손』, 『화성침공』 등이다. 이 영화들에는 공포와 유머, 또는 공포와 멜로가 혼재해 있고 그것을 팀 버튼은 독특한 방식으로 풀어내고 있다.

　기괴한 분위기와 현실에는 존재하지 않을 것 같은 공간설정 등이 팀 버튼 영화의 특색이다. 그의 영화가 가진 또다른 특색은 그가 그려내는 등장인물들의 면면에서도 드러난다. 팀 버튼의 영화들에는 괴기스러운 괴물 또는 인간과는 다른 초자연적인 존재가 등장하지만 여느 영화처럼 이들이 악을 상징하지는 않는다. 인간이 선(善)이고 괴물이 악(惡)인, 판에 박힌 듯한 선악 구조와는 다른 구도를 보여주는 이 영화들은, 그래서 팀 버튼의 색깔을 확실히 보여준다. 그 자신이 어렸을 적 괴기영화에 심취했기 때문일까? 그는 인간과는 다른 괴물을 등장시키면서도 그 괴물에 대해 애정어린 시선을 보낸다. 그리고 더 나아가 괴물을 통해 인간의 추악한 모습을 반추하게 한다. 그래서 팀 버튼의 영화는 괴기스러우면서도 유머스럽고 차가우면서도 따뜻하다. 그는 이렇듯 자신만의 독특한 스타일을 개척해 내, 할리우드에서 흥행에 성공하면서 자신만의 스타일을 고수할 수 있는 몇 안 되는 감독 중의 하나로 인정받고 있다.

　그가 『화성침공』(1996) 이후 신작 『슬리피 할로우』(1999)를 발표했다. 미국 단편소설의 효시라고 불리는 워싱턴 어빙의 소설 『슬리피 할로우의 전설』을 토대로 만든 이 영화는 역시 팀 버튼다운 영화라는 평을 들었다. 어두운 화면과 피어오르는 뿌연 안개 등으로 자신만의 그로테스크(grotesque: 기괴한, 이상한)한 분위기를 화면 가득 채운 팀 버튼의 이번 작품에는 그의 영화에 단골로 출연하는 조니 뎁과 『아담스 패밀리』에서 기괴한 분위기를 연출한 크리스티나 리치가 주연을 맡았다.

공포영화 감독이되 여느 공포영화 감독과는 다른 연출 스타일을 보여준 팀 버튼은 1958년 가을 캘리포니아 버뱅크에서 태어났다. 부모인 빌 버튼과 진 버튼 사이에서 장남으로 태어난 팀 버튼의 어린 시절은 여느 어린이와는 달랐다. 그는 우선 그의 부모와 친하지 않았고 가족 성원으로서 으레 알아야 할 사실 - 부모의 출신지가 어디인가라는 사실 - 조차 몰랐다. 그리고 답답한 청교도적인 가정에서 항상 벗어나고 싶어했다.[1]

팀 버튼은 이런 답답한 가정환경에서 벗어나기 위해 자신만의 세계에 묻혀 살았다. 그 자신만의 세계라는 것은 대중문화의 집결체인 TV와 영화, 낙서, 그리고 자신이 만들어내는 희한한 상상의 세계였다. 현실 세계에서 팀 버튼은 어른들이 보기에는 조용하고 평범한 아이였지만 상상의 세계에서는 누구보다도 다른 아이였다. 군인 인형의 머리를 뽑기도 하고 이웃집 아이한테 외국인이 침략했다고 속여 겁을 주는 장난을 즐겨 했던 팀 버튼은 당연히(?) 친구도 없었다.[2] 그러나 그에게는 TV와 영화가 있었다. "친구가 없어도 세상에는 가지고 놀 이상한 영화가 참 많았다"고 자신의 어린 시절을 회상한 그의 말처럼 그에게 영화는 오락거리였고 답답하고 지루한 일상에서 벗어나게 하는 도피처였다.[3]

그가 당시 열광하고 몰입했던 영화는 1950~1960년대 미국의 B급 공포영화였다. 그는 이 영화들로 어린 시절의 삭막함과 지루함을 씻어낼 수 있었다. 그가 당시 가장 좋아하는 배우는 프랑켄슈타인 박사 역할을 주로 연기한 빈센트 프라이스였다. 팀 버튼은 "빈센트로 인해 자살을 하지 않게 되었

---

1) 『Current Biography』(1991).
2) 김혜리, 〈친구없이도 가지고 놀 영화가 참 많았다〉, 『씨네21』, 2000년 2월 1일, 34면.
3) 김혜리, 위의 글, 35면에서 재인용.

다"고 말할 정도로 이 B급 공포영화 배우에게 푹 빠져 있었고 지금까지 깊은 존경심을 가지고 있다.[4] 그의 첫 애니메이션의 이름이 『빈센트』였다는 사실과 『배트맨』에 이 배우를 배트맨의 집사로 출연시킨 것을 보아도 그가 빈센트에게 보내는 사랑이 어느 정도인지 알 수 있다. 팀 버튼의 어린 시절을 즐겁게 해줬던 또다른 스타는 추리소설 작가인 에드가 앨런 포우였다. 포우의 작품을 로저 코먼의 B급 공포영화를 통해 접하게 된 팀 버튼은 비록 빈센트만큼은 아니지만 포우에 열광했다.

이같이 대중문화의 세례를 듬뿍 받은 팀 버튼은 10대 때 8mm 영화를 제작할 계획을 세우기도 했다. 그가 영화를 만들려고 했던 이유는 영화에 대한 애착이 있기도 했지만 좀더 근본적인 이유는 영화를 만드는 것이 학교에서 떠날 수 있는 가장 확실한 방법이라고 생각했기 때문이었다.[5] 12살 때 할머니 집에서 잠시 살기도 했던 팀 버튼은 나중에 집을 나와 조그만 아파트를 임대해 살았고 방세를 벌기 위해 레스토랑에서 일을 하기도 했다. 그리고 어렸을 때부터 즐겨했던 그림에도 소질을 보여 '할로윈 데이' 때 이웃집 창에 할로윈 장식을 그려주는 아르바이트로 돈을 벌기도 하고 고교 시절 버뱅크시 오물처리 포스터 디자인 공모에서 1등을 하기도 했다.[6]

고등학교를 졸업하고 팀 버튼은 굴지의 애니메이션사인 디즈니사에 입사하기 위해 캘리포니아 발렌시아에 위치한 캘리포니아 미술협회(California Institute of Arts)에 들어갔다. 팀 버튼은 그 곳에서 3년간 공부한 후 디즈니사에 애니메이터로 들어갔다. 그의 첫 작업은 『여우와 사냥개(The Fox

---

4) 『Current Biography』(1991).
5) 『Current Biography』(1991).
6) 김혜리, 앞의 글, 35면.

and The Hound)』(1981)라는 애니메이션에서 여우를 그리는 것이었다. 그러나 그는 단순히 그림을 그리는 일에 곧 싫증을 느끼게 되었다. 또 디즈니의 예쁜 그림체는 자신의 그림체와는 전혀 맞지 않았다.[7] 이렇듯 디즈니에서 적응하지 못하던 팀 버튼은 새로운 전기를 맞게 되는데 그것은 디즈니가 제의한 감독 데뷔였다.

그렇게 해서 나온 작품이 1982년 제작한 『빈센트(Vincent)』였다. 6분짜리 단편 스톱모션 애니메이션으로 제작한 이 작품은 그의 어릴 적 우상 빈센트 프라이스의 이름을 따 만든 것이었다. 자신의 자전적인 얘기를 그린 이 작품에서 주인공인 빈센트는 어릴 적 팀 버튼처럼 겉으로 보기에는 평범한 소년이지만 상상의 세계에서는 빈센트 프라이스가 되어 애완견을 괴물로 만들고 이웃집 아주머니를 목매달아 펄펄 끓는 납 속에 떨어뜨리는 소년이다.[8] 흑백으로 제작된 이 영화는 팀 버튼의 우상 빈센트 프라이스가 나레이션을 맡았고 팀 버튼은 이 애니메이션으로 시카고 영화제에서 2개의 상을 받았다.[9]

팀 버튼의 두 번째 작품은 『프랑켄위니(Frankenweenie)』(1984)였다. 전작 『빈센트』가 애니메이션이었던 것과는 달리 이 영화는 어린이를 위한 27분짜리 실사영화였다. 줄거리는 빅터 프랑켄슈타인이라는 이름을 가진 아이의 애완견 스파키가 교통사고로 죽자 빅터가 전기를 이용해 스파키를 살리는 내용이다. 팀 버튼은 이 영화를 통해 자신이 예전에 열광했던 B급 공포영화 프랑켄슈타인 박사의 전형을 보여주었고 표현 면에서는 독일 표현주의 영화

---

7) 『Current Biography』(1991).
8) 이철민, 〈분열, 소외 그리고 이미지 이미지〉, 『씨네21』, 1997년 4월 15일, 32면.
9) 『Current Biography』(1991).

들-『칼리가리박사의 밀실』 등-의 전형적인 모습을 보여주었다. 이 작품은 『빈센트』와 함께 팀 버튼의 작품 성향을 가장 확실히 알 수 있게 해주는 영화로 꼽힌다.[10]

그러나 『프랑켄위니』는 PG 등급[11]을 받아 주고객층인 어린이가 부모의 지도 없이 영화를 마음놓고 보기 힘들어졌고 디즈니사는 급기야 이 영화의 비디오 전국 배급을 포기했다. 팀 버튼은 이 같은 결정에 격분했고 결국 자신이 그 동안 몸담고 일했던 디즈니사와 결별하게 되었다.

팀 버튼이 디즈니와 결별하고 들어간 곳은 워너브라더스사였다. 그가 워너브라더스에 들어갈 수 있게 해준 사람은 당시의 인기 코미디언 피위 허만(본명: 폴 루벤스)이었다. 당시 워너브라더스는 피위 허만을 주인공으로 영화를 제작할 계획을 세워놓고 있었고 감독을 물색 중이었다. 그러던 중 피위 허만이 팀 버튼의 첫 번째 작품 『빈센트』를 보고 그를 감독으로 점찍게 되었고 결국 팀 버튼은 이 영화의 감독이 되었다. 이렇게 나온 영화가 『피위의 대모험(Pee-wee's Big Adventure)』(1985)이었다. 『피위의 대모험』은 제작비 7만 달러로 제작돼 40만 달러의 흥행수익을 벌어들였다.

『피위의 대모험』의 성공으로 팀 버튼은 할리우드 메이저 영화사인 워너브라더스와의 인연을 유지할 수 있었고 그 곳에서 다음 작품인 『비틀쥬스(Beetlejuice)』(1988)를 연출했다. 알렉 볼드윈, 지나 데이비스, 마이클 키튼

---

10) 이철민, 〈분열, 소외 그리고 이미지 이미지〉, 『씨네21』, 1997년 4월 15일, 32면.
11) 미국의 영화 등급제는 모든 연령이 입장가능한 G(General)등급, 부모의 지도가 필요한 PG(Personal Guidance Suggested)등급, 13세 이하의 어린이들을 대상으로 강력한 부모의 지도가 필요한 PG-13 등급, 17세 이하일 경우 반드시 보호자나 부모를 동반해야 하는 R(Restricted)등급, 17세 미만은 관람 불가인 NC-17(No one 17 and Under Admitted)등급 등 5단계로 나뉘어져 있다.

이 열연한 이 영화는 독특한 상상력으로 흥행에 성공했다. 이 영화에서 보여지는 독특하고 기발한 상상력은 영화 전반에 걸쳐 들어 있다. 인간을 퇴치해주는 '비틀쥬스'라는 유령캐릭터가 그렇고 유령이라 하기에는 너무 순진한 알렉 볼드윈과 지나 데이비스 부부가 그렇다. 또 인간의 관점에서 본 유령이 아닌, 유령의 관점에서 본 인간이라는 기존 관점의 뒤집기도 흥미로운 요소 가운데 하나다. 이렇듯 그가 기발한 상상력을 동원해 만든 이 영화는 1988년 박스 오피스 9위를 차지했고 그가 이 영화에서 창조한 '비틀쥬스'라는 미워할 수 없는 유령, 혹은 괴물 캐릭터는 팀 버튼이 후에 내놓을 작품에서도 일관되게 나타나게 된다.

『비틀쥬스』로 일약 흥행감독의 자리에 오른 팀 버튼에게 워너 측은 『배트맨(Batman)』(1989)의 연출을 맡겼다. 원래 워너브라더스의 의도는 스필버그[12]의 『인디아나 존스 3』에 대적하기 위한 스펙타클한 영화를 만들자는 것이었다.[13] 그러나 팀 버튼은 그것을 거스르고 자신의 스타일로 『배트맨』을 만들었다. 우울하고 그로테스크한 분위기를 한껏 살린 팀 버튼의 『배트맨』은 1940년대 밥 케인이 그린 인기 만화 『배트맨』과 달랐고 1960년대에 방영된 인기 TV 시리즈물인 『배트맨』과도 달랐다. 팀 버튼은 우선 단순한 선악 구도를 과감하게 파괴했다. 그는 그 동안 선을 상징했던 배트맨을 자신의 이중적인 모습 때문에 괴로워하는 인간으로 그려냄으로써 기존의 현란한 액션을 보여주는 영웅적인 배트맨과는 다른 모습으로 그려냈다. 그리고 악당 조커에게 미워할 수 없을 정도의 인간적인 면을 불어넣어 누가 선이고 누가

---

12) 스필버그에 대해서는 강준만, 〈스티븐 스필버그와 '할리우드 정신': 영화는 20세기의 기적?〉, 『인물과 사상 1』(개마고원, 1997)을 참고하십시오.
13) 이종은, 〈Batman〉, 『키노』, 1997년 2월호, 92쪽.

악인지 구분하지 못하게 만들었다. 이로 인해 악당 조커는 『배트맨』의 진짜 주인공 배트맨보다 더 주목을 받았다.

『배트맨』은 미국 영화역사상 가장 기괴한 박스 오피스 1위가 될 정도로 믿기지 않는 흥행기록을 세웠다. 흥행에 성공할 요소가 극히 적었음에도 불구하고 미국인들은 이 영화에 열광했다. 이 영화는 1989년 박스 오피스 1위 자리를 차지하는 기염을 토했고 2억6천만 달러의 흥행수익을 올렸다.[14]

『배트맨』의 흥행 성공으로 할리우드의 메이저 영화사에서 입지를 굳힌 팀 버튼의 다음 작품은 20세기 폭스사와 손잡고 찍은 『가위손(Edward Scissorhands)』(1990)이었다. 팀 버튼의 초기 단편 『프랑켄위니』와 같은 설정으로 만들어진 이 영화는 놀라운 인기로 한때 한국의 TV 등에서 패러디 할 정도였다. 이 영화는 공포와 멜로의 결합이 기묘하게 이루어진 작품이다. 빈센트 프라이스가 '가위손' 에드워드를 만드는 프랑켄슈타인 박사로 등장하고 에드워드는 인간과는 합일될 수 없는 아웃사이더로 영화에 등장한다. 팀 버튼은 이 영화에서 기괴한 존재-어찌보면 괴물-에 대한 사랑을 노골적으로 드러내고 에드워드를 통해 인간의 온갖 추악한 모습을 그려내고 있다.

팀 버튼의 다음 작품은 『배트맨 2(원제: 돌아온 배트맨)』(1992)[15]였다. 워너브라더스가 지원한 5천만 달러로 만들어진 이 영화는 그러나 워너 측의 기대와는 달리 전작에도 미치지 못하는 흥행성적을 올렸다. 우선 팀 버튼은 이 영화를 전작 『배트맨』보다 더 우울한 영상으로 연출했다. 쉽게 동화되지 못할 세트와 조명으로 만든 우울한 영상으로 인해 이 영화는 대중들에게 외

---

14) 이종은, 앞의 글.
15) 팀 버튼은 자신의 영화제목에 숫자를 붙이기 싫어한다. 그래서 그는 제목을 『돌아온 배트맨』이라고 했으나 한국에서는 『배트맨 2』라는 이름으로 개봉되었다.

면받았으며 등장인물들인 펭귄맨, 캣우먼 등의 개성이 『배트맨』의 악당 조커보다 못하다는 평을 받았다. 결국 이 영화는 대중과 비평가 모두에게 외면당했다.

『배트맨 2』의 실패로 팀 버튼은 실의에 빠졌다. 그는 우울증에 빠졌고 모든 일에 의욕을 잃었다. 그때 시나리오 작가 조나단 뎀스가 기분 전환이나 하라며 그를 뉴욕의 스트립 클럽에 데려갔고 팀 버튼은 그 곳에서 현재까지 연인 관계를 지속하고 있는 리사 마리를 만났다.[16] 리사 마리로 인해 다시 의욕을 찾은 팀 버튼은 디즈니로 다시 돌아가 영화 제작자로 나서게 되었다. 그가 제작한 영화는 스톱 모션 애니메이션 『크리스마스 악몽』(1993)이었다. 그가 개인적으로 가장 좋아한다는 이 영화는 그가 연출하지 않았음에도 불구하고 그의 개성이 올올이 녹아 있는 작품이었다. 귀신들의 축제 할로윈에 등장하는 해골귀신 잭 스켈링턴이 크리스마스 때 산타클로스 대신 나타나면서 벌어지는 온갖 해프닝을 그려낸 이 작품은 1993년 크리스마스에 개봉되어 기대하지 않았던 성공을 거뒀다.

1994년 팀 버튼은 다시 감독으로 복귀해 작품을 내놓게 되었다. 영화제목은 『에드 우드(Ed Wood)』로, 사상 최악의 영화감독으로 평가받는 에드워드 우드 주니어 감독을 소재로 만든 영화였다. 에드워드 우드 주니어는 천재 영화감독 오손 웰스와 동시대 사람이자 『글렌 또는 글렌다』(1953), 『외계로부터의 9호 계획』(1959) 등을 만든 미국의 영화감독으로, 영화를 가장 못 만드는 감독으로 정평이 나 있는 감독이었다. 이런 감독을 영화화하기로 한 것은 역시 팀 버튼다운 생각이었다. 그는 에드 우드의 영화 『외계로부터의

---

16) 김봉석, 〈할리우드, 악몽을 만나다〉, 『씨네21』, 1997년 4월 15일, 29면.

9호 계획』에서 받은 강렬한 인상과 에드 우드 영화에서 풍겨지는 기묘한 매력, 마르지 않는 낙천적인 성격 등에 매료됐고 결국 영화로 만들었다. 흑백으로 만들어진 이 영화는 그러나 비평과 흥행 모두에서 실패를 맛봐야 했다.

팀 버튼이 『에드 우드』를 통해 말하려고 했던 것은 "창조의 과정과 거기서 얻어지는 기쁨"이었다.[17] 그는 천재든 아니든 무엇인가를 창조하는 기쁨을 이 영화를 통해 보여주려 했고 이 영화의 한 장면에서 천재감독 오손 웰스와 에드 우드와의 만남을 통해 두 사람에 대한 세인의 상반되는 평가와는 달리 모두 다 영화를 만드는 '창조자'라는 공통점을 부각시켰다.[18]

1996년 팀 버튼은 『화성침공』을 내놓는다. 1960년대 미국 어린이들에게 인기를 끌었던 톱스 카드회사의 카드를 모티브로 삼은 이 영화는 화성인들이 지구를 침략한다는 대단히 고루하고 진부한 이야기를 담고 있으나 팀 버튼은 이런 진부한 이야기 틀을 전혀 진부하지 않게 표현했다. 같은 시기에 제작되고 개봉되었던 『인디펜던스 데이』를 표절하지 않았느냐는 의심을 받기도 했으나 팀 버튼은 이것을 부정했다.

『화성침공』은 몇 가지 면에서 기존의 할리우드 영화와는 다른 모습을 보여준다. 이 영화에서는 『인디펜던스 데이』의 영웅적인 대통령 따위는 전혀 등장하지 않고 오히려 미국을 움직이는 각계 지도층들은 화성인들이 내뿜는 광선총에 불타 허무하게 죽어 나간다. 화성인들을 물리치는 것은 우리들이 흔히 '밑바닥 인생'이라고 부르는 사람들이다. 그는 이 영화로 기득권을 풍자했으며 그들의 위선과 치부를 철저하게 드러냈다. 그래서인지 이 영화는

---
17) Michel Ciment-팀 버튼 인터뷰, 〈B급 영화 만세!〉, 『키노』, 1996년 10월호, 40쪽에서 재인용.
18) Michel Ciment-팀 버튼 인터뷰, 위의 글, 40쪽.

평단으로부터 혹평을 받았다. 그리고 대중에게도 외면당했고 이 영화에 7천만 달러의 제작비를 들인 워너브라더스는 막심한 손해를 봐야 했다.

비록 흥행에는 실패했지만 이 영화는 표현 면에서 팀 버튼다운 색깔을 드러낸다. 사람머리와 개머리를 뒤바꾸는 장면, 짧은 키에 기괴한 형상의 화성인들과 장난감 총 같은 화성인들의 광선총 등에서 나타나는 팀 버튼의 색깔은 이 영화를 보는 즐거움이다. 또 하나의 즐거움은 이 영화에 무수히 많은 스타가 단역으로 등장한다는 것이다. 이 영화는 잭 니콜슨, 피어스 브로스넌, 아네트 베닝, 마이클 J. 폭스, 대니 드 비토 등 수많은 할리우드 스타들이 출연해 화제가 되기도 했다.

이 영화 이후 팀 버튼은 수퍼맨을 소재로 영화를 기획하게 된다. 그는 니콜라스 케이지를 주연으로 섭외해 놓고 약 1년여에 걸쳐 영화『수퍼맨』을 준비했다. 그러나 이 계획은 1998년 5월 무산되고 말았다. 이유는『포스트맨』,『스피어』등의 실패로 제작비 조달의 어려움을 느낀 워너브라더스 측의 제작 거부 때문이었다. 워너 측은 약 1억 달러가 드는『수퍼맨』을 만드는 것을 위험한 도박이라고 판단했고 결국 그 계획을 취소했다.[19]

사실 팀 버튼과 할리우드의 영화사와는 서로 어울리지 않는다. 왜냐하면 둘이 추구하는 목표가 서로 다르기 때문이다. 영화사는 영화를 통해 돈을 벌려고 하고 팀 버튼은 감독으로서 자신만의 영화를 만들고 싶어한다. 그러나 영화사에서 보는 팀 버튼의 영화는 항상 위험부담을 안고 있고 이 때문에 영화사와 팀 버튼과의 불협화음이 일어난 것이다. 그 동안 팀 버튼과 영화사는 서로 협력하여 공생관계를 유지해왔다. 그러다『수퍼맨』제작 취소

---

19) 김혜리, 〈우리 마음 속 풍차로〉,『씨네21』, 2000년 2월 1일, 32면.

가 일어난 것이다. 물론 가장 중요한 이유는 막대한 자본 때문이었으나 영화사 쪽에서 팀 버튼의 영화색깔을 그대로 받아들이기엔 위험부담이 너무 크기 때문이기도 했다. 팀 버튼은 이에 대해 영화사 측에 대한 불만을 노골적으로 털어놓았다.

"난 열심히 했고, 규모가 커지는 건 기정사실이었다. 바로 그 점 때문에 스튜디오가 겁을 집어먹은 거다. 스튜디오는 본래 겁쟁이니까."[20]

『수퍼맨』의 좌초로 팀 버튼은 할 수 없이 방향 전환을 해야만 했다. 그리고 1999년 그는 『슬리피 할로우』를 내놓았다. 한국에 2000년 1월 개봉된 이 영화는 팀 버튼이 오랜만에 평단으로부터 호평을 받은 영화였고 흥행에도 성공했다.

그런데 이 영화는 R등급을 받았다. 어린이들이 볼 수 없는 영화가 된 것이다. 당초 이 영화를 어린이들도 볼 수 있게 만들었다고 생각한 팀 버튼은 이에 격분했다. 조기 단편영화 『프랑켄위니』의 등급 문제로 디즈니를 떠나야 했던 팀 버튼에게 이 영화에 내려진 R등급은 또 하나의 상처였고 답답함이었다.

이건 누구나 다 아는 미국 전래 동화다. 아이들에게 보여주면 안 된다고? 난 어려서 많은 공포영화를 봤다. 안 봤으면 내가 어떤 어른이 됐을지 모르겠다. 어린 시절의 내가 보고 싶어 죽을 지경이던 영화를 만든 것뿐이다. …… 등급을 내주는 이들은 내가 무슨 사회 전복 세력이라고 생각하나 보다. 늘 당하는 일이지만, 당할 때마다 경악스럽다.[21]

---

20) 〈내가 무슨 사회전복세력인가〉, 『씨네21』, 1999년 11월 16일, 64면.
21) 위의 글.

이 말에서 보여지듯 팀 버튼은 자신의 영화에 대한 기성세대의 반감을 이해할 수 없어 한다. 그리고 어린이들이 부정적인 것을 보지 못하게 하는 부모의 과보호도 이해하지 못한다.

『피노키오』가 상연되고 있는 곳에 간 때가 기억난다. 고래가 화면에 나타났을 때 몇 명의 어린이들이 공포에 질렸다. 그런데 더 놀라운 것은 어른들이 그들의 아이를 데리고 극장을 나가는 것이었다. 내가 어렸을 때 이 영화는 나에게 커다란 영향을 주었다. 그것은 한 사람의 인생에서 결정적인 경험이었다. 만약 사람들이 어린이들로 하여금 조금이라도 부정적인 이미지들을 보지 못하게 한다면 그 어린이들은 인생에서 도대체 무엇을 대비할 수 있을 것인가? 특히 상상 속에서 일어나는 일들에 대한 작품 속에서 부정적인 것들을 못 보게 한다면! …… 나는 항상 이런 것들이 어린이들로 하여금, 보다 완화된 방식으로 현실과 대면할 수 있도록 마련된 것이라는 생각을 가지고 있다. 그리고 상상의 세계가 몇몇 심리적인 현실을 토대로 하는 이상, 상상의 세계라는 것은 매우 건강한 것이다. 모든 것에는 부정적인 측면이 있다고 생각한다. …… 각각의 사람들은 자신의 잘 알지 못하는 부분을 가지고 있고 무언가를 억제할 것을 강요받게 된다. 할 수 있는 것은 하는 것이 좋다. 그것은 아마도 그것들을 표현하는 것일 것이다. 그리고 그러기 위해서는 환상적인 영화를 보는 것보다 더 건전한 방법은 없다. 가장 좋은 배출구를 발견하게 될 것이다.[22]

---

22) Michel Ciment-팀 버튼 인터뷰, 〈B급 영화 만세!〉, 『키노』, 1996년 10월호, 41쪽.

팀 버튼의 작품들에 공통적으로 나타나는 특색은 그의 영화가 동화적이라는 것이다. 그 이유는 그가 실제로 동화를 좋아하기 때문이다. 그는 "언제나 가장 순수한 형식으로 동화를 만들고 싶다"고 말한다.[23]

그의 영화에서 나타나는 또다른 특징은 그가 인간과는 다른 괴물들에게 느끼는 애착심을 표현한다는 것과 주류에서 밀려난 아웃사이더를 영화 전면에 등장시킨다는 것이다. 그가 이제까지 그려온 괴물은 언제나 인간보다 더 '인간적인 매력'을 지녔다. 팀 버튼이 이같이 인간보다 괴물에 더 큰 애착을 느끼는 이유는 괴물이 인간보다 더 많은 감정을 불러일으키기 때문이다.

> 적어도 그 시기에 보았던 영화에 대해서는, 괴물들은 끔찍할 정도로 점잔을 빼는 배우들에 의해 연기되는 그들의 인간 파트너들보다 훨씬 더 많은 감정을 불러일으킨다. 괴물들은 정말 탁월한 역할이다. 열쇠가 되는 주제는 『화성침공』에도, 그리고 다른 고전적인 장르에도 공통되는 테마이다. 그것은 바로 '사물이란 그것이 드러나는 것과 항상 같은 것은 아니다' 라는 것이다.[24]

또, 그는 괴물만큼 아웃사이더들에게도 애착을 갖는다. 그 이유는 그들과의 심정적 교감이 자연스레 이루어지기 때문이다.

> 의식적인 선택은 아니었다. 심지어 그걸 문제 삼고 싶지도 않다. 분석

---

23) 이유란, 〈팀 버튼 인터뷰-"바보 같다는 게 나만의 고유함이 아닐까"〉, 『씨네21』, 2000년 2월 1일, 37면.
24) Michael Henry-팀 버튼 인터뷰, 〈"드러나는 것을 믿을 필요는 없다"〉, 『키노』, 1997년 4월호, 185쪽.

하지 않아도 난 그냥 그 캐릭터들이 이해된다. 그들과 나를 동일시하는 거다. 나는 로맨틱한 드라마를 만들지 못한다. 그런 건 할 수도 없고 하고 싶지도 않다. 난 기이한 캐릭터들을 좋아한다. 누구보다 그런 인물에 대한 영화를 만드는 게 쉽다. 더 재미있기도 하고. 기이한 사람들은 정상적인 사람들과 똑같은 규칙을 따르지 않는다. 오직 그들에게만 가능한, 그렇지만 기이하다고 할 수밖에 없는 자유가 있다. 그런 주제는 정말 매력적이다.[25]

 이같이 기괴하고 음울하지만 독특한 매력을 가지고 있는 팀 버튼의 영화들은 때론 대중들에게 사랑받기도 하고 외면받기도 했다. 그러나 팀 버튼은 이에 아랑곳하지 않고 그 동안 자신만의 스타일로 영화를 만들어왔다. 그리고 앞으로도 그의 창작열은 멈추지 않을 듯싶다.

 영화를 만든다는 것은 항상 마법사가 자신의 정열을 쏟아붓는 것과 같다. 우리들이 영화를 만들 때는 프랑켄슈타인 박사와 같은 광기와 정열을 가지고 일을 하는 것이 사실이다. 또 영화를 만들 때는 무엇이 만들어질 것인지 결코 알지 못한다. 그것은 아름다운 일이다. 영화에 담고자 하는 어떤 아이디어를 가지고 미친 듯이 일을 한다. 그것은 천재적인 작업이다. 그리고 그것은 결국 무엇이 될지 잘 알지 못하지만 갖가지 기묘한 요소들을 모두 조합하는 것이다.[26] 　　　　　　　　　　　　최을영

---

25) 이유란, 〈팀 버튼 인터뷰-"바보 같다는 게 나만의 고유함이 아닐까"〉, 『씨네21』, 2000년 2월 1일, 37면.
26) Michel Ciment-팀 버튼 인터뷰, 〈B급 영화 만세!〉, 『키노』, 1996년 10월호, 41~42쪽.

스티브 케이스
Case, Steve

2000년 1월 10일, 세계 최대의 인터넷 서비스 업체인 아메리칸 온라인(AOL)과 세계 최대의 종합 미디어 기업인 타임워너의 합병이 발표되었다. 합병이 발표된 기자회견장에서 미디어계의 거물인 제라드 레빈과 어깨를 나란히 한 인물은 나스닥 상장 8년 만에 아메리칸 온라인을 세계 최대의 인터넷 서비스 업체로 이끈 42살의 스티브 케이스였다.

20세기 미디어와 21세기 미디어의 첫 번째 합병으로 기록된 이 '사건'은 21세기 인터넷과 미디어 산업에 대한 다양한 분석을 동반하고 있다. 21세기 미디어가 20세기 미디어를 '집어삼킨' 세기의 사건이라는 등, 21세기 미디어인 인터넷의 완벽한 승리라는 등의 평가가 쏟아졌다.[1]

---

1) 하창섭, 〈인터넷과 미디어의 화려한 결혼, 해로할까〉, 『시사저널』, 2000년 1월 27일, 48면.

하지만 이들의 합병은 미국 소비자 단체와 미 의회의 제동으로 당분간 난항을 겪을 것으로 보인다. 우선 미국의 몇몇 소비자 단체들이 두 회사의 합병으로 인한 독점 형성에 대해 우려를 표하며 강력한 반대의사를 표명했다. 또 이에 뒤질세라 미 의회도 두 회사의 합병에 대한 법적 규제 장치가 미흡한 상황이므로 이들의 합병승인을 유보하겠다고 발표했기 때문이다.[2]

스티브 케이스는 1958년 8월 21일 하와이 제도 중의 하나인 오아후(Oahu)섬의 윌리암스 타운에서 태어났다. 케이스는 6살 때부터 형인 대니얼(現 투자은행 햄브레흐트&퀴스트의 최고 경영자)과 함께 가판대에서 2센트짜리 주스를 팔고, 신문배달을 시작했다. 주스를 2센트에 팔았던 이유는 5센트를 내는 어른들이 거스름돈을 받지 않을 것이라는 생각에서였다. 그는 이처럼 어렸을 때부터 뛰어난 장사 수완을 보였을 정도로 마케팅 분야에 관심이 많았다. 케이스는 이를 확장해서 10대 때는 'Aloha Sales Agency'라는 작은 '기업'의 창업주가 되기도 했다.[3] "나는 날 때부터 기업가였다"고 말해 왔던 그의 탁월한 사업감각은 그렇게 어렸을 적부터 발휘됐다.[4]

푸나호우(Punahou) 스쿨 재학 시절, 학교 신문사 편집장을 지냈던 그는 학보에 게재할 음반 비평을 썼는데, 수입 면에서는 신통치 않았지만 이 경력은 그가 대학에서 음악회를 기획하고 주관하는 데 많은 도움이 되었다. 푸나호우(Punahou) 스쿨을 졸업한 케이스는, 변호사였던 아버지의 모교인, 메사추세츠주의 윌리엄스대학 정치학과에 입학했다. 정치학이야말로 "마케팅과 가장 가까운 분야"라고 생각했기 때문이었다.[5] 대학 시절 케이스는 오

---

2) 최철호, 〈AOL·타임워너 합병에 '제동'〉, 『대한매일』, 2000년 3월 2일, 8면.
3) 최기수, 〈제휴·연합능력 탁월한 '인터넷 혁명의 조직가'〉, 『한국일보』, 2000년 1월 12일, 11면.
4) 김영훈, 〈인터넷을 TV켜듯 쉽게 … 1,700만 고객 잡았다〉, 『중앙일보』, 1999년 3월 9일, 10면.

락 서클에 가입해 캠퍼스 음악회를 기획했고 대학 밴드의 앨범 제작에도 참여했다. 또 더 더(The The)와 더 밴즈(The Vanse)라는 두 개의 뉴 웨이브 락 밴드에서 싱어를 담당하기도 했다.

1980년 대학을 졸업한 케이스는 영화전문 케이블 채널인 HBO에 입사원서를 냈다가 퇴짜맞은 뒤, 생활용품 업체인 '프록터&갬블'에 입사해 헤어컨디셔너와 집에서 손쉽게 퍼머를 할 수 있는 용품 등을 판매하는 마케팅 업무를 담당했다.[6] 그리고 82년에는 직장을 펩시콜라의 자매업체인 핏자헛으로 옮겨 핏자 위에 올릴 토핑을 연구하는 일과 새로 개발된 핏자를 시식하는 일 등을 담당했다. 핏자헛에 근무하면서 신상품 개발을 위해 미국 여행을 하는 동안 케이스는 초창기 인터넷 서비스 업체인 '더 소스'에 접속함으로써 처음 컴퓨터와 인연을 맺었다. 대학 재학 시절, 컴퓨터 과목을 가장 싫어했던 그였지만 거세지는 정보화의 물결에 대응하기 위해서는 컴퓨터를 가까이 할 수밖에 없었던 것이다.

컴퓨터와 동떨어진 사업을 하던 그는 1983년, 형 대니얼과 함께 라스베가스에서 열린 전자제품 전시쇼에 참석했다가, 비디오게임 소프트웨어를 개발하는 회사인 '컨트롤 비디오'를 알게 되었다. 이 자리에서 그의 형은 케이스를 '컨트롤 비디오'의 최고 경영주였던 짐 킴제이(Jim Kimsey)에게 소개시켰다. 당시 '컨트롤 비디오'는 심각한 경영난에 봉착해 있었다. 케이스가 이 회사에 취직한 지 2년 만에 '컨트롤 비디오'는 결국 부도를 막지 못하고 파산했다. 회사가 망한 뒤 케이스는 짐 킴제이와 함께 비디오게임 소프트웨어를 생산하던 회사의 업종을 바꿔 인터넷 서비스업을 전문으로 하는 '퀀텀

---

5) 『Current Biography』(1996).
6) 〈마케팅 귀재 미디어계 우뚝〉, 『한겨레』, 2000년 1월 12일, 10면.

서비스'를 설립했다. 회사를 창업한 뒤 케이스는, 누구나 쉽게 사용할 수 있는 인터넷을 구현하기 위해, 인터넷 사용시 매번 문자를 입력해야 했던 명령 방식을 버리고 초보자도 쉽게 사용 방법을 익힐 수 있도록 인터넷 배경화면에 큼직한 아이콘을 삽입했다.

1987년 케이스는 '퀀텀 서비스'가 애플 컴퓨터사(社)의 컴퓨터를 통해 자사의 온라인 서비스를 제공할 수 있는 협정을 맺었다. 또한 같은 해 케이스는 이와 유사한 거래를 '텐디 컴퓨터'와 'IBM'과도 체결했다. 그럼에도 초기 인터넷 서비스 업체 중 '퀀텀 서비스'가 가지고 있는 지위는 미미한 정도였다.

1991년 10월 케이스는 회사의 이미지를 쇄신(刷新)하기 위해 업종에 맞는 새 이름을 공모했는데, 후보로 올라온 '크로스로드', '익스플로러', '퀀텀 2000', '인피니티'라는 이름 대신에 자신이 제안했던 아메리칸 온라인(AOL)을 채택했다. 기업의 이름은 누구나가 쉽게 기억할 수 있어야 한다는 이유에서였다.[7] 하지만 회사 설립 초기 케이스는 재정 문제로 고심해야만 했다. 그런 그에게 91년 '컴퓨서브'가 5천만 달러에 회사를 인수할 것을 제의해 왔다. 하지만 케이스는 '컴퓨서브'의 제안을 과감하게 거절했다. 그리고 재정 문제를 해결하기 위해, 이듬해 3월 기업의 주식을 공개해 1주당 1.84달러씩 총 6천6백만 달러의 자본금을 확보함으로써 인수당할 위기를 넘겼다.[8]

1993년 그는 AOL의 주주로 마이크로소프트의 공동 창업자인 폴 앨런으로부터 경영권 위협을 받았다. 위기상황을 해결하기 위해 그는 MS사(社)의

---

7) 〈내 희망은 세상을 변화시키는 것〉, 『시사저널』, 2000년 1월 27일, 49면.
8) 맹경환, 〈'차세대 혁명' 이끌 인터넷 기수〉, 『국민일보』, 2000년 1월 12일, 8면.

빌 게이츠에게 도움을 청했다. 급한 불을 끄기 위한 것이었지만, 그러나 그것은 어리석은 행위였다. 케이스는 빌 게이츠[9]로부터 "당신 회사의 주식 20%, 아니 전부를 매입할 수도 있다. 또 경쟁사를 만들어 당신을 매장할 수도 있다"는 말만 듣고 돌아서야 했던 것이다.[10] 이 같은 상황에서 케이스는 'MTV'라는 상표의 개발자로 유명한 로버트 피트만을 광고책임 담당자로 영입하고 공격적인 홍보 전략을 기획했다. 광고 개발팀과 함께 케이스는 접속 디스켓 표지에 "우리는 평화롭게 다가갑니다. 저항해도 소용없습니다"라는 문구를 삽입했다.[11] 그리고 AOL의 인터넷 접속 디스켓을 유나이티드 항공사 비행기의 기내식과 오마하 스테이그 식당의 배달 음식, 편의점 등에서 파는 일상 용품마다 끼워 넣고, 야구장의 의자에도 깔아 놓았다. 케이스는 AOL 홍보전략으로 "어디서나 AOL을"이라는 구호 아래 인터넷 접속 디스켓을 때와 장소를 가리지 않고 사람들이 많이 모이는 곳에 무상으로 배포했던 것이다.[12] 케이스의 이 같은 공격적 홍보 전략은 후일 '마케팅의 교과서'로 자리잡을 만큼 유명해졌다.[13]

이 같은 노력으로 1994년 1백만 명이었던 가입자 수는 1년 뒤 3백만 명으로 늘어났다. 그러나 갑작스런 회원수의 폭등으로 인한 서버의 용량 부족으로 접속 실패율이 증가하자 사람들은 비아냥거리는 투로 AOL(American Online)을 'AOH(American On Hold)'라고 부르기도 했다.[14] 접속 불량으

---

9) 빌 게이츠에 대해서는 강준만, 〈빌 게이츠: 탐욕으로 이룬 신화?〉, 송기도·강준만 외 지음, 『권력과 리더십 2』(인물과사상사, 1999)를 참고하십시오.
10) 이희성, 〈라이벌 게이츠-케이스 최후의 승자는 누구냐〉, 『동아일보』, 2000년 1월 19일, A9면.
11) http://www.esic.co.kr/contents/sitelink/마케팅001.htm.
12) Chris Taylor, 〈Broadband on Trial〉, 『Times』, June 7, 1999, p.43.
13) 경제산업연구회, 〈AOL 회장 스티브 케이스〉, 『2021 테크노파워』(청양, 2000), 76쪽.
14) 김의구, 〈AOL 다음 상대는 미디어 재벌 월트 디즈니〉, 『국민일보』, 1998년 12월 3일, 25면.

로 인해 AOL의 서비스에 대한 비난이 쏟아지자, 케이스는 96년 10월, 19.95달러씩의 월정액 요금제를 실시하고 과감한 시설 투자를 했다.[15] 이후 AOL의 가입자 수는 증가하기 시작해 96년 6백여만 명이던 회원수는 98년 1천2백만 명으로 늘어났고, 총 매출액도 96년 11억 달러에서 98년 26억 달러로 증가했다.[16]

1996년부터 가속화된 AOL의 고속 성장은 이후 끊임없이 상승세를 탔다. 케이스는 96년 2월 경쟁 업체이던 넷스케이프 그리고 선마이크로 시스템과 잇따라 제휴협정을 맺은 뒤, 98년 11월 이들과 합병했다. 말이 합병이지 사실상 AOL이 넷스케이프와 선마이크로 시스템을 매수한 것이나 다름이 없었다.[17] 케이스는 전 세계적으로 5천여만 명에 이르는 이용자를 확보하고 있는 넷스케이프사(社)와, 운영체제와 상관없이 어떤 컴퓨터에서도 작동 가능한 자바(JAVA) 소프트웨어를 제공하는 선마이크로 시스템사(社)와의 합병으로 부족한 컨텐츠(정보, 뉴스, 오락물)와 기술 문제를 해결할 수 있게 되었다. 이들의 합병을 바라본 미국의 많은 경제 전문가들은, 케이스가 그 동안 MS사(社)의 인터넷 브라우저인 익스플로러와 경쟁 관계에 있던 넷스케이프를 인수함으로써 AOL과 MS의 본격적인 경쟁의 막이 올랐다며, 케이스를 '반MS 세력의 지도자'로 점찍었다.[18] 합병으로 인한 AOL의 무궁한 가능성에 대해 케이스는 다음과 같이 말했다.

    이 사업은 특정인들이 아닌 주로 일반 소비자들을 우리의 고객으로 만

---

15) 『Current Biography』(1996).
16) 김의구, 〈AOL 다음 상대는 미디어 재벌 월트 디즈니〉, 『국민일보』, 1998년 12월 3일, 25면.
17) James Sandberg, 〈컴퓨터 통신 업계의 대란〉, 『뉴스위크』(한국판), 1998년 12월 9일, 58면.
18) 김의구, 〈스티브 케이스 '컴퓨터 제왕' 권좌에 오르다〉, 『국민일보』, 1998년 12월 3일, 25면.

들기 위한 것입니다. 만일 수백만의 사람들이 여러분의 서비스를 이용한다면, 여러분은 곧 신뢰를 받는다는 것이고 그들이 기술 제공자이건 콘텐트 제공자이건 상관없이 많은 회사들에게 엄청난 이득을 주는 계기를 마련하는 것입니다. 기업가들은 가능하다면 가장 폭넓은 고객을 붙잡고 싶어하는데, 아메리카 온라인사(社)는 그것이 가능합니다. 많은 회사들이 심지어 우리와 경쟁 관계에 있는 회사들까지도 우리와 손잡기를 원합니다.[19]

AOL은 1996년 10월에는 변칙 회계 작성으로 3억8천5백만 달러의 벌금을 물었다. 케이스의 사업이 늘 정도(正道)만 걸어온 것은 아니었다는 것을 보여주는 대목이다. 그러나 그는 미국 사업계 내에서 "냉철하고 합의를 중시한다"는 비교적 긍정적인 평가를 받고 있다.[20]

1992년 처음 주식시장에 상장된 이후, AOL은 2000년 현재 종업원 1만 2천여 명, 회원수 2천2백여만 명을 거느리고 있고, 자산가치가 1천6백억 달러에 이른다. 이제 종합 미디어 기업인 타임워너와 합병으로 AOL의 자산가치는 3천5백억 달러에 이를 것으로 추산돼, 미국 내에서 마이크로소프트 (5천8백억 달러), 제너럴 일렉트릭(4천9백억 달러), 시스코 시스템(3천6백억 달러)에 이어 네 번째 기업으로 꼽히고 있다.[21]

케이스는 세계 최고의 인터넷 서비스 업체의 사장처럼 보이지 않는 캐주

---

19) 존 브록만, 〈정치가: 스티브 케이스〉, 『디지털 시대의 파워 엘리트』(황금가지, 1999), 111쪽에서 재인용.
20) 최기수, 〈제휴·연합능력 탁월한 '인터넷 혁명'의 조직가〉, 『한국일보』, 2000년 1월 12일, 11면.
21) 하창섭, 〈인터넷과 미디어의 화려한 결혼, 해로할까〉, 『시사저널』, 2000년 1월 27일, 46면.

얼한 복장을 즐긴다고 한다. 그 덕분에 1996년 캐주얼 의류 업체인 'Gap' 의 바지모델을 하기도 했다.

자신의 "희망"을 "돈 버는 데 있는 것이 아니라 세상을 변화시키는 데 있" 다고 말하는 케이스는 1998년 『타임』지(紙)가 선정한 '98년 최고의 경영자', 같은 해 『포춘』지(紙)가 선정한 '인터넷 젊은 기업인'으로 뽑혔다.[22] 그는 윌리엄스대학 시절에 만난 조안과 결혼해 3자녀를 두었으나 96년 이혼하고, 같은 해 AOL의 간부였던, 잔 빌라누에바와 재혼했다.[23]   신은정

---

22) 김영훈, 〈인터넷을 TV켜듯 쉽게 … 1,700만 고객 잡았다〉, 『중앙일보』, 1999년 3월 9일, 10면.
23) 〈"내 희망은 세상을 변화시키는 것"〉, 『시사저널』, 2000년 1월 27일, 49면.

빌 코스비
Cosby, Bill

2000년을 맞아 각 방송사에서 방송사의 얼굴이라고 할 수 있는 뉴스 프로그램에 많은 돈을 투자하며 무언가 새로운 것을 보여주려고 애를 쓰고 있다. 하지만 시청자를 사로잡기 위한 이러한 뉴스 프로그램의 변화에도 불구하고 실제 시청률 조사를 보면 그 의도와는 달리 뉴스 프로그램의 시청률은 점점 하락하는 양상을 보이고 있다. 이에 가장 큰 원인으로 뽑히는 것이 9시 뉴스 시간대에 방송되는 SBS의 시트콤(Situation Comedy) 『순풍 산부인과』다. 『순풍 산부인과』가 20%대의 시청률을 확보하고 있는 반면 뉴스 프로그램들은 15%대를 맴돌고 있는 것이다.[1] 이러한 『순풍 산부인과』의 인기에 힘입어 다른 방송사에서도 시트콤에 관심을 기울

---

1) 편완식, 〈SBS 순풍산부인과, KBS·MBC 9시 뉴스 제압〉, 『세계일보』, 2000년 1월 18일, 17면.

이기 시작하여 많은 시트콤들이 신설되었고 인터넷에서도 시트콤 바람이 불고 있다. 시트콤은 제작비가 적게 들면서도 많은 시청률을 올릴 수 있는 장점을 지니고 있어 더욱 많이 증가되는 추세이다.

이렇게 인기 상한가인 시트콤의 역사는 결코 짧지 않지만, 그것이 우리에게 더욱 친숙하게 된 데에는 국내에서 방영된 바 있는 미국의 시트콤 『코스비 가족』이 적잖은 기여를 하였다. 『코스비 가족』은 미국 코미디의 황제 빌 코스비가 한 가족의 가장으로 출연하여 미국의 가족이 잃어가고 있는 가족의 가치를 코믹하게 보여준 작품이다. 극 중 코스비는 의사로 분해 변호사 아내와 1남 4녀의 가정을 이끌어 가는 이야기를 보여주었다.

이 시트콤은 미국 TV프로그램 역사상 가장 인기 있는 프로그램으로 코스비는 이 한 편으로 텔레비전의 최고 스타일뿐 아니라 미국의 최고 스타라는 평가를 받는 영예를 안았다. 또한 미국에서 아버지날을 맞아 미 전국의 9만 명을 상대로 실시한 여론조사에서 드라마 등장 인물 중 가장 이상적인 아버지 상으로 코스비가 1위로 뽑히기도 했다.[2]

코스비는 그러한 방송 생활 이외에도 끊임없는 자기 계발을 통해 집필가, 연출가, 작사가, 영화배우, 음악가 등 많은 활동을 했고, 1972년부터 매사추세츠대학에서 교육학 박사과정을 밟아 교육학 박사로서의 활동을 하기도 한다.

빌 코스비의 본명은 윌리엄 헨리 코스비 주니어(William Henry Cosby Jr.)이다. 그는 1937년 7월 12일 북부 필라델피아에 위치한 독일인 거주지역에서 윌리엄 헨리 코스비(William Henry Cosby)와 안나 필 코스비(Anna

---

[2] http://www.joins.com/LA/199706/17_02htm

Peal Cosby) 사이에서 태어났다. 그는 성장 기간 동안 어머니의 지극한 정성 속에서 자라났다. 그의 아버지는 해군 취사장으로서 항상 바쁜 생활을 해 한 달에 몇 번밖에 집에 들어오지 못했다. 이에 코스비의 어머니는 아버지의 역할까지 하며 코스비가 슬럼가의 다른 아이들과 같이 문란한 생활을 하지 않도록 자녀교육에 많은 신경을 기울였다. 그 속에서 그는 별 탈 없이 성장할 수 있었고 그 자신도 자신의 성공비결로 어머니의 가르침을 강조하곤 한다.[3]

어머니의 따뜻한 보호를 받으며 밝은 성격으로 자란 코스비는 어렸을 때부터 코미디언의 자질을 보였다. 그가 6학년 때 담임 선생님은 그에게 영특하지만 공부보다는 '어릿광대 짓'이 더 잘 어울린다고 평가를 하기도 했다.[4]

코스비는 머리가 뛰어났고 그 덕에 좋은 고등학교에 들어갈 수 있었다. 그러나 경제적 어려움은 그로 하여금 공부에 흥미를 가질 수 없게 만들었다. 코스비 가족은 그의 어머니가 하루 14시간이 넘게 가정부 일을 해서 벌어들이는 수입에 의존해야 했기 때문에 항상 경제적인 어려움에 시달렸고 큰아들인 그는 아버지의 자리를 대신해야 했다. 그는 식품가게와 약국에서 일을 하며 당장의 생계비를 벌었고 남는 시간에는 야구와 미식축구를 즐겼다. 점점 공부에서 멀어진 그는 학교를 두 번이나 도중하차했고 결국 10학년 때 학교를 그만두었다.

학교를 중퇴하고 구두 수리공으로 일하며 돈을 벌던 그는 1956년 해군에 입대한다. 그는 군에서 물리요법을 배워 군 생활 동안 베데스다 해군병원에서 근무했고 뉴펀들랜드에서 통신교육과정을 밟기도 했다. 1961년 해군 임

---
3) 엘자 앤드 데이비드 혼피셔, 박미숙 역, 『자녀를 성공시킨 어머니들』(금토, 1997), 219쪽.
4) 『Current Biography』(1996).

무를 마친 그는 필라델피아에 위치한 Temple대학 체육학과에 입학한다. 장학금을 받아 학비를 마련하며 학교 생활을 하던 코스비는 대학 2학년 때 코미디언으로서의 길을 걷기 위해 학교를 그만두고 밤업소에서 코미디를 펼친다. 그 당시 같이 활동하던 친구 중에는 현재 영화감독으로 널리 알려진 우디 앨런[5]이 있다. 전국을 돌며 코미디를 펼치던 그는 1965년 Johnny Carson이 나오는 『Tonight Show』에서 배역을 맡음으로써 처음으로 방송에 출연한다.

이 방송에서 그는 천부적인 코미디언의 소질을 보임으로써 『Tonight Show』의 연출자와 전직 배우 Sheldon Leonard의 눈에 띄었다. 그리고 이들의 도움을 얻어 같은 해 NBC TV의 『I Spy』이라는 첩보물에서 주연을 맡게 된다. 이 프로는 1965년 9월 15일 첫 편을 시작해서 68년 막을 내리기까지 백인사회에 흑인들의 인상을 긍정적으로 바꾸는 데 많은 영향을 미쳤다. 비평가들은 『I Spy』에서 코스비가 맡은 배역에 대해 텔레비전에서 '흑인이 맡은 배역 역사상 가장 중요한 역할이었다' 는 평가를 내리기도 했다.[6] 또한 이 드라마로 인해 코스비는 66~68년까지 3년에 걸쳐 에미상을 수상했고 69년 『Cosby Special』로 네 번째 에미상을 수상했다.

코스비는 같은 해 9월, 1971년까지 방송된 NBC TV 『빌 코스비 쇼』를 맡게 된다. 『빌 코스비 쇼』는 여러 가지 코너들로 이루어졌는데 특히 고등학교에서 발생하는 일을 따뜻하고 코믹하게 다룬 코너가 많은 인기를 얻었다. 이 코너에서 LA에 위치한 가상의 고등학교를 무대로 체육교사 역을 맡은 코스비는 유머와 함께 다른 이를 도와주는 따뜻한 마음을 보여주었다. 이것

---

5) 우디 앨런에 대해서는 『시사인물사전 3』을 참고하십시오.
6) 『Current Biography』(1996).

은 기존의 흑인에 대한 백인의 편견을 없애는 데 많은 공헌을 했다는 평가를 받았는데 이를 통해 코스비는 빈민촌이라는 흑인의 세계와 중·상류층이라는 백인의 세계, 두 세계 모두를 포용하는 교육받은 흑인의 이미지를 가지게 되었다.[7]

그러나 이것은 미국 사회에 뿌리 깊게 박혀 있는 인종문제의 본질을 건드린 것이라고 보긴 힘들 것이다. 그 쇼를 통해 코스비가 얻게 된 이미지는 어디까지나 백인의 시각에서 서술된, 그것도 지극히 개인적인 것에 불과했다고 보는 것이 정확할 것이다. 다시 말해 백인들은 '성공한 흑인'을 내세워 흑인들에게 대리 만족감을 주고자 했던 것에 다름 아니었을 것이란 말이다. 그러나 그러한 코스비의 배역에 대한 인종적 시각에 따른 엇갈린 평가를 떠나, 이 쇼에서 코스비는 단순한 코미디언뿐만이 아니라 연출과 감독을 맡음으로써 그의 역량을 맘껏 발휘했다.

1971년 코스비는 『I Spy』에서 한 팀을 이룬 배우 Robert Culp가 메가폰을 잡은 영화 『Hickey and Boggs』에 출연하여 인기를 끌었으나 비평가들로부터 지나친 폭력성을 비판받았다. 72년 2월에는 코스비가 직접 글을 쓴 CBS TV의 『To All My Friend on Shore』라는 단편 드라마에 출연하여 아들을 위해 희생하는 아버지 역을 맡음으로써 또다시 에미상을 수상했다. 72년 9월 TV에 복귀한 코스비는 코미디 버라이어티 쇼인 『코스비 쇼』를 맡았지만 곧 시청률의 저조로 인해 이 프로는 금방 문을 닫았다. 그 후 코스비는 어린이 TV 프로에 고정 게스트로 출연하며 많은 광고를 찍음으로써 70년대 상업광고시대를 풍미했다. 그러나 그가 찍은 광고들은 평소 그의

---

7) 『Current Biography』(1996).

편안하고 따뜻한 이미지와는 다른 것들이 많았고 이로 인해 비판을 받기도 했다. 74년 코스비가 출연한 두 번째 영화 『Uptown Saturday Night』는 비평가들에게 혹평을 받았으나 흥행에는 성공을 했고 코스비는 세 번째 영화 『Let's Do It Again』에 출연하면서 흥행과 비평 모두 좋은 성과를 거뒀다.. 그 후에도 코스비는 『Mother, Jugs and Speed』 등을 비롯한 많은 영화에 출연했으나 주목받은 작품은 없었다. 그는 이러한 바쁜 와중에도 72년부터 매사추세츠대학에서 공부하여 77년 교육학 박사학위를 받았다.

1970년대 말부터 1980년대 초까지 코스비가 출연하는 영화들이 별반 성공을 거두지 못하며 그의 인기가 식어가고 있다고 생각될 즈음인 1984년 9월 NBC TV의 30분짜리 시트콤 『빌 코스비 쇼』[8]에 출연함으로써 그는 제 2의 전성기를 맞이했다. 한국에 『코스비 가족』으로 알려진 이 프로그램은 미국 TV 프로그램 역사상 가장 인기 있는 코미디물이었는데 1주일에 약 6억 명의 시청자가 이 프로를 시청한 것으로 알려졌다.[9]

NBC는 처음으로 『빌 코스비 쇼』의 성공에 힘입어 시청률 경쟁에서 1위로 올라섰다. 『빌 코스비 쇼』는 높은 시청률과 함께 재방영 등을 통해 보기 드물게 장수한 프로그램이라는 측면에서 매우 놀라운 것이었다. 『빌 코스비 쇼』는 NBC TV의 다른 프로에도 영향을 미쳐 1983년에는 NBC 네트워크의 31개 방송국만이 시장에서 선두를 달렸으나 85년에는 1백 개 이상의 방송국을 선두의 자리에 올려놓았다.[10]

---

8) 1984년의 『빌 코스비 쇼』는 『코스비 가족』으로 알려진 시트콤으로 71년 NBC TV의 『빌 코스비 쇼』와는 다르다. 빌 코스비는 자신의 이름을 내세우며 많은 프로그램을 했기에 『빌 코스비 쇼』라는 이름을 가진 프로그램이 CBS TV에도 있었다.
9) 『Current Biography』(1996).
10) http://prome.snu.ac.kr/~news/home/neo.html

또한 미국 내의 한 흑인 가족을 통해서 퇴색하기만 하는 미국 가족의 가치를 보여줬다는 평가를 받으며 이를 제작, 주연한 코스비에게는 1985년 에미상, 골든 글로브상과 함께 88년을 제외하고 86년부터 91년까지 '세계 고소득 연예인 1위'의 자리를 안겨주기도 했다.[11] 이 쇼에서 코스비는 스타 배우에 그치지 않고 공동 연출가이자 주제 음악을 작곡한 작곡가의 역할을 하기도 했다.

코스비는 자신이 실제 경험한 가족간의 이야기들을 기반으로 푸근하고 편안한 코미디를 펼쳤으며 폭력이나 성적인 농담은 하지 않았다. 또한 코스비는 인종에 관한 농담도 전혀 하지 않았고 흑인의 삶을 다루는 다큐멘터리에서 나레이터를 맡기도 하는 등 인종문제가 가볍게 다뤄지지 않도록 했다. 『빌 코스비 쇼』에서도 그는 자신의 이미지를 그대로 유지하며 이상적인 아버지의 역할을 훌륭히 소화해 90년대 초반까지 『빌 코스비 쇼』로 돈과 인기를 끌어 모았다.

코스비는 아내 카밀(Camille)과 1남 4녀 에니스(Ennis), 에리카(Erika), 에린(Erinn), 에빈(Evinn), 엔사(Ensa)를 두었다. 아이들 이름은 코스비가 지어주었는데 첫글자 "E"는 "Excellence"에서 따온 것이다. 코스비 가족은 『빌 코스비 쇼』 못지 않은 화목함을 자랑했는데 코스비는 가능한 언론에 가정을 노출시키기 꺼려했다. 그러나 그의 가정에 불운이 닥치면서 미국 내의 모범 가정으로 꼽히던 그의 가정은 조금씩 금이 가기 시작했다.

그에게 닥친 불운은 그의 아들 에니스의 죽음으로 시작되었다. 그의 아들 에니스는 1997년 1월 16일 샌디에이고 고속도로에서 자동차의 타이어를 갈

---

11) 권재현, 〈'불륜의 대가' 톡톡히 치르는 '美코미디 황제'〉, 『NEWS+』, 1997년 7월 31일, 106면.

아 끼우던 중 누군가에 의해 피살되었다. 코스비의 외아들 에니스의 죽음은 그를 좌절시켰고 그는 한동안 방송을 비롯한 모든 일을 쉬며 아들의 살인자를 찾으려고 많은 현상금을 걸기도 했는데 찾은 범인은 우크라이나 이민자였다. 그는 아들을 잃은 아픔을 승화시켜 『Hello, Friend Bill Cosby』라는 음반을 냈다. 아들이 가는 길을 기쁘게 만들기 위해서 아름답게 채색되어진 음악을 만든 빌 코스비의 노력이 엿보이는 작품이다.[12]

슬픔에 젖어 있던 코스비는 아들이 죽은 지 한 달 후 재기무대를 가졌다. 그는 이 무대에서 관중들에게 "아들을 잃은 슬픔을 참는데 별로 힘들지 않았습니다. 왜냐구요? 제 삶의 한 부분은 여러분들의 것이기 때문입니다"라고 말해 관중들의 기립박수를 받았다. 무대에서 공연을 하면서 코스비는 아들을 잃은 슬픔을 달랬고 관중들은 그의 아픔을 함께 했다.[13]

그러나 그의 불운은 여기서 그치지 않았다. 아들이 죽은 지 6개월 만인 1997년 7월 CBS의 새 시트콤을 준비하고 있던 빌 코스비에게 그의 딸임을 자처한 여성이 나타났고 빌 코스비는 그 여성을 공갈과 명예훼손 혐의로 고소했다. 체포된 여성은 오톰 잭슨(22)이라는 여성이었다. 이 사건의 개요는 대략 다음과 같다. 코스비는 20여 년 전 자신의 팬이라는 한 여성과 하룻밤을 지냈고 그 뒤 1년 후 자신의 딸이라며 여자 아기의 사진이 배달되었다. 그때부터 지금까지 코스비에게 계속 생활비와 학비청구서가 날아들었고 급기야 20대가 된 딸이라는 여자가 4천만 달러를 내놓으라며 협박편지를 보냈는데, 그 여자가 바로 오톰 잭슨인 것이다. 코스비는 자신의 외도 사실이 알려질까 두려워 지난 22년간 10만 달러를 보내줬다고 말했다.[14] 그는 자신의

---

12) http://www.iworld.net/COOL/JAZZBar/albumreview/cosby.htm
13) 김승웅, 〈코스비 재기무대 … 관중 기립박수〉, 『문화일보』, 1997년 2월 4일, 8면.

외도를 시인했으며 이 사건으로 말미암아 지금까지 스캔들 없이 모범적인 태도를 보여온 코스비에 대한 사람들의 실망은 적지 않았고 그의 도덕성이 의심받기 시작했다. 그러나 20여 년 간 정신적 고통을 받아온 그를 동정하는 사람들도 적지 않았다.

1999년 1월 제25회 국민의 선택 시상식에서 코스비는 "All-Time Favorite Television Star"상을 받음으로써 그의 불운이 끝나 가는 듯 보였다.[15] 그러나 그의 불운은 여기서 끝나지 않고 2000년에도 이어지고 있다. 2000년 3월 코스비가 성추행범으로 고소당한 것이다. 성추행범으로 코스비를 고소한 이는 코스비가 진행하는 TV쇼의 패널로 출연하는 신인여배우 레이첼 커빙턴(20)이었다. 커빙턴에 따르면 2000년 1월 코스비에게 식사 초대를 받아 그의 집으로 갔고 그때 그가 자신을 성추행 했다는 것이다. 그러나 이에 대해 코스비는 변호사를 통해 모든 진술이 거짓이라고 반박하며 자신은 아예 입을 다물고 있다.[16] 사건의 결론은 아직 나지 않았으나 사건의 사실여부를 떠나서 코스비의 명성에 큰 해를 끼치게 될 것은 뻔한 일이다.

이 사건이 코스비의 불운을 끝내줄지 아닐지는 알 수 없지만 그의 코믹 연기를 보고 싶어하는 많은 팬들에게 코스비가 취해야 할 행동은 진실을 제대로 밝혀 팬들이 그에게 주는 믿음에 어긋나지 않도록 행동하는 일일 것이다. 　　　　　　　　　　　　　　　　　　　　　　　　　　이 경 희

---

14) 이규민, 〈법정서 2시간 눈물고백〉, 『동아일보』, 1997년 7월 17일, 12면.
15) http://eworld.kobis.net/news/news_sandra0111.htm
16) 이경옥, 〈빌 코스비 파렴치범일까?〉, 『스포츠 서울』, 2000년 3월 11일, 31면.

칼리 피오리나
Fiorina, Carly

1999년 7월 19일, 컴퓨터 업체인 미국 휴렛 팩커드사(社)가 미국 다우30 기업[1] 중으로서는 처음으로 여성인 CEO(Chief Executive Officer; 최고 경영자)를 임명한다고 발표했다. 8백 대 1의 경쟁률을 뚫고 휴렛 팩커드사(社) 첫 여성 CEO로 임명된 이는 미국 통신업체 AT&T의 분사(分社)인 루슨트 테크놀로지의 글로벌 서비스 사업부문 사장직에 있던 45살의 칼리 피오리나였다. 기본급과 보너스, 스톡옵션 등을 합쳐 9천만 달러라는 파격적인 연봉도 주된 이슈였으나, 피오리나가 60년 역사를 자랑하는 세계 제2의 컴퓨터 업체로서, 보수적인 경영을 펴오던 휴렛 팩커드사(社)의 첫 여성 최고 경영자가 되었다는 사실은 금새 세간의 관심을 끌었다.

---

1) 미국 다우공업평균지수를 구성하는 우량 30대 기업.

이에 대해 그녀는 "내가 여자라는 점이 관심을 끌지는 모르지만 정말 중요한 것은 앞으로 내가 책임질 HP의 경영"이라며, 자신이 첫 여성 최고 경영자가 되었다는 사실 그 자체에 대한 세간의 관심을 그리 탐탁하게 생각하지 않았다. 그리고 "나를 여성이 아닌 최고 경영자로 지켜봐 달라"며 최고 경영자로서 자신감을 내비쳤다.[2]

피오리나가 휴렛 팩커드 최고 경영자로 임명된 99년 7월 19일, 그녀의 최고 경영인 취임을 축하라도 하듯 휴렛 팩커드의 주가는 2%가 상승한 116.25달러를 기록했다.[3]

칼리튼 피오리나로도 불리는 칼리 피오리나는 1954년 9월 6일 미국 텍사스주의 오스틴에서 태어났다. 칼리튼(Carleton)이라는 그녀의 이름은 미국의 독립전쟁에 참가했다가 전사한, 그녀 조상들의 성(性)인 칼리튼(Carleton)에서 따왔다.[4] 그녀의 아버지는 법학 교수와 텍사스주 연방법원의 판사였고, 그녀의 어머니는 화가 겸 사업가였다. 그녀의 어머니는 그녀가 긍정적인 사고방식을 갖도록 교육시켰고 피오리나는 그런 어머니에 대해 "그녀는 지금까지 내가 알아온 그 어떤 사람보다 강했다. 그녀에게는 누구도 막을 수 없는 열정이 있었다. 그녀는 내가 될 수 있는 한 가장 훌륭한 사람을 만들기 위해 열심히 일하셨다"고 회고했다.[5]

가족의 잦은 이사로 피오리나 역시 자주 학교를 옮겨야 했는데, 고등학교는 남아프리카 서부 공화국인 가나(Ghana)를 포함해 다섯 번이나 전학을

---

2) 하재식, 〈"여성 아닌 최고 경영자로 봐주세요"〉, 『중앙일보』, 1999년 7월 21일, 16면.
3) 윤재석, 〈미(美) 휴렛 팩커드 첫 여(女) 총수 탄생〉, 『국민일보』, 1999년 7월 21일, 8면.
4) 『Current Biography』, January, 2000, p.40.
5) 『Current Biography』, January, 2000, p.40.

다녔다.

피오리나는 1976년, 통신업체인 AT&T사(社)와 휴렛 팩커드사(社)에서 아르바이트를 하면서, 스탠포드대학에서 중세역사와 철학을 공부했다. 대학 졸업 후 그녀는 아버지의 뒤를 이어 법관이 되기 위해 UCLA 법대에 입학했다. 그러나 법학 수업이 자신의 적성과 맞지 않았던 그녀는 1학년을 마치고 학교를 그만두었다. 학교를 그만두고 그녀는 1, 2년 동안 방황했다. 이 시기에 그녀는 아무런 목적 의식도 없이 이탈리아로 가서 영어 강사 생활을 하기도 했다. 얼마 후, 다시 미국으로 돌아온 피오리나는 메릴랜드 주립대학에 입학해 79년 경영학 석사 학위를 받았으며 80년 메사추세츠주의 MIT에서 슬로운 스쿨 MBA 학위를 취득했다.

1980년 대학 졸업 후, 피오리나는 스탠포드대학 시절, 자신이 아르바이트를 했던 통신기기업체인 AT&T에 정식 사원이 되어 입사했다. 입사 초기 회사 일에 그다지 흥미를 느끼지 못했던 그녀는 회사를 곧 그만둘 생각을 하게 되었다. 그러나 그러한 생각도 잠시, 그녀는 곧 자신의 일에 흥미를 가지기 시작했다. 그녀는 자신의 업무를 위해서라면, 주로 남자들의 영역으로 인식되어 왔던 잦은 해외여행도 마다하지 않았다. 이 같은 일에 대한 그녀의 집념과 열성적인 노력은 곧 수직상승으로 이어져 그녀의 나이 35살이 되었을 때 여성으로서는 처음으로 AT&T의 임원이 되었다.[6]

그녀는 40살이 되던 1994년 애틀랜타와 캐나다 지사의 사장을 거쳐, 북미지역 총괄사장으로 임명되었다. 그리고 이듬해 그녀는 AT&T의 네트워크 시스템을 담당하는 글로벌 상업 마케팅 부문 사장으로 임명되었다. 피오

---

6) 『Current Biography』, January, 2000, p.41.

리나는 96년 AT&T와 Western Electric사(社), Bell Lab사(社)와의 합병 때 적임자로 발탁되었는데, 그녀는 놀라운 사업수완을 벌여 큰 성공을 거뒀다. 그녀의 이 같은 공에 힘입어 AT&T사(社)는 세계적 통신기기 판매업체로 급성장했다. 사업가로서 탁월한 능력을 갖춘 그녀에 대해 당시 루슨트사(社)의 CEO였던 리치 맥긴(Rich McGinn)은 "피오리나는 아주 똑똑하다"고 극찬을 아끼지 않았다.[7]

피오리나는 1997년 AT&T사(社)의 분사(分社)인 루슨트 글로벌 서비스 사업부 사장으로 임명되었다. 그녀의 지휘 아래 루슨트사(社)는 드라마틱한 성장을 이룩했다. 이 회사가 99년 7월까지 매년 2백억 달러 이상씩 벌어들인 수익은, 초기 루슨트사(社) 자본금의 60%를 상회하는 액수였다.

1998년 10월, 피오리나는 미국 경제전문지 『포춘』지(紙)가 선정한 미국 여성기업인 중에서 가장 영향력 있는 50인 중 1위로 뽑혔다. 선정 이유에 대해 『포춘』지(紙)는 "피오리나는 우리의 생활과 업무 방식의 변화를 가져온 통신 혁명이라는 사건의 중심에 있다"고 밝혔다.[8]

1999년 피오리나는 루슨트 테크놀로지 글로벌 서비스사(社)를 매출규모 2백억 달러를 자랑하는 통신기기 판매 부문 유수(有數) 업체로 성장시키는 데 주도적 역할을 하고, HP의 CEO가 되어, 회사를 떠났다. 그녀는 "루슨트사(社)를 떠나는 것은 매우 어려운 결정이었지만, 나에게 있어 이것은 일생에 한 번 뿐인 기회"라며 루슨트사(社)를 떠나는 아쉬운 마음을 접었다.[9]

1999년 7월 19일, 최고 경영자 임명 발표 후 피오리나는 곧바로 업무 파

---

7) 『Current Biography』, January, 2000, p. 42. 맥긴은 'wickedly smart'라는 표현을 썼다.
8) 『Current Biography』, January, 2000, p. 42.
9) 『Current Biography』, January, 2000, p. 42.

악에 들어갔다. 그리고 휴렛 팩커드의 이곳저곳으로 분산돼 있는 인터넷 서비스 부문의 업무를 한 곳에 결집시켜 놓을 인터넷과 전자 서비스 관련 계열사 설립을 기획했다. 그리고 여름이 끝나기 전, 피오리나는 인터넷 사업의 한 부분으로 인터넷과 전자 서비스를 담당할 E-service 업무의 기획안을 내놓았다.

피오리나는 최고 경영자 취임에 앞서 10월 28일, 이틀간의 일정으로 한국을 방문했다. 28일 피오리나는 서울 신라호텔에서 '21세기 정보화 전략과 글로벌 인터넷 비즈니스 전략'이라는 제목으로 강연회를 열었다. 한국은 1997년 10억2천만 달러의 매출을 올려 휴렛 팩커드 역사상 최단기 성장을 이룩한 곳으로서, 피오리나는 한국이 인터넷 시장으로서 큰 가능성을 가지고 있는 곳인 만큼 그에 걸맞게 한국에 대한 투자를 확대하겠다고 밝혔다.[10]

피오리나는 1999년 11월 30일부터 휴렛 팩커드사(社)에서 최고 경영자로서 첫 업무를 시작했다. 피오리나는 11월 15일에 열렸던 컴퓨터 관련 업체를 대상으로 하는 전시회인 99 가을 Comdex에 참석해 HP의 CEO 확정자로서 첫 기조연설을 가지며 좌중을 향해 다음과 같은 물음을 던졌다.

　　나는 회사가 급진적인 아이디어 문화를 조성하도록 하는 것이 나에게 위임된 권한이라고 믿는다. 당신 회사의 문화를 살펴보라. 그곳은 이단의 아이디어가 번창할 수 있도록 허락하는가? 그곳은 독창성을 장려하는가?[11]

---

10) 이원호, 〈"한국 인터넷 비즈니스에 투자 확대"〉, 『중앙일보』, 1999년 10월 29일, 35면.
11) 『Current Biography』, January, 2000, p. 43.

그리고 뒤이어 HP의 새 브랜드를 소개하며 "우리 회사는 발명자들이 설립하고, 그 발명에 의해 커온 회사이고, 새로운 시장에 펼쳐져 있는 기회를 잡을 수 있도록 우리들 스스로 발명에 정통한 사람들이 되어야 한다"고 역설했다.[12]

1999년 10월 미국 경제전문지 『포춘』지(紙)는 '미국에서 가장 영향력 있는 여성 기업인 50인'에, 98년에 이어 두 번째로, 피오리나를 1위로 선정했다.

피오리나는 전 남편과의 이혼 후, AT&T사(社)의 부사장이었던 프랭크와 1984년 결혼했으며 현재 프랭크와 전 부인과의 사이에 있던 두 딸과 그 아래로 손녀를 두고 있다. 사업가로서의 그녀의 성공 뒤에는 남편 프랭크의 훌륭한 외조가 뒷받침되었는데, 그녀의 남편은 결혼 후에도 피오리나가 집안 일에 얽매이지 않도록 직접 가사 일을 돌보았다. 98년 7월부터는 아예 부인을 돕기 위해 다니던 직장을 그만두고 '전업주부'로 집안 살림을 도맡아 하고 있다고 알려지고 있다.[13]

동료들 사이에서 그녀의 업무 스타일은 성실하면서도 매우 저돌적인 것으로 소문나 있다. 그런가 하면 부하 직원들에게는 매우 자상한 것으로 알려져 있다. 그녀는 자신의 부하 직원이 승진을 하거나 훌륭한 영업실적을 쌓을 때면 언제나 꽃이나 풍선 같은 것을 축하의 메시지와 함께 선물하곤 한다. 그들이 아플 때도 의학적인 조언이나 정신적으로 위안이 되는 말을 아끼지 않는다. 또 그녀는 직원들이 업무상의 일로 밤늦게까지 집에 가지 못하면 자신의 퇴근 시간도 그만큼 늦춘다.[14] 그러면서도 부하 직원들에게 직

---

12) 『Current Biography』, January, 2000, pp. 43~44.
13) 김태윤, 〈미(美) 기업 최고 경영자 세 여성의 '성공비결'〉, 『동아일보』, 1999년 7월 26일, B3면.

접적으로 칭찬은 하지 않는다. 그녀가 루슨트사(社)에 근무하던 시절, 그녀의 한 부하 직원은, "사장은 '아주 잘했어, 내가 도와줄 필요가 없겠군' 이라고 말하지 않았다. 대신에, '당신은 훌륭하군. 그런데 나는 당신이 지금보다 더 잘하길 원한다는 걸 알고 있어' 라고 말했었다"고 회고했다.[15]

전통적으로 보수적인 것으로 알려져 있는 다우30 기업 중의 하나인 HP의 첫 여성 CEO가 된 그녀의 성공비결은 무엇일까? 피오리나는 이렇게 말한다.

> 난 한번도 미래를 예측해 본 적이 없어요. 단지 현재 나에게 주어진 기회를 꽉 붙잡았을 뿐이죠.[16]

신은정

---

14) 『Current Biography』, January, 2000, p. 44.
15) 『Current Biography』, January, 2000, p. 44.
16) 이선기, 〈IT업계 최고의 여성 CEO〉, 『밀레니엄 리더』(청림출판, 1999), 120쪽에서 재인용.

어빙 고프만
Goffman, Erving

어빙 고프만은 1922년 캐나다에서 태어나 미국에서 활동하다가 1982년에 사망한 사회학자이다. 그가 지금 다시 떠들썩하게 논의되어지는 것도 아니거니와 특히 '미시적 분석'을 폄하하는 경향이 없지 않은 한국에선 별로 알려져 있지 않은 인물이다. 그러나 그가 역설했던 '인상관리(impression management)' 개념은 오늘날 현대인의 삶을 이해하는 데에 매우 날카로운 안목을 제공해준다. 그 어느 나라보다 더 대인관계(對人關係)가 중요한 한국 사회에서 고프만은 뒤늦게라도 각광을 받을 만한 가치가 있는 사회학자임에 틀림없다.

이 세상은 무대이며 모든 남자와 여자는 배우이다. 그들은 각자의 배역에 쫓아서 등장했다가는 퇴장하지만 사람은 한 평생동안 여러 가지 역

을 담당한다.[1]

셰익스피어의 말이다. 이 말을 "사회학의 주된 관점에서 파악하고자 하는 학자"가 바로 고프만인 것이다.[2] 그래서 그의 이론을 가리켜 흔히 '연극학적 이론'이라고도 한다. 그러나 우리의 실제 삶에서 우리, 특히 사회적 공인 (公人)들이 펼치는 연극은 진짜 연극보다 훨씬 더 계산적이거니와 음흉하기까지 하다. 어디까지가 인정할 수 있는 수준의 연기(演技)이고 어디서부터는 인정할 수 없는 연기(위선과 기만)인지, 이에 대한 탐구를 위해서도 고프만은 다시 불러내야 할 사회학자가 아닐까?

고프만은 1945년 캐나다 토론토대학에서 인류학과 사회학으로 학사 학위를 받은 뒤 미국 시카고대학 사회학과에서 『일상생활에서의 자아 표현』이라는 제목의 논문으로 박사 학위를 받았다. 그는 이후 시카고대학, 버클리대학, 하버드대학, 펜실바니아대학 등에서 일했다. 이제 우리가 주로 이야기를 할 그의 대표작은 1959년에 나온 『일상생활에서의 자아 표현(The Presentation of Self in Everyday Life)』이다.[3] 고프만은 1961년에 낸 『정신병동(Asylum)』에선 수용 시설이 갖는 사회적 의미를 탐구하였는데, 이 책에 대해 강원대 인류학과 교수 김용환은 다음과 같이 말한다.

"그에 따르면, 수용시설은 각 수용자가 동참한 사회적 상황의 조건에 제약을 가함으로써 그들로 하여금 특이한 행위양식을 연출하게끔 한다. 그리하여 정신병자는 정상적인 개인으로서 자아를 현시할 수 있는 능력을 보유

---

1) 전병재, 『사회심리학: 관점과 이론』(경문사, 1987), 388쪽에서 재인용.
2) 전병재, 위의 책, 388쪽.
3) 어빙 고프만, 김병서 옮김, 『자아표현과 인상관리: 연극적 사회분석론』(경문사, 1987).

하고 있음에도 불구하고 일탈적 행위를 보이게 된다. 달리 말하면, 대부분의 정신병리적 행동들은 이러한 상황적 제약으로 인해 대면적 상호작용의 행위규칙을 준수할 수 없기 때문에 생겨나는 것이다."[4]

고프만은 1964년에 낸 『오점(Stigma)』에서는 "정상적이지 못한, 혹은 오점을 지닌 개인이 처한 상황을 분석해 들어간다. 개인은 오점을 지녔다는 이유로 정상인이 누리는 평범한 자아의 표출이 곤란하며, 그리하여 상호작용의 상황에 극도로 예민해진다."[5] 고프만은 69년에 낸 『전략적 상호작용(Strategic Interaction)』에서는 "게임이론을 응용하여 일상생활보다 그 결과가 심각할 수 있는 다양한 상호작용의 상황적 국면을 분석한다. 여기서 상호작용의 참여자는 일상생활에서와는 달리 매우 계산적으로 자아를 현시한다. 예를 들어, 그는 자아를 허위적으로 표출하여 상대를 기만함으로써 이익을 꾀할 수 있다."[6]

고프만은 1974년에 낸 『프레임 분석(Frame Analysis: An Essay on the Organization of Experience)』에선 상호작용의 틀을 상세하게 설명했는데, 이 틀(frame)에 대해 이화여대 사회학과 교수 김병서는 다음과 같이 말한다.

"개인은 상호작용의 행동을 시작할 때 이미 적절한 사회 규범, 문화 가치를 알고 또는 상대방에 대한 정보를 갖고 있든가 아니면 상호작용의 경험 속에서 위에서 말한 것들을 알게 된다. 즉 예지나 관찰을 통해서 갖게 되는 사회 규범에 따라 상황 정의를 하게 되며 이때의 규범이나 상호작용을 틀이라고 고프만은 부른다."[7]

---

4) Erving Goffman, 김용환 역, 『오점: 장애의 사회심리학』(강원대학교출판부, 1995), 5쪽.
5) Erving Goffman, 김용환 역, 위의 책, 5쪽.
6) Erving Goffman, 김용환 역, 위의 책, 5쪽.

이제 본격적으로 『일상생활에서의 자아 표현』이라는 책을 살펴보기로 하자. 고프만은 이 책의 첫 부분에서 사회학자 로버트 파크의 말을 다음과 같이 인용하고 있다.

> 아마도 사람(person)이라는 단어가 그 첫 번째의 의미로서 가면(mask)이라는 뜻을 지녔음은 결코 단순한 역사적 우연만은 아닐 것이다. 오히려 모든 사람이 언제 어디서나, 그리고 다소 의식적으로 어떤 역할을 수행하고 있다는 사실에 대한 하나의 인식일 것이다. …… 이러한 역할들 속에서 우리는 서로를 아는 것이며, 우리가 우리 자신을 아는 것도 바로 이러한 역할들 속에서이다.[8]

고프만은 바로 그러한 '가면' 연구에 몰두한 인물이었다. 프로이트의 『꿈의 분석』을 제외한다면, 고프만만큼 자아에 대해 그렇게 깊이 탐구한 사람이 또 있겠는가 라는 말이 나올 정도였다.[9] 그런데 그 '가면'이란 게 뭔가? 우선 아주 쉽게 접근해보자. 연애를 하는 젊은 남녀 한 쌍을 살펴보자. 고프만은 다음과 같이 말한다.

> 종종 미국의 대학교 여학생들은 데이트할 만한 남학생 앞에 있을 때, 자신들의 지성과 재능, 결단력 등을 낮추어 보이고자 한다. 그리하여 그

---

7) 김병서, 〈일상생활에서의 자아표현〉, 김진균 외, 『사회학의 명저 20』(새길, 1994), 157쪽. 그밖에 고프만의 저서로는 『Encounters』(1961), 『Behavior in Public Places』(1963), 『Interaction Ritual』(1967), 『Relations in Public』(1971), 『Gender Advertisements』 등이 있다.
8) 어빙 고프만, 김병서 옮김, 『자아표현과 인상관리: 연극적 사회분석론』(경문사, 1987), 3쪽.
9) Irving Louis Horowitz, 〈Books〉, 『Commonweal』, May 23, 1975, p.150.

들은 모든 사람들한테서 경솔하다는 평을 받는 데도 불구하고, 정신수양이 깊은 듯이 자기들을 보여 주고자 한다. 그들은 자기들이 이미 알고 있는 것들을 남자 친구들이 지겹게 설명할 때 참고 들어 주는 공연자들이라는 것이다. 또한 그들은 수학이 서투른 애인들 앞에서는 수학을 더 잘할 수 있음을 숨기기도 하고, 탁구경기에서는 끝나기 직전에 져주기도 한다. "때때로 긴 단어의 철자를 틀리게 쓰는 것은 가장 멋진 기교 중의 하나이다. 그러면 내 남자 친구는 굉장한 쾌감을 느끼고서 답장을 보내 주게 된다. '애, 넌 정말로 철자도 잘 모르는구나!' 이런 모든 것을 통해 남자의 자연스러운 우월성이 과시되어지고 여성의 약한 역할이 확인된다."[10]

한국외국어대 신문방송학과 교수 조종혁은 그의 저서 『커뮤니케이션학: 이론과 관점』에서 고프만의 주장을 아주 쉽게 잘 해설해주고 있다. 조종혁의 탁월한 해설에서 몇 대목을 인용하기로 한다.

"사회적 교류, 커뮤니케이션의 시작은 상황의 정의에서부터 출발한다. 정의될 수 없는 상황에서 의미의 실현은 불가능하며 그것은 곧 사회적 불확실성·의구심·회의·불신·근심·공포 등을 의미할 뿐이다. …… 고프만에게 커뮤니케이션이란 곧 상황조작에 의한 인상관리(impression management) 행위이다."[11]

"고프만의 관찰에 의하면 야구 심판들은 시합도중 자신이 내리는 결정이 분명하고 확실하다는 느낌을 청중에게 전달하기 위해 자신의 순간적인 우유부단을 숨겨야 하는 어려움을 겪을 때가 있다. 이런 때일수록 그들은 더욱

---

10) 어빙 고프만, 김병서 옮김, 앞의 책, 19~20쪽.
11) 조종혁, 『커뮤니케이션학: 이론과 관점』(세영사, 1992), 336쪽.

신속하고 더욱 박력있는 손짓과 확실한 외침으로 심판의 결과를 알린다. 때로는 자신의 진정한 판단이 서기도 전에 힘찬 손짓과 외침을 먼저 발하고 보는 것이다! 초상집을 방문한 어떤 친척들은 자신이 지니는 슬픔의 정도를 곡소리의 크기로 표현하거나 열심히 일하는 장의사를 불러 쓸데없는 주의를 주는 것 등으로 자신의 안타까운 마음을 상주에게 전하려 한다."[12]

"사회인들은 한 상황에서의 연기를 다른 상황의 청중들에게는 보이려 하지 않는다. 사회인들의 연기는 청중관리의 필요성을 느낀다. 그것은 역할수행의 일관성 유지에 관한 문제이다. 상이한 상황, 상이한 청중들에게 각각 이상적인 연기를 제공하는 것은 자칫 여러 명의 '나', 인상관리의 비일관성이라는 문제를 야기할 수 있다. 따라서 사회인들은 한 상황에서의 연기를 다른 상황에서의 청중들에게는 보이려 하지 않는다. 행위자가 만약 이러한 인상관리의 원칙에 실패한다면 그의 사회적 정체성은 혼란을 면치 못할 것이다. 직장과 가정은 동일한 무대연기의 장이 될 수 없다. 술친구와의 연기가 직장의 상관에 대한 연기와는 같지 않다. 대학가에서 교수와 학생들이 드나드는 술집이 서로 다른 근본적인 이유는 무대연기의 일관성, 인상관리의 일관성을 유지하기 위한 때문이다."[13]

"사회인들의 무대연기, 인상관리는 철저한 표현의 통제 속에서 이루어진다. 표현의 통제란 행위자의 연기가 주어진 사회적 상황에 적합하게 짜여져야 함을 뜻한다. …… 코미디언이 자신의 프로그램이 아닌 상황에서 기자의 인터뷰에 응했을 때 별안간 진지하고 근엄한 표정으로 돌아가는 것은 그 역시 새로운 상황에 직면하여 표현 통제의 원칙을 이탈할 수 없기 때문이다.

---

12) 조종혁, 『커뮤니케이션학: 이론과 관점』(세영사, 1992), 338쪽.
13) 조종혁, 위의 책, 339~340쪽.

부모의 상을 당한 절친한 친구의 집을 방문한 사람이 평소와 마찬가지의 농담이나 음담패설을 시도하는 경우는 드물다."[14]

"권위의 비밀은 신비화이며 신비화는 상황의 통제, 정보 차단의 결과이다. 판사의 권위는 그의 역할수행(무대연기) 못지 않게 신비화에 기초한다. …… 법률용어의 어려움은 일반인들의 의미 공유를 차단함으로써 법정의 신비화(권위)를 강화한다. 환자들이 도저히 알아볼 수 없는 의사들의 글씨는 그들만의 상징세계, 그들의 권위를 보호한다. 한글 전용의 실행이 어려운 것은 한문이 생성하는 의미체계의 실용성 못지 않게 엘리트 계층의 권위를 보호하기 위함이다. 무지에 대한 지식의 보호는 역설적으로 지식의 차단에서 비롯된다. 무지가 없다면 지식의 존재 역시 없다. 교수의 권위는 자신의 지식·정보를 학생들에게 많이 전달함으로써 유지되는 것이 아니라 그것을 다 털어놓지 않는 데서 비롯된다."[15]

"상황조작을 시간과 공간 사용의 의미로 규정해볼 수 있다. 이런 의미에서 히틀러의 상황조작 능력은 타의 추종을 불허할 것이다. 그는 예컨대 석양에 물든 하늘을 등지고 오후 6시를 택하여 자신의 청중 앞에 선다. 거대한 스테디엄을 꽉 메운 군주들의 시선이 그에게 모아질 때 태양은 히틀러의 머리 바로 위에서 찬란한 광채를 내뿜는다. 히틀러의 존재는 눈부시며 그의 얼굴은 차마 바라볼 수조차 없는 빛과 위엄으로 채워진다. 이러한 상황조작은 히틀러의 카리스마를 극대화하는 데 한몫을 담당하였다. 밤에 거행되는 쿠클락스클랜(KKK: 미국의 유색인종 차별집단)의 불의 의식도 유사한 맥락에서 이해할 수 있다. 한밤중 이글거리며 타오르는 거대한 십자가의 불기둥

---

14) 조종혁, 앞의 책, 340쪽.
15) 조종혁, 위의 책, 342쪽.

밑에서 행해지는 의식, 그리고 제복의 사나이들이 펼치는 일사불란한 횃불 행진은 보는 이들의 마음을 사로잡고 감동을 자아낼 수 있다."[16]

고프만의 이론은 '문화간 커뮤니케이션(intercultural communication)'을 연구하는 데에도 유용한 관점을 제공해준다. 고프만은 "서구인이 여행할 때 그들이 갖고 있는 연극학적 감각이 손상되고 또는 놀라게 되는 경험담을 흔히 듣는다"[17]고 말하는데, 이는 각 나라 사이의 연극적 전제가 다르기 때문에 발생하는 일이다.

고프만의 이론은 더 나아가 사회 내의 집단적 갈등과 국제적 외교 관계에도 적용될 수 있다. 이와 관련, 고프만은 "우리는 우리들 자신의 사회 전체를 연극학적 방법에 따라 특징지으려는 노력을 아주 조심스럽게 한다. 예컨대, 최근의 노사관계에 있어, 한 팀이 적대관계의 사람들과 함께 상호연석 회의에 참석할 때 그 회담에서 화를 내며 퇴장하려는 외양을 꾸밀 필요가 있다는 사전지식을 갖고 참석한다. 외교팀도 때로는 그와 비슷한 쇼를 연출할 필요가 있다"고 말한다.[18]

고프만의 이론은 프라이버시 보호의 필요성을 강하게 주장하는 사람들의 논거로 이용되기도 한다. 사생활의 공개를 주장하는 사람들은 사람들이 사회적 활동을 위해 쓰고 있는 가면이 우리의 진정한 자아를 가리고 있다고 주장하는데, 이에 대해 미국 조지워싱턴대 법학과 교수 제프리 로즌은 최근 『뉴욕 타임스』지에 기고한 글에서 고프만을 인용하며 다음과 같이 말한다.

---

16) 조종혁, 〈상황조작과 커뮤니케이션〉, 『외대언론』 제8호, 1992년 12월 9일, 2면.
17) 어빙 고프만, 김병서 옮김, 『자아표현과 인상관리: 연극적 사회분석론』(경문사, 1987), 216쪽.
18) 어빙 고프만, 김병서 옮김, 위의 책, 217쪽.

사회학자인 어빙 고프먼이 1960년대에 주장했듯이 사람들은 어떤 한 가지 성격만을 일관되게 연기하는 것이 아니라 각각 다른 상황에서 다른 역할을 연기한다. 예를 들어 교수인 나는 학생들을 대할 때, 동네 세탁소 주인을 대할 때 각각 다른 사회적 가면을 이용한다. 만약 이 가면들을 모두 강제로 벗겨버린다면 남는 것은 진정한 자아가 아니라 방어능력을 잃어버린 상처 입은 인간일 것이다. 고프먼은 또한 사람들이 무대에 서는 배우들처럼 무대 뒤의 공간을 필요로 한다고 주장했다. 이 공간에서 사람들은 남들 앞에서 쓰고 있던 가면을 벗어버리고 추잡한 농담을 지껄이기도 하면서 사회생활의 불가피한 일부인 긴장을 털어낸다. 그러나 끊임없이 정보가 교환되는 인터넷 경제 속에서 사무직 노동자들은 계속되는 감시 속에서 일을 해야 하는 환경 속으로 점점 더 깊숙이 끌려 들어가고 있다.[19]

고프만의 이론이 모든 사람들로부터 다 좋은 소리를 들은 건 아니다. 그의 이론은 거시 사회학자와 비판적 지식인들로부터는 호된 비판을 받았다. 특히 미국의 사회학자 앨빈 굴드너는 그의 저서 『현대사회학의 위기』에서 상당한 지면을 할애해 고프만의 이론에 대해 비판을 퍼부었다. 굴드너가 가한 비판의 핵심은 고프만의 사회학이 "'대면'(co-presence)의 사회학, 사람들이 다른 사람을 대할 때 발생하는 현상을 다루는 사회학"이며 "고프만의 세계에서는 사회를 단단하게 해주는 것은 도덕법전(또는 존경)이 아니라 '전술'(또는 계산된 사교성)"이라는 것이었다.[20] 그 밖에 굴드너가 가한 비판의

---

19) 제프리 로즌, 〈동아일보 제휴 뉴욕타임스: 당신의 사생활이 무너지고 있다〉, 『동아일보』, 2000년 5월 3일, A23면.

몇 대목을 인용하기로 한다.

"고프만의 연극모델은 인간의 활동을 상호 구속적 기능들의 체계(a set of interlocking functions)로 생각하는 것이 아니라 사회생활을 철저하게 연극의 정교한 한 형식으로 보고--극장에서와 같이--인간은 모두가 자신의 이미지를 다른 사람들에게 돋보이게 연출하려고 애쓰고 있다는 그런 견해를 제안한다. 여기서는 인간이 무엇을 하려고 노력하는 것이 아니라 무엇이 되려고 노력하는 것으로 보여진다. …… 고프만에게는 생활은 모든 사람들이 그 안에서 영구적인 연극에 참여하고 있고 모두가 배우가 되는 하나의 극장이다."[21]

"고프만의 사회이론은 그 자체가 독자적인 힘을 지니고 있고 따라서 개인의 힘에 의해서는 거의 변화의 여지가 없는 대규모 관료조직에 종사하고 있거나 이를 상대해야 하는 사람들에게 매력을 주는 사회이론이다. 따라서 고프만은 인간이 어떻게 이러한 조직체나 다른 사회체계의 구조를 변화시키려 하는가 하는 문제는 다루지 않는다. 그대신 그는 인간이 어떻게 그것에 적응하고 그것 안에서 적응할 수 있는가 하는 문제를 다룬다."[22]

"'인상관리'의 새로운 부르조아 세계는 항시 다른 사람들에 의해서 노출되는 것을 두려워하고 자칫 자기 자신을 노출시킬까 불안해하는 타인지향적인 인간들로 이루어진 세계이다. 인상관리가 문제되는 상황은 인간이 다른 사람들이 자신에게 기대하는 모습으로 보이려고 애를 써야 하는 상황이다. …… 이리하여 사회적 관계는 스파이들 간의 상호작용이 되어버린다. 스파

---

20) 앨빈 W. 굴드너, 김쾌상 역, 『현대사회학의 위기: 서구사회학의 다가오는 위기와 전망』(한길사, 1981), 464~465쪽.
21) 앨빈 W. 굴드너, 김쾌상 역, 위의 책, 465쪽.
22) 앨빈 W. 굴드너, 김쾌상 역, 위의 책, 467쪽.

이들은 각기 상대방에게 자신이 주장하는 것이 자신의 실제의 모습이라는 것을 설득시키려고 하는 한편, 상대방의 '가면' 속을 들여다보려고 애쓴다."[23]

"기능주의가 인간과 인간의 활동을 '사용가치'로 보는 데 토대를 두었던 것이라면 연극론은 그것을 오로지 '교환가치'로만 보는 데 토대를 두고 있다고 말할 수 있다. (나는 한 출판업자와 고프만과 내가 공동 편집자가 되는 장시간의 상담을 가졌던 기억을 되새긴다. 나는 그때 고프만에게 좀 기분 나쁜 표정으로 '이 친구들은 우리를 상품으로 취급하고 있군' 하고 불평을 털어놓았다. 고프만은 이렇게 대꾸하였다. '무엇이 문제인가. 이 친구들이 우리를 비싼 상품으로 취급해준다면야 그것으로 흡족한 것이지.') 연극론은 자기의 본성을 순수한 상품으로 보는 데까지 이르고 그렇게 표현한다. 어떤 필연적 사용가치도 전혀 결여되어 있다. 그것은 영혼을 판매하는 사회학(the sociology of soul-selling)이다."[24]

그러나 굴드너의 비판은 거시 사회학 특유의 전제에 근거한 것으로서 지나친 점이 없지 않다. 왜 모든 사회학자가 늘 사회 전체의 문제만 다뤄야 한단 말인가? 『일상생활에서의 자아 표현』을 우리말로 옮긴 이화여대 사회학과 교수 김병서는 이 책엔 "도덕적 행동과 비도덕적 행동의 구별이 없다. 모두 기교, 기만, 비밀, 감춤, 공모, 신비화 등으로 조작하고 관리하여 내보이는 '자아' 아닌 '조작된 자아'의 측면을 보여준다"고 말하면서도 이 책의 의의에 대해 다음과 같은 공정한 평가를 내리고 있다.

> 고프만의 주장 속에 담겨져 있는 부정 못할 사실은 인간은 그 어떤 상호작용의 행동이나(도덕행위까지 포함하여) 자제, 관리의 과정을 거쳐 이

---
23) 앨빈 W. 굴드너, 김쾌상 역, 앞의 책, 468쪽.
24) 앨빈 W. 굴드너, 김쾌상 역, 앞의 책, 469쪽.

루어지고 있다는 사실이다. …… 아집, 편견, 정실주의, 권위주의의 제반 요소가 강한 한국 사회와 그 안에서 행동하는 집단들의 자아 표현 현상을 이해하는 데 이『일상생활에서의 자아 표현』은 아주 중요한 분석틀을 제공해 준다고 하겠다. 이는 고프만이 체면, 의례, 형식주의가 행동을 제약하는 한국 문화권 속에서 정체의 실상을 보여주고 실재를 인식하게 하는 분석법을 제시하기 때문이다.[25]

굴드너가 고프만에 대해 가한 비판의 연장선상에서 고프만은 방법론적 측면에서 비판을 받기도 한다. 우선 자료의 관리에 있어 비체계성이 문제로 지적되는데, 이에 대해 강원대 인류학과 교수 김용환은 다음과 같이 말한다.

"예를 들어, 그는 자신의 체계적인 참여관찰이나 일상적인 관찰의 자료, 신문의 기사, 자전적 수기, 허구성 이야기, 심지어 자신이 가성적으로 구성한 상호작용의 사례 등, 실로 다양한 출처의 자료들을 제시한다. 이는 마치 자신의 논지를 입증하는 데 기여할 수 있는 자료라면 무엇이라도 무차별적으로 동원할 뿐만 아니라, 특정의 상호작용을 깊이 있게 파헤치기보다는 상호작용의 다양한 국면을 되는 대로 취급한다는 인상을 준다. 더욱이 새로운 개념들을 창출하다가는 다시 번복하는 등, 개념의 관리에도 부실하다는 비판이 있다. 이러한 비판들은 단적으로 고프만의 방법론이 '정의-분류-예증-예외적 사례-취약성-새로운 정의'의 절차를 따라 환류하는 나선구조를 지닌 데 기인하는 듯하다."[26]

그런데 문제는 방법론에 집착하다보면 새로운 분야를 개척할 수 없다고

---

25) 어빙 고프만, 김병서 옮김,『자아표현과 인상관리: 연극적 사회분석론』(경문사, 1987), vii-viii쪽.
26) Erving Goffman, 김용환 역,『오점: 장애의 사회심리학』(강원대학교출판부, 1995), 8~9쪽.

하는 점으로서 이는 모든 사회과학자들이 당면하는 문제이기도 하다. 그런 맥락에서 김용환은 고프만의 방법론적 전략의 당위성에 대해 다음과 같이 말한다.

"고프만의 연구 목적은 전적으로 상호작용의 체계를 확립하려는 데 있었으며, 이 영역은 사회학에서 아직 미개척지로 남아 있었다. 그리하여 그는 상호작용의 영역을 분석의 단위로 분리, 추출하고 다각적인 접근을 통해 체계적 이론을 확립하고자 하였다. 달리 말하면, 그의 연구작업은 새로운 미개척 영역을 우선 체계적으로 기술하기 위한 기본 개념들을 발굴하고 그 영역을 분석해낼 수 있는 이론을 세우려는 귀납적인 접근방식을 띨 수밖에 없었다. …… 그는 많은 사회적 행위 영역에서 단순한 분류가 우선 중시되어야 하며 자신의 작업을 성숙된 과학의 형태로써 구성하는 것은 아직 수사학의 수준에 불과하다고 단언했다. …… 요컨대, 그의 분류학적 접근방식은 일상적으로 간과되는 대면적 상호작용의 세계를 탐구하면서 마치 이질적인 문화를 접한 인류학자처럼 새로이 발견된 영역에 질서를 부여하려는 원시적인 노력인 셈이었다. …… 그리하여 우리는 오히려 고프만의 업적을 통해 사회과학의 질적 연구 방법론에 대한 많은 영감과 통찰력을 제공받을 수 있을 듯하다."[27]

김용환이 지적한 바와 같이, "미시사회학이 사회적 문제나 실상을 도외시한 현학적인 자유주의자의 호기심에서 비롯된 산물이라는 거시사회학자들의 비판"은 상호 보완의 가능성을 무시한, 지나치게 대립적인 자세에서 비롯된 문제가 아닐까 하는 생각이 든다. 둘이 꼭 대립할 필요가 있을까? 김용환은 다음과 같이 말한다.

---

27) Erving Goffman, 김용환 역, 앞의 책, 9쪽.

시카고 학파를 중심으로 한 미시사회학자들은 경험세계를 바탕으로 사회계급, 인종, 성별, 통제 등의 다양한 거시적 변수들을 미시적으로 집중 조명함으로써 거시적 연구에 잠재적인 생산적 기반을 제공해 왔다. ……
이와 유사한 맥락에서 고프만이 미국의 중산층 이데올로기에 대하여 정신병자, 오점자, 그리고 일탈자의 대변인이기를 자청하였음은 자명하다. …… 현대사회학의 최대 당면 과제는 이론과 경험세계를 어떻게 연계시킬 것인가 하는 문제가 될 것이며, 이는 거시사회학과 미시사회학을 접목시키는 문제로 환언될 수 있다. 최근 이 문제를 가장 심도 있게 다룬 기든스(Giddens 1987)[28]에 따르면, 사회적 상호작용에서 각 참여자가 품은 행위동기들이란 상당 부분 사회 전반적으로 합의된 규범적 내용이 내면화되어 대면적 상호작용에 적용된 것이다. 그러므로 일상적인 상호작용의 참여자들이 나타내는 여러 가지 행위동기, 그리고 여기서 작동되는 일반적인 심리적 기제를 규명하는 작업은 일상의 사회활동이 제도의 재생산에 연루되는 구체적인 양식을 밝혀줄 수 있다. 이 점에서 기든스는 현대사회학의 최대 당면과제를 풀어줄 수 있는 잠재력을 특히 고프만의 미시사회학 부문에서 발견한다. 더욱이 그러한 행위동기나 심리적 기제가 비교사회학적인 차원에서 고려될 경우 인간의 사회적 본성을 밝혀줄 수 있다고 본다.[29] 시사 *강준만*

---

28) 기든스에 대해서는 〈앤서니 기든스〉, 『시사인물사전 4』를 참고하십시오.
29) Erving Goffman, 김용환 역, 『오점: 장애의 사회심리학』(강원대학교출판부, 1995), 10~11쪽.

오드리 헵번
Hepburn, Audrey

아프리카는 사람이 살 만한 곳이 못 된다. 그 곳은 단지 '동물의 왕국' 일 뿐이다.

이 말은 아프리카를 소개하는 서적에서 빠지지 않고 등장하는 아프리카에 대한 정의(定義)이다. 그것을 증명이라도 하듯, 아프리카에서는 내전과 군사 쿠데타가 끊임없이 발생하고 있고 말라리아를 비롯한 에이즈 등의 각종 질병이 갈수록 창궐하고 있다. 또 기아로 셀 수 없을 정도로 수많은 사람들이 죽어나가고 있다. 아프리카에서 날아오는 비참한 현실과 관련된 소식은 "역시 아프리카는 사람이 살 만한 곳이 못 돼!"라는 논리를 확대 재생산한다. 물론 그러한 소식이 우리의 탄식을 자아내기도 하지만, 그것도 일회성 수준을 벗어나지 못하는 것이 현실이다.

그런데, 아프리카와 관련해서 주목해야 할 점이 있다. 그건 '도대체 누가 아프리카를 저주받은 땅으로 만들었는가?'라는 아프리카에 대한 근본적인 물음이다. 그 해답은 아프리카의 역사에서 찾아야 할 것이다. 아프리카의 역사를 거슬러 올라가다 보면, 우리는 서방 제국주의와 만나게 된다. 서방 제국주의야말로 오늘날 아프리카를 '동물의 왕국'으로 만든 주범이다. 서방 세계가 아프리카와 처음 만났을 때부터 그들에게 아프리카는 '인간의 땅'이 아니었다. 영국의 소설가 죠셉 콘라드는 『어둠의 속』이라는 자신의 책에서 아프리카를 다음과 같이 묘사했는데, 이것은 서방 세계가 아프리카를 어떻게 인식했는가를 알 수 있게 해주는 아주 중요한 텍스트다.

그 뒤에서는 이상한 괴성이 들려왔고, 새까만 사족이 휘적휘적 움직이는 소리, 수많은 손들이 손바닥을 두드리는 소리, 수많은 발들이 땅을 구르는 소리, 수많은 몸들이 서로 스치는 소리, 그리고 육중하게 움직임이 없이 축 늘어진 잎사귀를 밑으로 수많은 눈들이 굴러가는 소리가 들려왔다. …… 그리고 그곳의 인간들은 그래, 그들은 틀림없는 인간들이었다. 그러나 진정 끔찍한 것은 이들이 정말 틀림없는 인간인지를 의심케 하는 의구심이었다. …… 그러나 그 중에서도 정작 두려웠던 것은 인성에 대한 생각이었다. 저들이 과연 우리와 같은 인간일까라는 생각, 다시 말해 거칠고 무자비한 소음을 내지르는 저자들이 과연 우리의 먼 친척쯤 되는 자들일까라는 생각이 소름끼치도록 두렵게 다가왔다. 아, 이 추잡함. 그렇다. 그것은 추잡함 그 이상이었다.[1]

---

1) 죠셉 콘라드, 『어둠의 속』(뉴욕: 뉴 아메리칸 라이브러리, 1950), 66쪽; 치누아 아체베, 이석호 역, 『제3세계 문학과 식민주의 비평』(인간사랑, 1999), 19~21쪽에서 재인용.

그런 생각을 하고 있었기에 서방 제국주의는 아프리카에서 노예 사냥부터 시작해서 끔찍한 만행을 저지를 수 있었던 것이다. 그럼에도 서방 세계는 지금까지 아프리카의 비참한 현실에 대해 한마디 사과조차 하지 않고 있으니 이를 어떻게 받아들여야 할까? 더욱이 서방 세계는 자신들의 원죄를 포장하기 위해 아프리카에서 발생하고 있는 제반 문제들에 대한 책임을 아프리카에 떠넘기기에 바쁠 뿐이다. 또 그 속에서 서방 세계는 아프리카에서 구호 활동을 벌였던 백인들을 추켜세우기에 여념이 없다. 오드리 헵번도 그런 연장선상에서 파악할 수 있을 것이다. 그렇다고 해서 오드리 헵번의 가치를 폄하하는 것은 아니다. 다만, 아프리카 문제에 대한 서방 세계의 이중적인 모습을 제대로 보자는 것이다.

오드리 헵번은 1929년 5월 4일 벨기에의 수도 브뤼셀에서 태어났다. 아일랜드인의 혈통을 물려받은 그의 아버지 제임스 A. 헵번 래스튼은 사업가였고 그의 어머니 엘라 반 힘스트라는 네덜란드의 귀족 집안 출신이었다. 헵번은 4살 때 영국으로 이주했고 6살 때 런던 교외의 기숙학교에 입학했다. 그의 아버지는 헵번이 어렸을 적부터 밖으로 돌았는데, 결국 헵번이 10살 되던 해 그의 부모는 이혼했다.

1939년 2차 대전이 발발하자 그의 어머니는 영국이 안전한 곳이 아니라는 생각에 폴란드로 이주했다. 하지만 1940년 폴란드도 히틀러에게 침략당하자 헵번은 전쟁의 공포에 떨어야 했고 지독한 가난에 시달려 영양실조에 걸리기도 했다. 이 시절 헵번의 생명을 연장시켜 준 것은 유니세프에서 보내온 식량 구호 물자였다. 유니세프에게서 받았던 도움은 헵번이 아프리카 난민들을 위해 헌신하게 하는 적지 않은 원인이 되었다. 자신이 겪었던 영

양실조와 두려움 질병 등에 시달리고 있는 아프리카 난민들을 헵번은 모른 체할 수 없었던 것이다.[2]

폴란드에서 헵번은 평생 잊지 못할 아픔을 경험해야만 했다. 이 곳에서 헵번은 친척이 나치 수용소로 끌려가는 것을 경험해야만 했고 그의 배다른 오빠 2명이 나치에 협조하지 않는다는 이유로 죽임을 당하는 것을 지켜보아야만 했다. 그런 상황에서도 가족을 버린 그의 아버지가 열렬한 나치 추종주의자로 활동한 것은 그에게 씻지 못할 상처로 남았다.[3] 나치의 야만과 광기를 목격했던 헵번은 10대의 어린 나이에 반나치 운동에 참여했다. 그가 한 일은 레지스탕스와 레지스탕스 사이에서 메시지를 전달하는 것이었는데, 그는 메시지가 담긴 메모를 자신의 신발 속에 감춰 운반했다.[4] 히틀러의 광기어린 정책으로 인해 마음에 심한 상처를 입어서 그런지 헵번이 평생 해보고 싶었던 역할이 안네 프랑크였다고 한다.[5]

전쟁이 끝난 후 헵번은 네덜란드의 암스테르담으로 이주해 발레를 배우기 시작했다. 이 곳에서도 가정 형편은 나아질 줄 몰랐다. 이 곳에서 헵번 가족은 그의 어머니가 가정부 생활을 하며 벌어들인 돈으로 근근히 생계를 해결했다. 1948년 헵번은 발레리나를 꿈꾸며 영국으로 돌아가 당시 명성이 자자하던 마리 램버트가 운영하던 발레 학교에 진학했다. 그는 이 곳에서 무용단의 코러스로 활동하며 경력을 쌓기 시작했으며 밤무대 무희로 활동하며 생활비를 벌었다.

---

2) 『Current Biography』(1993).
3) 고종석, 〈헵번 미소 뒤 숨긴 가족사 조명〉, 『한겨레신문』, 1994년 7월 26일, 12면.
4) Jay Cocks, 〈Film's Fairest Lady〉, 『Time』, February 1, 1993, p.54.
5) 안병섭, 〈오드리 헵번-영원히 빛나는 스크린의 요정〉, 『잊을 수 없는 명화, 불멸의 스타 이야기』 (신영미디어, 1993), 220쪽.

그러다가 헵번은 당시 영국에서 활동하고 있던 이탈리아 영화감독 마리오 잼피에게 발탁되어 『낙원의 웃음(Laughter in Paradise)』에 담배가게 아가씨 역으로 데뷔했다. 이어서 그는 1951년 『야생 귀리(Wild Oak)』와 『라벤더 힐 몹(The Lavender Hill Mob)』에 출연했다. 이후에도 몇 편의 영화와 연극에 출연하긴 했지만 헵번은 그리 주목을 받진 못했다.

헵번을 빈곤으로부터 해방시킬 기회를 가져다 준 작품은 1951년 『몬테 카를로 베이비(Monte Carlo Baby)』였다. 당시 브로드웨이 연출가 길버트 밀러는 자신이 연출을 맡은 프랑스 여류 소설가 꼴레드의 작품 『지지』의 여주인공을 캐스팅하기 위해 미국 내에서뿐만 아니라 유럽 지역에서 널리 알려지지 않은 배우를 구하고 있었다. 이때 유럽을 방문해 『몬테 카를로 베이비』를 봤던 꼴레드는 첫눈에 오드리 헵번의 매력에 푹 빠져들었다. 꼴레드는 헵번을 발견했던 당시의 기분을 『아메리칸 위클리』와 가진 인터뷰에서 다음과 같이 말했다.

> 헵번을 처음 본 순간 나는 그에게서 눈을 뗄 수가 없었다. 나는 내 자신에게 믿을 수 없다는 듯 '저기 … 있다. 지지가 …' 그날 오후 나는 헵번에게 브로드웨이에 함께 가자고 제안했다.[6]

1951년 공연된 『지지』는 흥행에 크게 성공했고, 평론가들은 브로드웨이에 새로운 스타가 탄생했다며 오드리 헵번을 그 해에 가장 뛰어난 연기를 보인 신인이라고 평가했다. 『지지』의 대성공은 헵번이 영화 『로마의 휴일』 여주인

---

6) 『Current Biography』(1954).

공으로 발탁되는 결정적인 계기로 작용했다. 당시 『지지』를 관람했던 영화감독 윌리엄 와일러는 헵번의 매력에 빠져들었고 헵번을 『로마의 휴일』 여주인공인 앤 공주 역으로 캐스팅했다. 하지만 『지지』가 흥행하고 헵번이 계약된 몸이었기 때문에 촬영은 이듬해로 미루어졌다. 52년 제작되고 이듬해 상영된 『로마의 휴일』은 평론가들의 찬사 속에 흥행에 크게 성공했다.

영화 단 한 편으로 헵번처럼 은막의 최고 스타 자리로 떠오른 사람은 없었다. 헵번은 『로마의 휴일』 한 편으로 할리우드 신성으로 떠올랐으며 이 영화에서 보여준 청순함과 깜찍함으로 헵번은 청순미의 대명사가 되었다. 헵번이 하고 나왔던 짧은 머리는 '헵번 컷'이라는 헤어스타일을 유행시켰다. 1996년 『뉴욕 타임스 매거진』은 이 시대 여성들의 우상이자 모델이 됐던 배우들을 유형별로 분석 선정한 기사에서 헵번을 '우아함의 표상'으로 선정했다. 『로마의 휴일』 이후 헵번은 세계 여성들에게 "상큼함과 순진함, 신체의 균형미와 몸차림, 위트, 외국어 구사 능력 등 그녀가 타고난 것과 성취한 것 모두가 숭배의 대상"으로 대접받았던 것이다.[7]

『로마의 휴일』의 대성공으로 헵번은 1954년 데보라 카, 애바 가드너 등 당대의 명배우들을 물리치고 오스카 여우주연상을 수상했다. 헵번 신드롬은 오랫동안 지속되었다. 『로마의 휴일』에 나오는 비토리오 에마뉴엘레 2세 기념관 앞의 스페인 광장을 비롯해 헵번과 그레고리 펙이 차를 마셨던 안티코 카페 그레코(Antico Caffe Greco), 산타마리아 인코스메딘 성당 앞에 위치한 진실의 입(Bocca Della Verita) 등은 로맨틱한 사랑을 꿈꾸며 찾아오는 사람들의 관광 명소가 되어 버렸다.

---

7) 서영아, 〈20세기가 사랑한 '대중의 여신' 들〉, 『뉴스플러스』, 1996년 1월 2일, 76면.

1955년 헵번은 험프리 보가트와 함께 『사브리나』에 출연했다. 이 영화에서 헵번은 백만장자 운전사의 딸로 등장해 주인집의 두 형제 사이에서 갈등하다가 험프리 보가트와 사랑에 빠지는 역할을 연기했다. 『사브리나』 이후 헵번은 브로드웨이에 복귀해 『온딘』이라는 연극에 출연했다. 헵번은 『온딘』을 통해 그 해 가장 뛰어난 연극배우에게 주어지는 토니상을 수상했다. 그리고 헵번은 『온딘』에서 상대역으로 나왔던 멜 패러와 54년 결혼식을 올렸고 60년 아들 숀을 출산했다.

1957년 헵번은 『전쟁과 평화』에 남편인 멜 패러와 함께 출연했다. 이 영화는 러시아의 대문호 톨스토이의 『전쟁과 평화』를 원작으로 킹 비더 감독이 메가폰을 잡은 3시간짜리 대작이었다. 이 영화에서 헵번은 순진한 여주인공인 나타샤를 맡아 열연했지만, 이 영화와 헵번의 연기는 평론가들로부터 찬사와 비난을 동시에 받았다.[8]

1950년대 후반부터 1960년대까지 헵번의 활동은 돋보였다. 이 시기 그가 출연했던 영화를 소개하자면 대략 다음과 같다. 57년 『퍼니 페이스(Funny Face)』와 『하오의 사랑(Love in the Afternoon)』, 59년 『녹색의 저택(Green Mansion)』과 『수녀 이야기(Nun's Story)』, 60년 『용서받지 못한자(Unforgiven)』에 출연했다. 61년 『티파니에서 아침을(Breakfast at Tiffany's)』, 62년 『아이들의 시간(The Children's Hour)』, 64년 마이 페어 레이디(My Fair Lady)』를 찍었고 66년 『귀여운 도둑(How to Steal a Million)』, 67년 『길 위의 두 사람(Two for the Road)』과 『어두워 질 때까지(Wait Until Dark)』에 출연했다. 『사브리나』와 『하오의 사랑』을 연출했던

---

8) 『Current Biography』(1993).

빌리 와일더는 "그녀 때문에 가슴만 큰 여배우들의 시대는 한물 갈 거야"라고 말했는데, 그의 말은 입증되었다.[9]

이 시기 헵번은 모델로도 각광을 받았다. 그는 위베르 드 지방시 의류 제품의 모델로서 50년대와 60년대 패션계를 주름잡았던 당대의 톱 모델이었다.[10] 헵번은 의상을 비롯한 헤어스타일 등을 적극적으로 활용해 자신의 새로운 이미지를 창출해냈다. 그의 이러한 이미지 변신은 패션 사진작가들을 매혹시켰고 헵번은 최고의 모델로 주가를 올렸다. 이런 헵번에게 가장 큰 도움을 준 사람은 디자이너 위베르 드 지방시였다. 헵번과 지방시는 『사브리나』에서 처음 인연을 맺은 이후 헵번이 은퇴할 때까지 끈끈한 유대 관계를 형성했다.[11]

1968년 헵번은 첫 남편인 멜 패러와 이혼했다. 멜 패러의 바람끼가 그 원인이었다. 이혼한 지 두 달 후 헵번은 이탈리아의 신경정신과 의사 안드레 마리오 도티와 재혼했고 70년 둘째 아들을 출산했다. 둘째 아이를 낳은 후 헵번은 활동을 재개했다. 하지만 재기 후 그의 활동은 그리 두드러지진 않았다. 헵번은 75년 『로빈과 마리안』에 출연했고 77년 재혼한 지 10년 만에 또다시 이혼하는 아픔을 겪어야 했다. 그리고 헵번은 79년 『혈통(In Bloodline)』과 81년 『그들은 모두 웃다(They All Laughed)』에 출연했다.

헵번이 다시 얼굴을 보인 곳은 놀랍게도 은막이 아니라 유엔 산하기구인 유니세프였다. 헵번은 1988년부터 유니세프 친선대사로 활동하기 시작했다. 그는 어린 시절의 경험을 바탕으로 에티오피아, 소말리아, 수단 등 기아와

---

9) 민웅기, 〈오드리 헵번〉, 『그래도 20세기는 좋았다』(오늘, 2000), 220쪽에서 재인용.
10) 고종석, 〈헵번 미소 뒤 숨긴 가족사 조명〉, 『한겨레신문』, 1994년 7월 26일, 12면.
11) 김혜리, 〈오드리 헵번 & 위베르 드 지방시〉, 『씨네21』, 1999년 12월 21일, 35면.

질병에 시달리는 아프리카를 방문해 굶주림에 죽어 가는 아이들을 위해 헌신했다. 다른 한편으로 헵번은 유니세프 모금을 모으기 위해 미국뿐만 아니라 유럽 아시아 등지를 방문하며 아프리카 구호 활동에 참여해 줄 것을 호소하고 다녔다. 그는 빈곤 문제를 국제적으로 여론화시키기 위해 노력했다. 인도주의 활동을 하면서 헵번은 89년 스티븐 스필버그[12]가 메가폰을 잡은 『In Always』에 출연했는데, 이것은 그의 유작이 되었다.

아프리카에서 구호 활동을 벌일 당시 헵번은 과거의 헵번이 아니었다. 늘어나는 주름살과 너무 늙고 말라서 어찌 보면 흉해 보이기까지 했던 그의 모습에서 더 이상 과거의 청순함도 깜찍함도 재기발랄함도 귀여움도 발견할 수 없었다. 하지만 그의 모습은 아름다웠다. '인간의 마음'을 가지고 인도주의의 길에 헌신했던 그의 삶은 많은 사람들에게 감동을 불러일으키기에 충분했다. 이런 헵번의 모습을 삼성그룹은 자사 이미지 광고로 등장시키기까지 했다.

> 1953년, 우리는 '로마의 휴일'에서 헵번스타일의 짧은 머리를 한 청순한 공주를 만났습니다. 1961년, 우리는 '티파니에서 아침을'에서 'Moon River'라는 주제가를 배경으로 순수한 사랑과 사치스런 생활사이에서 방황하는 맨하탄의 요정을 만났습니다. 1988년, 우리는 소말리아에서 수단에서 에디오피아에서 자신의 재산을 기금으로, 유니세프 친선대사로 기아에 허덕이는 아프리카의 어린 생명을 구하는 천사를 만났습니다. 우리가 정말 아름다운 '오드리 헵번'을 만난 것은 〈로마의 휴일〉에서가 아니라

---

12) 스필버그에 대해서는 강준만, 〈스티븐 스필버그의 '할리우드 정신': 영화는 20세기의 기적?〉, 『인물과 사상 1』(개마고원, 1997)을 참고하십시오.

아프리카에서였습니다.[13]

인도주의 활동을 하던 도중 헵번에게 뜻하지 않게 대장암이 찾아왔다. 헵번은 1992년 11월 미국 LA의 한 병원에서 대장암 수술을 받을 정도로 오랫동안 암과 투병 생활을 해야만 했다. 하지만 병마(病魔)도 아프리카에 대한 그의 사랑만큼은 빼앗아 갈 수 없었다. 헵번은 몸무게가 35kg으로 떨어지는 등 힘겨운 투병 생활 속에서도 "소말리아의 불쌍한 어린이들은 누가 돌보나"라며 아프리카의 아픔을 잊지 않았던 것이다.[14]

하지만 결장암은 호전될 기미를 보이지 않았고 헵번은 1993년 1월 20일 스위스의 자택에서 "다시 한번 정원을 거닐고 싶다"는 말을 남기고 63세를 일기로 타계했다.[15] 그 해 3월 29일 열릴 예정이었던 제65회 아카데미상 시상식에서 아카데미상 수상선정위원회가 그에게 인도주의상을 수여할 예정이었는데 이 영광을 안지 못하고 타계한 것이다.

헵번이 유명을 달리했다는 소식이 알려지자, 전 세계는 그의 죽음을 애도했다. 병마와 힘겨운 싸움을 계속하면서도 인도주의적 활동을 멈추지 않고 죽기 전까지도 아프리카 난민을 걱정했던 헵번에게 전 세계인들은 고개를 숙였다. 영화 『티파니에서 아침을』을 통해 유명해졌던 티파니 보석상들은 보석상 쇼윈도에 영화 『티파니에서 아침을』의 주제곡 Moon River의 가사 한 소절인 "우리는 진정한 친구"라는 문구와 함께 헵번의 사진을 붙여 고인을 기렸다.[16]

---

13) 『한국일보』, 1996년 10월 21일, 36면.
14) 〈오드리 헵번 타계 10일전 정원 나들이〉, 『문화일보』, 1993년 1월 28일, 20면.
15) 〈오드리 헵번 타계 10일전 정원 나들이〉, 위의 글.

헵번이 이승의 끈을 놓은 후에도 그의 인기는 시들 줄 몰랐다. 세계 각국에서 그가 가진 이미지를 이용해 광고 모델로 등장시켰던 것이다. 프랑스에서는 영화 탄생 1백주년을 기념하기 위해 발매되었던 주화의 캐릭터로 헵번을 선정했고, 미국과 유럽에서도 각종 행사를 기념하는 팸플릿을 비롯해 일부 기업들이 헵번을 광고모델로 재등장시켰다. 세계적인 카메라 제조회사인 캐논사는 헵번을 등장시킨 광고가 엄청난 성공을 거두자 헵번 광고 시리즈를 제작하기도 했다. 일본의 유가 공업회사 모리나가 유업은 아예 헵번이 『로마의 휴일』에서 말했던 대사를 그대로 이용해 제품을 선전하기도 했다.[17]

헵번은 죽었지만 그의 유지는 그의 자식들에 의해 계승되고 있다. 그의 아들은 제3세계 어린이 지원을 목적으로 한 '어린이를 위한 할리우드'란 재단을 건설해 헵번의 뜻을 받들고 있다. 이것은 헵번이 평소 기아와 질병에 시달리던 아프리카 난민들에 대한 애정을 자식들에게도 그대로 교육시켰기에 가능한 일이었다. 헵번은 그의 자식들에게 이렇게 말했다.

또 다른 도움의 손길이 있다 라는 사실을 명심하라. 하나는 자신을 위한, 그리고 또다른 하나는 다른 사람을 도와 줄 손길이라는 것을 ……[18]

김환표

---

16) 김혜리, 〈무지개를 그리는 유리동물원〉, 『씨네21』, 1999년 11월 16일, 67면.
17) 박용채, 〈세기의 여인 오드리 헵번 유럽·일본서 광고모델로 부활〉, 『경향신문』, 1994년 11월 25일, 35면.
18) http://galaxy.channeli.net/seaice/movie_audrey001.htm

에릭 홉스봄
Hobsbawm, Eric J.

역사란 '역사가와 사실과의 부단한 상호작용의 과정'이며 또한 '과거와 현재와의 끊임없는 대화'라는 영국의 역사학자 E.H. 카의 고전적 정의에 동의한다면, 우리는 에릭 홉스봄이라는, 20세기를 대표하는 좌파 역사학자를 떠올려봄직하다. 에릭 홉스봄이야말로 과거와의 끊임없는 대화를 통하여 현재를 성찰하고 미래를 내다보는 탁월한 역사학자이기 때문이다. 『자본의 시대』 『혁명의 시대』 『제국의 시대』로 널리 알려진 그의 19세기 역사 3부작과 20세기를 조감한 『극단의 시대』를 통해 '20세기 최고의 좌파 역사학자'라는 명칭을 부여받고 있는 홉스봄은 한국에서도 꽤 많이 알려져 있는 역사학자 중 한 명이다.

이러한 홉스봄은 새로운 천년이 시작된 이후에도 현실을 읽는 역사학자로서의 자세를 그만두지 않고 있다. 단적인 예로 2000년 1월 3일 독일 『슈피

겔』지와 가진 인터뷰를 통해 현실사회주의 붕괴 이후 극단의 자유주의로 치닫고 있는 오늘날의 시장경제에 대해 그가 경고의 메시지를 던져 세간에 큰 화제를 불러일으킨 것을 들 수 있겠다. 이 인터뷰에서 홉스봄은 시장의 전면적 지배는 곧 민주주의의 붕괴를 초래하게 될 것이라고 경고하고, 이렇듯 브레이크 없이 달려가는 시장에 대해 제동을 걸지 않고 방관하는 지식인과 정치인들에 대해 우려를 표시하기도 했다.[1] 우리는 이 인터뷰를 통해 진보적 역사학자로서의 그의 면모와, 고령의 나이임에도 현실에 대한 끊임없는 발언을 주저치 않는 참여적 지식인으로서의 자세를 다시 한번 확인한 셈이다.

에릭 홉스봄은 1917년 유대계 영국인인 아버지와 오스트리아인인 어머니 사이에서 태어났다. 그가 태어난 곳은 이집트의 알렉산드리아였다. 그의 가족은 빈과 베를린을 거쳐 1933년 영국에 정착하게 되었다. 그리고 홉스봄은 1936년 캠브리지대학 킹스 칼리지에 입학하여 역사학을 공부하게 되었다. 이 해에 그는 영국공산당에 가입하기도 했는데, 홉스봄은 이미 성장 시절부터 마르크스에 심취해 있었다고 한다. 그가 대학에서 역사학을 자신의 전공 분야로 선택하게 된 것 또한 마르크스의 영향이 컸다. 이에 대해서 훗날 홉스봄은 이렇게 말했다.

> 카를 마르크스를 처음 읽었을 때, 역사학에 매력을 느꼈습니다. 마르크스를 통해서, 이 세상에서 일어나는 현상을 이해하기 위해 역사를 알아야 한다는 깨달음을 얻었습니다. 역사가 하나의 완전체로 파악될 수 있고 분석될 수 있다는 그의 생각에 깊은 감명을 받았습니다.[2]

---

1) 손승욱, 〈시장이 민주주의 무너뜨린다〉, 『경향신문』, 2000년 1월 5일, 3면.

제2차 세계대전에 참전하기도 했던 홉스봄은 1947년에 런던대학 버크벡 칼리지의 강사가 되었고, 1950년에 『페이비언주의와 페이비언들, 1884~1914』라는 논문으로 박사 학위를 취득했다. 1952년에는 그가 46년부터 E.P. 톰슨, 모리스 돕 등과 함께 꾸렸던 '공산당 역사가 모임'[3]을 주축으로 『Past and Present』를 창간하기도 했다. 이후 홉스봄은 『The Reasoner』와 그 후신인 『New Left Review』 등의 간행물 발간에 참여했고, 『맑시즘 투데이』의 편집위원을 맡기도 했다.[4]

1959년에 이르러 홉스봄은 그가 47년부터 12년간 강사로 재직했던 런던대학 버크벡 칼리지에 전임강사로 채용되었다. 그리고 같은 해에 『Primitive Rebels』를 출간한 그는, 이로부터 3년 후인 62년에 『혁명의 시대(The Age of Revolution 1789~1848)』를 출간하게 되었다. 이로써 홉스봄은 이후 19세기 자본주의 역사를 방대하게 집대성할 3부작 중 그 첫 번째 권을 세상에 내놓게 된 것이다.

그는 이 저서를 통해 1789년에서 1848년까지의 기간을 '혁명의 시대'로 명명하고, 이러한 혁명의 시대를 규정짓는 주요한 사건으로서 '프랑스 대혁명'과 영국의 '산업혁명'을 거론했다. 이 '이중혁명(dual revolution)'을 통해 자본주의는 세계 역사의 전면에 나서게 되었다는 것이 홉스봄이 행한 분석이었다. 그는 『혁명의 시대』의 서설(序說)을 통해 자신이 주목할 만한 역

---

2) 에릭 홉스봄·안토니오 폴리토, 강주헌 역, 『새로운 세기와의 대화』(끌리오, 2000), 16쪽.
3) 공산당 역사가 모임은 마르크스주의에 입각한 역사관을 토대로 역사학을 함께 공부한 동아리로서 1956년까지 그 모임이 지속되었다.
4) 문성혁, 〈에릭 홉스봄 : 이론의 원천으로서의 역사, 역사의 그릇으로서의 이론〉, 『그날에서 책읽기』, 1998년 12월호, 80쪽.

사적 사건으로 지목한 '프랑스 대혁명'과 '산업혁명'의 역사적 의의를 이렇게 이야기했다.

> 1789~1848년의 위대한 혁명은 '공업 자체'의 승리가 아니라 '자본주의적' 공업의 승리였으며, 자유와 평등 일반의 승리가 아니라 '중류계급' 또는 '부르조아적 자유사회'의 승리였고, '근대경제' 또는 '근대국가'의 승리가 아니라 상호 인접하여 경쟁하고 있는 영국과 프랑스를 중심으로 하는 특정지역(유럽의 일부와 북아메리카의 작은 부분)의 여러 경제와 국가들의 승리였던 것이다. 1789~1848년의 변혁은 본질적으로 이 두 나라에서 일어나 전세계로 파급된 한 쌍의 대변동이다.[5]

1969년에 홉스봄은 『Bandits』를 출간하며 역사학자로서의 자신의 명성을 더욱 견고하게 쌓아 나갔다.[6] 그리고 그는 70년에 런던대학의 버크벡 갈리지에서 경제사·사회사를 가르치는 정교수가 되었다.

그로부터 5년 후인 1975년에 홉스봄은 19세기 역사서 3부작 중 두 번째 책에 해당하는 『자본의 시대(The Age of Capital 1848~1875)』를 출간했다. 그는 이 책에서, 1848년의 혁명의 시기로부터 1875년에 불어닥친 공황의 시기까지를 '자본의 시대'로 명명하고 이 기간을 『혁명의 시대』만큼이나 그만의 독특한 역사적 시각으로 다루었다. 그는 이 시기에 이르러 지난 '혁명의 시대'에 싹트기 시작한 자본주의의 영향력이 한 국가의 영역을 넘어 전

---

5) 에릭 홉스봄, 박현채·차명수 역, 『혁명의 시대』(한길사, 1984), 12쪽.
6) 『Bandits』는 황의방의 번역으로 『의적의 사회사』라는 제목을 달고 1978년에 한길사에서 출간되었다.

세계로 확대되어 갔음을 주목하였다. 그리고 이 자본주의에는 '자유주의'라는 사상이 내재되어 있었음을 홉스봄은 간과하지 않았다. 또한 이 시기는 프롤레타리아에 의하건 부르주아에 의하건 '진보'에 대한 확신이 넘쳐나던 시기였다고 홉스봄은 이야기하기도 했다. 마지막으로 이 책의 결론을 통해 그는 "자유주의가 개가를 올린 시대는 혁명의 패배와 함께 시작되어 장기화된 불황 속에 막을 내렸다"며 독자들에게 '자본의 시대' 이후에 도래할 '제국의 시대'를 암시해 주기도 했다.[7] 곧 그의 '3부작'은 '제국의 시대'로 마무리 될 것임을 그의 독자들에게 미리 귀띔해준 셈이다.

1982년에 홉스봄은 정년 퇴임을 하게 되었다.[8] 그리고 정년 퇴임한 지 1년이 흐른 83년에 그는 캠브리지대학 출판부를 통해 자신이 편집을 맡은 책 『전통의 발명(The Invention of Tradition)[9]』을 출간하기도 했다. 이 책은 『Past and Present』가 77년에 개최한 연차대회를 통해 발표된 연구 성과물들을 묶어 만든 것이었다.[10]

『전통의 발명』은 우리가 기존에 생각해왔던 '전통'에 대한 통념을 여지없

---

7) 에릭 홉스봄, 정도영 역, 『자본의 시대』(한길사, 1983), 485쪽.
8) 그러나 그는 여전히 자신이 수십 년 간 활동해왔던 런던대학 버크벡 칼리지를 떠나지 않고, 이 대학의 명예교수가 되어 역사학자로서의 활동을 지속시켜 나가고 있다. 또한 영국과 미국 아카데미의 회원으로 활동하고 있기도 하다.
9) 이 책은 한국에서도 1995년에 번역 출간되었는데, 최석영에 의해 서경문화사에서 『전통의 날조와 창조』라는 이름을 달고 나온 책이 바로 그것이다. 이 번역본은 원문에는 실려있지 않았던 논문 두 편을 부록으로 첨가하여, 독자들이 이 책의 전체적인 맥락을 더욱 쉽게 이해할 수 있도록 배려하고 있다. 그러나 이 책이 번역되어 나올 당시 연세대 사회학과 강사였던 김찬호는 『출판저널』(1995년 9월 20일자)의 서평란을 통해 "이 책의 번역서는 문장 구성이 정교하지 못해 원서의 내용을 매끄럽게 전달하지 못하는 아쉬움"과 "유럽인들에게는 잘 인용하는 역사적 사실이 우리에게는 낯설 때가 많다. 따라서 온갖 세세한 내용으로 가득한 이런 책의 번역에는 그 배경설명이 꼼꼼하게 들어가야 한다"며 『전통의 날조와 창조』에 대한 아쉬움을 토로하기도 했다.
10) 아야베 츠네오, 김인호 역, 〈창조된 전통〉, 『문화 인류학의 명저 50』(자작나무, 1999), 491쪽.

이 깨버린 텍스트라고 할 수 있다. 홉스봄을 비롯한 이 책의 지면을 채운 일련의 학자들은 우리가 흔히 생각하듯 '전통이라는 것은 과거로부터 역사적 과정을 거치며 자연스럽게 파생된 결과물'이라는 일반적인 생각을 받아들이지 않았기 때문이다. 대신 이들은 전통이란 중세봉건사회가 무너지고 근대사회가 형성되던 정치·사회적 격변기에 기득권 세력이 통치체제를 유지시키기 위한 일종의 수단으로 조작해 낸 것이라고 정의 내렸다. 그래서 이들은 전통이란 개념은 '발생'된 것이 아니라, '발명'된 것이라고 이야기한다. 홉스봄은 『전통의 발명』에서 '전통의 창출(Inventing Traditions)'이라는 개념을, 서론을 통해 이렇게 설명하고 있다.

> 간단히 말해서 창출된 전통이란 것들은 과거의 맥락과 형태적으로 관련성을 가지면서 새로운 상황에 대해 반응한 것들이다. 창출된 전통이 띠고 있는 그 나름의 과거를 준(準) 강제적으로 반복시킴으로써 그 선동을 세우고 있는 것이다. '전통의 창출이라는 관점'이 지난 2세기 동안 역사가들에게 매우 흥미를 끌었던 이유는 한편으로는 근대 사회는 끊임없이 변화하고 혁신되고 있는 반면에, 다른 한편으로는 근대 사회 안에서 적어도 사회 생활의 일부를 고정적이고 불변적인 것으로 구조화하고자 하는 시도들이 나타나 서로 대조를 이루어 왔기 때문이다.[11]

1987년에는 19세기 역사 '3부작'의 완결편인 『제국의 시대(The Age of Empire 1875~1914)』가 출간됨으로써 홉스봄의 25년에 이르는 19세기 역사 연구의 대장정은 그 막을 내리게 되었다. 홉스봄은 『제국의 시대』를 통해

---
11) 에릭 홉스봄 편, 최석영 역, 『전통의 창조와 날조』(서경문화사, 1995), 38쪽.

'혁명의 시대'와 '자본의 시대'를 거치며 견고해진 부르주아 사회가 그 극점에 도달하면서 또다른 모순을 배태시켜 나갔다고 이야기했다. 곧 '제국의 시대'가 도래하면서 자유주의 아래 그 전세계적 파급력을 과시하던 자본주의도 커다란 위기에 직면하게 되었음을 홉스봄은 지적한 것이다. 그는 또한 이 제국의 시대는 제1차 세계대전이 발발한 시기인 1914년에 가서야 그 막을 내리게 되었다고 분석했다.

이렇게 『혁명의 시대』, 『자본의 시대』, 『제국의 시대』로 구분된 19세기는 우리가 한 세기를 1백년 단위로 묶어서 인식하는 시기 구분과는 상당히 다른, 홉스봄만의 독특한 역사관을 보여 주는 것이기도 하다. 그는 1789년에 시작하여 1914년에 끝을 맺는 125년의 기간을 '19세기'라는 한 시기로 묶어 내었는데, 그래서 홉스봄의 역사 분류에 따른 19세기는 '장기(長期)의 19세기'라 불리기도 하는 것이다.[12]

홉스봄의 필생의 역작 '19세기 3부작'이 한국에서 완간 된 것은 1998년 가을이었다. 『혁명의 시대』는 84년에 차명수와 지금은 고인이 된 재야 경제학자 박현채의 번역으로, 『자본의 시대』는 83년에 정도영의 번역에 의해 『혁명의 시대』 번역보다도 더욱 이른 시기에 이루어져 두 권 모두 한길사에서 출간되었었다. 그러나 3부작의 종결편인 『제국의 시대』는 87년에 출간되었음에도 불구하고, 한국에서는 10년 가까이 이 책의 번역이 이루어지지 않다가 김동택의 번역에 의해 다소 늦게 빛을 보게 된 것이었다. 『제국의 시대』 한국어판도 한길사에서 출간되었는데, 한길사는 『제국의 시대』가 번역 출간되는 것을 계기로 기존에 출간되었던 두 권 『혁명의 시대』와 『자본의 시

---

12) 〈기다림 끝에 완역된 '19세기 역사'〉, 『뉴스 플러스』, 1998년 11월 12일, 80면.

대』도 아예 전면 개정하여 이 3부작을 한길 그레이트 북스 시리즈로 동시에 출간했다. 이로써 한국의 독자들도 홉스봄의 3부작을 한꺼번에 읽어 볼 수 있는 즐거움을 누릴 수 있게 되었다. 하지만 너무 높게 책정된 책값으로 인해 독자들은 책 구입에 따른 경제적 부담도 떠안아야만 했다.

1987년의 3부작 완간 이후 7년 만인 94년에 홉스봄은 20세기의 역사를 개괄하는 책을 세상에 내놓으며 노익장을 과시했는데, 『극단의 시대: 20세기의 역사(Age of Extremes: The Short Twentieth Century, 1914~1991)』가 그것이다.[13] 이 책은 한 노장 역사학자가 자신이 살아온 20세기를 장대한 스케일로 그린 거대한 벽화라고 표현할 만하다. 또한 이 책은 그의 3부작인 『혁명의 시대』, 『자본의 시대』, 『제국의 시대』의 연장선상에 놓여 있는 역사서라고도 할 수 있겠다.

홉스봄은 『극단의 시대: 20세기의 역사』를 통해 20세기를 크게 세 시기로 구분했다. 그 첫 번째 시기는 제1차 세계대전이 발발한 1914년에서 제2차 세계대전이 마감한 1945년까지로서 그에 의해 '파국의 시대'로 규정되었다. 이 시기는 인류 역사상 유례가 없던 세계전쟁이 두 차례나 발발하면서 군인 희생자보다 민간인 희생자들이 더 많았던 암울했던 시기였다고 그는 말했다. 또한 20세기의 초반기는 파시즘이 대두하고 경제불황이 닥치면서 말 그대로 인류를 '파국'으로 몰아갔던 시기였다고 그는 이야기한 것이다.

두 번째 시기는 1945년부터 오일쇼크가 발생하기 직전인 1973년까지의 기간으로 홉스봄은 이 시기를 '황금시대'라고 이야기했다. 이 시기는 전(前)

---

13) 물론 그 사이인 1990년대 초반에 홉스봄은 『1780년대 이후의 민족과 민족주의』라는 책을 출간한 바 있고, 한국에서도 94년에 창작과비평사를 통해 이 책은 번역 출간되었다. 이 책은 유럽 근현대사에서 민족주의라고 하는 것이 어떻게 발전해 나가고 또한 얼마만큼의 영향력을 행사했는가를 알 수 있는 좋은 텍스트이다. 그러나 일반 독자들이 접근하기에는 내용이 비교적 난해하다고 할 수 있다.

시기에 겪었던 두 차례의 세계대전과 이후에 파생된 냉전시대의 도래에도 불구하고 유례없는 물질적 번영을 누린 시기였다고 그는 설명했다. 세 번째 시기는 '붕괴의 시대'로 73년 오일쇼크 이후, 전(前) 시기에 누렸던 전(全) 세계적 물질적 호황은 막을 내리게 되고, 대규모 실업, 고용 불안정, 가난과 기아 등의 사회적 문제들이 다시 대두되기 시작한 시기를 말한다. 즉 이 기간은 전(前) 시기의 황금시대가 '산사태'처럼 붕괴되는 기간으로서 현실사회주의가 역사에서 막을 내린 1991년까지를 일컫는다. 이렇듯 홉스봄에게 있어서 20세기는 파국에서 황금으로, 그리고 붕괴로 이어지는 극단을 오고간 말 그대로 '극단의 시대'로 비추어진 것이었다. 이렇게 규정된 극단의 20세기는 홉스봄이 분류했던 19세기의 125년이라는 기간보다는 훨씬 짧은 77년으로 이루어져 있다.

이렇듯 홉스봄이 팔십이 가까운 나이에 내놓은 노작(勞作)『극단의 시대』가 지닌 미덕은 '3부작'과 마찬가지로 기존의 역사서들이 사회, 정치, 경제의 영역을 역사 연구의 주테마로 삼은 데 비해, 비단 이러한 영역들뿐 아니라, 문화와 예술, 그리고 자연과학의 영역으로까지 그 연구의 폭을 넓힌 데에 있다 할 수 있다.[14]

또한 이 책에서 주목할 만한 곳은 바로 홉스봄이 '한국(남한)'에 대해 기술한 부분이라 할 수 있겠는데, 이 부분을 잠시 인용해 보면 이렇다.

> 두 번째, 제3세계의 일부 지역은 두드러지게 그리고 급속하게 공업화되어 제1세계에 합류하는 중이었다. 여전히 제1세계보다 훨씬 더 가난하

---

14) 김현일, 〈사회주의 체제 운용과 붕괴과정 탁월하게 서술〉,『도서신문』, 1997년 9월 22일, 10면.

기는 했지만 말이다. 공업화 면에서 역사상 어느 성공담 못지 않게 눈부신 성공담을 보인 남한의 1인당 GNP(1989)는 유럽공동체의 구성국들 중 단연 가장 가난한 포르투갈보다 더 높았다(World Bank Atlas, 1990, p. 7). 이 경우 역시, 질적 차이를 차치하고라도 남한은 더 이상 이를테면 파푸아뉴기니와 비교될 수 없다.[15]

이 외에도 이 책의 여러 군데에서 홉스봄의 '한국에 대한 언급'이 등장하는데, 대체적으로 호의적인 평가들이다. 홉스봄에게 있어 한국의 근대화는 빠른 경제성장, 그리고 높은 교육열과 문자해독률로 인해 긍정적인 평가의 대상이 된 듯하다. 이는 홉스봄과 같은 영국 출신의 역사학자이면서도 홉스봄과는 사상적인 측면에서 상이한 위치에 놓여 있다고 할 수 있는 예일대학의 폴 케네디(Paul Kennedy)가 그의 저서 『21세기 준비』에서 "1960년대에 1인당 GNP 규모가 가나(Ghana)와 똑 같았던(230달러) 한국이 오늘날 10배 내지 12배나 더 잘 살게 된 사실 이상으로 개발도상국들간에 생겨나고 있는 격차의 확대경향을 훌륭하게 설명해 주는 것은 없다. …… 이미 전세계에서 13번째 무역대국이 된 한국은 21세기에 세계에서 가장 부유한 나라 가운데 하나가 되려고 계획하고 있다"고 언급했던 것과 상당히 유사한 느낌을 준다.[16]

이렇듯 한국에 대해 호의적인 평가를 내린 홉스봄의 견해에 대해 정현백 교수(성균관대 서양사)는 "한국의 성공에 대한 그의 역사적 분석이 완벽하진

---

15) 에릭 홉스봄, 이용우 역, 『극단의 시대: 20세기의 역사』(까치, 1997), 499~500쪽.
16) 폴 케네디, 변도은·이일수 역, 〈개발도상권의 승자와 패자〉, 『21세기 준비』(한국경제신문사, 1993), 251~252쪽.

못하지만, 세계사 속에서 한국을 자리매김하는 그의 시도가 반갑다"며 그의 제3세계에 대한 다양한 관점의 투여와 또한 그의 제3세계 역사에 대한 애정을 긍정적으로 해석하기도 했다.[17]

그리고 새로운 천년이 시작되던 시점에 그의 책 한 권이 한국에서 번역되어 나와 한국 지식인들의 그에 대한 관심을 다시 한번 자극하기도 했다. 『새로운 세기와의 대화』(끌리오, 2000)라는 제목을 달고 나온 책이 그것인데, 이 책은 이탈리아의 언론인 안토니오 폴리토가 1999년 말에 에릭 홉스봄과 행한 대담 내용을 엮은 것이었다. 이 책 『새로운 세기와의 대화』에서 홉스봄은 다가오는 21세기에 대한 노장 역사학자로서의 깊은 통찰력을 보여주었다고 평가된다.

1978년에 한길사에서 번역되어 나온 『의적의 사회사』 이후 2000년 초에 출간된 『새로운 세기와의 대화』까지 홉스봄의 책은 근 20년 간 한국에서 10여 권 가량이 번역되어 나왔다. 그 목록을 잠시 나열해 보면, 『의적의 사회사』(한길사, 1978), 『현대사회사 이론과 역사인식』(청아, 1982), 『자본의 시대』(한길사, 1983), 『혁명의 시대』(한길사, 1984), 『원초적 반란』(온누리, 1984), 『산업과 제국』(한벗, 1984), 『1780년 이후의 민족과 민족주의』(창작과비평사, 1994), 『극단의 시대』(까치, 1997), 『혁명의 시대』·『자본의 시대』·『제국의 시대』(한길사, 1998), 『새로운 세기와의 대화』(끌리오, 2000) 등이다.[18]

---

17) 정현백, 〈90년까지 현대사 정리, 한국에 대해 특별 언급〉, 『중앙일보』, 1997년 8월 3일, 17면. 필자 주 : 홉스봄의 한국경제성장에 대한 예찬은 비단 『극단의 시대: 20세기의 역사』에서만 등장하는 것은 아니다. 2000년 초에 한국에도 소개된 『새로운 세기와의 대화』라는 책을 보면 홉스봄은 1997년 말에 한국 땅에 불어닥친 IMF 구제금융사태 위기 이후에도 "한국은 가난한 나라였지만 경제기적을 이루어냈습니다. 그 결과 30년 전과 비교할 때, 한국과 스웨덴의 평균 수명 격차는 놀랄 만큼 줄어들었습니다"(196쪽)라는 말을 통해 여전히 한국의 경제성장에 대해 칭찬을 아끼지 않고 있는 것이다.
18) 최성일, 〈전체로서의 사회사 제시, 반세기에 걸쳐 진보정신 옹호〉, 『도서신문』, 1997년 12월 8일,

물론 에릭 홉스봄은 위에서 나열한 번역본 이외에도 무수한 저서 목록을 자랑하고 있는 것이 사실이다. 그 분야도 비단 그의 전공분야인 역사학에만 머무르는 것이 아니라, 인문·사회 분야의 다양한 영역으로 뻗쳐 있는데, 단적인 예로는 그가 1961년에 '프란시스 뉴턴'이라는 이름으로 저술한 재즈 비평서 『재즈 신(The Jazz Scene)』의 출간을 들 수 있겠다.[19]

또한 홉스봄은 마르크스주의 역사학자로 정평이 나 있지만, 그가 행하는 역사연구 방법은 마르크스주의 역사관에 역사적 사실을 교조적인 혹은 기계적인 방법으로 대입시키는 것이 아니었다. 19세기 3부작이나 『극단의 시대』에서 엿보이듯, 홉스봄은 그 동안 매우 유연한 역사연구의 태도로서 역사적 사실에 접근해 왔는데, 이를 통해서 그의 역사연구는 오히려 일반인들로 하여금 더욱 큰 공신력을 확보할 수 있었다. 그렇다면 그가 마음속에 품고 있는, 역사학자로서 가져야 할 자세란 과연 어떤 것일까? 그 의문에 구체적인 답을 찾아내기는 곤란하겠지만, 그가 직접 행한 말을 통해 우리는 그가 생각하는 역사학자의 모습을 조금은 이해할 수 있을지도 모르겠다.

> 역사학자는 이윤을 추구하는 사람이 아닙니다. 돈을 벌기 위해 지식을 팔지는 않지요. 역사학자는 과거에서 현재에도 중요한 것을 밝혀내고, 그 경향이 무엇이며 문제가 무엇인지 밝혀내려고 노력해야 합니다. 따라서 역사학자는 어떤 한계가 있더라도, 미래를 예측해보려고 노력해야 합니다.[20]

이휘현

13면 참조.
19) 최성일, 앞의 글.
20) 에릭 홉스봄·안토니오 폴리토, 강주헌 역, 『새로운 세기와의 대화』(끌리오, 2000), 12쪽.

자크 라캉
Lacan, Jacques

천재인가 사기꾼인가? 정신분석가인가 종교 지도자인가? 사상가인가 마술사인가? 자크 라캉은 열광과 찬사와 배척과 결별을 야기시켰다. 그와 같은 세대의 정신분석가와 학생들에 대한 그의 마력, '프로이트로 돌아가자'라는 이름으로 시도된 프로이트의 유산에 대한 광범위한 재검토, 정신분석에 적용된 초현실주의와 '언어공장(linguisterie)'의 매력과 그의 실천 스타일은 대화제를 일으켰고, 정신분석가들은 그 화제 앞에서 신속하게 대응해야만 했다. 그가 제시하는 모험의 길로 들어서든지, 아니면 비판적이거나 근본적인 거부의 태도를 보이든지. …… '라캉 현상'은 프랑스의 정신 분석을 갈래갈래 찢으면서 퍼져나갔다.

다소 선정적이고, 매끄러운 표현은 아니지만, 파리 정신분석학회 회장을 역임한 질베르 디아트킨이 쓴 『자크 라캉』의 국내 번역판은 책의 뒷표지에서 위와 같이 말하고 있다.[1] 도대체 어떤 인물이길래 그 난리란 말인가? 1901년에 태어나 1981년에 죽은 인물. 그가 죽은 지 약 20년이 됐건만 그의 이름은 여전히 펄펄 살아 있다. 학계는 물론 저널리즘 영역에서도. 라캉이 도대체 무슨 일을 했길래? 라캉 전문가 마단 사럽은 다음과 같이 말한다.

라깡은 인간 주체(개체)가 애초부터 존재한다고 생각하는 모든 사람들에 적대적이다. 라깡에게는 성이나 무의식 어느 것도 미리 주어진 것이 아니다. 이것들은 구성물인 것이다. 인간 주체는 언어 내에서 그리고 언어를 통해서 구성된다. 언어는 개체 내부에서 발생하지 않는다. 그것은 항상 세계 바깥 저기에 있다. 말하자면, 인간이란 동물은 언어 속에서 태어나며, 바로 이런 언어의 측면 안에서 인간 주체가 구성되는 것이다. …… 여러 영역에서 활동하는 저술가들이 오늘날 라깡의 개념을 광범위하게 이용하고 있으며, 라깡의 이론을 이용한 괄목할 만한 발전이 페미니즘 사상, 문학 연구, 영화 비평에서 생겨나고 있다. 뿐만 아니라, 나는 라깡의 사상이 문화 연구 전반에 걸쳐서 중요한 지적 진보를 자극해 왔다고 주장하고 싶다. 정체성이란 무엇이며 주체는 어떻게 구성되는가? 정치적인 것과 개인적인 것의 차이는 무엇인가? 일상 생활에서 언어의 기능은 무엇인가? 욕망의 속성은 무엇인가? 이 모두가 라깡이 어떤 흥미를 갖고 이야기해 온 질문들이다.[2]

---

1) 질베르 디아트킨, 임진수 옮김, 『자크 라캉』(교문사, 2000). 임진수의 또다른 번역서로는 나지오, 『자크 라캉의 이론에 대한 다섯 편의 강의』(교문사, 2000)가 있다.
2) 마단 사럽, 김해수 옮김, 『알기 쉬운 자끄 라깡』(백의, 1994), 37~38쪽.

그러나 이 글을 읽는 독자들은 라캉의 사상이 어떤 것인지 그걸 구체적으로 알겠다는 생각은 미리 버리는 게 좋겠다. 지금 이 글을 쓰는 사람도 여전히 그걸 알지 못한다. 이 글은 라캉의 사상을 소개하기 위한 것이라기보다는 라캉을 둘러싼 지식계의 풍경을 보여주려는 것이다. 라캉을 소개하는 책에나 글에 빠짐없이 등장하는 말이 있다. 그건 라캉의 글이 얼마나 어려운가 하는 것이다. 라캉은 '이론'이라는 용어에 강한 적개심을 보인 인물이었는데, 그래서 그런지 그는 글을 일부러 어렵게 쓰기 위해 무진 애를 썼다. 그러니 독자들은 아예 처음부터 라캉을 알겠다는 생각을 버리고 라캉에 관한 이야기가 무엇인지 그걸 알겠다는 편안한 자세로 임하면 이 글에 대해 큰 불만은 갖지 않게 되리라 믿는다. 우선, 라캉의 글이 얼마나 어려운지, 그걸 토로하는 라캉 전문가들의 말을 몇 개 인용해보자.

"이 책을 쓰면서 나는 많은 어려움을 겪었다. 길을 찾느라 발끝으로 살금살금 걸어야 할 때가 많았다. 때론 라캉의 문학적인 스타일이 장애가 되었다. 그는 의도적으로 글을 애매모호하게 썼고 구문의 음악성을 이용해서 글쓸길 좋아했다. 그래서 글의 의미가 쉽게 파악되지 않았다."[3]

"라깡의 문체는 난해하다. 이해불가능하고, 심원하며, 모호하다고도 일컬어져 왔다. 그의 문체는 말라르메와 같은 시인까지 거슬러 흔적을 찾을 수 있는 프랑스의 전통에 속한다. 심지어 까뜨린느 끌레망은 라깡은 새로운 정신분석학적 이론의 창시자일 뿐 아니라, 자신이 라깡을 경험한 바에 의해, 시적 영감에 의해 신들린 무당이고 마법사다 라고 쓴 적이 있을 정도였다."[4]

"초기 작업에서 라깡은 미친 여인들과 이들의 폭력적 행동에 매료되었던

---

3) 아니카 르메르, 이미선 옮김, 『자크 라캉』(문예출판사, 1994), 25쪽.
4) 마단 사럽, 김해수 옮김, 『알기 쉬운 자끄 라깡』(백의, 1994), 33쪽.

듯 하다. 그는 또한 이 여인들 중 몇몇이 써낸 '영감을 받은' 편집증적 글쓰기에 사로잡혀서 자신의 저작에 편집증적 문체를 섞어 넣기도 했다."[5]

"그의 문체는 동음이의어의 사용으로 말미암아 훨씬 꼬여져 있으며, 후기 저작에는 번역조차 불가능한 제임스 조이스식의 말장난이 많이 나온다. 그의 텍스트는 대충 읽어 넘어가지 못하도록 조직되어 있다고 일컬어져 왔다."[6]

"누구나 다 실토하는 바이지만, 라깡을 완전히 이해하기가 불가능하다. 그의 사상과 문체는 비의(秘義)에 가득 차 있고 언어학, 수학, 물리학, 철학, 민족학, 예술 등의 제반 이론이 쏟아진다. 거기다가 그의 문체는 통상적 설명문이나 서술문이 아니고, 결합체의 문장을 토대로 계열체적 개념들이 은유법으로 들어서 있다. 엄밀한 과학지식을 탐구하는 와중에 갑자기 난해한 추상시와 같은 은유가 등장하면, 우리는 아연해진다. 그러나 라깡에게는 엄청난 매력이 있다. 이 매력, 알게 모르게 끌리는 그 매력 때문에 많은 철학자나 정신과 의사가 그를 더 알고자 오늘도 수고를 아끼지 않는다."[7]

"『에크리』의 독자를 위한 안내서인『라깡과 언어』라는 책을 썼던 뮬러와 리처드슨도 라깡을 읽을 때 몹시 화가 나고 지극히 고통스러웠다고 술회한다. 갤럽은 수년 동안이나 공부하고도 라깡의 텍스트를 완전히 이해한다는 것이 불가능함을 깨닫게 되었다고 고백할 정도다."[8]

"라깡의 글쓰기는 사람을 놀리기도 하고 유혹하기도 한다. 그것은 거짓

---

5) 마단 사럽, 김해수 옮김,『알기 쉬운 자끄 라깡』(백의, 1994), 98쪽.
6) 마단 사럽, 김해수 옮김, 위의 책, 129쪽.
7) 김형효,『구조주의의 사유체계와 사상: 레비-스트로쓰, 라깡, 푸꼬, 알뛰쎄르에 관한 연구』(인간사랑, 1989), 227~228쪽.
8) 김종주, 〈라깡과 정신분석〉, 계간『현대시사상』, 1994년 여름, 84쪽.

동작, 위장 술수, 둘러대기, 흉내내기로 가득 차 있다. 그것은 단락에서 단락으로 넘어가면서 그 의미를 감추고 호도(糊塗)한다. 그래서 그런 감추기가 조잡해 보일 때조차도, 그는 자신이 부주의해서 그런 것이 아니라, 하층민들의 관례를 무시하는 영주(領主)다운 무관심 때문에 그렇게 했다고 독자들을 믿게 만든다."[9]

"'도대체 그가 말하려는 게 뭐야?' '이따위로 써 놓고 도대체 이해하라는 거야?' 프로이트를 비방한 사람들이 비록 프로이트가 '당치도 않은' 얘기를 꺼냈지만 무슨 소리인지는 알겠다는 반응을 보인 데 비해, 라캉을 매도하는 사람들은 우선 그가 무슨 소리를 하는지 모르겠다는 것이고, 그래서 그런 이유로 '당치도 않은' 것보다 더 나쁜 경우, 즉 위험한 변태라고 생각하는 경향이 있는 것이다. 라캉의 저작은 처음 읽어보면 정말 대단히 어렵다. 그래서 상상력 넘치는 현대문학의 다의적(多義的) 구조를 잘 이해하는 독자조차도, 라캉은 세 번, 네 번 읽어도 여전히 애매 모호한 사람이라고 말한다. 그리고 라캉 자신은 독자들의 이런 반응에 대하여 자축할 일이라는, 아주 도발적인 논조의 글을 썼다. …… 라캉처럼 의도적으로 애매 모호한 글쓰기에 지속적이고도 적극적인 가치 부여를 한 사람은 없을 것이다. 그는 무의식을 연구하는 학자라면 집필을 할 때 어렵게 쓰는 것이 도덕적으로 마땅하다는 듯한 암시까지 하고 있는 것이다."[10]

모든 사람들이 다 라캉의 난해함에 매료된 건 아니다. 라캉의 난해함을 '지적 사기'로 보는 사람들도 있다. 미국의 물리학자 앨런 소칼과 벨기에의 물리학자 장 브리크몽은 그들의 저서 『지적 사기』에서 라캉이 과학용어를

---

9) 맬컴 보위, 이종인 옮김, 『라캉』(시공사, 1999), 292쪽.
10) 맬컴 보위, 이종인 옮김, 위의 책, 13~15쪽.

'오용' '남용' 하는 걸 문제 삼았다. 그들은 다음과 같이 말한다.

"라캉의 글은 시간이 흐를수록 문법을 무시하고 단어들을 끼워맞추는 장난을 일삼으면서 수수께끼의 도가 점점 심해졌다. 이것은 상당수의 종교 텍스트들에서 공통적으로 나타나는 현상이다. 라캉을 따르는 제자들은 그 텍스트를 우러러 받들면서 주해를 달았다. 그러니 우리 앞에 새로운 종교가 나타난 게 아닐까 하는 의구심을 떨치지 못하는 것도 무리는 아니지 않겠는가."[11]

라캉은 1901년 4월 13일 프랑스 파리에서 부유한 집안의 장남으로 태어났다.[12] 아버지는 포도주 제조업자였고, 어머니는 파리 남부에 위치한 오를레앙에서 식초 제조 공장을 하는 부유한 가정 출신이었다. 그의 집안은 가톨릭 신앙이 매우 강했는데, 파리 정신분석학회 회장을 역임한 질베르 디아트킨은 라캉의 종교에 대한 태도가 역설적이었다고 말한다.

"전통적인 가톨릭 집안에서 자랐고 동생이 사제였기 때문에, 1923년 사기의 신앙을 버릴 때, 그는 집안의 빈축을 산다. 그러나 1953년, 그는 부활절에 동생에게 편지를 써서, 정신분석이 기독교적인 전통 속에 있다는 것을 이해시키려고 한다. 그렇다고 그가 무신론을 포기한 것은 아니다. 1953년 9월, 그는 동생에게 교황을 알현할 수 있도록 주선해 주기를 요구한다! 이론적인 관점에서, 그는 종교를 아주 커다란 존경심을 가지고 다루면서도, 그것을 마법과 같은 차원에다 놓는다. (종교에 대한) 그러한 관용은 여러 사제와 신도들을 그의 세미나로 끌어들인다."[13]

---

11) 앨런 소칼·장 브리크몽, 이희재 옮김, 『지적 사기: 포스트모던 사상가들은 과학을 어떻게 남용했는가』(민음사, 2000), 61쪽.
12) 그가 태어나기 1년 전인 1900년에 프로이트의 『꿈의 해석』이라는 책이 세상에 선을 보였다.
13) 질베르 디아트킨, 임진수 옮김, 『자크 라캉』(교문사, 2000), 185쪽.

라캉은 파리에 있는 스타니슬라스 인문계 고등학교를 거쳐 파리 의과대학에 진학해 정신병치료학을 전공했으며, 1932년에 『편집증적 정신병과 인성과의 관계』란 논문으로 박사 학위를 받았다. 그는 박사 학위 논문을 준비하면서 여러 차례 프로이트에게 직접 지도를 받았다. 라캉 전문가인 마단 사립은 라캉의 박사 학위 논문에 대해 다음과 같이 말한다.

> 편집증에 관한 그의 박사 논문은 초현실주의 서클에게서 가장 열렬한 환영을 받았다. 역설적이게도 정신분석학은 프랑스 의학 서클에서 심각하고 지속적인 저항을 만났으며, 오히려 문학 환경에서 첫 번째의 우호적인 환영을 받았다. 어떤 작가들은 정신분석학이 문학적 자기반성의 이론에 부합될 수 있을 것이라고 주장함으로써 기존 문학 담론에 정신분석학을 흡수하려고 했다. 초현실주의자들에게 정신분석학은 매우 상이한 기능을 가졌다. 이것은 부르주아 가치를 공격하는 수단이었던 것이다. 초현실주의자들은 정신병 치료학의 최우선적인 기능이 사회적 억압의 기능이라고 믿었다. 이들은 정상과 비정상의 구별이 자명하지 않다고 하는 정신분석학적 관점에 동의했다.[14]

라캉은 1933년 초현실주의 잡지 『미노뜨르』에 논문을 발표하였다. 이는 라캉이 초현실주의자들과 영향을 주고받는 관계였다는 걸 의미하는 것이다. 마단 사립은 "무의식은 언어와 같이 구조되어 있다"는 라캉의 유명한 슬로건이 심리 현상의 언어적 표현에 대한 초현실주의자들의 관심에 상당 부분

---

14) 마단 사립, 김해수 옮김, 『알기 쉬운 자끄 라깡』(백의, 1994), 47~48쪽.

빚지고 있다고 말한다.[15] 마단 사럽은 이 잡지와 라캉의 관계에 대해 다음과 같이 말한다.

"이 잡지에는 브르똥, 엘뤼아르, 달리, 마송, 피카소[16]등등의 작품이 등장한다. 그는 초현실주의자들을 수없이 보아왔다. 주지하듯, 초현실주의자들은 프로이트에게서 큰 영향을 받았다. 그들은 언어를 사랑했으며 말장난을 즐겼다. 그들은 당신들이 잘못된 말을 사용할 때, 말로 의미하고자 하는 단어가 아닌 단어를 사용할 때, 말하고 있는 자가 사실은 당신이 아니라고 하는 그 프로이트적 사고를 좋아했다. 당신은 말해지고 있는 것이다. 새로운 이론을 이해하기 위해 노력할 때, 그 이론가가 무엇을 반대하는 가를 알면 종종 도움이 된다. 라캉은 근본적으로 앵글로색슨 철학적 전통에 반감을 갖고 있다. 이 전통 내에 있는 영국은 특히 '상식'의 덕목을 강조한다. 상식은 아무튼 현실적이라고 생각되어진다. 우리는 상식을 기반으로 하여 합리적으로 행동할 수 있음은 당연한 일이다. 정신분석학의 분야에서 영국은 분석자의 능력을 강조하는 경향이 있다. 그같은 믿음은 이런 생각을 이데올로기적이라고 보는 라캉 학파에 의해 논박된다."[17]

라캉은 1936년 국제정신분석학회의 제14차 회의에서 그 유명한 『거울단계』라는 논문을 발표했다. '거울단계'란 무엇인가? 마단 사럽은 다음과 같이 말한다.

거울 단계는 아이가 자신의 신체를 완전히 마스터하지 못한 때(대개

---

15) 마단 사럽, 김해수 옮김, 앞의 책, 51쪽.
16) 피카소에 대해서는 〈파블로 피카소〉, 『시사인물사전 5』를 참고하십시오.
17) 마단 사럽, 김해수 옮김, 앞의 책, 36쪽.

생후 6개월과 18개월 사이) 생기는 것으로 생각된다. 거울 단계는, 유아가 자신의 신체 행동을 완벽하게 통제할 수 없음에도 불구하고, 처음으로 자신을 일관되고 자기통제가 가능한 총체로 상상할 수 있게 되는 시기이다. 이 때에 다음과 같은 일이 일어난다. 아이는 거울 앞에서 자신을 발견한다. 아이는 멈추어 서서, 그 반영을 보고 웃으며, 그런 후 자신을 안고 있는 사람을 향해 돌아본다. 아이는 자기 어머니나 아버지를 쳐다보고는 다시 자신을 쳐다본다. 이런 필수적인 단계가 발생할 동안, 아이는 자신의 어머니의 (떼어져 있는) 신체로부터 스스로를 분리시킴에 틀림없고 주위를 둘러보고는 다른 사람을 다른 사람으로서 알 수 있게 됨에 틀림없다. 즉 아이는 큰타자와 떨어진 분리를 느끼고, 또 떨어지고 분리된 정체성의 부담을 생각하기 시작함에 틀림없다. 아이는 왜 고개를 돌려 큰타자를 쳐다 보는가? 큰타자는 아이의 존재를 보장해주며, 자아와 타자의 차이를 증명해준다. 이것이 모든 주체성이 근거하고 있는 행동이며, 인간 개체가 태어나는 순간인 것이다. 거울 단계가 중요한 것은 이것이 인성의 가장 안전한 정상상태에서 가장 정신질환이 심한 분열상태까지 걸친 결과들을 수반하기 때문이다.[18]

라캉은 1938년 국제정신분석학회의 지부인 파리정신분석학회의 정회원이 되었으며, 나치를 피해 런던으로 망명했다가 1939년 점령당한 파리의 육군병원에서 일했다. 한편 프로이트는 1939년 9월 23일 런던에서 사망하였다. 프로이트의 사망은 이후 라캉이 죽는 날까지 벌이게 될 '프로이트로 돌아가

---

18) 마단 사럽, 김해수 옮김, 『알기 쉬운 자끄 라깡』(백의, 1994), 103~104쪽.

기 운동'의 시작을 예고하는 것이었다.[19] 그건 어쩌면 프로이트라는 '아버지'를 둘러싼 전쟁이었는지도 모를 일이었다.

1941년 조르주 바타이유와 별거 중이던 그의 아내 실비아 바타이유가 주디스를 낳았는데, 주디스는 라캉의 딸이었다. 그러나 라캉은 아직 유부남이었기 때문에 주디스는 바타이유의 성을 받았다. 라캉은 1934년 1월 마리-루이스 블롱댕과 결혼해 그 달에 맏딸 캐롤린을 얻었고 이후 장남 티보(1939)와 둘째딸(1940)을 얻은 몸이었는데, 이른바 불륜을 저지른 것이었다. 마리-루이스는 라캉에게 이혼을 요구했으며, 두 사람 사이의 공식적인 결별은 1945년에 이루어졌다.[20]

라캉은 1951년부터 파리정신분석학회 내에서 "짧은 시간의 면담도 상관없다"는 주장을 하기 시작했으며, 실비아 바타이유의 아파트에서 주간 세미나를 열기 시작했다. 이 세미나에는 소수의 수련 정신분석학자들이 참가했는데, 세미나는 프로이트의 사례 연구, 쥐 인간, 늑대 인간 등을 읽고 강평하는 형식으로 이루어졌다.[21]

라캉은 미국이 주도하는 국제정신분석학회가 프로이트의 체계에서 이탈해 있다는 이유로 평생 국제정신분석학회와 그 지부인 파리정신분석학회에 반대하는 입장을 취했는데, 그는 1953년 6월에 두 학회를 탈퇴하여 독자적으로 프랑스정신분석학회를 창설하였다.

---

19) "제2차 세계대전 직후의 프랑스는 가난과 혼란으로 가득 차 있었다. 숱한 사람이 신경증과 정신병으로 신음하는 현실에 식년하여 라캉은 분석시간을 5분으로 줄이고 많은 환자를 받았으며, 교육과정을 단축하여 많은 제자를 배출하였다." 김인환, 〈라캉〉. 1980년대 후반(?) 『신동아』의 부록으로 나온 책에 실린 글.
20) 맬컴 보위, 이종인 옮김, 『라캉』(시공사, 1999), 316~318쪽.
21) 라캉은 실비아 바타이유와 1953년에 결혼하였다. 맬컴 보위, 이종인 옮김, 위의 책, 318~319쪽.

라캉은 1953년 7월 프랑스정신분석학회에서 『상징계, 상상계, 실재계』라는 논문을 발표하였고, 9월에는 로마에서 『말의 기능과 분야 및 정신분석의 언어』라는 논문을 발표하였다. 이 로마에서 발표한 논문에 대해 인천기독병원 신경정신과 교수 김종주는 다음과 같이 말한다.

"그 논문의 서두에서 기존의 정신분석학파들이 오히려 프로이트를 배반한 것이라고 맹비난을 퍼붓고 있다. 특히나 기존의 정신분석학파에서는 회원들의 독창성과 진취성을 억누르는 그러한 형식주의가 팽배해 있고, 또 제자들이 홀로 서 보려는 독립심을 꺾어 버려 제자들을 영원히 미성년자의 위치에 머무르게 한다. 그 때문에 정신분석이 원래부터 지향하고 있던 목표에서 어긋날 수밖에 없다. 뿐만 아니라 길고 어려운 과정을 거쳐야 분석가가 될 수 있는 기존의 정신분석학파와는 달리, 라깡은 '통과'라는 간편한 방식을 주장했다. 또한 라깡은 면담시간을 50분으로 제한하는 기존의 방법을 못마땅해했다. 얼마든지 그보다 길 수도 짧을 수도 있다는 주장이다."[22]

라캉은 1953년 11월부터 그 유명한 세미나를 본격적으로 개최하였는데, 이에 대해 마단 사럽은 다음과 같이 말한다.

"라깡은 정신분석학을 프랑스에서의 지배적인 지적 원칙으로 만들었다. 1953년부터 줄곧 그는 파리에서 매주 또는 주 2회 강연을 개최했는데, 이를 그는 세미나라고 불렀다. 라깡은 650명 수용의 강의실을 가득 메운 약 800명의 청중에게 강의하곤 했다. 수 년에 걸쳐 많은 작가들과 지식인들이 그의 세미나를 수강했는데, 그 중에는 알뛰세, 바르뜨,[23] 데리다, 푸꼬,[24]

---

22) 김종주, 〈라깡과 정신분석〉, 계간 『현대시사상』, 1994년 여름, 77쪽.
23) 바르뜨에 대해서는 〈롤랑 바르트〉, 『시사인물사전 5』를 참고하십시오.
24) 푸꼬에 대해서는 〈미셸 푸코〉, 『시사인물사전 6』을 참고하십시오.

야콥슨, 크리스테바, 레리, 마노니, 메를로-퐁띠, 리께르, 솔레 등이 있었다. 이들 공개 세미나는 26년 동안 열렸다. 이 세미나의 원래 목적은 정신분석학자들에게 프로이트를 세심하게 읽는 방법을 가르치는 것이었고 그 두 번째 목표는 정신분석학 이론을 발전시키고 확장시키는 것이었다."[25]

1950년대 후반에 이르러 국제정신분석학회와 라캉 사이의 갈등은 새로운 국면을 맞게 되었다. 프랑스정신분석학회는 59년 국제정신분석학회에 회원 자격을 요청했지만, 61년에서야 겨우 스터디 그룹의 지위를 부여받을 수 있었다. 라캉을 프랑스정신분석학회의 훈련 프로그램에서 제외시키지 않는 한 정회원 자격을 줄 수 없다는 것이었다. 라캉은 63년 프랑스정신분석학회 회장직을 사임하고 64년 자신의 학회인 파리 프로이트 학교를 설립하였다.

라캉이 사실상 국제정신분석학회로부터 축출된 이유는 두 가지였다. 그건 에고 심리학과 면담시간을 둘러 싼 갈등 때문이었다. 라캉은 에고(자아) 심리학을 혹독하게 비난하였는데, 이에 대해 마단 사럽은 다음과 같이 말한다.

"에고 심리학자들이 미국으로 이민해 왔을 때, 집단 규범에 대한 적응을 강조한 것이 특히 두드러져 보였다. 순응에 대한 압력이 있었다. 예를 들면 에고심리학자들은 유일한 '완전' 형태로 성기에 의한 성행위를 강조했으며 다른 형태의 성행위는 일탈된 것이라고 주장했다. 에고심리학은 당시의 지배적인 사회학인, 탈코트 파슨스의 합의 구조 기능주의와 딱 맞아 떨어졌다. 라캉의 업적 중 하나는, 정신분석학이 사회적 적응을 위한 목적으로 사용되어서는 안된다는, 인간주체의 규제를 위한 그리고 '현실'에 대한 적응을 위한 장치가 되어서는 안된다는 점을 우리에게 인식시켜 주었다는 것이

---

25) 마단 사럽, 김해수 옮김, 『알기 쉬운 자끄 라캉』(백의, 1994), 6쪽.

다."[26]

"라깡은 기회가 있을 때마다 미국의 에고심리학을 비난했다. 유럽 이민자에 의해 형성된 이런 종류의 정신분석학은 판단력과 기존 사회 조건에 대한 개인의 적응력을 지나치게 강조했다. …… 라깡은 여러 가지 주장으로 이런 태도를 공격한다. 먼저, 그는 에고의 '건강한 부분'에 대한 에고 심리학자들의 개념을 비판한다. 라깡이 질문하기를, 어느 '부분'이 '건강한 지'를 그들이 어떻게 아는가? …… 에고에 대한 라깡 자신의 개념은 에고란 필시 전혀 믿을 수 없다고 하는 것으로, 이는 주체 자신의 욕망을 타인들의 욕망과 식별해낼 수 없기 때문이다. 라깡에 의하면 에고는 자율적이지 못하며, 그 발달과정에서 에고가 동일시해온 사람들과 이미지들에 종속되고 소외된다."[27]

라캉의 에고 심리학에 대한 비난은 사실상 '프로이트로 돌아가기'라는 그의 신념에서 비롯된 것임은 두 말할 나위 없다. 프로이트의 무의식을 '프로메테우스적' 혹은 '코페르니쿠스적' 발견이라 불러온 라캉으로선 그걸 무시하고 확고한 자아를 환자에게 확립시키는 것을 목적으로 삼는 에고 심리학을 결코 용납할 수 없었던 것이다. 라깡이 보기에 에고 심리학은 '인간공학 (human engineering)'에 지나지 않는 것이었다.[28] 김종주는 다음과 같이 말한다.

라깡은 미국의 정신분석, 특히 자아 심리학에 대해 분노를 느끼고 경멸하며 적대적인 태도를 취한다. 그가 자아 심리학을 비판하는 이유는 프

---

26) 마단 사럽, 김해수 옮김, 『알기 쉬운 자끄 라깡』(백의, 1994), 36~37쪽.
27) 마단 사럽, 김해수 옮김, 위의 책, 114~115쪽.
28) 신명아, 〈라깡과 페미니즘〉, 계간 『현대시사상』, 1994년 여름, 107쪽.

로이트의 정신분석을 배반했다는 것이고, 무의식을 억압하며 환자를 독선적으로 다룬다는 점이다. 자아 심리학은 미국인이 원하는 것을 그들에게 주면서 그들의 가치관에 맞도록 정신분석을 변형시켰다는 것이다. 라깡은 대륙에서 미국으로 건너간 악마들과 미국이 연합해서 자아 심리학을 만들어 냈다는 극언까지 서슴지 않는다.[29]

그렇게까지 극언을 해야 할 필요가 있었을까? 라깡의 에고 심리학에 대한 적대감은 프로이트라는 아버지를 차지하기 위한 쟁탈전은 아니었을까 하는 생각이 든다. 계명대 영어영문학과 교수 정문영이 지적했듯이, "안나 프로이트와 에고 심리학을 연결짓는 라깡의 태도에서 우리는 소위 프로이트의 후계자로 여겨지는 그녀의 정신분석학과 라깡 자신의 정신분석학을 변별하여 자신의 우위성과 차별성을 강조하려는 의도를 감지할 수 있다."[30]

면담시간도 라깡이 국제정신분석학회와 갈등을 빚게 된 또 하나의 이유였다. 면담시간은 전통적으로 50분이었는데, 라깡은 오래전부터 이에 대해 이의를 제기해왔다. 마단 사럽은 다음과 같이 말한다.

"라깡은 정신분석 면담기간의 길이를 문제시함으로써 많은 사람의 반감을 샀다. 50분짜리 면담기간과 '짧은' 면담기간의 차이는 곧 시간에 대한 두 가지 개념의 차이이다. 한편으로 시간은 정밀성으로 채워져 있지만 다른 한편 시간은 대략적이고 가변적인 것이다. 정상적인 정신분석의 시간에서는 면담기간의 끝을 결정하는 것은 시계이다. 라깡은, 아무튼 자신에게 50분이

---

29) 김종주, 〈라깡과 정신분석〉, 계간 『현대시사상』, 1994년 여름, 86쪽.
30) 정문영, 〈라깡: 정신분석학과 개인 주체의 위상 축소〉, 윤효녕 외, 『주체 개념의 비판: 데리다, 라깡, 알튀세, 푸코』(서울대학교출판부, 1999), 69쪽.

보장되어 있음을 알고 있는 어떤 피분석자들은, 자기의 면담기간을 전혀 자신과 관계가 없는 문제를 논하는데 사용한다고 주장했다. 라캉은 이런 피분석자들은 이 50분 시간을 방어용으로, 즉 분석자의 시간을 허비시키고 자신을 위해 기다리게 한 데 대한 변명용으로 사용한다고 판단했다."[31]

라캉과 국제정신분석학회와의 갈등은 이후로도 계속되는데, 갈등의 내용과 양상이 어찌나 복잡한지 『정신분석학의 정치(Psychoanalytic Politics)』라는 책까지 나와 있을 정도다. 어느 쪽이 옳건 그르건, 양진영의 갈등에 있어서 라캉이 "카리스마적이고 독단적 아집의 아버지"로 군림했던 건 분명하다.[32] 라캉이 국제정신분석학회로부터 쫓겨난 1963년, 그 타격을 상쇄할 만한 좋은 일이 라캉에게 일어났다. 마단 사럽의 말을 들어보자.

"맑시즘 철학자인 루이 알뛰세는 라캉이 고등 사범학교에서 세미나를 해주도록 초청했다. 세미나를 생 안느 병원에서 사범학교로 옮긴 후, 라캉의 세미나는 파리의 지성인 집단에서 가장 걸출한 인물들을 위한 모임 장소가 되었다. …… (라캉의 『에크리』가 1966년에 출간된 이후, 천 명이나 되는 많은 수의 사람들이 그의 세미나에 참가하려고 기를 썼다!) 이 기간 동안 라캉과 좌파간의 교량은 사범학교에서 맑시즘 집단과 라캉과의 교제에 의해 강화되었음이 분명한 듯하다. 전통적으로 맑스주의자들은 정신분석학이 경제적, 정치적, 역사적 맥락의 측면에서 사물을 보지 않고 개인을 강조한다는 이유로 이를 비난해 왔다. 1960년대에는 스탈린 격하 운동과 평화적 공존이라는 새로운 정치에 의해 화해와 대화로 향한 이동이 있었다. 철학 교수이자 공산당원인

---

31) 마단 사럽, 김해수 옮김, 『알기 쉬운 자끄 라깡』(백의, 1994), 116~117쪽.
32) 에디츠 쿠르츠웨일, 〈자끄 라깡: 구조주의적 정신분석〉, 이광래 옮김, 『구조주의의 시대: 레비-스트로스에서 푸꼬까지』(종로서적, 1984), 137쪽.

루이 알뛰세는 프로이트와 맑스에게 상당부분 공통점이 있다고 주장하기 시작했다. 맑스가 새로운 지식의 대상(생산양식)과 새로운 앎의 방식을 발견한 것과 마찬가지로, 프로이트는 과학의 대상으로서 무의식을 발견했다는 것이다. 프로이트 역시 인간과 사회에 대한 학문, 새로운 앎의 방식을 정의했다. 정신분석학에 대한 이같은 해석은 라깡의 프로이트 읽기에 크게 의존한다. 그래서 알뛰세는 1964년에 쓴 유명한 논문인 『프로이트와 라깡』에서 그의 견해를 드러냈다. 이 짤막한 논문의 중요성은 이 글이 알뛰세 자신의 제자들 집단을 넘어서서 라깡의 작업에 대한 관심을 확대시켰다는 데 있다."[33]

라캉은 강연이라고 하는 '퍼포먼스'에서도 탁월한 재능을 보여주었다. 하긴 그렇다. 그게 없다면 그 많은 사람들이 아무리 지적 허영심이 강하다 하더라도 '메시지' 하나만 들으려고 그렇게 몰려들었을 리 만무하다. 프랑스의 정신분석 역사가인 엘리자베트 루디네스코는 『프랑스 정신분석의 역사』에서 라캉이 세미나에서 보여준 모습을 다음과 같이 묘사했다.

"그는 마치 자신이 말하는 바로크적 구문(句文)같은 괴이한 복장을 하고 있었다. 1교시가 끝나자마자 그는 생트-안느에 있는 계단 강의실로 향했다. …… 바로 그곳에서, 그는 10년에(이) 넘는 기간동안, 떨리는 목소리로, 때로는 머뭇거리면서, 때로는 천둥같이 포효하면서, 한숨과 망설임을 섞어가며 그 유명한 강의를 진행했던 것이다. 그는 말할 것을 미리 노트에 준비했지만, 막상 청중 앞에 서면 마치 그레타 가르보[34]를 발성 코치로, 아르투로 토스카니니를 정신적인 안내자로 가진 왕립 셰익스피어 연극단원처럼 즉흥적인 연설을 하곤 했다. 라캉은 신실을 말하기 위해 일부러 거짓을 가장했

---

33) 마단 사럽, 김해수 옮김, 앞의 책, 13~14쪽.
34) 그레타 가르보에 대해서는 『시사인물사전 6』을 참고하십시오.

는데, 그것은 끊임없이 스러지려 하는 엄밀함을 가진 목소리를 통해, 마치 복화술사처럼, 무의식 속에 있는 비밀의 거울을 다시 드러내고, 끝없이 붕괴의 위기에 직면하는 대각(大覺)의 징후를 보여주는 것과 같았다. 그는 마술을 부리지 않는 마법사였고, 최면을 쓰지 않는 구루 guru, 신이 없는 예언자였다. 그는 매혹적인 언어로 청중들을 사로잡았고, 욕망의 가장자리에서 계몽의 세기를 다시 태어나게 했다."[35]

라캉이 1966년에 내놓은 『선집(Écrits)』(또는 『기록』, 『에크리』)은 920쪽이나 되는 방대한 저서인데, 이 책의 출간과 함께 라캉의 사상은 인문사회과학 전반에 큰 영향을 미치게 되었다.

앞서 라캉의 글이 얼마나 어려운가에 대해 자세히 소개한 바 있듯이, "이 책은 라캉 자신의 자유연상을 자유자재로 구사하고 있기 때문에 문장과 문장 사이의 비약이 극도로 심하다. 게다가 라캉이 중년에 잠시 취미를 붙인 수학의 군론(群論)과 집합론 때문에 아리송한 도식과 수식이 우리들의 이해를 더욱 어렵게 하고 있다."[36]

라캉은 1968년 '5월 사태' 때 학생운동을 지지하는 입장을 표명하였으며, 69년 뱅센대학(파리 8대학)에는 라캉 지지자들에 의해 정신분석학과가 창설되었다. '5월 사태' 당시 라캉의 활약에 대해 고려대 교수 김인환은 다음과 같이 말한다.

"1968년에는 노구를 이끌고 거리로 뛰쳐나와 학생들과 함께 5월혁명에 참여하였는데, 당시의 학생들은 사르트르와 라캉을 학생운동의 두 기둥이라

---

35) 존 레흐트, 〈쟈끄 라깡〉, 곽동훈·김수무 옮김, 『문화연구를 위한 현대사상가 50』(현실문화연구, 1996), 143~144쪽에서 재인용.
36) 김인환, 〈라깡〉. 1980년대 후반(?) 『신동아』의 부록으로 나온 책에 실린 글.

고 불렀다. 일찍이 아무런 정치이론도 내세운 적이 없던 라깡이 이렇듯 현실정치에 참여한 것은 일견 이상하다 하겠으나 정치이론이 없다고 하여 정치판단까지 없는 것은 아닐 터이니 그것이 전혀 이해할 수 없는 일은 아닐 것이다."[37]

마단 사럽은 1968년 5월 사태 기간 동안 많은 사람들이 "해방된 정치는 해방된 인간관계로부터만 나올 수 있을 것이라고 믿었다"며 5월 사태 이후 지위가 급격히 격상된 정신분석학에 대해 다음과 같이 말한다.

> 1968년 이후 정신분석학에 대한 관심이 폭발하였으며, 5월 사태 이후의 몇 년 동안 프랑스 정신분석학은 이전에 적대적 관계에 있던 두 개의 이데올로기적 조류인 실존주의 및 맑시즘과 화해하게 되었다. 1968년 이후 정신분석학적 문화에 의해 취해진 형식은 1968년의 사태에 의해 많은 영향을 받았다. 어디에서건 학생들은 일상적인 인간 관계의 세계와 어우러진 정치의 계속성을 주장했다. 소란스러운 60년대 말의 많은 운동가들은 정치적 해결이 실패한 듯이 보이자 인간적 해결을 모색하기 시작했다. …… 1968년 이후 프랑스에서는 가시적인 것을 비가시적인 것까지, 명백한 것을 잠재적인 것까지, 공적인 것을 사적인 것까지 거슬러서 언급하는 정신분석학적 언어가 표준적인 담론이 되었다. …… 5월 사태를 통한 사고 방식은 정치와 인간을 통합시킬 수 있는 이론을 요구했다. 라깡의 정신분석학은 욕망, 성, 자기표현이라는 문제에 대해 사람들이 사고하는 방식에 도움을 주었다. 프랑스 정신분석학적 문화는 이제 사회적, 정치적

---

37) 김인환, 앞의 글.

문제에 깊이 연루되어 있다. 미국에서의 에고심리학이 자아 개선은 사회를 문제시하지 않고서도 가능하다고 전제한 반면, 프랑스에서의 정신분석학은 과격한 사회비평에 깊이 연루된 것이다.[38]

라캉이 고등사범학교에서 한 강의는 1972년부터 『세미네르』라는 연작 시리즈로 출간되기 시작했는데, 가장 먼저 제11권이 선을 보였다. 라캉은 "팔리기는 하지만 읽히지는 않는 『기록』에 견주어, 이 책들은 비교적 널리 읽힐 것이다"고 말했다고 하는데,[39] 제11권은 "계속해서 베스트셀러로 꼽히고 있다."[40]

1974년엔 뱅센대학의 정신분석학과가 재조직되면서 라캉은 과학 학과장, 그의 사위이자 파리 프로이트 학교의 교장으로 일해 온 자크-알랭 밀레가 학장으로 취임했다. 학과 이름도 '프로이트 학원'으로 개칭되었으며, 이후 정신분석학 이론의 수학적 공식화가 강조되었다.[41]

라캉은 1975년 미국 예일대학과 MIT에서 강연을 하였는데, 이는 66년 존스 홉킨스대학에서의 강연에 이어 두 번째의 미국 순회 강연이었다. 라캉은 80년 1월 회원들의 항의 속에 일방적으로 파리 프로이트 학교를 해산시켰으며 81년 1월에 다시 프로이트파 학교를 창설하였다. 그리고 그 해 9월 9일 사망하였다.[42]

그러나 라캉의 이름은 그의 사후 더욱 빛나고 있다. 『세미네르』는 그가 살

---

38) 마단 사럽, 김해수 옮김, 『알기 쉬운 자끄 라깡』(백의, 1994), 14~15쪽.
39) 고종석, 〈프랑스 '자크 라캉' 논쟁 일어〉, 『한겨레신문』, 1991년 6월 19일, 9면.
40) 김인환, 〈라깡〉. 1980년대 후반(?) 『신동아』의 부록으로 나온 책에 실린 글.
41) 마단 사럽, 김해수 옮김, 위의 책, 10쪽.
42) 맬컴 보위, 이종인 옮김, 『라캉』(시공사, 1999), 323~324쪽; 질베르 디아트킨, 임진수 옮김, 『자크 라캉』(교문사, 2000), 20~21쪽.

아있을 때부터 출간되기 시작해 그의 사후에도 계속 출간되고 있다. 1991년에 출간된 『세미네르』의 제8권과 제17권, 그리고 90년에 〈철학자들과 라캉〉이라는 주제로 파리에서 열린 학술토론회의 발제토론 기록이 뜨거운 논란을 불러일으키기도 했는데, 당시 『한겨레신문』 기자 고종석은 91년 6월 19일자에서 이 논란을 다음과 같이 보도하였다.

최근에 나온 『세미네르』 제8권은 1960년부터 61년까지의 세미나에 대한 기록으로서 〈전이〉라는 부제를 달고 있다. '전이'란 정신분석 치료 도중 환자가 과거에 주위사람들에게 느끼던 애증의 감정이 치료의에게 옮아가는 현상을 뜻한다. 라캉은 이 책에서 플라톤의 『향연』에 주석을 달며 여기에 등장하는 인물들이 표출하는 무의식적 욕망을 해석하고 있다. 또 〈정신분석학의 이면〉이라는 부제를 단 제17권은 69년부터 70년 사이의 세미나에 대한 기록인데, 유럽 학생운동의 기폭제가 된 프랑스 68년 5월 사건에 대한 라캉의 호의와 불신이 책갈피마다 묻어난다고 한다. 이 두 책이 프랑스 지성계에서 논란을 일으키고 있는 것은 텍스트의 정확도에 대한 이의 제기 때문이다. 이 책들의 편집을 지휘한 사람은 라캉의 사위이자 유언집행인인 자크-알랭 밀레르로서 그는 속기 타자수가 기록해놓은 그대로를 출판했다고 말하고 있다. 그러나 학계 인사들과 일반 독자들은 오히려 라캉의 청강생들에 의해 몇 년전 출판됐다가 밀레르의 소송으로 판금당한 해적판이 세미나의 원래 내용에 가깝다고 주장한다. 밀레르는 이 책들이 출간된 뒤에야 출판계·학계에 내용상의 오류를 지적해달라고 부탁하고 있어 더욱 원성을 사고 있다. 이 두 책이 프랑스 정신분석학계를 갈라놓고 있다면, 〈철학자들과 라캉〉은 프랑스 철학계의 화제가 되고 있다. 이 책으로 묶인 학술토론회는 개회 전부터 르네 마조르의 데리다에 관한 발제문을 놓고 한때 마오쩌둥주의자였던 알랭 바디우와 주최쪽 사이에 심한 이견이 드러나는 등 준비과정이 순탄하지 않았다. 이 토론회에서 엘리자베트 루디네스코와 피에르 마쉐레이는 라캉이 하이데거의 저작들을 활용하면서도 결코 하이데거의 철학에 영향을 받지는 않았다는 사실을 강조하고 있다. 마쉐레이의 표현을 빌리면 라캉이 철학과 맺은 관계는 '유희적 관계'일 뿐이다. '라캉철학'이라는 것은 없고 라캉의 철학자들과의 '놀이'만이 있었을 뿐이라는 얘기다. 마쉐레이는 이 논문을 라캉은 정신분석학에 철학을 공급하려고 한 것이 아니라 오히려 철학을 정신분석하려고 했다는 주장으로 맺고 있다.[43]

한국에서의 '라캉 열기'도 만만치 않다. 이미 본문에 인용한 바와 같은, 많은 책과 논문들이 나와 있으며,[44] 1998년에 창립된 '라캉과 현대정신분석학회'는 99년 첫 학술회의를 열고 그 성과물을 모아 『우리시대의 욕망읽기: 정신분석과 문화』(문예출판사)를 펴냈고, 이화여대 기호학연구소도 99년에 『욕망 그리고 도시와 문화』(호영)를 펴냈다. 마단 사럽의 다음과 같은 말을 듣자니, 한국은 아무래도 라캉의 이용에 있어서 앵글로색슨계 전통을 따르고 있는 것 같다.

흥미로운 사실은 라캉 이론의 수용이 나라마다 다르다는 점이다. 각

---

43) 고종석, 〈프랑스 '자크 라캉' 논쟁 일어〉, 『한겨레신문』, 1991년 6월 19일, 9면.
44) 국내에서 나온 책과 논문들에 대한 탁월한 해설은 이진경, 〈라캉: 도둑맞은 편지, 도둑맞은 무의식〉, 한국산업사회연구회 편, 『탈현대사회사상의 궤적』(새길, 1995), 239~270쪽을 참고하십시오.

나라의 환경이 그의 작업의 상이한 국면을 강조해온 것이다. 프랑스와 일반적인 라틴계 국가에서는 라깡의 영향력이 주로 의료적인 것이며 정신분석학적 의술과 밀접한 관련을 갖고 있다. 앵글로색슨계 국가에서는 대개 의료적 양상은 없으며, 라깡의 영향력은 페미니즘, 영화, 문학에서 중요시되어 왔다.[45]

이 글은 라깡의 사상을 소개하기 위한 것이 아니라고 말씀드린 바 있다. 그건 물론 이 글을 쓰는 필자의 무능력 때문이기도 하다. 다만 라깡의 사상에 대해서도 궁금해하는 독자들이 있을 것 같아 라깡 관련 저서들에서 필자가 보기에 라깡의 사상의 핵심을 비교적 쉽게 해설해준 대목을 몇 개 소개하고자 한다.

우선 언어(言語)다. 김종주의 말처럼, "우리가 언어를 부리며 사는 줄 알았는데 라깡 덕분에 우리는 오히려 언어의 노예가 되어 있음을 마침내 깨닫게 된 것이다."[46] 라깡은 언어를 어떻게 본 것인가? 마단 사럽의 해설을 인용한다.

"라깡은 언어란 본질적으로 은유적이라고 생각한다. 이런 주장은 로만 야콥슨으로부터 나온 것으로, 그는 은유와 환유가 언어의 모든 장소에서 작용하는 언어에 있어서의 두 축 또는 두 과정이라고 주장한다. …… 은유와 환유는 모두 다른 수사법으로 하위범주화될 수 있다. 예를 들면 직유는 은유의 한 형태로, 이 두 경우에는 인지할 수 있는 닮은꼴이 존재한다. 직유는 명확한 반면, 은유는 단지 설명 없이 단순히 주장하는 것이다. 은유에는 직

---

45) 마단 사럽, 김해수 옮김, 『알기 쉬운 자끄 라깡』(백의, 1994), 32쪽.
46) 김종주, 〈라깡식의 라깡읽기〉, 『미메시스: 번역서 가이드북』, 1999 창간호, 262쪽.

유에는 없는 생략적 집중성이 있다. 일반적으로 제유는 환유의 일종으로 간주된다. 제유는 대개 전체에 대한 일부 또는 일부에 대한 전체로 정의된다. 환유에 대한 교과서적인 보기는 '보르도'이다. 이것은 무엇보다도 도시의 이름이다. 다음으로 이것은 거기서 생산되는 포도주를 의미하기 시작했다. 제품이 생산지를 대신한 것이다. 이것이 인접성에 의해 의미가 이동하는 한 유형이다. 말은 이런 식으로 그 의미를 부단히 변화시키고 있다. …… 라깡은 프로이트적 무의식의 두 과정인 응축과 대체를 은유와 환유라는 언어 축과 일치시키고 있다. …… 그의 주장에 의하면 징후는 은유이고 욕망은 환유이다."[47]

경희대 영문학과 교수 권택영은 〈라캉의 욕망이론〉이라는 우아하고도 탁월한 에세이에서 "인간을 살아가게 하는 동력은 무엇일까?"라는 질문을 던진 다음, 현대인의 모습을 오아시스를 찾아 헤매는 나그네로 상정한 후 다음과 같이 말한다.

꿈이 없으면, 목적이 없으면, 얻으려는 대상이 없으면 그는 살지 못한다. 그것만 얻으면 아무런 욕망도 없으리라 생각했다. 그런데 그것을 쥐는 순간 욕망의 대상은 저만큼 물러난다. 학문, 돈, 권력, 성의 추구도 이런 맥락에서 이해될 수 있다. 대상이 욕망을 충족시키지 못하고 조금씩 상승되는 것. 그녀는 나의 잃어버린 반쪽이지만, 막상 그녀를 얻고 난 후에도 욕망이 여전히 남는다면, 그녀는, 반쪽이라 여겼지만 그렇지 않은, 그것을 넘어서는, 허상이다. 실재처럼 보였지만 베일을 걷었을 때는 그렇

---

[47] 마단 사럽, 김해수 옮김, 『알기 쉬운 자끄 라깡』(백의, 1994), 84~86쪽.

지 못한 것. 그러나 대상이 허상이기에 욕망은 남고 욕망이 있는 한 인간은 살아간다. 프로이트는 『쾌락원리를 넘어서』에서 욕망을 충족시키는 유일한 대상은 죽음뿐이라고 했다. 그렇다면 욕망은 인간을 살아가게 하는 동력이다. 그렇지만 허상을 실재라고 믿기에 그것을 얻으려 수단과 방법을 가리지 않을 때, 특히 남을 조장하고 제도를 만들어 자신의 욕망을 대의명분 속에 숨기려들 때, 욕망은 권력자의 눈길처럼 음험해진다. 인간은 대상이 허상임을 알 때 그것을 향한 집착에서 벗어날 수 있고, 자신의 시선 속에 타인을 억압하는 욕망의 시선이 깃들어 있음을 깨달을 때 좀더 쉽게 타인을 이해할 수 있다. 욕망이론이 지닌 미덕이다.[48]

라캉을 가리켜 프로이트를 재해석한 인물이라고 말한다. 그걸 어떻게 했다는 것인가? 권택영은 프로이트의 꿈작용을 설명하면서 다음과 같이 말한다.

> 의식의 고리가 헐거워진 틈새를 비집고 억압된 무의식은 꿈으로 나타난다. 이때 꿈의 내용은 닮은 형상으로 대치되고(암축, 혹은 은유) 이것도 들킬까 염려되어 그 옆에 인접한 것과 자리를 바꾼다(전치, 혹은 환유). 그렇다면 프로이트의 무의식은 은유와 환유라는 언어의 구조와 같은 게 아닌가. 다만 프로이트의 시대에는 언어과학이 본격적으로 시작되기 전이었기에 그는 이것을 무의식의 영역으로 억압시켜 의식과 분리시키는 오해를 범했다는 게 라캉의 말이다. 소쉬르의 언어관으로 인해 인간이 기

---

[48] 권택영, 〈해설 라캉의 욕망이론〉, 권택영 엮음, 민승기 외 옮김, 『자크 라캉 욕망이론』(문예출판사, 1994), 11~12쪽.

표에 의해 지배받고 그 기표는 은유와 환유로 이루어졌으니 주체는 곧 프로이트의 무의식에 해당된다. '무의식은 언어처럼 구조되어 있다' 라는 말은 인간이 언어를 통해 존재하는 한 '인간의 의식은 은유와 환유로 구조되어 있다'는 뜻이고, 이것이 바로 라캉이 시도한 프로이트의 재해석이다. 그리고 이런 재해석에 의해 프로이트의 정신분석학은 라캉에 와서 정치, 사회, 문화예술의 분야로 확대된다.[49]

그렇다면 라캉과 프로이트의 사상은 구체적으로 어떻게 다른가 하는 의문을 갖지 않을 수 없다. 마단 사럽은 "프로이트의 작업에는 생물학이 자주 등장하는 반면, 라깡의 작업은 생물학에 반대하는 경향이 강하다. 라깡은 인간 정신에서 각별히 인간적인 면, '자연적인' 결정력보다는 문화적인 결정력, 그리고 생물학보다는 인류학과 사회학에 강조점을 두고자 한다"고 말한다.[50] 그런가 하면 맬컴 보위는 다음과 같이 말한다.

    라캉은 무엇보다도 정신분석이 인간의 언어를 이해하는 데 집중되어야 한다고 보았고, 그래서 언어학, 수사학, 시학이 필수 불가결한 우군(友軍)이라고 보았다. 프로이트는 정신분석학의 위상을 놓고 자연과학과 인문과학 사이에서 망설인 반면, 라캉은 그렇지 않았다. 라캉은 인문과학이라는 말을 싫어했고, 그래서 정신분석학을 가리키는 정확한 용어로 '추측과학'(conjectured science)이 더 적당하다고 말할 정도였다. …… 프로

---

49) 권택영, 〈해설 라캉의 욕망이론〉, 권택영 엮음, 민승기 외 옮김, 『자크 라캉 욕망이론』(문예출판사, 1994), 18쪽.
50) 마단 사럽, 김해수 옮김, 『알기 쉬운 자끄 라깡』(백의, 1994), 33쪽.

이트가 자신의 사상을 설명하는 데에 명석함을 그 본령으로 삼았다면, 라캉은 애매 모호함을 그 주종으로 삼았다. 프로이트가 너무 자신감에 넘치는 것을 피하기 위해 정교한 자기불신(self-doubt)의 수사학을 구사했다면, 라캉은 자신의 사상을 의도적으로 모호하게 표현하기로 마음먹고 종종 자신의 그 복잡다단한 문맥 밑에 그 누구도 부인할 수 없는 분명함이 깃들여 있는 것처럼 암시했다. 라캉은 종종 이렇게 말하고 있는 것 같다. '이러한 진리들이 알 만한 가치가 있는 것이라면, 그것들은 이미 알려져 있을 터이다. 그리고 내가 그 진리를 말하는 대변인이라면 나는 그 진리를 심오하면서도 동시에 평이한 방식으로 표현하는 방법을 찾아내야만 한다.' 이러한 유형은 신탁(神託)의 전통을 연상시키는데, 라캉이 말하는 혼란스러운 언어는 그 말을 들을 귀가 있는 사람에게는 아주 평이한 말처럼 들린다는 것이다. …… 그의 수사학은 프로이트와는 달리 과장을 좋아하고, 자신의 사상을 아주 극단적인 형태로 드러내는 것을 선호한다.[51]

라캉과 관련하여 '상상계' '상징계' '실재계'도 빼놓을 수 없는 중요한 개념인데,[52] 권택영은 라캉이 "이성의 자율성을 지나치게 강조한 모던시대의 에고 정신분석에 반발했다"는 걸 상기시키면서 다음과 같이 말한다.

> 그는 인식주체란 그리 완벽한 통합체가 아니라는 뜻에서 데카르트의 '나는 생각한다. 고로 나는 존재한다'는 명제를 '나는 내가 생각하지 않

---

51) 맬컴 보위, 이종인 옮김, 『라캉』(시공사, 1999), 27~29쪽.
52) 이 세 가지 개념에 대한, 보통사람들을 위한, 상세한 해설은 이유섭, 〈라캉〉, 김우창 외, 『103인의 현대사상』(민음사, 1996), 125~130쪽을 참고하십시오.

는 곳에 존재한다'고 고쳐쓰고 '나는 거짓말을 하고 있다'는 말에서 보듯 이 '나'는 바라보는 주체일 뿐 아니라 보여지기도 한다고 말한다. 이 분열된 주체를 설명하기 위해 라캉은 상상계를 설정한다. 주체는 생후 6개월에서 18개월 사이의 거울단계(상상단계)와 그후 언어의 세계로 들어서는 상징계로 이루어지고 이 두 개가 뫼비우스의 띠처럼 연결된 것이 실재계다. 대상이 자신의 욕망을 완벽하게 충족시켜주리라고 믿는 단계가 상상계요, 다가서서 손에 넣는 단계가 상징계이며 다시 또 저만큼 물러서서 손짓하는 단계가 실재계다. 그렇다면 이 욕망의 속성은 은유와 환유의 연결이 아닌가. 소쉬르에서 영향을 받은 구조주의 언어학은 언어를 은유와 환유의 연결로 보기에 라캉을 구조주의 정신분석자라고 부른다. 그는 에고 정신분석이 억압했던 프로이트의 무의식을 구조주의로 재해석하여 '무의식은 언어처럼 구조되어 있다'는 유명한 말을 남긴다. 인간은 언어를 떠나서는 존재할 수 없는데 그 언어는 욕망처럼 늘 여분을 남긴다. 그래서 우리는 가슴 속에 낯선 섬을 지니고 말해진 것보다 더 많은 것을 말한다. 끝없이 우리를 욕망하게 만드는 여분, 주체 속에 들어있는 '이물질'이 타자의식이며 이것이 우리를 대상에의 집착에서 벗어나게 한다. 이념까지를 포함하여 그 숭고한 대상이 우리를 살게하는 환상적 구조물일 뿐이라는 깨달음을 얻게 한다.[53]

페미니즘의 관점에선 어떠한가? 프로이트는 남성 중심의 세속적 편견을 강화하는 '페미니즘의 적'이었는데, 라캉은 그 정도까진 아니었다. 그러나

---

53) 권택영, 〈'욕망'을 통해 본 삶의 실체〉, 『동아일보』, 1994년 8월 22일, 21면.

라캉이 기존의 "남성주의적 시각을 해체하고 '상징적 구조물'로서의 여성의 범주를 부인함에도 불구하고, 이리거레이 같은 페미니스트에 의해 여성을 (남성보다) 덜 완성된 존재 혹은 '결여 혹은 흠'으로 보고 있다고 비난받는 것은 라캉이 이런 이론을 전개하는 과정 중에 그의 수사학적 문체 속에서 남성으로서의 지적 우월성을 암시하는 등 그 자신이 이런 전통적인 여성에 대한 견해를 견지하고 있기 때문이다."[54]

강준만

---

54) 신명아, 〈라캉과 페미니즘〉, 계간 『현대시사상』, 1994년 여름, 116쪽.

제임스 레스턴
Reston, James

신문보도는 매우 의미있고 자기 만족적이다. 그러나 그것은 기자에게 자신의 시간과 싸우게 할 뿐만 아니라 언제나 깨어있게 하는 작업이다.[1]

『뉴욕 타임스』의 간판 기자, 미국 언론인의 전형인 제임스 레스턴. 비록 그가 세상을 떠난 지 5년이라는 시간이 흘렀지만, 그는 기자를 꿈꾸는 사람이라면 누구나 되고 싶어하는 대논객(大論客)으로 평가받고 있는 인물이다.

레스턴은 1909년 11월 3일 스코틀랜드의 클라이드뱅크(Clydebank)에서 가난한 노동자인 제임스 바렛 레스턴과 조안나 레스턴 사이에서 태어났다

---

1) 안기덕, 〈제임스 레스턴-NYT의 간판기자〉, 『해외언론동향』, 1998년 12월호, 59쪽에서 재인용.

엄격한 장로교도였던 그의 부모는 어린 아들에게 늘 "고된 노동을 통해서만 인간이 만들어진다"며 근검한 장로교의 가르침을 주지시켰다.[2] 특히 그의 어머니는 "가난은 죄가 아니다. 그러나 계속 가난하게 사는 것은 죄다"라는 말을 하곤 했다.[3]

레스턴이 11살 때인 1920년, 그의 가족은 미국인으로 귀화해 오하이오주 데이튼에 정착했다. 미국으로 이주해서도 여전히 가난했던 집안 형편 때문에 그는 주말마다 골프장에서 캐디로 아르바이트를 하며 학비를 벌어야 했다. 그는 캐디를 하면서 쌓은 실력으로 고등학교 때는 오하이오 주립고등학생들을 대상으로 한 골프챔피언대회에서 두 번이나 우승을 하기도 했다. 골프에 재미를 붙인 그는 전문 골퍼가 되고 싶어했으나 어머니의 반대로 그 꿈을 접어야 했다.[4]

오하이오 주립고등학교인 오크우드(Oakwood)를 졸업한 그는 1928년 일리노이대학의 저널리즘학과에 입학했다. 대학 1학년 때, 그는 자신의 아버지가 근무하고 있는 제너럴 모터(GM)의 자회사인, 델코사(社)에서 사보 『Doings』를 만드는 일을 했다. 그는 델코사(社)에서 일하며 모은 돈으로 3학년까지는 학비를 댈 수 있었으나, 4학년이 되었을 때 그의 주머니에는 한푼도 남아 있지 않았다. 학비가 없어 학업을 중단해야 할 상황에서 그를 도와준 이는, 골프장에서 캐디를 했을 때 알게 되었던 전(前) 오하이오의 주지사였던 제임스 콕스(James Cox)였다. 그는 아무 조건 없이 형편이 어려운 레스턴에게 선뜻 1백 달러를 빌려주었다. 게다가 그는 레스턴이 1932년 대학

---

2) 안기덕, 앞의 글, 52쪽에서 재인용.
3) 안기덕, 앞의 글, 53쪽에서 재인용.
4) 『Current Biography』(1980).

을 졸업하자 자기가 스프링필드에 소유하고 있던 『데일리뉴스』의 기자로 레스턴을 채용했다. 그는 이듬해까지 『데일리뉴스』에서 주당 10달러를 받으며 스포츠기자 생활을 했다.

1933년 레스턴은 오하이오 주립대학의 스포츠 광고학과와 '신시내티 레즈' 야구단에서 홍보요원으로 일했다. 이듬해 AP 통신사에 스포츠기자로 취직한 그는 3년 동안 스포츠 특집기사와 〈평범한 뉴욕 사람들〉이라는 주간 칼럼을 쓰며 점차 기자와 칼럼니스트로서 그의 이름을 알려나갔다.[5]

1937년 런던으로 파견된 레스턴은 39년까지, 여름에는 영국에서 열리는 국제경기 담당 기자로, 겨울에는 영국 외무부의 취재 담당 기자로 활약했다. 레스턴은 아무리 사소한 것일지라도 속시원한 답변 한번 듣지 못했던 외무부 출입보다 솔직하게 이야기를 뱉어놓는 사람들을 만나는 스포츠기자에 더 애착을 가졌다.[6] 그렇다고 그가 외무부 취재에 소홀했던 것은 아니다. 영국 외무부를 출입할 당시 그는 영국의 대(對)독일정책을 비롯해 많은 중요 정보들을 보도했다. 이 스물 여섯 살의 취재기자는 곧 『뉴욕 타임스』 런던지국의 눈에 띄었고, 레스턴은 2년 뒤인 1937년 9월 1일 『뉴욕 타임스』 런던특파원으로 스카우트되었다. 후일 그는 이 시절이 아무리 복잡한 사건이라도 간결하고 명쾌하게 표현하는 것으로 유명한 자신의 글쓰는 스타일을 익힌 글쓰기 훈련의 시간이었다고 회고했다.[7] 그가 깨달은, 누구나 쉽게 읽을 수 있으면서도 유익한 글이란 "사려 깊은 친구에게 편지를 쓰는 것처럼 그날의 뉴스에 대한 정보를 전달"하는 것이었다.[8]

---

5) 『Current Biography』(1980).
6) 윤순환, 〈미 언론계의 거목 제임스 레스턴 사망〉, 『주간한국』, 1995년 12월 21일, 111면.
7) 안기덕, 〈제임스 레스턴-NYT의 간판 기자〉, 『해외언론동향』, 1998년 12월호, 56쪽.
8) 안기덕, 위의 글.

영국에서 병을 얻은 그는 1941년 미국으로 돌아와 『뉴욕 타임스』 워싱턴 지국에서 미국무성 출입기자를 맡았다. 43년 6월 22일부터 다음달 12일까지 레스턴은 『뉴욕 타임스』의 발행인인 아더 헤이즈 슐츠버거(Arther Hays Sulzberger)와 함께 모스크바로 갔다. 목적은 적십자 구호품이 제대로 모스크바로 보내지고 있는지 취재하기 위해서였다. 그러나 그가 목격한 광경은 전쟁이 낳은, 참혹하고 일그러진 잔해뿐이었다. 별다른 성과 없이 그는 허탈한 심정으로 미국에 돌아왔고 각국의 대사들을 만나 전쟁에 관한 정보를 수집하는 일에 몰두하기 시작했다.

2차 세계대전이 서서히 그 총성을 거둬가고 있던 1944년, 그는 미국 대통령 프랭클린 루즈벨트가 세계 평화의 목적을 수행할 기구 설립을 위해 소집한 '덤바크 오스크 회의'에 취재기자로 파견되었다. 여기서 그는 비밀리에 중국 국민당정부 대표단으로부터 그 회의에 대한 사전 정보를 얻어 독점 보도했다. UN 설립의 모태가 된 회담을 독점 보도한 그는 이 일로 44년 언론의 노벨상으로 불리는 퓰리처상 수상자로 선정되었다.[9]

1953년 레스턴은 『워싱턴 포스트』로부터 편집장 제의를 받았다. 그러나 기자로서의 그의 능력을 높이 평가하고 있던 『뉴욕 타임스』의 워싱턴지국장 아더 크록(Arther Krock)은 레스턴을 『워싱턴 포스트』에 빼앗기기 싫었다. 그는 레스턴에게 『뉴욕 타임스』의 워싱턴지국장을 맡아줄 것을 부탁했다. 레스턴도 "평생동안 타임즈에 머물"겠다고 다짐하며, 크록의 제안을 흔쾌히 받아들였다.[10] 『뉴욕 타임스』의 워싱턴지국장을 맡은 레스턴은 러셀 베이커, 안토니 루이스, 톰 워커, 니일 시한 같은 유능한 기자들을 대거 영입했는데,

---

9) 〈현대사의 순간들〉, 『신동아』, 1992년 4월호, 551~554쪽.
10) 『Current Biography』(1980).

사람들은 레스턴이 영입한 이들 집단을 일컬어 그의 별명인 스코티(Scotty)를 따서 '스코티 소년단(Scotty's Boys)' 또는 '레스턴 유격대(Reston' Rangers)'라고 부르기도 했다.[11]

레스턴은 1961년 쿠바 망명인사들로 조직된 비밀 조직이 쿠바의 독재자인 피델 카스트로[12]를 몰아내고 쿠데타를 일으킬 목적으로 미국 등지에서 훈련을 하고 있다고 폭로했다. 이듬해에는 구소련이 쿠바에 핵미사일을 비밀리에 수출하고 있다는 미국방부의 비밀문서를 입수해 특종 보도했다.

1964년부터 레스턴은 『뉴욕 타임스』 부편집장 자리에 앉아 취재보다는 칼럼에 주력하기 시작했다. 그리고 그는 일주일에 2~3회씩 『뉴욕 타임스』에 〈워싱턴〉이라는 제목의 칼럼을 연재했다.

레스턴은 1968년 메사추세츠주의 마타스 빈야드섬에 있는 주간지 『빈야드 가제트』가 재정난으로 문을 닫을 위험에 처하자, 자신의 사재를 털어 인수했다. 이것은 작고 이름 없는 신문사라 할지라도 언론인으로서 그가 '신문'이라는 매체를 얼마나 사랑했는지를 보여주는 일화로 꼽히고 있다.[13]

1969년 『뉴욕 타임스』의 워싱턴지국의 취재 담당 부사장으로 취임한 레스턴은 71년 미국 정부와 한판 대결을 벌였다. 65년 베트남 전쟁을 취재하면서 전쟁의 무모함에 회의를 느끼고 돌아와 초기 전쟁 찬성론자에서 반대론자가 된 레스턴은, 71년 미국이 베트남전(戰)에 개입하게 된 경위가 적힌 정부 비밀문서인 '펜타곤 페이퍼'를 입수했다. 그가 정부측의 완강한 반대를 무릅쓰고 비밀문서를 공개하자, 정부에서는 『뉴욕 타임스』를 상대로 미 대

---

11) 안기덕, 〈제임스 레스턴-NYT의 간판기자〉, 『해외언론동향』, 1998년 12월호, 57쪽.
12) 카스트로에 대해서는 백종국, 〈피델 카스트로: 쿠바 혁명의 신화와 실화〉, 송기도 외 지음, 『권력과 리더십 1』(인물과사상사, 1999)을 참고하십시오.
13) 김영희, 〈레스턴 없는 미국언론〉, 『중앙일보』, 1995년 12월 9일, 4면.

법원에 소송을 제기했다. 결국 이 싸움은 대법원이 『뉴욕 타임스』의 손을 들어줌으로써 '언론의 승리'로 막을 내렸다.[14]

'핑퐁외교'라는 별칭으로 미국과 중국과의 관계가 매끄러워지기 시작하던 1971년, 레스턴은 그 해 6월 중국의 수도인 북경을 방문해 쩌우언라이(周恩來)를 만났다. 중국 방문이 끝나갈 무렵, 그는 급성맹장에 걸려 북경에서 수술을 받게 되었다. 레스턴이 미국으로 돌아오고 얼마 후, 그가 수술 받았던 북경의 병원에서 그가 잃어버리고 간 양말 한 켤레를 찾아 우편으로 보내준 일이 있었는데, 이 일을 계기로 71년 레스턴의 중국 방문은 '레스턴의 양말외교'로 불리기도 했다.[15] 중국에서 쩌우언라이를 만나고 돌아온 그는 쩌우언라이의 됨됨이와 지도자로서의 자질, 그리고 아시아의 정치 상황에 대해 쓴 〈북경서의 편지〉라는 제목의 칼럼을 기고했는데, 이 칼럼은 레스턴 특유의 '예언자적 통찰력'이 깃든 그것으로 평가받았다.[16]

1973년부터 레스턴은 일선 기자생활을 끝내고 칼럼니스트로만 활동했다. 그가 64년부터 써온 〈워싱턴〉 칼럼은 10년의 세월이 흐르는 동안 미국의 지식인들뿐만 아니라 일반인들도 꼭 읽어야할 '필독칼럼'이 될 정도로 유명해졌다. 이에 『뉴욕 타임스』에서는 파이프 담배를 입에 물고 생각에 잠긴 그의 사진과 함께 "당신은 레스턴의 칼럼을 읽고 있습니까?"라는 문구를 담은 광고를 내보내기도 했다.[17]

레스턴은 늘 마감시간 직전에 칼럼을 송고해서 편집인들을 가슴 졸이게 했다고 한다. 또 두 개의 검지손가락만을 사용해서 타이핑하는 버릇과 언제

---

14) 안기덕, 앞의 글, 58~59쪽.
15) 김영희, 앞의 글.
16) 이원영, 〈퓰리처상(賞) 두차례 수상 미(美) 전설적 칼럼니스트〉, 『중앙일보』, 1995년 12월 8일, 9면.
17) 윤순환, 〈미(美) 언론계의 거목 제임스 레스턴 사망〉, 『주간한국』, 1995년 12월 21일, 111면.

나 자판을 세게 두들기는 버릇 때문에 그가 사용하는 타자기의 수명은 늘 다른 것들보다 짧았다고 하는 일화는 재미있는 가십거리가 되기도 했다.

1987년 〈워싱턴〉 칼럼의 마지막으로 그는 〈편지〉라는 제목의 칼럼을 기고했는데 이 글에서 그는 미국인들에게 장문의 연애편지를 쓰고 싶다는 대목으로 많은 미국인들을 감동시켰다. 이후 레스턴은, 89년 자신의 80세의 생일 때 고별회견을 갖고 『뉴욕 타임스』를 은퇴하겠다고 발표했다. 은퇴 후, 그는 워싱턴 북서쪽에 위치한 우들리 로드라는 작은 마을에서 가족들과 함께 생활했다.

그에게는 특별한 적(敵)이 없었다고 한다. 레스턴은 부하직원을 대하는 데 있어, 늘 '자유'와 그들의 '개성'을 중시했다고 한다. 부하들에게 직접적인 비난이나 칭찬을 하기보다는 자신들의 잘못이나 단점을 스스로 고칠 때까지 옆에서 묵묵히 지켜보기만 했다는 것이다. 또 비판적인 기사나 칼럼을 쓸 때도 상대방의 실명을 거론하지 않았던 것도 그가 말 많고 탈 많은 언론계에서 오랫동안 그 명성을 이어나갈 수 있었던 요인으로 꼽히고 있다.

그가 백악관과 미국무성을 출입할 때는 그의 일거수일투족이 대통령과 국무장관에게 보고되었을 정도로 레스턴은 언론계뿐만 아니라 미국 정가에서도 무시할 수 없는 존재였다. 그의 동료 칼럼니스트인 조셉 크레프트는 국무성이나 백악관이 중요한 정보를 "거의 자동적으로" 그에게 먼저 알려주었다고 말했을 정도였다.[18] 그러나 바로 이것 때문에 주위에서는 그를 '제도권의 홍보도구'라고 비난하는 사람도 있었다.[19]

---

18) 안기덕, 〈제임스 레스턴-NYT의 간판기자〉, 『해외언론동향』, 1998년 12월호, 52쪽.
19) Lucy Shackelford, 〈언론과 권력이 가까워선 안 되는 이유〉, 『뉴스위크』(한국판), 1999년 11월 17일, 64면.

레스턴의 칼럼과 기사는 간결하면서도 누구나 이해하기 쉬운 논조를 가지고 있다고 평가받는데 이에 대해 고려대 신방과 교수 원우현은 다음과 같이 말하고 있다.

> 그는 어떤 문제를 자신의 기사나 칼럼에서 다룰 때면 쓸데없는 이론을 원용해서 현학적인 공론(空論)을 펼치거나 철학적인 배경을 그대로 드러내 보이려하지 않는다. 그는 사실을 사실대로 전달하는 사명을 우선으로 하기 때문에 어떤 기사와 관련해서 거물급만을 접촉하여 글로 인용하려 하지 않고 구체적으로 그 일을 취급하는 실무자들의 의견이나 동태를 파악하고 집약하여 해답을 제시하려는 특성을 보였는데, 이는 저널리즘의 진가를 솜씨있게 보여준 본보기로 평가되고 있다.[20]

1935년 일리노이대학 동창인 셀리 제인 풀턴과 결혼해 저널리스트인 리차드 풀턴, 소설가인 제임스 바렛, 미국무성 서기관보를 거쳤던 토마스 부세이 3자녀를 둔 레스턴은 1995년 12월 6일 워싱턴 D.C.에 있는 붉은 벽돌집에서 향년 86세를 일기로 사망했다. 그는 하버드대학에서 명예문학박사학위, 뉴욕대학에서 명예법학박사학위, 노드이스턴대학에서 명예신문학박사학위, 예일대학에서 명예인문학박사학위를 받았다.

레스턴은 1957년 퓰리처상, 54년 조지 폴크 기념상, 55년 레이몬드 클래퍼상을 수상했고, 저서로는 『승리의 전주곡』(1942), 『모래속의 스케치』(1967), 『포병언론』(1969), 『워싱턴』(1986), 『데드라인』(1991)이 있다. 신은정

---

20) 원우현, 〈제임스 레스턴론(論)〉, 『한국미디어문화비평(文化批評)』(나남, 1987), 178쪽.

허버트 쉴러
Schiller, Herbert I.

미국의 커뮤니케이션 학자 허버트 쉴러는 『시사인물사전』에서 다루기엔 적합치 않은 인물이다. 무엇보다도 이 글을 쓰는 필자가 그의 삶에 관한 자료를 거의 갖고 있지 않기 때문이다. 그는 1919년생으로 일리노이대학 교수를 거쳐 최근까지 캘리포니아 샌디에이고대학 교수로 지냈으며 1985년 6월에 한국을 방문해 서울대에서 〈새로운 정보 테크놀로지: 문화적 종속을 가져오는 새로운 수단인가?〉라는 논문을 발표하기도 했다. 이게 필자가 아는 것의 대부분이다.

그렇다면 이 인물을 다루지 말아야 할 것 아니냐고 생각할 분들이 있겠지만, 그렇게 하다 보면 매우 중요하지만 누락되는 인물들이 너무 많아진다. 어떤 인물의 경우엔 그 사람이 역설했던 주장을 소개하는 것만으로도 가치가 있지 않을까? 그리 이해하여 주시기 바란다.

쉴러는 '커뮤니케이션 분야의 노암 촘스키'[1]라 할 수 있는 인물이다. 촘스키도 미국 언론에 대해 적잖은 발언을 하고 공저로 『여론조작』[2]이라는 책까지 펴냈지만 그의 주요 관심사는 전반적인 미국의 대외정책이었던 반면, 쉴러는 정치경제학적 관점에서 미국 언론과 대중문화 산업의 전반에 대해 수십 년 간 한 우물을 파온 학자이다. 쉴러는 댈러스 스마이드(Dallas Smythe)와 함께 북미에서 대중매체의 '정치경제학'을 시작한 선구자로 평가받고 있는데, 쉴러의 "연구 저술은 시종일관해서 커뮤니케이션 연구를 좀 더 폭넓은 정치경제학적 테두리 속에 위치시키려는 데 목적을 두었다."[3]

쉴러의 목적이 그러했던 만큼 그가 국제관계를 무시할 리는 없었고, 이는 정치경제학적 접근방법에 근거한 '문화 제국주의론'으로 이어졌다. 그의 이름이 미국에서는 '불온'하게 여겨질지 몰라도 제3세계권 학계에서는 미국 내 '양심의 상징'으로 여겨지는 건 당연한 일인지 모른다. 그의 책은 십수개국 언어로 번역돼 '문화제국주의론'에 큰 기여를 하였나.[4]

---

1) 촘스키에 대해서는 강준만의 글〈'현대 언어학의 창시자' 노암 촘스키의 사회운동: 미국 패권주의와 지식인 기득권에 대한 도전〉, 『이미지와의 전쟁』(개마고원, 2000);〈노암 촘스키와 한국의 '처녀' 지식인〉, 월간 『인물과 사상』, 1999년 5월호를 참고하시기 바랍니다.

2) Edward Herman and Noam Chomsky, 『Manufacturing Consent: The Political Economy of the Mass Media』(New York: Pantheon, 1988). 이 책에 대해서는 에드워드 허먼,〈제12장 선전모델의 회고와 자평〉, 로버트 맥체스니 외, 김지운 옮김, 『커뮤니케이션 기술혁명의 정치경제학』(커뮤니케이션북스, 1999), 307~331쪽을 참고하십시오.

3) 빈센트 모스코, 김지운 역, 『커뮤니케이션 정치경제학: 성찰과 새출발』(나남, 1998), 101, 105쪽.

4) '제국주의'에 대해선 여러 학설이 있다. 최초의 학설로 거론되고 있는 1902년 홉슨(J. A. Hobson)의 『Imperialism』은 금융계의 거두들이 자기들의 잉여자본을 보다 유리하게 활용하기를 바랐기 때문에 해외로의 팽창을 소망한 것을 제국주의의 기원으로 보고 있는 반면, 레닌의 『Imperialism: The Highest Stage of Capitalism』은 홉슨의 분석을 차용하였으되 홉슨이 '부르조아적인 사회개혁주의와 평화주의'를 옹호하고 있다고 비판하면서 제국주의를 예견할 수는 있으나 피할 수는 없는 재앙, 즉 자본주의 체제의 내적 모순에서 결과하는 궁극적인 위기의 하나이며 자본주의를 궁극적인 파멸로 이르게 하는 모순으로 보았다. 슘페터의 경우, 제국주의는 일종의 '격세유전' 다시 말해 문

쉴러의 문화제국주의론은 추상적인 이론 차원에만 머무르는 게 아니라 철저한 실증적 자료에 근거하고 있다는 데에 특징이 있다. 국내에서도 1980년대 초반 비판커뮤니케이션 연구가 도입되었을 때에 쉴러의 이름은 대중매체의 '정치경제학'과 관련하여 빠지지 않고 등장하였다.[5] 물론 오늘날 '세계화'의 거센 물결에 휩쓸려 '문화제국주의론' 자체가 학계에서 인기도 없을뿐더러 시대착오적인 것 아니냐는 회의에 직면해 있기도 하지만, 오히려 그렇기 때문에 쉴러의 주장을 재음미해봄으로써 '세계화'와 '정보화'의 과잉에 대응하는 성찰적 기회를 갖는 것이 바람직하다는 생각이 든다.

앞서 지적한 바와 같이, 쉴러는 이론적 천착과 아울러 실증적 탐구에 주력하였다. 쉴러의 문화제국주의론의 핵심은 문화가 경제지배의 도구이자 경제 그 자체라고 하는 것이다. 문화 상품은 미국을 비롯한 강대국들의 해외 경제 진출의 발판인 동시에 비용 절감책의 방법으로 기능해 왔으며, 문화 상품 자체가 무시할 수 없는 경제적 실체로서 엄청난 경제적 효과를 갖는 점에 주목하여 왔다는 뜻이다.

쉴러의 이와 같은 관심은 그의 성장 배경과 밀접한 관련을 맺고 있다. 그는 세계적인 경제 대공황기에 고등학교와 대학을 다녔고 제2차 세계대전에 참전하기도 했다. 쉴러와 마찬가지로 커뮤니케이션의 정치경제학 연구에 심

화적으로 계승된 정치적 사회적 태도의 결과이며, 헤이즈는 폭넓은 대중적 지지를 토대로 한 민족주의에서 그 기원을 찾는다. 여러 이론에 대해선 해리슨 M. 라이트 엮음, 박순식 편역, 『제국주의란 무엇인가』(까치, 1989)를 참고하십시오. '문화제국주의론'의 경우 '제국주의'에 너무 몰두할 경우 복잡한 이론적 논쟁에 휘말려들 위험이 있어 비교적 '문화'에 초점을 맞추어 문화가 정치경제적 지배의 도구로 활용되는 방식을 탐구하는 쪽으로 이루어져왔다.
5) 국내에 대중매체의 정치경제학을 소개하는 데에 가장 왕성한 활동을 보인 학자로는 단연코 김지운을 들 수 있을 것이다. 쉴러의 글은 몇 권의 단행본 번역서 이외에도 '편저' 형식으로 발췌되어 소개되었다. 예컨대, 김지운 편, 『매스미디어 정치경제학』(나남, 1990)에는 쉴러의 글이 두 편 실려 있다.

혈을 기울여 온 빈센트 모스코는 쉴러의 학문적 여정에 대해 다음과 같이 말한다.

"그는 뉴욕시립대학을 다녔는데, 이 대학은 고도의 정치색을 띤 분위기 속에서 뉴욕시의 근로자 계층에게 무료 교육을 제공했다. 그의 관심은 문학 쪽에 쏠려 있었으나 그는 경제학을 선택했다. 경제학은 그에게 경제 공황이 유도한 선택으로서 직장을 얻게 할 성싶은 전공과목이었다. 이 경제적 격변기를 겪은 많은 사람들의 경우와 같이 쉴러에게 남은 것은 서방세계의 정치경제에 무엇인가 근본적으로 잘못된 데가 있다고 하는 강렬한 감이었다. 그의 사고 형성에 영향을 끼친 다른 실질적 요인은 군복무와 세계 제2차 대전 직후 독일 내에서의 미군정 봉직이었다. 후자의 경우가 특히 중요했다. 미군정 봉직은 아주 짧은 기간에 한 나라의 정치경제 변혁을 강제하는 것을 현장에서 직접 경험하는 기회를 주었기 때문이다. 쉴러에게 지적 영향을 준 요인들 중에서 강조하고 있는 항목으로 1930년대에 미국 정부 관계기관들이 수행한 미국의 경제구조와 경제공황의 원인규명에 관한 연구를 들고 있다. 전쟁, 경제적 여건 그리고 학계에 대한 그 자신의 불확실성 등이 쉴러의 학계 생활 출발을 지연시켰다. 그는 10년 동안이나 과중한 계절 과목 강사직을 겪고 나서야 1960년에 뉴욕대학에서 2차 대전 후 구호사업의 정치경제를 주제로 박사 학위를 받았다. 그는 일리노이 대학 '경상(經商) 연구소'의 객원연구원으로 출발했다. 이 연구소에서 경제자원의 배분에 대한 그의 관심이 결국에는 천연자원으로서의 라디오 전파 문제를 연구하게 됐다. 그는 일리노이 대학에 머무는 동안 내내 이 연구소에 몸담았지만, 이 대학의 '커뮤니케이션 연구소'로부터 주목을 받았다. 그는 이 연구소에서 스마이드를 만나게 되고 스마이드가 Regina 대학으로 옮겨간 후에 뒤를 이어 정치경제학과목을 담당했다. 그의 『매스커뮤니케이션과 미(美) 제국』이 1969년에 출간되어 상당한 주목을 받았는데, 이 책에서 그가 취한 입장과 노골적인 월남전 반대를 탐탁지 않게 여긴 일리노이대학 내의 보수적 인사들로부터 압력이 가중한 것도 그 결과였다. 이런 요인들과 대안으로 제시된 캘리포니아 주립대(San Diego)내 (커뮤니케이션) 단과대학 안의 매력이 1970년 자리를 옮기게 했다. 샌디에이고에서 쉴러는 일련의 저술을 통해 미국 내의 커뮤니케이션 정치경제학을 재규정하는 데 일조하고 세계 전역에서 비판적 시각의 개발에 심대한 영향을 끼쳤다."[6]

1960년대 말, 제3세계 국가들은 미국의 세계적인 정보 및 문화 지배에 대해 심각한 우려를 갖고 문제를 제기하기 시작했다. 1969년 캐나다 몬트리올에서 열린 한 UNESCO 심포지엄은 최초로 '문화적 프라이버시(cultural privacy)'라는 개념을 내세워 "한 나라는 외부로부터의 문화적 침식을 방지하기 위해 그 고유 문화를 보호하는 것이 필요하다"고 주장하였다. 제3세계 국가들의 뜻을 적잖이 반영한 이 심포지엄은 또한 국제적 모임으로서는 최초로 '뉴스의 쌍방유통'과 '뉴스의 균형된 유통'이라는 개념을 제시하고 그간 미국이 부르짖어 온 '정보의 자유유통(free flow of information)'은 실제로는 '일방유통(one-way flow)'에 지나지 않는다는 견해를 밝혔다.[7]

바로 그런 움직임에 큰 힘을 실어준 것이, 앞서 거론된 바 있는, 쉴러가 1969년에 낸 『매스커뮤니케이션과 미국 제국(Mass Communications and American Empire)』이라는 책이었다. 즉, 쉴러는 미국의 문화제국주의에 저항하고자 하는 제3세계의 움직임에 이론적 및 실증적 근거를 제공한 것이

---

6) 빈센트 모스코, 김지운 역, 『커뮤니케이션 정치경제학: 성찰과 새출발』(나남, 1998), 104~105쪽.
7) 강준만, 『정보제국주의: 제3세계의 도전과 미국의 대응』(한울아카데미, 1989), 50~51쪽.

다. 이 책의 결론은 다음과 같다.

> 매스 커뮤니케이션은 이제 새로운 형태로 탄생되는 제국주의 사회의 기둥이다. 미국에서 만들어진 메시지는 전 세계로 전파되어 미국의 국력과 팽창주의의 신경절의 역할을 하고 있다. 못사는 나라들의 이데올로기적 이미지는 점차 미국 정보 미디어에 의해 형성되어가고 있다. 개발도상 국가에서의 의견형성과 태도결정에 대한 국가적 권한은 약해져가고 있으며 강력한 외부세력에 의해 소멸되어 가고 있다.[8]

쉴러는 1970년에 편저한 『초국가(Superstate: Readings in the Military-Industrial Complex)』에서는 이른바 '군산 복합체'의 문제를 지적하였으며, 71년에 쓴 『메디슨 가(街) 제국주의』에서는 미국이 시도하는 '소비주의의 수출(export of consumerism)'에 주목하면서 외국광고대행사의 제3세계 침투는 그로 인해 변화된 커뮤니케이션 구조가 다국적기업의 필요에 들어맞는 태도를 전달하고 강화하기 때문에 그 나라의 '문화 생태(cultural ecology)'에 근본적인 변화를 가져온다고 역설했다.[9]

쉴러는 1973년에 낸 『여론조작(The Mind Managers)』에서는 미국 내에서 광범위하게 이뤄지는 '여론 조작'을 고발하였다. 이 책은 "정보화사회 구상에 대해 최초로 일관성 있는 비판을 제시"한 것으로 평가받고 있다.[10] 이 책

---

8) Herbert I. Schiller, 'Mass Communications and American Empire』(New York: Augustus M. Kelly, 1969), pp. 147~148.
9) Herbert I. Schiller, 〈Madison Avenue Imperialism〉, 『Trans-Action』, March 1971, pp. 52~58, 64.
10) 빈센트 모스코, 김지운 역, 앞의 책, 105쪽.

에서 세계적으로 많은 사람들의 사랑을 받고 있는 『더 내셔널 지오그래픽』도 여론 조작의 한 사례로 거론되고 있는 것이 흥미롭다. 이 잡지는 72년에 발행 부수가 7백20만 부에 이르렀는데, 쉴러는 이 잡지에 대해 다음과 같이 말한다.

"『더 내셔널 지오그래픽』의 세계관은, 미국의 안팎을 막론하고, 수탈적인 사회 관계의 존재를 부정하거나 눈감아 준다. …… 『더 내셔널 지오그래픽』을 안내서로 하는 미국인이, 수세기에 걸친 식민지 지배나 국내의 억압 정치로부터 벗어나려고 일으키는 '못 가진 자들'의 해방 투쟁을--남의 입장이 되어 보지도 않고서--이해하기를 바랄 수 있겠는가?"[11]

쉴러가 1976년에 낸 『커뮤니케이션과 문화적 지배(Communications and Cultural Domination)』는 제목 그대로 커뮤니케이션의 국제적 차원의 문제를 다루었다. 쉴러는 UN에서 발생한 미국과 제3세계간의 갈등을 다루면서 73년 5월에 열린 한 국제커뮤니케이션 심포지엄에서 당시 핀란드 대통령 케코넨(Kekkonen)이 한 제3세계권 지지 발언을 다음과 같이 인용하고 있다.

제2차 세계대전 직후 인권선언이 작성되었을 때 그 지침은 아담 스미드와 존 스튜어트 밀의 사상에 담겨있는 19세기의 자유주의적 세계관이었습니다. 행동과 기업의 자유--자유방임주의--는 누구의 희생으로 이 세계에서의 성공이 성취되느냐에 개의치 않고 기업과 이데올로기의 분야에서 최상의 가치로 대두되었습니다. 국가는 모든 이들에게 행동할 가능성을 부여했습니다만 그 결과에 대해서는 책임을 지지 않았습니다. 그래

---

11) 허버트 I. 쉴러, 신재원 옮김, 『여론조작』(기린원, 1992), 127, 132쪽.

서 강자의 자유는 성공으로 나타났으며 약자는 소위 '자유'가 주어졌음에도 불구하고 영락하고 말았던 것입니다. 이는 그들 중 누가 사회와 인류를 위해 더 공정한 정책을 펼칠 것을 주창했느냐에 상관없이 일어난 결과입니다.

쉴러에 따르면, 케코넨은 더 나아가 ① 누구를 위한 정보의 자유유통인가? ② 국가간 정보의 자유유통은 일방적이고 불균형되어 있어 진실된 언론자유의 원칙에 위배된다 ③ 단지 자유주의적인 커뮤니케이션의 자유는 중립적인 사상이 아니다 등의 문제 제기를 하였다.

쉴러는 1974년 12월에 제기된 알제리아의 대표인 라할(Rahal)의 항변도 다음과 같이 인용하고 있다.

오늘날 유엔에서의 다수결원칙에 반발하는 나라들이야말로 과거에 다수를 구성했던 나라들이며 또 당시 그들의 행동이 오늘의 다수의 행동을 판단하는 최상의 준거틀을 마련했었다고 하는 것을 강조함으로써 이야기를 시작하는 것은 중요하지 않을지도 모릅니다. …… 그래서 지금 우리들을 비판하는 사람들은 이 총회에서 우리의 행위를 규정하는 바로 그 규칙들에 대해 항의한다면 그들은 자신들이 바로 그 규칙들을 만들어낸 장본인이라는 것을 기억해야 할 것입니다. 그들이 오늘날 우리에게 주고자 하는 훈계는 그들이 이미 과거에 우리에게 주었던 예들에 비한다면 전혀 가치가 없다는 것을 잊지 말아야 할 것입니다.[12]

---

12) Herbert I. Schiller, 『Communication and Cultural Domination』(White Plains, N.Y.: M. E. Sharpe, 1976), pp. 42~45.

제3세계권의 그러한 항변에도 불구하고 1973년 중반에 시작되어 75년에 끝난 〈유럽에 있어서의 안보와 협력에 관한 헬싱키협정〉은 '정보의 자유유통' 원칙을 재확인하였다. 그렇지만 제3세계권의 반발이 점점 더 거세지자 미국은 커뮤니케이션 테크놀로지의 세계적 확산이라는 대안을 생각하게 되었다고 쉴러는 말한다.

커뮤니케이션 테크놀로지와 관련된 쉴러의 주요 논지는 테크놀로지와 그 사용되는 방법은 사회적 커뮤니케이션의 기본 구조에 영향을 미친다는 것이다. 그는 서구 선진자본주의 국가에서 사용되는 테크놀로지는 그 자체가 자본주의 구조의 표현이며, 커뮤니케이션 테크놀로지는 2차 세계대전 이후 지금까지 독점자본주의의 이익과 목적을 위해 구상되었고 개발되었고 확산되었다는 점에 주목해야 한다고 말한다.

쉴러는 자신의 논지를 뒷받침하기 위해 영국의 커뮤니케이션 학자 간햄(Garnham), 프란츠 파농(Frantz Fanon),[13] 코라디(Juan Corradi)의 말을 인용하고 있다.

먼저 간햄은 산업혁명 초기의 러다이트(Luddite) 운동(기계파괴운동)이 왜곡되게 알려져 왔다며 다음과 같이 말한다.

최근까지 초기의 근로계급이 초기산업자본주의에 대항한 이 운동은 미련하고, 유익한 진보에 대한 어리석은 반대였던 것으로 묘사되어 왔다. 그러나 그 운동은 결코 그런 것이 아니었다. 그것은 테크놀로지 그 자체에 대항한 투쟁이 아니었다. (노동자들은 뼈빠지는 노동으로부터의 휴식을 원했을 뿐이었

---

13) 파농에 대해서는 강준만, 〈프란츠 파농: '식민화된 인간의 소멸'을 위하여〉, 강준만·김환표, 『권력과 리더십 4』(인물과사상사, 1999)를 참고하십시오.

다). 그 운동은 테크놀로지의 선택과 사용에 관한 것이었다. 노동자들은 자신들에 의한 탈중심화된 통제보다 자본에 의한 중앙집권화된 통제를 선호하는 테크놀로지의 도입에 반대했던 것이다."

프란츠 파농은 서구 기술을 무조건 모방하려는 제3세계 국가들에게 다음과 같이 충고한다.

"오늘날 우리는 유럽만 흉내내지 않고, 유럽을 따라 잡으려고 하는 망상에만 사로 잡히지만 않는다면 무엇이든 할 수 있습니다. 2백년 전 유럽의 한 식민지가 유럽을 따라 잡으려고 결심을 했습니다. 그 시도는 너무 성공적이어서 미국은 괴물이 되고 말았습니다. 유럽의 오점, 병리적 현상, 비인간성을 놀라울 정도로 키워버린 괴물이 되고 말았습니다."

코라디는 서구 국가의 과학이라면 사족을 못 쓰는 제3세계 사람들에게 이른바 '과학주의(scientism)'의 위험을 다음과 같이 경고한다.

"사이언티즘은 국제적 과학시장에 적응하여 그들의 활동이 라틴아메리카의 종속적 상황에서 갖는 사회문화적 의미에 대한 고려를 포기한 라틴아메리카 과학자들의 상태를 일컫는 말이다. 그들은 국제적 센타에서 형성된 목표와 기준을 받아들여 특화된 연구에만 노력을 기울이고 있다."[14]

쉴러는 이 책에서 일종의 대안으로 커뮤니케이션 정책의 중요성을 강조하였다. 커뮤니케이션과 정보의 문제가 사회적 통제라고 하는 궁극적 문제와 분리될 수 없는 것이기 때문에 커뮤니케이션 정책 입안에 참여할 권한은 공식적인 정부 관리나 기구에만 한정될 수는 없으며, 정당·전문조직·노동조합·학술기관·국제적 협회·개인들도 그들의 견해를 마찬가지로 제시할 수

---

14) Herbert I. Schiller, 『Communication and Cultural Domination』 (White Plains, N. Y. : M. E. Sharpe, 1976), pp. 46~67.

있으며 그렇게 해야 한다는 것이다. 쉴러는 국가커뮤니케이션 및 문화정책 입안은 전문가들에 의해 이루어져 국민에게 하달되는 그런 것일 수는 없다고 말한다. 전문가와 행정가들은 그런 작업의 초기 단계에서 리더십을 제공할 순 있지만, 비판적 의식의 폭넓은 발전의 단계에 접근하기 시작하는 노력을 위해서는 전체 커뮤니티의 전적인 참여가 필수 불가결하다는 것이다. 커뮤니케이션 정책과 관련하여, 쉴러는 1973년에 나온 한 유네스코 전문가 집단의 견해를 다음과 같이 인용하고 있다.

"커뮤니케이션 정책은 이미 모든 사회에 존재하고 있다. 비록 그 정책이 명백히 구체화되어 있고 조화를 이루고 있기보다는 흔히 잠재적이고 잘 연결되어 있진 않지만. 그러므로 여기서 제안하는 것은 전혀 새로운 것은 아니다. 오히려 이미 일반적으로 설정된 관행에 대한 새로운 관찰, 명백한 진술, 그리고 재구성이다."

쉴러는 커뮤니케이션 정책이 계급간 갈등의 장(場)이 될 수 있음을 시사한다. 그는 문화가 유물 또는 박물관의 진열품일 수는 없으며 문화의 발전과 보호는 투쟁의 과정에서 이루어진다는 파농의 말을 인용한다. 파농에게 있어서 문화는 미이라로 만드는 것도 아니고 숭배되는 것도 아니었으며 내외의 지배자들과의 대결과 투쟁의 일과 속에서 구현되는 것이었다는 것이다. 또 쉴러는 같은 맥락에서 카브랄(Cabral)의 말을 다음과 같이 인용한다.

"여러 종교적이고 전통적인 지도자들은 투쟁의 시초와 전개과정에 참여하여 해방의 대의에 열정적인 기여를 하였다. 그러나 여기서 주의할 것이 있다. 이러한 범주의 사람들은 그들 계급의 문화적 편견을 깊이 갖고 있어서 해방운동을 대중의 희생을 이용하여 그들 계급의 식민 압제를 제거하고 그렇게 하여 대중에 대한 그들의 정치적이고 문화적인 지배를 재구축하려는 유용한 수단으로 본다는 사실이다."[15]

쉴러는 커뮤니케이션 정책의 사례 연구로 1973년 9월 쿠데타로 무너진 칠레의 아옌데(Allende) 정권의 경우를 제시하고 있다. 그는 아옌데의 3년 치하에서 가장 놀라운 사실은 방송의 상업화였다고 말한다. 부르주아의 가치를 가득 담은 소우프오페라가 늘어났고 미국 TV 프로그램의 수입도 늘어났다는 것이다. 쉴러는 사회주의 사회에서 중상류계급의 가치와 개성, 미국의 응접실, 식당, 화장실, 침실, 그리고 고도의 생활수준의 오러(aura)가 흘러 넘치는 그런 프로그램들이 어떤 이데올로기적 영향을 미쳤을 것인지 생각해보라고 말한다.

쉴러는 아옌데 치하의 칠레에서는 모든 종류의 견해가 자유롭게 표명될 수 있었기 때문에, 보수적이고 상류계급이 지배하는 언론사들은 정부에 대항하는 선동적 캠페인을 전개하였다고 말한다. 물론 그 이전보다 사회주의적 사상이 보다 많은 표현의 기회를 갖게 된 건 사실이었지만, 바로 이것이 반정부 세력의 정부에 대한 증오심을 더 강하게 만들었다는 것이다. 쉴러는 칠레의 경험에서 끌어낼 수 있는 커뮤니케이션 및 문화 정책의 교훈에 대해 다음과 같이 말한다.

> 첫째, 커뮤니케이션의 다원주의는 계급 지배를 숨긴다. 그 지배가 심각하게 위협을 받을 때에 다원주의는 그 미덕을 찬양하던 세력들에 의해 거부된다. 둘째, 지배시스템의 메시지는 기업적으로 조직되고 상업적으로 유포된다. 셋째, 국가의 정보문화주권을 보호하자는 건 편협한 지역주의

---

15) Herbert I. Schiller, 『Communication and Cultural Domination』(White Plains, N.Y.: M.E.Sharpe, 1976), pp. 68~97.

와 구획화에 매달리자는 게 아니다. 그건 다국적기업의 침투력에 대해 저항하자는 것이다. 결과적으로 문화정책은 문화적 주권을 지키기 위해 필수불가결하다. 넷째, 고양화된 개인의 의식은 해방·혁명 과정의 필수적 요소이며 그 결과이다. 그것은 새로운 커뮤니케이션 테크놀로지의 자동적인 혜택은 아니다. 그와는 반대로 선진 테크놀로지를 사회적 목적에 부합하게 사용하기 위해서는 특별한 관심과 추가의 노력이 필요하다. 해방 과정은 늘 커뮤니케이션 및 정보 요소의 중요성을 인식하고 커뮤니케이션 노력에 있어서의 개인의 참여와 개입을 진작시키는 적절한 방법을 개발해야 한다. 그것이 일회용의 노력으로 끝나서는 안된다. 일시적 또는 부분적으로 발달된 대중의식이 곧 쇠퇴된 경우는 너무도 많았다.

쉴러는 문화적 주권의 보호는 외국인 혐오증이 아니라고 말한다. 문제는 외국의 문화적 이미지라는 데에 있는 것이 아니라 그 출처가 어디이든 그 메시지가 지배의 성격을 띠고 있느냐 하는 게 중요하다는 것이다. 예컨대, 『리더스 다이제스트』라고 하는 잡지는 심각한 사회변혁에 장애가 될 것이나, 그 이유는 그것이 미국에서 만들어지기 때문이 아니라 그 잡지가 개인의 이기주의, 친독점기업, 노동자의 기본욕구에 대한 적대감, 과격한 군사주의 등의 이데올로기로 가득 차 있기 때문이라는 것이다.[16]

쉴러는 1979년 핀란드의 학자 노덴스트랭(K. Nordenstreng)과 함께 편저자로 낸 『국가적 주권과 국제 커뮤니케이션(National Sovereignty and International Communication)』에선 새로운 세계 정보 및 커뮤니케이션 질

---

16) Herbert I. Schiller, 『Communication and Cultural Domination』(White Plains, N.Y.: M.E.Sharpe, 1976), pp. 98~109.

서에 관한 논쟁의 중요 쟁점들을 다루었다. 쉴러는 81년엔 단독 저서로 『대기업이 지배하는 정보(Who Knows: Information in the Age of the Forture 500)』라는 책을, 84년엔 『현대자본주의와 정보지배논리(Information and the Crisis Economy)』라는 책을 냈다. 그는 이 두 책에서 "정보의 통제에 관한 문제들로 되돌아간다. 그는 이들 두 저서에서 정보 및 커뮤니케이션 시스템들이 초국적자본의 전반적 운용에서 지니는 절대적 중요성을 고찰하고, 특히 후자에서는 이런 시스템들이 자본주의를 계속 괴롭히는 (자본) 축적의 위기를 극복하는 데 수행하는 역할을 고찰했다."[17]

1986년엔 여러 국제커뮤니케이션 학자들에 의해 『커뮤니케이션과 지배』라고 하는 책이 쉴러에게 헌정되었다.[18] 쉴러는 89년엔 『문화 주식회사(Culture, Inc.)』[19]에서 "학계의 추세, 구체적으로 문화산업 연구로의 방향전환을 다룸으로써 문화산업 문제로 되돌아가고 이전의 연구 부문에서 벗어났다. 그는 Hope and Foly(1989) 저술로 오랫동안 관심을 가졌던 부문인 국제커뮤니케이션 상황의 변혁 문제로 복귀했다. 이 책은 William Preston, Jr. 및 Edward Herman과의 공저로 새로운 국제정보질서 확립을 요구하는 소리의 쇠퇴를 확증으로 논증했다. 또 그는 Kaarle Nordenstreng과 두 번째 논문 편저인 Beyond National Sovereignty(1993)를 냈다. 그는 Hamid Mowlana 및 George Gerbner와 함께 세계 미디어 학자들의 논문선집을 펴내어 걸프전쟁에 대한 세계적 시각을 제공했다."[20]

---

17) 빈센트 모스코, 김지운 역, 『커뮤니케이션 정치경제학: 성찰과 새출발』(나남, 1998), 106쪽.
18) Jörg Becker, Goran Hedebro, and Leena Paldan, eds., 『Communication and Domination: Essays to Honor Herbert I. Schiller』(Norwood, N.J.: Ablex, 1986).
19) 양기석 역, 『문화 주(株): 공공의사표현의 사유화』(나남, 1995).

이와 같은 쉴러의 여러 저서들 가운데 현재의 국제커뮤니케이션 상황에 가장 잘 어울리는 안목을 제공해줄 수 있는 저서는 서울대 강현두 교수에 의해 번역된 『현대자본주의와 정보지배논리』인 것 같다. 이제 이 책의 주요 내용을 인용해 소개하기로 한다.

"세계 경제의 체제위기에 대한 반작용으로 등장한 것이 새로운 정보테크놀로지이다. …… 서구의 정치지도자들과 정책결정자들은 새로운 정보테크놀로지가 현행의 산업정체와 불황을 극복하게까지는 못하더라도 완화시키는 효과 정도는 갖고 있다고 믿고 있다."[21]

"새로운 정보테크놀로지 부문에서 경제권력들이 여러가지 형태로 서로 새롭게 집합하고 제휴하면서 권력이 국가로부터 초국가적 기업으로 이양되는 경향이 나타나며 그 속도는 더욱 빨라지고 있다. 그 이유는 부분적으로 초국가적 기업이 정부산업 부문의 제1의 수익자이면서 동시에 새로운 정보처리과정과 수단들을 소유하고 있기 때문이다. 결국 이 때문에 초국가적기업들은 자신들에게 부담을 주는 국가정책은 성립되지 못하게 하거나 간혹 철회시킬 정도로 국가의 정책에 영향력을 행사한다. …… '초국가적 기업체제의 중심인 미국은 바로 그런 이유 때문에 민영화경향의 역사적 원천이자 현 시대의 중심이기도 하다.'"[22]

"유선망과 DBS 부문에서 선두를 차지하기 위해 박차를 가하고 있는 영국과 같은 나라들도 늘어나는 채널로 얼마 안가서 이용할 수 있는 프로그램보다도 훨씬 많은 방송시간을 갖게 될 것이다. 이런 상황에서 미국은 텔레비

---

20) 빈센트 모스코, 김지운 역, 『커뮤니케이션 정치경제학: 성찰과 새출발』(나남, 1998), 106쪽.
21) 허버트 쉴러, 강현두 역, 『현대 자본주의와 정보지배논리』(나남, 1990), 18~19쪽.
22) 허버트 쉴러, 강현두 역, 위의 책, 30~33쪽.

전 오락물의 세계 제1의 생산자라는 위치를 구축하게 되는 것이다. 미국의 거대 네트워크들은 해외의 새로운 (커뮤니케이션) 시스템들에게 프로그램을 제공하는데 박차를 가하고 있을 뿐만 아니라, 수출이 미래의 발전과 그들의 재정상의 건전성 확립에 중요한 요인인 것으로 간주하고 있다."[23]

"수천 개의 거대기업의 영향과 재정지원을 받는 정보·문화적 질서 내에는 또 다른 위험이 도사리고 있다. 그 가운데 한가지는 인간의 사회적 의식이 이념적 공격의 주요 타겟이 되어버렸다는 점이다."[24]

"IBM의 예술 후원은 '거대한 보험정책'이라고 간주되고 있다. 즉 1970년대의 석유파동때도 전세계적으로 석유산업을 지배하고 있는 '일곱 자매'들이 가격 기만이나 이윤 착취와 동시에 공공 텔레비전이나 이와 관련된 문화적 이벤트에 대한 지원을 크게 늘렸다는 사실을 모르는 사람은 거의 없다."[25]

"미국인들 가운데에는 기업이 만들어낸 또는 기업이 지원하는 미디어 그리고 문화적 프로그램을 통해 정보와 교육 그리고 오락을 제공받는 사람들이 점점 늘어나고 있다. 하지만 그것들은 바로 우리 시대의 커다란 사회적 갈등과 경제·문화적 관계들에서 나타나고 있는 근본적인 변화의 요구 등을 왜곡시켜 표현하거나 축소시키고 심지어는 완전히 배제시켜버리는 역할을 한다."[26]

"트랜스보더 데이터 흐름(TDF: Transborder Data Flows)은 아직은 크리넥스나 코카콜라처럼 널리 알려져 있지는 않지만 서서히 대중의 가시권으로

---

23) Henry Geller의 말을 쉴러가 인용한 것임. 허버트 쉴러, 강현두 역, 앞의 책, 35쪽.
24) 허버트 쉴러, 강현두 역, 앞의 책, 82쪽.
25) 허버트 쉴러, 강현두 역, 앞의 책, 85쪽.
26) 허버트 쉴러, 강현두 역, 앞의 책, 86쪽.

진입하기 시작하고 있다. …… (그것은) '다국간 컴퓨터커뮤니케이션 시스템을 통해 발생한다.' …… 'American Express의 모든 업무--보험, 지불시스템, 재산경영, 국제적 은행업과 안보 등--는 세계적 차원의 믿을 만한 커뮤니케이션이 없다면 전혀 제 기능을 발휘할 수 없다. 예를 들어 81년의 기업 온라인 시스템은:--3억1천만건의 아메리칸익스프레스카드와 3억6천만건의 비자 및 마스터카드를 처리했으며,--전세계에 걸쳐 25만건의 그러한 업무 처리가 평균 5초 이내에 이루어졌고,--10만개 이상의 은행 및 기타 전세계의 취급소에서 3억5천만건의 아메리칸익스프레스 여행자수표를 발급했으며,--5천6백만건의 보험프리미엄과 클레임을 처리했으며,--국제업무 처리를 통해 하루 약 1백억달러 이상이 자동적으로 처리되며 ……' "[27]

"새로운 테크놀로지와 그것이 촉발하는 정보의 흐름이 없다면 초국가적기업의 생산은 불가능까지는 아니라 하더라도 지극히 커다란 곤란을 겪을 것이다. …… 초국가적 광고 및 마케팅활동은 기업체가 발판을 구축하고 있는 어느 곳에서나 전국적 미디어시스템에 완전히 근접하고자 노력할 것이라는 예상을 할 수 있다. …… 자신의 마케팅 메시지를 전국의 청중들에게 전달시켜야 한다는 초국가적기업의 필요성은 국영미디어에 대한 무차별적 접근을 요구한다. 이것을 가능하게 하는 것이 바로 방송의 상업화이다. 일단 방송시스템이 공공행정의 영역에서 물러나고 나면, 그 다음부터는 오로지 초국가적기업만이 실질적인 광고율을 감당할 수 있는 재원을 갖게 되는 것이다."[28]

"초국가적기업광고의 확산과 더불어 일상생활의 새로운 패턴이 형성되고

---

27) 허버트 쉴러, 강현두 역, 『현대 자본주의와 정보지배논리』(나남, 1990), 94~96쪽.
28) 허버트 쉴러, 강현두 역, 위의 책, 101~103쪽.

있다. …… 상업주의의 파상공세에 직면하여 사회적 평등을 강조하거나 그 밖의 것에 역점을 둔 국가발전계획은 연기되거나 포기되어야 할 처지에 놓여 있다."[29]

"이제는 각종의 가공식품들이 멕시코 음식의 주요 식품이 되어 보다 값싸고 영양많은 옥수수나 콩 등의 전통음식을 대체하고 있다. 지난 15년간에 걸친 식생활에서의 이러한 변화는 정부와 음식 전문가들 사이에 커다란 우려를 불러일으키고 있다. 무엇을 먹을 것인가를 선택할 때, 영양에 대한 고려보다는 광고가 훨씬 더 크게 작용한다는 것이 그들의 걱정이다. 이러한 추세는 사회의 모든 분야에서도 마찬가지이지만, 특히 3천5백만명의 인구가 영양실조에 걸려 있는 나라, 연간 1백만명의 아이가 부양능력을 갖추지 못한 부모 아래 태어나는 나라에서는 걱정거리가 아닐 수 없는 것이다."[30]

"문화, 정치, 경제의 분리는 이제 합당치 않다. 전자커뮤니케이션이 모든 재화와 용역의 생산에 있어 더욱 커져가고 있는 공통분모를 마련하고 있다."[31]

"기술과 경제력에의 의존이 20세기에 미국의 세계적 파워를 떠받치는 중심적 기둥이 되어왔기 때문에, 그같은 파워를 약소국 상대로 행사할 때, 그 운영의 역동성과 맥락에 대해 될 수 있는대로 주목을 덜 끌게 하는 것이 (미국에 있어서는) 중요한 일이었다. 그래서 기술의 (가치) 중립성 주장, 세계시장의 공정성(그리고 비교우위법칙)은 미국의 세계적 파워 유지를 위한 필수적인 독트린이었고 여전히 그러하다."[32]

---

29) 허버트 쉴러, 강현두 역, 앞의 책, 103쪽.
30) Mario de Cautin의 말을 쉴러가 인용한 것임. 허버트 쉴러, 강현두 역, 앞의 책, 104쪽.
31) 허버트 쉴러, 강현두 역, 앞의 책, 142쪽.
32) 허버트 쉴러, 강현두 역, 앞의 책, 159쪽.

"따라서 미국의 의사결정 중심세력들이 기술, 경제, 정치, 그리고 문화를 떼어놓을래야 떼어놓을 수 없는 것임을 보이기 꺼려하는 것은 그리 놀라운 일이 아니다. 미국의 지도자들이 유네스코같은 국제기구들이 '정치화' 되어 가고 있다고 낙인을 찍었을 때, 그 이유는 이런 국제기구들이 (기술, 경제, 정치, 문화 사이의) 불가분의 본질을 인식하고 그에 대해 조치를 취했기 때문이었다."[33]

"커뮤니케이션과 문화는 급속도로 변하고 있는 국가경제에서 하나의 중심적인 위치를 차지한다. 반면에 사유와 시장판매의 기준이라는 제도적 울타리는 손상없이 그대로 남아있고, 그야말로 결정요인으로 작용한다. 이같은 뚜렷하게 상호모순된 상황, 즉 낡은 양식의 통제 및 의사결정과 더불어 급속한 기술 사회적 변화가 공존하는 모순된 상황하에서, 바로 문화의 정치경제학이 새로운 의의를 지닌다."[34]

"새로운 정보테크놀로지가 직접 경제적 활동에 미친 영향보다도 더욱 중요한 부분이 있다. 그것은 자본과 노동 사이의 힘의 균형에 엄청난 변화를 초래했다는 사실, 특히 자본측에 훨씬 유리하게 작용한다는 사실이다. 컴퓨터와 연결된 위성에 의해 공급되는 커뮤니케이션은 초국가적기업으로 하여금 국가적 혹은 국제적 무대에서 보다 과감하게 움직일 수 있는 조건을 가지게 했다. 국제적인 대규모 기업체들은 생산 장소를 변경시키고, 자본의 투자를 변화시키며, 급속하게, 때로는 동시적으로 국제적 교환을 감행할 수 있는 수단을 가지게 되었다. 이제 전세계적 규모의 자본의 이동은 일상적인 것이 되어 버렸다. 그 결과 국가적 노동력은 모두가 그렇지는 않다 하더라

---

33) 허버트 쉴러, 강현두 역, 『현대 자본주의와 정보지배논리』(나남, 1990), 159~160쪽.
34) 허버트 쉴러, 강현두 역, 위의 책, 160쪽.

도 자신의 요구가 충족되지 않을 경우 얼마든지 위치를 옮길 수 있는 자본의 능력에 종속되게 되었다."[35]

"자본주의는 소비자 중심주의를 길러냄으로써 괄목할 만한 대중적 지지를 획득했다. 인간의 복지를 구매가능한 재화와 용역의 개인적 소유와 결부시키는 생활양식과 신념체계는 무척이나 성공적인 장사였다. 물질적인 재화를 획득한다는 것은 사랑과 우정, 그리고 공동체의식과 맞먹거나 혹은 그보다 선행하는 것이었다. …… 자기네 사회의 정치적, 경제적 구조를 결정적으로 변화시키기 위한 서유럽의 급진운동이 그토록 무기력해진 것은 상당 부분 소비재상품과 사소한 이익의 소유와, 그것을 획득할 수 있다는 희망을 잃고 싶지 않은 대부분의 사람들의 마음가짐으로 설명될 수 있다. 소비재의 획득 혹은 유지의 기회는 그 어떤 대가로도 상쇄될 수 없다는 생각이 팽배해 있음은 명백하다."[36]

"컴퓨터의 출현과 정보분야의 성장은 정보를 판매가능한 하나의 상품으로 전락시켰으며, 수많은 공적 서어비스 활동을 영리의 장으로 몰아냈다."[37]

"미국은 세계에서 기술적으로 가장 발전되고 복잡하고 비싸고 적응력이 뛰어난 커뮤니케이션 설비 및 프로세스를 보유하고 있음으로 하여 그 지도자들로부터 영원한 축복을 받고 있다. 하지만 이는 묘한 패러독스 가운데 하나이다. 미국사람들은 국제적 영역에서의 최근의 감정과 변화에 대해 가장 무지한 사람들 가운데 하나가 될지도 모르기 때문이다. …… 미국인들은 외부(심지어는 내부)의 견해로부터 놀라우리만치 멀리 떨어져있다. 이는 ……

---

35) 허버트 쉴러, 강현두 역, 앞의 책, 162~163쪽.
36) 허버트 쉴러, 강현두 역, 앞의 책, 165쪽.
37) 허버트 쉴러, 강현두 역, 앞의 책, 169쪽.

미국의 사적 정보통제자들의 지나치게 조심스러운 '게이트키핑' 때문이다. 그것은 또한 지극히 광범한 중산층과, 비록 그와 중복되는 부분이 많겠지만 숙련 및 전문직 종사자들의 물질적 지위로부터 비롯되기도 한다. 두 계층 공히, 이른바 '못가진 자'의 세계를 인식하는 데에는 지극히 무능하기 때문이다."[38]

"왜곡된 인식을 갖고 있거나 혹은 전혀 무지한 상태에서 초국가적 이해를 대변하며 상상조차 할 수 없을 파괴력을 지닌 핵무기로 무장된 정부를 지지하는 사람들에게서 예상할 수 있는 것은 과연 무엇인가?"[39]

쉴러의 아들 댄 쉴러(Dan Schiller)도 아버지의 뒤를 이어 같은 대학에서 커뮤니케이션 교수로 활약하고 있다.[40] 끝으로, 빈센트 모스코가 허버트 쉴러에 대해 내린 총평을 인용한다.

"쉴러는 행동하는 학자상의 한 모델이 되어 왔다. 그는 주요 언어로 번역 출판된 저술을 통해 크게 기여한 데 더하여 수없이 많은 지역, 전국 및 국제적 단체-조직들에서 문화와 정보관계 문제들에 관해 강연했다. 그의 연구 저술은 새로운 국제정보질서를 확립하자는 국제적인 요구를 불러일으키는데 주요 자극을 제공했다. 그는 국제 매스커뮤니케이션연구학회(IAMCR: International Association for Mass Communication Research)에서 지도급 인사 중 한 명이다. IAMCR은 국제적인 정치경제학 연구와 가장 밀접하게 연계된 학회이다. 캘리포니아 주립대(San Diego)에서 체제 반대 대학을 위

---

38) 허버트 쉴러, 강현두 역, 『현대 자본주의와 정보지배논리』(나남, 1990), 181쪽.
39) 허버트 쉴러, 강현두 역, 위의 책, 183쪽.
40) 댄 쉴러가 쓴, 커뮤니케이션 정치경제학의 연구 동기 뿌리를 반(反) 파시즘으로 추적하는 논문에 대해선 김지운·방정배·정재철, 『비판 커뮤니케이션: 정치경제 문화연구 미디어비판』(커뮤니케이션북스, 2000), 260~264쪽을 참고하십시오.

한 그의 비전이 신보수주의에 의해 희생이 되기는 했지만 쉴러는 그의 세대와 그 후 세대의 커뮤니케이션 연구자들은 물론 샌디에이고의 후학들에게도 족적을 남겼다."[41]

강준만

---

41) 빈센트 모스코, 김지운 역, 『커뮤니케이션 정치경제학: 성찰과 재출발』(나남, 1998), 106~107쪽.

요지프 브로즈 티토
Tito, Josip Broz

2000년 5월 4일은 구유고슬라비아 연방의 국부로 추앙받는 요지프 브로즈 티토가 사망한 지 20주년이 되는 날이었다. 죽어버린 영웅에 대한 사무치는 그리움 때문이었을까? 이에 발맞추어 구유고 연방을 구성했던 각국에서는 티토를 기리는 추모 열기가 뜨겁게 달아올랐다. 그의 생애를 그린 영화가 상영되는 극장 앞에는 관객들이 꼬리를 물고 모여들었고, 방송과 신문들은 마치 약속이나 한 것처럼 티토 관련 특집 기사를 내보냈다.[1] 죽은 지 20년이 지났건만, 티토는 여전히 구유고슬라비아 연방 국민들 가슴속에 살아 숨쉬고 있는 것이다. 티토는 유고슬라비아가 합스부르크(오스트리아-헝가리) 제국의 압제 아래 고통받던 1892년 5월 25일 크로아티아의

---

1) 〈티토 20주기 추모열기〉, 『한겨레』, 2000년 5월 4일, 9면.

산간 지방인 쿰로베크에서 태어났다. 그의 본명은 요지프 브로즈로 티토는 공산당 지하 활동을 할 때 당국의 탄압을 피해 사용한 가명이다. 그의 아버지 프라뇨 브로즈는 조그마한 대장간을 운영하면서 농사를 짓는 농부로 크로아티아인이었고 어머니 마리자 브로즈는 슬로베니아 출신이었다. 티토는 15남매 중 일곱째였는데 그의 형제 중 8명은 가난과 질병에 시달리다 일찍 사망했다.

합스부르크 제국의 야만과 폭력으로 점철된 식민지 조국하에서 그의 집안은 가난에 허덕여야 했다. 끼니를 거르는 일은 비일비재했다. 티토 스스로 자신의 어린 시절은 무척 힘든 시기였다고 술회했다.[2] 티토는 가정 형편상 슬로베니아에 거주하고 있던 외할아버지 집에서 적지 않은 어린 시절을 보내야 했다. 그런 상황에서 그가 정규 교육을 제대로 받는 것은 기대하기 어려웠다. 물론 그도 정규 교육을 받을 기회가 있었지만, 힘들게 들어갔던 학교는 포기해야만 했다. 그가 받은 정규 교육이라곤 7살 때부터 12살까지 받은 초등교육이 전부였다.[3] 학교를 그만둔 후 티토는 대장간에서 아버지의 잔심부름을 하며 가계를 도와야 했다.

15살 때 티토는 고향을 떠나 시사크로 이주했다. 그는 이 곳에서 자물쇠를 만드는 조그만 가게에 취직했다. 가업을 이어받기 위해 기술을 배우기 위한 것이었다. 공장에서 그는 하루 10시간씩의 강도 높은 노동을 해야 했다. 일과를 마친 후에는 기술학교에 나가 역사와 지리, 그리고 국어 교육을 받으며 배움에 대한 갈망을 해소하기도 했다. 3년 후 기술학교를 졸업하고 그는 자그레브로 이주해 기계수리 공장에 취직했다. 식민지 조국의 현실과

---

2) 『Current Biography』(1955).
3) 『Current Biography』(1955).

비참한 노동자의 현실을 체험하면서 그는 금속노동조합에 가입해 노동운동을 시작했다. 티토는 노조 활동에 열정적으로 참여했다. 그는 노조 집회가 있는 곳이면 어디든 달려가 임금 인상과 실업 문제 해결을 외치고 다녔다. 뿐만 아니라 격무에 시달리고 집회에 참석하느라 바쁜 나날을 보내는 가운데서도 그는 하루 일과가 끝나면 노동조합 사무실로 출근해 고전을 게걸스럽게 섭취하며 지적인 능력을 배양했다. 하지만 경영주 측에서 그의 노조 활동을 문제 삼고 나와 결국 공장에서 해고되고 말았다.[4] 일자리를 잃어버린 티토는 견문을 넓혀야겠다는 생각으로 보헤미아와 비엔나를 여행했다.

21살이던 1913년 티토는 합스부르크 왕조 군대에 입대했다. 비록 식민지 주둔군의 군대였지만 그는 이 곳에서 군사기술을 습득하기로 마음먹었다. 미래를 준비하기 위한 것이었다. 그는 군사 기술을 습득하기 용이하다고 여긴 하사관 학교에 들어가 검술을 비롯한 몇몇 기술을 배웠다. 장차 파르티잔(빨치산)을 이끌고 유고슬라비아 민족해방투쟁을 지도할 것을 미리 알고 있었던 것일까? 티토는 연대 내에서 최연소로 하사관으로 진급할 만큼 탁월한 능력을 발휘했다.[5]

군에 입대한 지 1년 후 1차 대전이 발발하자 티토는 전쟁의 소용돌이에 휘말려들었다. 그는 동부전선에 배치돼 러시아군을 상대로 교전을 벌였다. 그 와중에 그는 중상을 입고 러시아군의 포로가 되고 말았다. 후방으로 후송되었으나 상처는 대단히 깊었다. 게다가 폐렴까지 걸려 그의 건강은 급속도로 악화되었다. 다행히도 천운(天運)이 있었는지 그는 기적적으로 살아났다.[6]

---

4) 심찬규, 〈유고슬라비아 대통령-Josip B. Tito 論〉, 『시사영어연구』, 1977년 10월호, 63쪽.
5) 심찬규, 위의 글.

건강을 회복한 후 그는 포로수용소에 억류돼 있던 포로들의 대표로 활동하기 시작했다. 하지만 얼마 지나지 않아 국제 적십자사에서 보내온 구호품을 횡령했다는 누명을 써 수인의 옷을 입어야 했다. 1917년 러시아의 전제정부가 무너지자 티토는 석방되었다. 감방 문을 나선 후 그는 레닌그라드로 진출해 볼셰비키와 인연을 쌓기 시작했다. 그는 이들로부터 블라디미르 일루치 레닌의 저서를 빌려 읽으며 공산주의 사상에 빠져들기 시작했다. 그리고 이 곳에서 1919년 그는 러시아 출신인 펠라그야 벨로우소바와 결혼했다.

1920년 그는 적군(赤軍)에 합류해 러시아 혁명에 참여했다. 러시아 혁명이 성공하자 티토는 이에 크게 고무되었다. 그는 유고슬라비아에서 사회주의 혁명을 일으키기로 마음먹고 1923년 조국인 크로아티아로 돌아갔다. 그가 귀국했을 당시 유고슬라비아는 '세르비아 크로아티아 슬로베니아' 라는 국명(國名)을 문패로 달고 독립한 상태였다. 하지만 말이 '세르비아 크로아티아 슬로베니아' 왕정이었지, 모든 권력은 유고슬라비이 내 최대 민족인 세르비아인에게 귀속되어 있었다. 세르비아 출신으로 '세르비아 크로아티아 슬로베니아' 왕정을 이끌었던 알렉산더[7]는 세르비아 중심주의를 최선두에서 이끌고 있던 인물이었다.

이런 상황에서 티토는 자그레브에 있는 기계 공장에 취업했다. 직장을 얻자 그는 노조 활동을 재개했다. 그리고, 1917년 창당된 유고슬라비아공산당에 가입했다. 공산당 활동은 쉽지 않았다. 1921년 8월 내무장관이었던 드라스코비치의 암살 사건이 발생했었는데, 알렉산더가 암살 사건의 배후로 공산당을 지목해 공산당을 불법화시켰던 것이다. 1920년 실시된 의회 선거에

---

6) 심찬규, 앞의 글.
7) 알렉산더는 1934년 스페인에서 불가리아인에 의해 암살당했다.

서 선전해 원내 3당으로 발돋움하기도 했었던 공산당은, 1923년 티토가 가입했을 당시 지하활동을 통해서 간신히 명맥만 유지하고 있었다.[8]

1927년 티토는 전국금속노조 서기장으로 선출되어 유고슬라비아 내 노동운동을 이끌 만큼 성장했다. 같은 해 그는 자그레브의 공산당 지부 위원이 되었으며 1928년에는 자그레브의 공산당 서기장으로 선출되었다. 같은 해 유고슬라비아에서는 거대한 정치적 사건이 발생했다. 크로아티아 출신으로 수상으로 선출됐던 스테판 라디치가 세르비아인에 의해서 암살당한 것이다. 라디치는 알렉산더의 세르비아 중심주의에 반기를 들고 왕조 개혁을 위해 노력하던 중이었다. 그가 암살당하자 유고슬라비아는 술렁거리기 시작했다. 크로아티아를 중심으로 세르비아 중심주의에 반대하는 시위가 연이어 발생했다.

이에 알렉산더는 1929년 1월 국명을 '유고슬라비아 왕국'으로 개칭하고 강력한 독재 체제를 구축했다. 그리고 그는 세르비아 중심주의에 걸림돌이 될 만한 요소를 제거하기 위해 혈안이 되었다. 그는 연이어 발생했던 시위대의 배후에 공산당과 노조가 있다고 판단했다. 타깃을 설정한 알렉산더는 언론과 출판, 집회와 시위의 자유를 박탈하는 한편 공산당을 말살시키기 위해 '빨갱이 사냥'을 실시했다. 알렉산더의 탄압은 극을 향해 치달았다. 탄압의 강도가 갈수록 높아지자 티토는 신변의 위협을 느껴 이때부터 '티토'라는 가명을 사용하기 시작했다. 그가 티토를 가명으로 선택한 것은 그 이름이 크로아티아에서 가장 흔한 이름이었기 때문이었다.[9] 티토가 흔하디 흔한

---

8) 김달중, 『헝가리·유고슬라비아: 정치·경제·사회문화구조와 정책』(법문사, 1988), 139쪽.
9) 한겨레신문 문화부 편, 〈비동맹주의 깃발 내세운 '유고 민족통합의 아버지'〉, 『20세기의 사람들 하』 (한겨레신문사, 1996), 316쪽.

이름인 만큼 감시의 눈을 쉽게 피할 수 있으리라는 계산이 있었던 것이다.

하지만 당국의 탄압과 검거를 피하지 못하고 결국 1929년 티토는 체포되고 말았다. 그는 공산당을 이끌었던 마체크 등과 함께 종신형을 선고받아 수인의 옷을 입고 레포글라바와 마리보르에서 옥고를 치러야 했다. 5년 후 출감했지만 알렉산더는 그의 거주지를 쿰로베크로 제한하였다. 노동운동을 이끌었던 티토의 발을 묶어두자는 계산이었다. 이에 티토는 비엔나, 파리를 거쳐 모스크바로 탈출했다.

1936년 스페인 내전이 발발하자 티토는 크레믈린의 명을 받아 자그레브에 거주하고 있던 유고슬라비아인을 모집해 스페인 내전에 참전했다. 하지만 티토는 스페인 내전에서 패배의 쓰라림을 맛보아야 했다. 물론 티토가 스페인 내전에서 얻은 것도 있었다. 그는 포연이 자욱한 전쟁터에서 향후 자신과 동고동락할 든든한 동지들을 확보했다. 스페인 내전에서 티토와 같이 활동했던 이들은 훗날 티토가 이끌었던 파르티잔을 구성하는 주요 멤버를 차지했다.[10]

스페인 내전이 끝난 후 1937년 그는 유고슬라비아에 복귀했다. 그 해 그는 유고슬라비아공산당 서기장으로 선출되어 유고슬라비아 왕조의 독재 정치에 대항하는 투쟁을 전면에서 지휘하기 시작했다. 바야흐로 티토의 시대가 열리기 시작한 것이다. 1939년 2차 대전이 발발하고 1941년 유고슬라비아 왕조가 히틀러에게 항복하자 티토는 반나치 투쟁 깃발을 올리고 반파시스트 투쟁을 시작했다. 티토의 투쟁 전략은 구체적으로 나타났다. 티토는 반나치 투쟁을 조직적으로 벌이기 위해 약 20여만 명에 이르는 파르티잔을

---

10) 한겨레신문 문화부 편, 앞의 글, 317쪽.

이끌고 민족해방전략군(National Liberation Front Army)을 창설했다. 그리고 자신은 이 조직의 총사령관으로 취임했다.

다른 한편으로 티토는 반나치 투쟁을 위해 광범위한 투쟁조직인 '인민 전선'을 조직하려 노력했다. 이를 위해 그는 당시 유고슬라비아 지하 투쟁단체의 지도자인 드라자 미하일로비치와 협상을 벌였다. 하지만 협상은 결렬되고 말았다. 유고슬라비아의 미래상을 두고 미하일로비치는 왕정 복구를 티토는 공산주의 정부 수립을 목표로 삼았기 때문이었다.[11]

협상은 실패로 돌아갔지만, 티토가 이끄는 파르티잔 부대는 유고 국민들로부터 열렬한 지지를 받았다. 티토가 내건 민족자결주의가 국민들 가슴속으로 파고들었던 것이다. 이를 바탕으로 티토는 효과적인 전술을 구사할 수 있었다. 그는 농민들의 도움을 받아 유고슬라비아의 지형을 최대한 이용한 게릴라 전술을 구사함으로써 승전보를 올리기 시작했다.[12] 그리고 1942년 11월 티토는 이후 자신의 정치적 기반이 된, 각지에 흩어져 싸우고 있던 파르티잔을 규합해 '유고슬라비아 민족 해방을 위한 반파시스트 위원회' (AVNOJ The Anté-Fascist Council for the National Libernation of Yugoslavia)를 결성했다.

AVNOJ 창설 후 티토는 유고슬라비아의 미래를 조직적으로 준비하기 시작했다. 티토는 AVNOJ에서 유고슬라비아에 자유선거를 통한 정부 수립을 확정하는 한편 유고슬라비아를 연방으로 묶는다는 계획을 세웠다.[13] 그리고 마침내 1943년 11월, 당시 런던에 유고슬라비아왕조의 망명정부가 있었음

---

11) 이정희, 『동유럽사』(대한교과서주식회사, 1995), 399쪽.
12) 김정환, 〈제 3의, 고독한 길 - 요지프 티토〉, 『20세기를 만든 사람들』(푸른숲, 1995), 288쪽.
13) 김성진, 『발칸분쟁사』(우리문학사, 1997), 132쪽.

에도 불구하고, 스스로 유고슬라비아 임시정부 수립을 선포했다. 유고슬라비아 정부가 두 개가 생긴 상황이 발생한 것이다. 이렇게 되자 가장 당황한 것은 연합군이었다. 연합군은 딜레마에 빠질 수밖에 없었다. 결국 연합군 측은 유고에서 히틀러의 발목을 잡으며 힘있는 투쟁을 전개하던 티토를 지원하기로 결정했다. 결정 후 전쟁 수행을 위한 수많은 군수 물자가 티토에게 지원되었고, 결국 이를 바탕으로 티토는 유고슬라비아에서 주도권을 쥘 수 있었다. 2차 대전이 거의 막바지에 이른 1944년 10월 티토는 소련군을 등에 업고 베오그라드를 탈환했다. 유고슬라비아가 해방되자 티토는 런던에 있던 망명 정부와 협상을 벌여 공동으로 내각을 구성했다. 연립 내각은 연합군의 중재로 성립된 것이었다. 하지만 내각의 저울추는 이미 티토에게로 기운 상태였다. 유고 국민들은 히틀러를 몰아낸 일등공신인 티토를 신뢰하고 있었던 것이다. 국민적 지지와 현실적 힘의 우위를 바탕으로 티토는 1945년 3월 수상으로 취임했다. 명실공히 유고슬라비아의 실실적 지도자가 된 것이다.

권력을 장악한 후 티토는 자신의 구상을 실현하기 위해 빠른 발걸음을 내딛었다. 그는 1945년 11월에 제헌의회를 구성할 의원들을 뽑는 선거를 실시했다. 이 결과를 바탕으로 11월 29일에는 왕정을 폐지하고 공산주의를 이념적 모태로 한 유고슬라비아 연방 인민공화국을 선포했다.[14] 그리고 46년 1월 소련식 사회주의 노선을 모방해 만든 유고슬라비아 최초의 헌법을 발표했다. 이 헌법에서 가장 눈여겨볼 대목은 유고슬라비아를 6개의 공화국과 2개의 자치주로 구성한다는 내용이다. 사회주의 종주국인 구소련을 비롯해 동

---

14) 김달중, 『헝가리 · 유고슬라비아: 정치 · 경제 · 사회문화구조와 정책』(법문사, 1988), 155쪽.

구권 국가들이 강력한 중앙집권제를 채택한 데 반해, 티토는 지방분권주의를 채택한 것이다. 도대체 왜 티토는 이처럼 유고슬라비아에 지방분권주의를 도입했던 것일까?

티토는 5개의 민족과 3개의 종교로 얽히고 설킨 유고슬라비아를 효과적으로 통치하는 방법은 민족간 자치권을 최대한 보장하는 것이라 생각했다. 쉽게 말해 지방분권 체제는 유고 연방을 효율적으로 다스리기 위한 통치술이었다. 티토는 유고슬라비아의 기나긴 역사를 통해 형성된 배타적 민족주의를 잘 이해하고 있었다. 특히 티토는 2차 대전 동안 진행된 세르비아와 크로아티아의 피 튀기는 복수극을 체험하면서 민족간 알력의 심각성을 인식하고 있었던 것이다. 티토가 추구했던 지방분권 체제는 개별 민족의 자치권을 보장함으로써 뿌리 깊은 '복수의 악순환'을 끊어버리고자 한 것이었다. 각 민족의 자치권을 보장하는 한편 티토는 2차 대전 당시 세르비아인을 집단학살한 크로아티아인들을 숙청하는 강경 정책을 구사했다. 개별 민족이 배타적 민족주의를 추구할 경우 그 말로가 어떻게 된다는 것을 보여주기 위한 본보기였다.[15]

그렇다면 당근과 채찍을 함께 주었던 티토의 강·온 양면 정책은 어느 정도 성과를 거두었던 것일까? 현상적으로 티토의 정책은 각 민족간에 뿌리 깊게 형성된 배타적 민족주의를 잠재우는 결과를 얻기도 했다. 하지만 그의 사후 발발한 발칸전쟁에서 보이듯, 티토도 '피가 피를 불렀던' 잔혹한 복수극을 완전히 치유하지는 못했다. 다만 티토의 강력한 카리스마에 의해서 그것이 해소된 것처럼 보였을 뿐이었다. 후술하겠지만, 유고 연방을 구성하고

---

15) 유고슬라비아의 민족간 알력과 갈등에 대해서는 김환표, 〈슬로보단 밀로셰비치-권력중독자의 초상(肖像)〉, 강준만 외, 『권력과 리더십 3』(인물과사상사, 1999)를 참고하십시오.

있던 민족간의 갈등은 경제적 문제와 맞물리면서 1960년대 후반부터 심각하게 대두되었다.

유고 연방 공화국을 설립한 초기만 하더라도 티토는 소련의 정책에 적극적으로 지지했다. 헌법을 소련식으로 채택한 것만 보아도 그것은 확인 가능하다. 소련과 마찬가지로 그도 1945년과 46년 연속으로 산업을 국유화시켰고 농업에서는 집단농장제를 도입했다. 하지만 얼마 가지 않아 티토와 크레믈린의 관계는 서먹해지기 시작했다. 소련이 자국 내 문제에 '감 놓아라 배 놓아라' 하며 사사건건 간섭하려 들자 티토가 이를 못마땅해하며 크레믈린에 반기를 들었던 것이다. 티토는 자국 문제에 소련이 개입하는 것을 극도로 싫어했다. 유고슬라비아 연방을 자신의 힘으로 독립시켰다는 자부심을 가지고 있었던 티토에게, 스탈린의 간섭은 받아들일 수 없는 것이었다.[16] 결국 1948년 유고슬라비아에 주둔하고 있던 소련 군사·민간 고문단은 소련으로 철수할 수밖에 없었다. 그리고 이를 기점으로 티토와 스탈린의 관계는 회복할 수 없는 수준에 이르렀다. 티토의 탈소련 노선은 소련과 동구권 국가는 물론이고 서방 자본주의 국가에도 큰 충격을 준 일대 사건이었다.

티토가 반기를 들자 스탈린은 대노했다. 그는 "티토 따위는 새끼손가락 하나만 움직여도 날아간다"고 장담하며 1948년 유고슬라비아를 코민포름[17]에서 축출했다.[18] 뒤이어 스탈린은 유고에 대한 경제 원조를 중단해 티토를

---

16) 이병선, 〈티토가 무덤서 운다〉, 『문화일보』, 1999년 4월 11일, 9면.
17) 코민포름(the Communist Information Bureau)은 1947년 9월 소련, 헝가리, 폴란드, 불가리아, 체코, 동독, 루마니아 등 동구 사회주의 국가를 주축으로 만들어졌다. 코민포름의 주요 목적은 각국 공산당간에 정보를 교환하고 협의하는 것이었다. 코민포름은 만들어진 지 10년 만인 1956년 해체되었다.
18) 요미우리 신문사 엮음, 이종주 역, 〈발칸의 비극 1〉, 『20세기의 드라마 3』(새로운 사람들, 1996), 101쪽에서 재인용.

고립시키기 시작했다. 경제 원조 중단은 유고슬라비아에 심대한 타격을 입혔다. 그 동안 티토는 소련의 원조를 밑거름 삼아 경제를 재건하고 있었기 때문이다. 스탈린은 경제 봉쇄 정책을 취하는 한편 루마니아, 헝가리, 불가리아 군대를 동원해 군사적 위협까지 가했다. 하지만 결과적으로 스탈린은 티토를 너무 우습게 보고 만 꼴이 되고 말았다. 티토의 든든한 지원군은 바로 유고 연방 국민이었다. 2차 대전 당시 형성된 티토에 대한 믿음을 바탕으로 유고슬라비아 국민들은 자주노선을 천명한 티토의 정책에 쌍수 들고 환영하고 나섰던 것이다. 이를 바탕으로 스탈린의 고립 정책에 대항해 티토는 유연한 전술을 구사했다. 그는 스탈린이 자신에게 보냈던 협박 편지를 대외에 공개하는 한편 누구도 예상하지 못했던 서방 세계와 관계 개선을 추진했다.[19]

먼저 티토는 군사적으로 서방 세계와 손을 잡았다. 그리고 그 동안 그리스에 존재하고 있던 공산주의자들에게 지원해주던 원조를 중단해 버렸다. 이어서 그는 그리스 정부, 터키 정부와 관계 정상화에 나섰다. 나토의 회원국이었던 이들과 관계 개선을 통해 티토는 나토의 보호막 안으로 들어갈 수 있었고, 이를 바탕으로 스탈린의 군사적 위협을 피할 수 있었다.[20]

소련과 갈라선 후, 경제적인 측면에서 티토는 유럽과 미국에서 차관을 들여왔다. 경제 사정이 갈수록 악화되자, 이를 타개하기 위한 수단이었다. 앞서 본 것과 같이, 티토도 애초 소련처럼 집단농장제를 도입하고 산업 시설을 국유화했지만, 유고 연방의 생산력은 증대되지 않았다. 오히려 집단농장

---

19) 한겨레신문 문화부 편, 〈비동맹주의 깃발 내세운 '유고 민족통합의 아버지'〉, 『20세기 사람들 상』(한겨레신문사, 1996), 318쪽.
20) 이정희, 『동유럽사』(대한교과서주식회사, 1996), 486~487쪽.

제에 대한 농민들의 반발은 심해가고 있었고, 농업 생산력은 갈수록 떨어졌다. 유고 경제가 침몰하고 있었던 것이다. 서방 세계의 원조를 통해 난파 직전에서 경제가 회복되기 시작하자 티토는 소련의 사회주의 노선이 잘못된 것이라며 마르크스주의를 새롭게 해석했다. 마르크스주의를 유고슬라비아 상황에 맞게 재해석하면서 새로운 사회주의 노선을 천명한 것이다.[21] 바야흐로 세간에 티토식 사회주의로 알려진 '티토이즘'의 시작이었다.

1950년 6월 티토는 '노동자자주관리제도'를 발표했다. 그는 이것을 통해 노동자들이 기업의 주인이 되어 직접 기업을 관리하고 운영할 수 있도록 했다. 그리고 53년 헌법을 개정해 그 동안 실시해왔던 '노동자자주관리제도'를 공식적으로 인정했고 집단농장제를 완화했다. 뒤이어 63년 4월 티토는 헌법을 개정해 국명을 연방 인민공화국에서 사회주의 연방 공화국으로 바꾸고 '노동자자치제도'와 '주민자치제도'를 규정해 탈집중화를 가속화했다.[22] 이런 일련의 조치로 노동자들이 국영 기업의 경영에 참여할 수 있을 정도로 그들의 위상은 높아졌다. 뿐만 아니라 티토는 소규모의 사기업을 인정해 경제 활동에서 이윤을 남기는 것을 허가했다. 여기에 노동자들이 파업할 수 있는 권리를 인정했으며 국민들의 해외여행도 자유화시켰다. 외국인의 유고슬라비아 출입국도 자유화되었다.[23]

탈집중화를 통한 지방분권체제 강화와 '티토이즘'을 통해 경제 재건에 힘쓰면서, 티토는 1950년대 중반부터 대외적으로 자신의 위상을 드높이기 시작했다. 스탈린이 실각하자 티토는 크레믈린과 관계 복원에 나섰다. 물론

---

21) 김달중, 『헝가리・유고슬라비아: 정치・경제・사회문화구조와 정책』(법문사, 1988), 163쪽.
22) 이정희, 앞의 책, 488쪽.
23) 김달중, 위의 책, 165쪽.

티토가 먼저 손을 내민 것은 아니었다. 스탈린 몰락 후 정권을 장악한 흐루시초프는 55년 유고를 방문해 티토에게 과거에 스탈린이 했던 부당한 간섭을 사과했고 티토가 이를 받아들였던 것이다.

소련과 관계 회복 후 티토는 1956년 비동맹주의를 결성했다. 그는 이집트의 가말 압둘 낫세르[24]와 인도의 네루 등과 함께 주도해서 만든 비동맹주의 확대를 꾀했다. 그는 아시아, 아프리카, 남아메리카 등을 돌아다니며 비동맹노선의 광범위한 지지를 획득했다. 이를 바탕으로 티토는 61년 9월에는 베오그라드에서 29개국의 정상이 참여한 가운데 제1회 비동맹회의를 개최했다. 그리고 60년대 중반까지 티토는 비동맹주의를 이끌며 국제적 위상을 높여갔다.

티토의 카리스마로 인해 수면 아래 침잠해 있던 유고 연방 내 개별 민족간의 민족감정은 1960년대 후반부터 다시 대두되기 시작했다. 민족주의 문제가 불거진 직접적인 원인은 경제적 불균형이었다. 각 민족간의 경제적 불균형은 역사적으로 기인한 것이었다. 역사적으로 서유럽과 빈번하게 교류했던 크로아티아와 슬로베니아는 서유럽 못지 않게 경제적 발전을 이룩했지만 발칸반도 남쪽에 위치한 세르비아는 경제적 후진성에서 벗어나지 못했다. 민족간 경제적 불균형이 심화되자 티토는 이를 해소하기 위해 각 공화국에 일정한 분담금을 연방 정부에 납부토록 했다. 하지만 아이러니하게도 문제는 여기에서 발생하고 말았다.

도대체 무엇이 문제였을까? 티토는 개별 공화국이 보내온 분담금의 대부분을 크로아티아나 슬로베니아에 비해 경제적 후진성을 면치 못하고 있던

---

24) 낫세르에 대해서는 신영은, 〈나세르·사다트·무바라크: 이집트의 세 마리 용〉, 강준만·김환표, 『권력과 리더십 4』(인물과사상사, 1999)를 참고하십시오.

유고 내 최대 민족이었던 세르비아 공화국을 지원하는 데 사용했다. 그러자 세르비아에 비해 연방이 정한 분담금을 충실하게 납부해 연방 정부를 튼실하게 만들었다고 생각한 크로아티아와 슬로베니아 등이 강하게 반발하고 나섰다.[25] 세르비아에 대한 집중 원조는 세르비아인이 연방 정부의 고위직을 장악한 것에서 비롯되었다. 결국 연방 정부에 거부감을 갖고 있던 크로아티아가 1971년 더 이상 세르비아의 들러리가 될 수 없다며 연방에서 이탈해 완전 독립국가를 건설하겠다고 주장하고 나섰다. 이에 티토는 무력을 동원해 크로아티아 시위대를 진압했고, 나아가 시위대를 이끌었던 크로아티아 지도부를 숙청했다.[26]

민족간의 갈등과 알력이 자신의 노력에도 불구하고 악화일로를 치닫자 1970년 티토는 민족주의를 억제하기 위해 연방간부회의를 만들어 집단대통령제를 도입했다. 티토는 자신을 포함해 6개 공화국의 대통령과 2개 자치주 대표 등이 돌아가면서 연방간부회의 의장을 1년씩 맡도록 했는데, 이것은 자신의 사후 발생할지도 모를 배타적 민족주의를 억제하기 위한 방파제로 구상한 것이었다. 그리고 티토는 71년 5선 연임에 성공했으며 종신 대통령이 되었다.

크로아티아 독립 요구를 묵살한 티토는 다른 한편으로 지방분권화를 더욱 더 강화하기로 결심했다. 그의 계획은 1974년 개정된 헌법에서 구체적으로 드러났다. 그는 이 헌법에서 지방분권주의를 더욱 강화해 유고 연방을 이전보다 느슨한 국가 연합 형태로 만들었다. 중앙 정부의 힘을 최대한 축소시킨 것이었다. 이것은 곧 연방 정부의 노른자위를 차지하고 있던 세르비아의

---

25) 이종훈, 〈보스니아-헤르체고비나 내전의 원인과 향후 전망〉, 『입법조사연구』, 1997년 10월호.
26) 요미우리 신문사, 이종주 역, 『20세기의 드라마 3』(새로운 사람들, 1996), 103쪽.

세력 약화를 의미하는 것이자, 반대로 세르비아를 제외한 공화국의 자율성은 더욱 높아지는 것을 의미했다. 뿐만 아니라 티토는 세르비아 내 2개의 자치주인 코소보와 보이보디나에도 공화국 수준에 맞먹는 자치권을 부여했다.[27] 그러니까 74년 헌법 개정으로 인해 가장 큰 손해를 본 민족은 세르비아였다. 결국 티토에 대한 세르비아의 반감은 갈수록 높아만 갔고, 세르비아인의 가슴속에는 과거의 찬란했던 '세르비아 중심주의'에 대한 향수가 자리잡았다. 그리고 이런 '세르비아 중심주의'를 등에 업은 슬로보단 밀로셰비치의 등장으로 발칸은, 티토가 죽은 지 얼마 지나지 않아 피로 물들기 시작했다.

티토는 말년을 호화스럽게 보냈다. 그는 수많은 미녀들과 사교춤을 추며 값비싼 시거를 피워댔으며 적지 않은 별장을 소유했다. 유고 연방 국민들은 독립투쟁의 영웅이자 건국의 아버지인 티토가 브리오니 근처의 작은 섬을 마음대로 사용하는 것을 문제삼지 않았다. 그는 이 곳에 자신만의 왕국을 건설하고 외국의 정상들을 초청하며 환담을 나누는 등 사치스럽게 생활했다.[28] 그렇다고 해서 티토의 말년이 행복했던 것만은 아니다. 그는 말년에 암투병을 하면서 한쪽 다리를 절단해야만 했다. 호사스럽게 살았으면서도 그의 말년은 우울했던 것이다. 어쩌면 병마와의 외로운 싸움에서 견뎌내기 위해 티토가 향락적인 생활에 더 집착했는지도 모를 일이다. 그리고 1980년 5월 4일 티토는 향년 87세를 일기로 사망했다. 그가 사망했을 때 유고 국영 방송인 탄유그는 "티토 동지가 서거함으로써 유고슬라비아의 대심장이 멎었

---

27) 김성진, 『발칸분쟁사』(우리문학사, 1997), 160~161쪽.
28) 노로돔 시아누크·버나드 크리셔, 한영탁 역, 〈티토〉, 『카리스마와 리더십』(디자인하우스, 1990), 101~103쪽.

다고"고 발표했다.[29]

 티토의 결혼 생활은 순탄치 않았다. 그는 1920년대 말 첫 부인인 펠라이아 벨로우스노바를 잃었고, 1939년 베르타 하스와 재혼했으나 1947년 이혼했다. 그리고 1952년 세르비아인으로 2차 대전 당시 레지스탕스로 활동했던, 32살이나 차이가 나는 요방카 부디사블제비치와 결혼했다. 티토는 첫 번째 부인에게서 자르코와 두 번째 부인에게서 미스코 등 아들 둘을 두었다.

김환표

---

29) 김달중, 『헝가리·유고슬라비아: 정치·경제·사회문화구조와 정책』(법문사, 1988), 224쪽에서 재인용.

버지니아 울프
Woolf, Virginia

버지니아 울프는 20세기 영국 문학에 도두보이는 작가 중 한 사람이다. 만약 지난 세기에 누군가가 그 '이름의 크기'대로 영국 문인들의 명단을 작성했다면, 그는 분명 맨 앞자리를 차지했을 것이다. W. H. 오든은 자신의 책, 『이전과 이후』에서 버지니아 울프를 이렇게 평가했다.

그녀가 미래의 소설 발전에 영향을 미치게 될 것인지는 알 수 없다. 나는 오히려 그녀의 문체와 상상력이 너무 독특해서 그녀의 영향이라는 것이 그저 그녀를 흉내내는 데 그치지 않을까 생각한다. 그러나 아무리 침울한 시대일지라도 또 아무리 그녀와 문예 학풍이 다른 작가에게도, 그녀는 하나의 표본이 될 것이다. 예술에의 헌신, 근면한 생활태도, 자신에 대한 엄격함, 그리고 무엇보다 인생의 극적 순간뿐 아니라 단조로운 일상적인 순간까지도 뜨겁게 사랑한 그녀는 영감을 불러일으키는 고무자인 동시에 공정하게 비평하는 엄격한 심판자의 표본으로 남을 것이다.[1]

한국 땅에서 영국의 문인(文人), 버지니아 울프의 영혼은 시인 박인환의, 한 잔의 술과 같은 알싸한 글월의 고랑 사이에 뉘여져 있다. 이 한 편의 시에서 버지니아 울프의 생애는 쓸쓸하게 흔들리고 있다.

한잔의 술을 마시고
우리는 버지니아 울프의 생애와
목마를 타고 떠난 숙녀의 옷자락을 이야기한다.
목마는 주인을 버리고 그저 방울소리만 울리며
가을 속으로 떠났다.
……

모든 것이 떠나든 죽든,
그저 가슴에 남은 희미한 의식을 붙잡고
우리는 버지니아 울프의 서러운 이야기를 들어야 한다.
……

-박인환의 『목마와 숙녀』 중-

시인과 달리, 한국의 평자(評者)들이 버지니아 울프를 이야기하는 데 있

---

1) 데보라 G. 펠더, 송정희譯, 『랭킹 100, 세계사를 바꾼 여성들』(에디터, 1998), 154쪽.

어 흔히 사용하는 것은 모더니즘과 페미니즘, 이 두 가지 개념이다. 사실 1980~1990년대 이전만 해도 한국에서 버지니아 울프는 제임스 조이스와 어깨를 견주는 모더니스트 작가로 관심을 받아왔다. 그러다가 80년대 후반 들어 일기 시작한 페미니즘에 대한 논의로 인해 그의 페미니스트적 면모가 거론되기 시작했다.[2]

특히 『자기만의 방』은 페미니즘의 고전으로 주목받게 된다. "여성들이 픽션을 쓰기 위해서는 1년에 500파운드의 돈과 자기만의 방이 필요하다"는 문장은 페미니스트들이 심심찮게 쓰는 경구(警句)가 됐다.[3]

사실 버지니아 울프는 학창시절, 내 연모(戀慕)의 대상이었다. 내가 반한 것은 그의 글이나, 그 글이 담고 있는 사상이 아니라, 그의 외모였다. 『등대』라는 책 앞머리에 실린 그의 사진을 보고 무턱대고 생긴 감정이었다. 좀 더 정확히 말하자면, 내가 반한 것은 그의 눈빛이었다. 마치 서늘한 지하수가 흐르는 것 같았던 그의 눈빛은 사춘기 소년을 단박에 매료시켰다. 세계문학사라는 대하(大河)를 형성하는, 도도한 물줄기인 그를 이성(異性)의 대상으로 생각했었다니 자못 어깨가 으쓱해지기도 하고, 한편으로는 어처구니가 없기도 하다.

어쨌거나 19세기와 20세기의 교차로에서 헤매었던 그의 신산스러웠던 생애는 이런 감정과 더불어 연민을 자아냈다. 60년을 살아가는 동안, 그는 늘 19세기와 20세기, 빅토리아 시대와 에드워드 시대, 봉건과 근대라는 두 시대에 속한 이질적인 가치관들이 서로 어깨를 부딪히는 갈림길에서 고민하며 서성였다. 이 시기는 이전까지만 하더라도 '인간'으로 여겨지지 못하던 여

---

[2] 태혜숙, 『버지니아 울프-여성/모더니티/글쓰기』(전국대학교출판부, 1996), 26쪽.
[3] 오완진, 〈'양성평등' 역설한 페미니즘의 고전〉, 『출판저널』, 2000년 2월 20일, 63면.

성이 남성과 같이 '천부의 권리'를 획득한 때이기도 했다.[4] 이런 변화와 그로 인한 혼란의 한가운데서 울프는 자신의 정체성을 제약하는 여러 사회적 상식과 부대끼며 살았다. 메마른 문장으로 울프의 60 평생을 재단하는 연보(年譜)에서조차 그의 삶이 고단했음이 전해진다. 자살로 마감한 생의 갈피마다 새파란 멍 같은 슬픔과 아픔이 묻어난다.

이제 시퍼런 강물 위로, 스스로 60년이라는 짧지 않은 자신의 생(生)을 흘려 보낸 "버지니아 울프의 서러운 이야기"를 들어보자.

울프는 영국이 선발 자본주의 국가로서 전 세계에 식민지를 확장해 나가던 빅토리아 시대 말기인 1882년, 런던에 있던 레슬리 스티븐(Leslie Stephen)가(家)에서 태어났다. 그의 부모는 양쪽 모두 두 번째 결혼이었고, 울프는 레슬리 스티븐과 줄리아가 재혼하여 낳은 2남 2녀 중 셋째였다.

울프의 아버지 레슬리 스티븐은 총 65권에 달하는 방대한 『대영전기사전』(Dictionary of National Biography)의 책임 편집장이자, 문예비평가, 전기 작가로 유명한 지식인이었다. 그는 완고하고 약간은 신경질적인 빅토리아 시대의 전형적인 가장이었다.

이에 반해, 염결하고 곰바지런한 성정(性情)의 그의 어머니 줄리아(Julia)는 가족과 이웃에게 헌신적으로 봉사하는 자애로운 사람이었다. 그녀는 남편과 아이들에게 봉사하는 것이 '여성'이라고 생각했던 사람으로, 부르주아 규범을 충실히 따랐다.

어린 울프는 아버지 레슬리 스티븐이 갖고 있던 어마어마한 서재에서 자랐다. 울프에게 그 곳은 학교이자 놀이터였다. 아버지는 정규 교육을 받지

---

4) 진중권, 〈인간의 길은 멀고 험했다〉, 『한겨레21』, 1999년 12월 30일, 98면.

않은 울프를, 도서관을 방불케하는 자신의 서재에서 교육시켰다. 그는 울프에게 글의 행간에 숨어 있는 의미를 파악하는 것과 세련된 글을 감상하는 법을 가르쳤다. 울프는 아버지를 통해 글과 그것이 담고 있는 사상에 한없이 매료됐다. 워즈워드의 날씬한 시어들은 이런 울프의 미끄럼틀이었고, 테니슨의 날쌘 언어들은 어린 소녀의 그네였다. 보르헤스[5]가 묘사한 '바벨의 도서관'처럼, 결코 부식하지 않는 고귀한 책들로 무장한 아버지의 서재는 울프의 영혼을 무한하고 신비한 세계로 이끌었다.[6]

하지만 울프의 소녀 시절은 불행으로 점철된 시기였다.

그는 7살 때부터 의붓오빠인 제럴드 덕워스(Gerald Duckworth)로부터 지속적으로 성추행을 당했다. 이런 위해(危害)는 선천적으로 예민한 기질을 갖고 있던 어린 울프의 마음에 사나운 생채기를 냈다. 이로 인한 성(性)에 대한 수치와 혐오감은 묵은 상처로 흉물스럽게 남아 훗날까지 끈질기게 울프를 괴롭혔다. 하지만 이러한 일은 이후에 계속되는 불행의 살벌한 예징(例徵)에 불과했다.

울프가 13살 되던 1895년에 울프의 어머니 줄리아는 갑작스레 세상을 떠난다. 계속되는 과로(過勞)가 켜켜이 쌓여 애꿎은 생명을 지워버린 것이다. 흔히 꽃다운 시절이라고 하는 울프의 사춘기(思春期)는 이렇듯 죽음의 음영(陰影) 아래 서서히 시들어가기 시작했다. 울프는 이로 인해 사람들 앞에 나서기를 병적으로 꺼려하게 되었으며, 사람들을 무서워할 정도였다.

더군다나 어머니를 잃은 지 채 2년 되지 않은 1897년에 어머니 역할을 대신하던 이복언니 스텔라(Stella)가 죽자 울프는 극심한 정신쇠약에 걸려 정

---

5) 보스헤스에 대해서는 〈호르헤 루이스 보르헤스〉, 『시사인물사전 1』을 참고하십시오.
6) 호르헤 루이스 보르헤스, 황병하 譯, 〈바벨의 도서관〉, 『픽션들』(민음사, 1994), 143쪽.

신과 치료를 받기까지 했다. 울프뿐만 아니라 아버지 스티븐 역시 가족과 잇따른 사별(死別)로 인해 심한 감정적 동요를 겪었고, 성격 또한 감때사나 워졌다. 울프는 1904년에 스티븐이 암으로 죽을 때까지 병간호는 물론 아버지의 괴팍스러운 행동까지 받아주어야 했다. 울프는 후일 당시의 생활을 이렇게 말했다.

> 그것은 마치 야수와 함께 우리 안에 갇혀 있는 것과 같았다.[7]

그의 꽃다운 청춘은 이렇듯 처참하다 못해 황폐했다.
이런 상처와 결핍은 울프가 글을 쓰는 데 도화선이 되었다. 아니, 평균적이지 못한 성장의 이력(履歷)이 되려 작가적 재능이 되었다는 말이 정확할 것이다. 우리가 알고 있는 것과 달리, 예술적 재능이라는 것은 종종 '지나친 결핍'에서 길러지는 경우가 많다. 일본의 소설가 나루아마 겐지는 이에 대해 다음과 같이 말했다.

> 일반적으로 '그 사람은 재능을 갖고 있다'는 표현을 흔히 쓴다. 그러나 나는 갖고 있다는 표현이 이상하기만 하다. 예컨대 평균적인 인간-이 말 또한 이상하지만-이 가령 열 가지 조건을 갖고 있다고 가정할 때, 재능 있는 인간은 열 하나나 열 두 가지를 갖고 있다고 생각하는 것은 착각이다. 예술적인 재능에 관하여 문제 삼을 경우에는 여덟이나 아홉밖에 갖고 있지 않다고 보는 것이 오히려 앞뒤가 맞다. 다시 말해 평균적인 인간보

---

7) 데보라 G. 펠더, 송정희譯, 『랭킹 100, 세계사를 바꾼 여성들』(에디터, 1998), 156쪽에서 재인용.

다 조건이 한 두 가지 정도 결여되어 있는 것이다. 결함이 있는 인간이란 뜻이다.[8]

 울프가 아버지의 병상(病床)에 붙어 지내는 동안, 빅토리아 여왕의 서거(逝去)와 함께 20세기를 맞이한 영국에서는 많은 변화가 일어났다. 빅토리아 여왕의 죽음은 그 시대의 풍습의 조락(凋落)을 의미했다. 새로운 사교계가 왕태자 웨일즈공 에드워드를 중심으로 형성되어 가고 있었다. 이 곳은 빅토리아 풍조와는 대조적이었고, 풍속과 화제가 보다 자유스러웠으며 왕족보다는 신흥재벌, 미국인, 유태인에게 더 개방적이었다. 시민계급도 빅토리아 시대에 대해 집착을 가지고 있지 않았다. 위풍당당하게 너푼거리던 부르주아 윤리는 새로운 계급 분화와 더불어 서서히 찢겨 나갔다.[9]

 1904년, 울프는 아버지로부터 받은 상당한 유산을 가지고 이전의 음침한 저택을 벗어나 언니 바네사와 함께 블룸스베리(Bloomsbury)에 있는 환하고 밝은 아파트로 이사를 가게 된다. 그것은 을씨년스러웠던 지난 시절과의 결별을 의미했다.

 울프의 아파트엔 친오빠인 토비 스티븐을 비롯한 클라이브 벨(Clive Bell)과 리톤 스트래치(Lytton Srachy) 등, 당대 청년 지성인들이 자유롭게 드나들며 하나의 모임을 형성하게 되었는데 그것이 저 유명한 블룸스베리 그룹이다. 하지만 이 그룹이 울프의 사상에 적잖은 영향을 줬다는 세간의 평은 그다지 신빙성 있어 보이지 않는다. 왜냐하면 이들 멤버 대부분이, 무거운 지적 용량에도 불구하고 단지 여성이라는 이유로 울프의 입학을 허락하지

---

8) 마루야마 겐지, 김난주 譯, 『소설가의 각오』(문학동네, 1999), 247쪽.
9) 앙드레 모로아, 신용석 譯, 『영국사』(기린원, 1997), 311쪽.

않았던 케임브리지대학 출신이었기 때문이다. 울프는 훗날 케임브리지대학에서 강연 요청을 해왔을 때 단호하게 거절할 정도로 이 대학을 싫어했다.[10]

울프는 정규교육을 받은 케임브리지 출신의 오빠 친구들에 비하면 변죽에 불과했다. 그들은 명문 사학(私學) 출신이라는 것을 훈장처럼 여겼고, 울프는 이들의 자신감에 주눅들기 일쑤였다. 그리고 그들 대부분은 선배나 동창 문인, 편집장들과의 인맥 덕분에 작가로서 안정된 수입이 보장되었지만 울프는 그렇지 못했다.

그는 무려 10년 동안 자유기고가로 여러 잡지를 기웃거리며 글을 써야 했다. 어떤 제도 교육도 받지 않았던 울프는 이 시기에 혼자 여러 형식의 글을 읽고 쓰면서 글쓰기의 기본을 배워 나갔으며 전기와 자서전, 단편소설을 습작하였다. 자유기고가라는 직업이 지금도 그렇지만, 울프는 잡지사의 편집 방침에 굴복해야 하는 자신의 힘없는 처지를 수통(羞痛)스럽게 여겼다.

오히려 블룸즈베리 그룹보다는 버지니아가 따로 사귀있던 여러 여자친구들이 울프의 정체성 형성에 도움을 주었다. 그녀의 희랍어 교사 자넷 케이스, 『댈러웨이 부인』의 주인공인 샐리 시튼의 모델인 바이얼렛 디킨스와의 우정과 그리고 『올랜도』의 모델이었던 빅토리아 색크빌-웨스트와의 사랑은 울프에겐 삽상한 바람과도 같은 것이었다. 그에게 여성과의 우정이 매우 중요했다는 것은 『나만의 방』에서 여성간의 우정을 논하는 5장에 잘 나타나고, 그의 일기와 서신에서도 그 사실이 충분히 검증된다.[11]

1907년 같이 살던 언니 바네사가 결혼하자 울프는 외로움과 쓸쓸함에 어쩔줄 몰라했다. 아이를 낳고 살며 행복해하는 언니의 결혼 생활은 울프에게

---
10) 김삼웅, 『역사를 움직인 위선자들』(사람과 사람, 1996), 48쪽.
11) 한국 영미문학 페미니즘학회, 『페미니즘 어제와 오늘』(민음사, 2000), 37쪽.

부러움과 함께 소외감을 느끼게 했다. 울프는 이러한 여러 감정들이 서로 옷자락을 스치며 일으키는 불안함이라는 불꽃을 누그러뜨리고자 가보지 않은 데가 없을 정도로 미친 듯이 유럽을 돌아다녔다.

울프는 언니가 결혼한 후 1912년까지 조악한 현실은 아무 것도 보장해주지 않고 미래는 불길한 징후로 가득 찬, 쉬지근한 젊은 시절을 견뎌내고 있었다. 이 기간에 울프는 별 볼일 없는 글들을 쓰고 있는 자신에 대한 한심함, 불안정한 재정형편, 좋지 않은 건강상태, 사이가 나빠진 언니와의 관계 등에서 상당한 중압감을 느끼고 있었다. 울프가 보통 여성의 인간다운 삶에서 물질적 조건(1년에 500파운드)이 갖는 중요성을 예리하게 지적할 수 있었던 것도 이 시절의 경험 때문이 아닌가 싶다.

1912년, 1차 세계대전이 일어난 그 해는 울프의 생애 60년을 전·후반으로 뚜렷이 갈라놓고 있다. 30살이 되던 이 해에 울프는 문예평론가 레너드 울프로부터 청혼받았고 곧 결혼했다. 이미 심한 정신질환에 시달리던 울프는 이 결혼으로 남편과 간호부를 함께 얻은 셈이 됐다. 레너드는 울프의 생리주기와 몸무게를 일일이 기록했고 교제와 집필활동까지 적절하게 조정했다.[12]

하지만 두 사람의 부부 생활은 원만치 못했다. 그도 그럴 것이 유년시절에 의붓오빠로부터 당한 성추행으로 인해 울프는 성행위에 대해 극단적인 거부감을 가지고 있었기 때문이다. 신혼여행 중에 친구에게 보낸 편지에서 "사람들은 왜 그렇게 결혼과 섹스에 대해 야단법석을 떠는 것일까?"라고 되물을 정도였다.[13]

---

12) 조선희, 〈'의식의 흐름'과 페미니즘으로 세계문학사에 한 획 그어〉, 『한겨레신문』, 1994년 7월 7일, 9면.

처녀작 출간을 앞두고 앙당그러진 울프는 결혼 생활이 주는 압력에 짓눌리다 못해 심한 신경증 증세를 보이다가 자살을 기도하기까지 했다. 여러 우여곡절 끝에 울프는 1915년, 33살이 되던 해에 드디어 처녀작 『출항(The Voyage)』을 상재한다. 레너드 또한 비슷한 시기에 자전적 소설을 간행하였고 정치평론가로서, 또 잡지 편집인으로서 활동하면서 결혼 생활도 그럭저럭 자리를 잡아갔다.

1917년에는 파적삼아 인쇄기를 사다가 거실에 놓고 자신의 소품(小品)들을 직접 인쇄하기 시작했다. 울프의 유명한 단편 『벽 위의 표시(The Mark on the Wall)』라는 작품도 이렇게 해서 세상에 나왔다. 울프는 이러한 소규모 출판 작업을 여가 삼아 즐겼다. 이를 계기로 울프는 글쓰기의 과중한 스트레스에서 조금이나마 벗어날 수 있었다.

그러나 무엇보다 그가 이제는 누구의 눈치도 보지 않고 자신의 글을 발표할 수 있게 됐다는 것이 중요했다. 사기 소유의 출판사를 가짐으로써 울프는 당대 자기가 쓰고 싶은 대로 마음껏 쓰는 유일한 여성이 된 것이다. 이 출판사가 바로 현재 영국에서도 흘립(屹立)한 명망을 자랑하는 호가스사(The Hogath Press)의 전신(前身)이다.

울프에게 작가로서 전성기는 40대에 왔다. 울프는 1922년에 『야곱의 방(Jacob's Room)』, 1925년에 『댈러웨이 부인(Mrs. Dalloway)』을 발표하면서 문단에 비상한 주목을 끌기 시작했다.

특히, 『댈러웨이 부인』이라는 작품은 전통적인 19세기 사실주의 소설과는 그 갈래가 확연히 다른 것이었다. 울프는 일찍이 습작 시절부터 인물, 플롯,

---

13) 김삼웅, 『역사를 움직인 위선자들』(사람과 사람, 1996), 50쪽.

스토리 중심의 꽉 짜인 사실주의 소설이 삶의 진실한 흐름을 왜곡하고, 지나치게 작위적이라고 여기고 있었다. 그래서 그녀는 일상적인 삶의 밑둥치를 스쳐 지나가는 기이한 삶의 양상, 찰라적인 인상들을 섬세한 감각으로 붙들려고 노력했다. 이러한 문학관이 그 모습을 드러낸 작품이 『댈러웨이 부인』이다. 이 작품에서 울프는 어떤 한 사람만의 의식에 머물지 않고 다른 사람의 의식으로 건너다니면서 중층적인 의식의 결을 보여준다. 울프는 이 작품에서 의식의 다층적인 묘사를 비롯하여, 시간층의 복잡성과 외부적 사건의 비연속성, 관점의 이동기법 등을 사용하여 어떤 임의적인 순간에 포착되는 질서를 찾으려했다. 이러한 작품의 경향은 이후 울프의 소설에서 반복, 확장된다. 파티에 참석한 영국 지도층의 퇴폐적인 남녀들의 군상(群像)을 통해 삶을 들여다 본 『댈러웨이 부인』은 반세기 훨씬 넘어, 1998년 말린 고리스 감독에 의해 영화화되기 이른다.[14]

울프는 이후 숨 돌릴 겨를도 없이 1927년에 『등대로(To the Lighthouse)』, 1928년에 『올란도(Orlando)』, 1929년에 『자기만의 방(A Room of One's Own)』, 1931년에는 『파도(The Waves)』를 발표하며 작가로서 확고한 위치를 다지게 된다. 이 중 페미니즘의 고전으로 평가받는 『자기만의 방』은 울프의 비평가적인 면을 주목하고 있는 현재 학계에서도 계속해서 주목하고 있는 작품이다. 솔직히 이미 상찬(賞讚)이 포실하게 쌓여 있는 이런 작품을 두고 감상자가 취할 수 있는 태도란 두 가지밖에 없다. 기존의 평가에 선뜻 동의하거나 아니면 시큰둥해하거나 할 수밖에 없는데, 말하자면 다른 해석의 여지가 처음부터 봉쇄돼버린다. 이런 걸 생각해볼 때, 『자신만의 방』에

---

14) Jack Kroll, 〈'언어의 예술'로 승화시킨 수작〉, 『뉴스위크』(한국어판), 1998년 3월 11일, 72면.

대한 소설가 장정일[15]의 다음과 같은 언급은 한번 들어봄직 하다.

이 책을 읽지 않은 사람도 버지니아 울프의 "여성이 픽션을 쓰기 위해서는 돈과 자기만의 방이 있어야 한다"는 말은 알고 있을 것이다. 예술과 창작이 물질적 조건을 토대로 한다는 제1장 서두 부분의 그 유물론적인 명제는 별로 낯설은 것이 아니지만, 버지니아 울프는 사회주의적인 그 명제를 여성주의에 접맥시킨다. 그녀가 선구적이라면 바로 이 점에서일 터인데, 즉 문학사에 나오는 문호들이 모두 남자라는 것은 여자의 두뇌가 열등해서가 아니라 그들에게 글을 쓸 수 있는 물질적 조건이 갖추어지지 않았기 때문이라는 것이다. …… 그런데 그게 다가 아니다. 정작 중요한 것은 다음의 구절들이다: "그러므로 내가 여러분에게 돈을 벌고 자기만의 방을 가지라고 권할 때 나는 여러분이 리얼리티에 직면하여 활기가 넘치는 삶을 영위하라고 조언하는 겁니다. 여러분이 그런 삶을 전달해 줄 수 있건 그렇지 않건 말입니다." 아아, 얼마나 오래 마음속으로 되뇌여 온 말인가? 이 말은? 돈이 있어야 '리얼리티'를 산다![16]

어쨌거나 울프는 이 일련의 작품들로 당대 영국 문단에서 가장 주목받던 제임스 조이스, 서머싯 몸, 로렌스, 포스터와 어깨를 견주며 국제적으로도 그 이름이 알려지게 된다. 뿐만 아니라 이와 더불어 경제적으로도 안정되었다.

웅숭 깊은 슬픔과 좌절을 이렇듯 정련된 예술로 형상화하는 데 빅토리아

---
15) 장정일에 대해서는 『시사인물사전 5』를 참고하십시오.
16) 장정일, 『장정일의 독서일기②』(미학사, 1995), 97~99쪽.

색빌-웨스트라는 여성과의 '사랑'이 연료로 쓰였다는 사실은 꽤 흥미롭다. 한국 사회의 관습과 타성 탓인지 평자들은 이 둘 사이를 한사코 '우정'이라는 안전지대(?)에 묶어두려고 하지만, 그 조붓한 울타리로 이 둘의 감정을 묶어두기엔 너무 턱없다. 루이스 드살보(Louise DeSalvo)가 편집한 『버지니아 울프에게 보낸 비타 색빌-웨스트의 편지(The Letters of Vita Sacville-West to Virginia Woolf)』는 이 둘의 사랑을 가늠케 하는 중요한 증거다.[17]

1935년 그 열정이 소진될 때까지 둘의 사랑은 각자의 인생에서 가장 생산적인 시기를 일궈냈다. 두 사람 다 그토록 많이, 그토록 잘 쓴 적은 일찍이 없었다. 그들은 서로를 염두에 두고 글을 썼고, 서로는 더없이 훌륭한 조언자였다. 빅토리아는 울프에게서 문체와 형식의 중요성을 배웠고, 울프는 빅토리아로 인해 문장의 쾌활함과 폭넓은 독자들을 위한 글의 대중성에 대해 생각하게 됐다.

울프의 생애 후반부인 20세기 들어, 유럽에 휘몰아친 사상적, 정치적 격랑은 그의 작품에 그 무늬가 그대로 섭새겨져 있다.

20세기 초 유럽의 한 정신사적 현상은 '개인의 발견'이었다. 근대정신의 한 귀결점이었던 제1차 세계대전의 잔학성과 집단 광기는 인간과 역사의 진보에 대한 믿음을 산산이 부수기에 충분한 것이었다. 한바탕의 전쟁은 사회적, 역사적 인격에 대해 확신에 찬 온갖 문구와 담론을 머쓱하게 만들어버렸다. 이러한 상황에서 새롭게 움튼 것이 생물학적이고 심리학적인 '개인'이다. 프로이트나 프루스트 이후, 의식이란 모호하게만 느껴지는 무의식의 작용 아래 놓여졌다.[18] 이러한 사회적 분위기는 울프가 '개인으로서 나'를

---

17) 루이스 드살보, 〈동성애의 불꽃〉, 휘트니 체드윅·이자벨 드 쿠티브론 외, 최순희 譯, 『위대한 예술가 커플의 10가지 이야기』(푸른숲, 1997), 154~179쪽.

발견하는 계기가 됐다. 그가 1930년대까지 남성중심 사회와 문단에 대해 비판적이면서도 작품에서는 개인으로서 남성과 여성의 공존을 추구했던 것은 이 같은 이유 때문이었다.

하지만 1930년대 들어 유럽 전체에 파시즘의 깃발이 여기저기 세워지기 시작하고, 그와 더불어 전란(戰亂)을 예고하는 사위스러운 징후들이 도처에서 나타나자 울프는 기존의 생각을 수정한다. 그는 전쟁을 근대 남성중심 사회의 더러운 알력다툼으로 연결시키면서 남성에 대한 비판과 분노의 강도를 높이기 시작했다. 1935년을 기점으로 영국에서 평화주의와 파시즘, 전쟁 등에 대한 이슈가 서로들 얼굴을 붉히며 다투고 있을 때, 울프는 반전론자로서 논쟁에 참여하기도 하였다.

『3기니(Three Guineas)』는 반전주의자로서 자신의 견해를 가장 적절하게 피력한 작품이다. 이 책은 1936년에 스페인 내란 발발과 함께 참전론을 주장하는 조카 줄리안을 비롯한 젊은 세대들에게 자신의 입장을 설명할 목적으로 쓴 것이다. 하지만 이 책이 다 쓰이기도 전에 조카 줄리안은 스페인에서 전사하고 만다. 이때 즈음하여 평화주의적 입장을 견지하던 레너드를 비롯한 지식인 거의 전부가 참전론으로 돌아섰다.

『3기니』는 이런 시대적 처마 아래서 쓰여진 것이다. 울프는 이 책에서 파시즘과 강대국의 제국주의 근원을 가부장제에서 찾고 있다. 그는 가부장제가 없어지지 않고는 어떠한 전쟁도 소용이 없다고 역설한다. 이 책은 당연히 여러 남성 독자들의 신경적인 반발과 비난을 샀고, 이런 이유로 이 책은 정당한 비평 한번 제대로 받지 못하고 사장되어야 했다. 이 작품은 1960년

---

18) 조선희, 〈'의식의 흐름'과 페미니즘으로 세계문학사에 한 획 그어〉, 『한겨레신문』, 1994년 7월 7일, 9면.

대에 이르러서야 빛을 보게 된다.

1940년이래 런던의 자기 집이 폭격을 받자 울프는 극심한 공포에 시달렸다. 그는 폭격을 받아 사지가 찢기는 꿈을 꾸는 등, 심한 스트레스에 몇 날 밤을 덧들린 채 보내야 했을 정도였다. 정신적 피로는 울프의 고질적인 신경증과 우울증이 흐르는 전선(電線)을 건드렸다. 이러한 감정의 누전(漏電)은 그의 창작활동을 감전(感電)시켰다. 간신히 마무리한 『막간(Between the Acts)』마저도 퇴고를 보지 못한 채 밀쳐둬야 할 정도였다. 말년에 울프는 이렇듯 절망감에 허우적댔다.

1941년 3월 28일의 영국, 아직은 쌀쌀한 봄기운이 넓고 깊게 우즈강 위를 어슬렁거리고 있던 이른 아침, 울프는 60년이라는 한 웅큼의 생(生)을 강물에 흘러보냈다. 물기를 한껏 머금은 그의 코트 주머니에는 크고 작은 돌맹이가 가득 들어 있었다. 그의 주머니에 잔뜩 들어 있던 돌맹이들은 그의 생애의 무게가 아니었을까? 그렇다고 그의 죽음을 회피 정도로 생각하면 곤란하다. 의붓오빠의 추행과 잇따른 죽음으로 인한 가족 해체로 큰 슬픔을 등에 지고 살면서도 그는 단 한번도 그 짐을 내려놓지 않았다. 오히려 그는 이토록 커다란 고통과 좌절을 첨예한 지성과 감성으로 정제(精製)했다.

어쩌면 그에겐 주머니 속에 들어 있던 돌처럼 삶은 산처럼 무거웠던 데에 비해, 죽음은 찰랑이는 물결처럼 가벼운 것이었는지도 모르겠다.

그녀의 남편 레너드는 아내의 시신을 화장한 뒤 정원 근처의 느릅나무 밑에 바스라진 울프의 육신을 묻었다. 그리고 묘비명은 다음과 같은, 소설이라기보다는 시에 가까운 울프의 작품 『파도』의 마지막 구절이 대신했다.

너에 대항해
굽히지 않고, 단호히
나 자신을 내던지리라
죽음이여![19]   고 훈 우

---

19) 김삼웅, 『역사를 움직인 위선자들』(사람과 사람, 1996), 48쪽.

제리 양
Yang, Jerry

'**인**터넷이란 말조차도 낡은 느낌이 듭니다.' 하루가 다르게 발전하는 인터넷 산업의 현실을 반영한 인터넷 통신 업체 유니텔의 광고 카피이다. 불과 5~6년 전까지만 해도 낯설게만 들리던 '인터넷'이었다. 하지만 지금은 일반 가정에서부터 학교, 회사, 각종 단체 및 정부 기관까지 인터넷을 이용하지 않는 곳이 없으며, 그 사용자층도 어린아이에서 일반 주부나 기업체의 고위 간부들에 이르기까지 매우 다양하다.

네티즌들이 즐겨 찾는 인터넷 세상 즉, 그들에게 가장 인기 있는 검색 엔진 가운데 하나가 바로 '야후!(Yahoo!)'이다. 매일 1천만 명의 네티즌들이 방문한다는 '야후'는 한국에서도 '야후! 코리아(Yahoo! Korea)'란 이름으로 널리 활용되고 있다. 야후는 전 세계 21개국에 지사를 둔 '인터넷 세계의 강자'로서, 현재 30대 초반인 중국계 미국인 제리 양이 창립했다.

제리 양은 『타임』지가 선정한 '디지털 세상을 이끌 인물 50명' 가운데 16위로 선정되기도 했는데, 이는 그와 '야후'의 영향력이 어느 정도인지 짐작할 수 있게 한다.[1] 2000년 2월, 한국에서도 그의 엄청난 파워를 직접 확인할 수 있는 계기가 마련되었다. 그는 한국을 방문해 야후코리아에 6천만 달러(약 6백90억 원)를 투자하겠다고 밝혔고, 삼성전자와 전략적 제휴를 맺었다. 이로써 삼성전자는 미국, 일본, 영국, 프랑스, 독일, 브라질, 멕시코, 스웨덴 등 전 세계 각국에 지사를 둔 야후 등을 업고, 글로벌 인터넷 네트워크를 통한 제품 판매에 들어갈 수 있게 되었다.

제리 양은 "한국의 인터넷 시장이 세계적으로도 유례없이 빠르게 성장하고 있는 점에 비춰봤을 때, 더 큰 성장을 위한 결단을 내려야 할 중요한 단계에 이른 것으로 본다"며 야후코리아에 대한 투자 이유를 말했다.[2] 또한 앞으로 야후와 삼성전자와의 관계에 대해서는 "인터넷 쇼핑몰을 통한 제품 판매 외에 해외광고, 공동 마케팅, 인터넷 서비스 등 다방면에서 상호 협력할 계획"이라는 야후 관계자의 발표도 있었다.[3]

제리 양은 1968년 대만 타이베이에서 태어났다. 그가 두 살 때 아버지가 사망하여, 그는 남동생 켄과 함께 홀어머니 밑에서 자랐다. 열 살 되던 해, 그는 남동생과 함께 어머니를 따라 대만을 떠나 미국 캘리포니아 산호세로 이민을 간 중국계 미국인이다.

제리 양과의 인터뷰 기사나 그 자신이 직접 쓴 회고문을 살펴보면, 그는 어린 시절 게으르고 집중력 없는 아이였다. 하지만 그는 누구보다도 명석한

---

1) 윤길주, 〈손정의 vs 제리양, 인터넷 제국 황제는 누가 될까〉, 『뉴스메이커』, 2000년 3월 23일, 40면.
2) 정혁준, 〈야후 6천만 달러 투자〉, 『한겨레』, 2000년 3월 1일, 6면.
3) 〈야후-삼성전자 손잡는다〉, 『중앙일보』, 2000년 2월 23일, 33면.

두뇌를 갖춘 사람으로 차츰 성장했다. 미국 스탠퍼드(Stanford)대학 전자공학과에 입학하여, 4년 만에 학사 및 석사과정을 모두 마친 그의 이력이 이를 뒷받침해준다.[4]

1990년 대학을 졸업한 후, 다른 사람들처럼 그도 처음엔 취직을 하려고 준비했다. 하지만 남들보다 일찍 학업을 마친 그는 21살에 불과한 자신이 사회 생활에 곧바로 뛰어드는 것이 너무 이르다고 생각해 자신의 행로를 바꾸기로 결심했다. 그래서 그가 선택한 것은 스탠퍼드대학 박사과정이었다.

박사 학위 취득을 6개월 가량 남겼을 때까지만 해도, 제리 양은 평범한 학생이었을 뿐이었다. 그런 평범한 생활 속에서 그가 특별한 일을 시작하게 된 것은 같은 박사과정을 밟던 새로운 친구를 만나, 그와 함께 인터넷에 푹 빠지면서부터였다. 훗날 야후의 공동창업자가 된 데이비드 파일로(David Filo)가 바로 그다.[5]

1993년 두 사람은 1년간 일본에 교환조교로 함께 다녀오면서 더욱 친해졌다. 그리고 94년, 제리 양과 파일로는 당시 대학과 연구소를 중심으로 활성화되던 인터넷에 완전히 매료되었다. 두 사람은 자신들이 방문했던 인터넷 사이트를 서로 주고받으며, 그 주소를 모아 목록으로 만들어갔다. 목록이 많아지면 그것을 다시 하위 항목으로 나누었고, 이런 작업을 계속해서 되풀이했다. 이렇게 해서 만들어진 것이 야후의 기본 틀 '제리의 월드 와이드 웹 가이드(Jerry's Guide to the World Wide Web)'이다.

제리 양은 이 목록을 바탕으로 네티즌들에게 인터넷의 사이트를 찾아주는

---

4) 손영옥, 〈나는 젊다 … 더 빨리 예측·변신해야 살아남는다〉, 『국민일보』, 2000년 3월 1일, 17면.
5) 데이비드 파일로는 1966년 위스콘신에서 태어났고, 88년 툴레인(Tulane)대학 컴퓨터공학과를 졸업했다. 대학을 졸업하고 몇 년 후, 그는 스탠퍼드대학 전자공학 박사과정에 입학, 제리 양과 친구가 되었다. 『Current Biography』(1997).

서비스를 시작했다. 제리 양과 파일로는 영국 작가 스위프트의 걸리버 여행기에 등장하는 난쟁이의 이름 '야후'로 사이트 이름을 정했다. 그들이 인터넷 서비스를 시작한 지 얼마 지나지 않아, 야후는 폭발적인 인기를 얻었다. 덕분에 학교 네트워크를 이용하여 사이트를 운영하던 제리 양과 파일로는 집에도 못 가고, 대학 내 트레일러를 임시 숙소로 삼아 생활해야 했다. 급기야 대학으로부터 서버용량 초과라는 이유로 두 사람의 야후는 매몰차게 쫓겨나는 상황까지 벌어졌다.

처음엔 재미 삼아 시작했던 일이 이처럼 많은 인기를 끌자, 제리 양은 이를 본격적인 사업 형태로 만들 것을 구상했다. 그는 박사과정을 포기하고, 친구의 도움을 받아 사업계획서를 만들어 벤처캐피털업체와 마이크로소프트 등 정보통신업체를 찾아다니며 투자해주기를 요청했다. 결국 제리 양과 파일로는 세쿼이아 캐피털(Sequoia Capital)의 마이클 모리츠(Michael Moritz)로부터 4백만 달러의 투자금을 지원받아, 1995년 4월 본격적으로 창업을 했다.[6] 이때, 제리 양의 나이 불과 26세였다.

제리 양은 야후를 창립하면서 사장 자리에 오르진 않았다. 파일로 역시 마찬가지였다. 모토롤라 등에서 경력을 쌓았던 티모시 쿠글(Timothy Koogle)을 사장으로 영입하여, 그에게 경영권을 넘겨줬다. 대신 제리 양과 파일로는 '추장'이란 뜻을 지닌 '치프(chief) 야후'라는 직함을 사용하면서 신규 프로젝트에만 주력했다. 이는 경영과 기술을 분리시킨 그들만의 사업 수완이었다.

1995년 11월, 제리 양은 2차 사업기금 모집을 시작했다. 이에 소프트뱅

---

6) 이채린, 〈인터넷 속도로 움직이면 성공한다〉, 『뉴스메이커』, 2000년 3월 16일, 42쪽.

크 손정의[7] 회장은 4천만 달러를 투자, 야후의 지분 5%를 사들였다. 이후 소프트뱅크는 야후와 전략적 제휴를 맺었고, 야후의 지분 31%를 갖는 최대 주주가 되었다.

사실 손정의와 제리 양은 앞으로 인터넷 제국을 지배할 대표적인 인물로 손꼽히는 라이벌 관계에 있다. 물론 두 사람의 사업 방향이 다소 차이가 있어, 사업 영역 확대로 인한 다툼은 아직까지 없었다. 하지만 두 사람의 최종 목표가 인터넷 사업의 최고 권력자가 되는 것임은 누구나 다 아는 사실이기에, 손정의와 제리 양의 활동은 계속해서 많은 사람들의 관심 대상이 되고 있다.

제리 양이 회사를 설립한 지 1년이 채 지나지 않은 1996년 3월 7일, 야후는 미국 나스닥에 상장되었다. 처음 등록된 야후의 주가는 주당 13달러였지만 마감 주가액은 33달러로, 상장 하루 만에 8억3천만 달러짜리 회사로 변신했다. 계속해서 주가 상승세를 탔던 미국 야후의 주가는 99년엔 191달러를 기록했다. 야후는 계속해서 그 규모와 세력을 확장시켜, 세계적인 기업으로 자리잡아 갔다.[8]

야후는 1997년부터 전자 상거래에 뛰어들기 시작했고, 같은 해 7월 세계에서는 일곱 번째로 '야후 코리아'를 출범시켰다. 자본금 9억 원으로 설립된 야후코리아의 지분은 현재 야후 본사(60%), 야후재팬(5%), 소프트뱅크코리아(25%), 소프트뱅크재팬(10%) 등이 보유하고 있다. 98년 제리 양은 미디어(Media), 커머스(Commerce), 커뮤니케이션(Communication)을 통합

---

7) 손정의에 대해서는 강준만, 〈손정의: 드라마보다 더 드라마틱한 성공〉, 강준만 외 지음, 『권력과 리더십 3』(인물과사상사, 1999)을 참고하십시오.
8) 김종윤, 〈야후코리아 코스닥등록 추진〉, 『중앙일보』, 1999년 4월 16일, 26면.

한 서비스를 제공한다는 전략 아래 12월 인터넷 마케팅 전문회사 '요요다인(Yoyodyne)'을 인수했다. 이어 99년 1월엔 세계 최대의 홈페이지 제작 업체인 '지오 시티스(Geo Cities)', 4월엔 인터넷 방송국 '브로드캐스트닷컴(Broadcast.com)'을 인수하여 사업을 확장했다.

제리 양은 자신의 모국인 중국 인터넷 시장에도 손을 뻗쳤다. 1999년 9월 24일 중국 내 인터넷 회사 '베이징 파운더 일렉트로닉스'와 합작하여 중국 시장에 진출하기로 한 것이다. 이는 중국 인터넷 시장에 외국 자본 참여를 금지한다고 발표했던 중국 정부의 입장과 대립되는 일이라서 많은 사람들을 놀라게 했다. 그가 이와 같은 성과를 거둘 수 있었던 것은 일단 그가 중국인이라는 점이 유리하게 작용했을 것이라고 본다. 또한 중국 시장을 노리고 있던 야후의 경쟁상대 AOL(America Online), 인텔(Intel)과는 달리, 그는 중국 내 인터넷 회사와의 합작이라는 전략으로 중국 정부의 제약을 피해갈 수 있었다고 한다.[9]

제리 양은 야후를 세계적인 인터넷 미디어 업체로 성장시킨다는 구상에 따라 이처럼 많은 기업들을 인수하고 역량을 키워나갔다. 야후를 미디어, 커뮤니케이션, 온라인 등 3대 분야를 포괄하는 초대형 미디어 업체로 만든다는 그의 꿈을 위해서 말이다. 이를 위한 야후의 전반적인 전략에 대해 제리 양은 다음과 같이 말했다.

> 인터넷 시간으로 움직이라는 말이 있습니다. 기업이 빠른 속도로 변화해야 하며 소비자를 위해 항상 움직여야 한다는 말이죠. 기술을 받아들여

---

9) 이채린, 〈인터넷 속도로 움직이면 성공한다〉, 『뉴스메이커』, 2000년 3월 16일, 43면.

먼저 변화하고 남보다 한 발 앞서 뛰어드는 것이 중요합니다.[10]

야후를 통한 제리 양의 인터넷 사업은 일부 네티즌과 단체들에 의해 반발을 사기도 했다. 2000년 2월 19일 국제적인 한 인종차별반대단체가 야후의 인터넷 사이트에 대한 보이콧을 촉구하겠다는 발표를 한 것이다. 인터넷을 통해 나치 숭배물품의 판매를 허용했던 야후에 대한 인종주의·반유대주의 배척 국제연맹(LICRA)이 항의하며, 야후의 사이트에 대한 보이콧을 촉구했다.[11] 또한 3월에는 지금까지 완전 무료로 제공되던 야후의 서비스를 일부 유료화 하는 방안을 추진해보겠다고 발표해 인터넷 업계에 파장을 불러일으키기도 했다.

그럼에도 제리 양과 야후의 성장은 계속되었고, 현재 야후의 시가총액은 약 1백조 원에 달한다. 이토록 야후가 좋은 성과를 거둘 수 있었던 것은 신선한 이미지의 '야후!'라는 브랜드 네임과, 이를 홍보하는 광고 문구 '두 유 야후!?(Do You Yahoo!?)'였다. 광고 문구를 만든 에드워즈는 야후를 함축적으로 강렬하게 표현했다는 평가를 받았고, 1996년 광고 전문 주간신문인 『애드버타이징 에이지(Advertising Age)』가 선정하는 '한 해의 가장 뛰어난 마케팅 전문가 100인'에 선정되기도 했다.[12]

'억만장자의 사나이' 제리 양은 한국의 벤처기업 재벌들과는 달리 맨발에 티셔츠와 청바지를 즐겨 입는, 지극히 평범하고 자유분방한 사나이다. 이는 틀에 박힌 형식을 탈피하고, 무한한 상상력을 통해 새로운 일을 쫓는 그의

---

10) 이채린, 〈인터넷 속도로 움직이면 성공한다〉, 『뉴스메이커』, 2000년 3월 16일, 43면.
11) 〈인종차별반대단체, '야후' 불매운동〉, 『전북일보』, 2000년 2월 21일, 5면.
12) 로버트 리드, 〈정보의 바다에서 바늘 찾기〉, 김연우·김은정 역, 『인터넷을 움직이는 사람들』(김영사, 1998), 160쪽.

성격과 아주 잘 어울린다. '자유로운 창조 정신'을 발휘하는 '밀레니엄의 리더' 제리 양, 그리고 그의 '야후!'가 이미 급속도로 진행되고 있는 디지털 세계를 어떻게 이끌어 갈 것인지 그 활약상을 기대해 본다. **임 수 진**

찾아보기

『시사인물사전』은 발행권수가 누적될 때마다 제1권부터 다룬 모든 인물에 대한 색인을 달도록 하겠습니다. 한국인은 가나다순으로 배열했으며 일본인과 중국인은 한국어 발음에 따라 역시 가나다순으로 정리했습니다. 그 밖의 영문명 외국인들은 알파벳순에 따라 〈영문명 표기 1〉로 달았습니다. 특히 외국인들의 영문명 철자를 모르더라도 한국어 발음만 알면 쉽게 찾을 수 있도록 〈영문명 표기 2〉에 그들의 이름을 가나다순으로 재배열하였습니다.

〈총 262명〉

강봉균	제2권	김봉남)	제1권	백남준	제6권
강우석	제4권	김용숙	제2권	백지연	제5권
강제규	제1권	김운용	제5권	백태웅	제4권
고은광순	제2권	김정길	제4권	법 정	제7권
고종석	제1권	김정란	제2권	변영주	제1권
구로사와 아키라(黑澤明)		김중권	제6권	서갑숙	제3권
	제4권	김지룡	제3권	서경원	제2권
구성애	제1권	김진홍	제2권	서, 대니(대니 서)	제4권
권영길	제3권	김창완	제5권	서세원	제7권
권희로	제1권	김태동	제2권	서 승	제2권
기타노 다케시(北野武)		김태홍	제3권	선동렬	제3권
	제4권	김혜수	제1권	손광운	제2권
김강자	제5권	노무현	제6권	손석희	제4권
김광웅	제4권	단병호	제2권	송강호	제5권
김남주	제6권	마광수	제6권	송건호	제1권
김덕수	제4권	문명자	제3권	송지나	제2권
김, 로버트(로버트 김)		문부식	제3권	시오노 나나미(塩野七生)	
	제1권	박광수	제5권		제2권
김미현	제1권	박완서	제2권	신경림	제7권
김민기	제5권	박원순	제2권	신구범	제7권
김민석	제6권	박종화	제3권	신중현	제3권
김수철	제7권	박지만	제7권	신창원	제1권
김수현	제7권	박진영	제5권	심혜진	제4권
김, 앙드레(앙드레 김,		박찬석	제1권	안성기	제6권

안철수	제4권	조세희	제5권	Burton, Tim	제7권
양희은	제6권	조용필	제3권	Bush, George W.	제1권
오부치 게이조(小淵惠三)		주룽지(朱鎔基)	제2권	Camdessus, Michel	제2권
	제1권	주윤발(周潤發)	제4권	Campbell, Naomi	제5권
오웅진	제7권	진중권	제2권	Carey, Mariah	제3권
오한숙희	제7권	차범근	제4권	Carreras, Jose	제4권
왕자웨이(王家衛)	제7권	채시라	제5권	Carter, Jimmy	제2권
유미리	제5권	최명희	제2권	Case, Steve	제7권
유시춘	제3권	최영미	제6권	Cher	제5권
윤대녕	제4권	한광옥	제4권	Clinton, Hillary Rodham	
윤이상	제2권	한비야	제6권		제4권
은희경	제7권	한석규	제1권	Cobain, Kurt	제5권
이경자	제3권	허수경	제2권	Cosby, Bill	제7권
이미경	제1권	홍세화	제2권	Covey, Stephen R.	제5권
이미자	제1권	황석영	제3권	Cox, Christopher	제2권
이봉주	제6권	황신혜	제6권	Dicaprio, Leonardo	제5권
이석연	제2권	황지우	제6권	Dion, Celine	제5권
이승엽	제5권	후진타오(胡錦濤)	제6권	Dole, Elizabeth Hanford	
이영순	제4권				제1권
이와이 슈운지(岩井俊二)				Dole, Robert J.(Dole, Bob)	
	제3권	**영문명 표기 1**			제1권
이윤택	제5권			Dorfman, Ariel	제5권
이익치	제1권	Abbas, Madmoud	제3권	Drucker, Peter F.	제5권
이재정	제2권	Adulyadej, Bhumibol	제3권	Drudge, Matt	제6권
이정현	제5권	Albright, Madeleine Korbel		Eco, Umberto	제1권
이찬진	제4권		제4권	Fiorina, Carly	제7권
이창동	제4권	Ali, Muhammed	제3권	Flynt, Larry	제3권
이창복	제1권	Allen, Woody	제3권	Fonda, Jane	제3권
이창호	제3권	Almodovar, Pedro	제7권	Forbes, Steve	제1권
이태영	제3권	Amin, Id	제7권	Foster, Jodie	제4권
이헌재	제2권	Arendt, Hannah	제2권	Foucault, Michel	제6권
이홍렬	제7권	Assad, Hafez Al-	제4권	Freire, Paulo	제5권
이희호	제1권	Aung San Suu Kyi	제2권	Friedan, Betty	제6권
임권택	제6권	Bardot, Brigitte	제1권	Friedman, Milton	제6권
장정일	제5권	Barshefsky, Charlene	제7권	Galbraith, John Kenneth	
장준하	제7권	Barthes, Roland	제5권		제5권
장쩌민(江澤民)	제1권	Baudrillard, Jean	제2권	Garbo, Greta	제6권
전도연	제4권	Beatty, Warren	제1권	Gerstner, Louis	제4권
전성철	제1권	Beauvoir, Simone de	제6권	Giddens, Anthony	제4권
전옥경	제6권	Bellow, Saul	제5권	Gingrich, Newt	제2권
전윤철	제3권	Borges, Jorge Luis	제1권	Giuliani, Rudolph	제4권
전태일	제3권	Bradley, Bill	제1권	Goffman, Erving	제7권
정명훈	제5권	Buchanan, Patrick J.	제1권	Gore, Albert, Jr.	제1권
정몽준	제3권	Buffett, Warren	제2권	Grass, Günter	제1권

Greenspan, Alan	제3권		제6권	(Naomi Campbell)	제5권
Haider, Jörg	제5권	Pitt, Brad	제5권	누르 알 후세인	
Hayek, Friedrich A. von		Popper, Karl Raimund	제6권	(Nur el Hussein)	제3권
	제6권	Presley, Elvis Aron	제4권	뉴트 깅리치	
Hefner, Hugh	제2권	Putin, Vladimir	제5권	(Newt Gingrich)	제2권
Hemingway, Ernest	제1권	Reeve, Christopher	제4권	니콜라스 네그로폰테	
Hepburn, Audrey	제7권	Reich, Robert B.	제2권	(Nicholas Negroponte)	제6권
Hitchcock, Alfred	제6권	Reston, James	제7권	다니엘 아랍 모이	
Hobsbawm, Eric J.	제7권	Roberts, Julia	제6권	(Daniel Arap Moi)	제6권
Howard, John	제3권	Rubin, Robert	제3권	도날드 트럼프	
Hussein, Nur el	제3권	Rushdie, Salman	제3권	(Donald Trump)	제1권
Iglesias, Enrique	제5권	Said, Edward W.	제5권	라인홀드 니버	
Jobs, Steve	제4권	Samaranch, Juan Antonio		(Reinhold Niebuhr)	제3권
John Paul ll, Pope	제2권		제3권	래리 킹(Larry King)	제5권
Johnson, Paul	제1권	Sassoon, Vidal	제3권	래리 플린트	
Jordan, Michael	제3권	Schiller, Herbert I.	제7권	(Larry Flynt)	제3권
Kabila, Laurent	제5권	Schulz, Charles Monroe		레스터 서로	
Karajan, Herbert von	제6권		제4권	(Lester C. Thurow)	제2권
King, Larry	제5권	Stone, Sharon	제4권	레오나르도 디카프리오	
King, Stephen	제6권	Sukarnoputri, Megawati		(Leonardo Dicaprio)	제5권
Kubrick, Stanley	제2권		제1권	로랑 카빌라	
Kundera, Milan	제2권	Thatcher, Margaret	제5권	(Laurent Kabila)	제5권
Lacan, Jacques	제7권	Thomas, Helen	제4권	로버트 돌	
Laden, Osama Bin	제5권	Thurow, Lester C.	제2권	(밥 돌, Robert J. Dole)	제1권
Le Pen, Jean - Marie	제3권	Tito, Josip Broz	제7권	로버트 라이시	
Lee, Pamela Anderson	제1권	Toffler, Alvin	제2권	(Robert B. Reich)	제2권
Lennon, John	제4권	Torvalds, Linus	제3권	로버트 루빈	
Lévi - Strauss, Claude	제3권	Trump, Donald	제1권	(Robert Rubin)	제3권
Lopez, Jennifer	제4권	Turabi, Hassan Al-	제3권	로버트 무가베	
Martin, Ricky	제4권	Turner, Ted	제2권	(Robert Mugabe)	제4권
McCain, John S.	제1권	Wallerstein, Immanuel	제6권	롤랑 바르트	
Menem, Carlos Saul	제1권	Winfrey, Oprah Gail	제2권	(Roland Barthes)	제5권
Miller, Arthur	제2권	Woods, Tiger	제3권	루돌프 줄리아니	
Millette, Kate	제6권	Woolf, Virginia	제7권	(Rudolph Giuliani)	제4권
Moi, Daniel Arap	제6권	Yang, Jerry	제7권	루이스 거스너	
Monroe, Marilyn	제3권			(Louis Gerstner)	제4권
Mugabe, Robert	제4권			리누스 토발즈	
Nabokov, Vladimir	제4권	**영문명 표기 2**		(Linus Torvalds)	제3권
Negroponte, Nicholas	제6권			리키 마틴	
Niebuhr, Reinhold	제3권	귄터 그라스(Günter Grass)		(Ricky Martin)	제4권
Obasanjo, Olusegun	제3권		제1권	마거릿 대처	
Pele	제2권	그레타 가르보		(Margaret Thatcher)	제5권
Picasso, Pablo	제5권	(Greta Garbo)	제6권	마릴린 먼로	
Pinochet Ugarte, Augusto		나오미 캠벨		(Marilyn Monroe)	제3권

한글 (영문)	권	한글 (영문)	권	한글 (영문)	권
마무드 압바스 (Madmoud Abbas)	제3권	샤론 스톤(Sharon Stone)	제4권	어빙 고프만 (Erving Goffman)	제7권
마이클 조던 (Michael Jordan)	제3권	샬린 바셰프스키 (Charlene Barshefsky)	제7권	에드워드 사이드 (Edward W. Said)	제5권
매들린 올브라이트 (Madeleine Korbel Albright)	제4권	셀린 디온(Celine Dion)	제5권	에릭 홉스봄 (Eric J. Hobsbawm)	제7권
매트 드러지 (Matt Drudge)	제6권	셰어(Cher)	제5권	엔리케 이글레시아스 (Enrique Iglesias)	제5권
머라이어 캐리 (Mariah Carey)	제3권	솔 벨로우(Saul Bellow)	제5권	엘리자베스 돌 (Elizabeth Hanford Dole)	제1권
메가와티 수카르노푸트리 (Megawati Sukarnoputri)	제1권	스탠리 큐브릭 (Stanley Kubrick)	제2권	엘비스 프레슬리 (Elvis Aron Presley)	제4권
무하마드 알리 (Muhammed Ali)	제3권	스티브 잡스(Steve Jobs)	제4권	오드리 헵번 (Audrey Hepburn)	제7권
미셸 캉드쉬 (Michel Camdessus)	제2권	스티브 케이스 (Steve Case)	제7권	오사마 빈 라덴 (Osama Bin Laden)	제5권
미셸 푸코 (Michel Foucault)	제6권	스티브 포브스 (Steve Forbes)	제1권	오프라 윈프리 (Oprah Gail Winfrey)	제2권
밀란 쿤데라 (Milan Kundera)	제2권	스티븐 코비 (Stephen R. Covey)	제5권	올로세군 오바산조 (Olusegun Obasanjo)	제3권
밀턴 프리드먼 (Milton Friedman)	제6권	스티븐 킹(Stephen King)	제6권	외르크 하이더(Jörg Haider)	제5권
버지니아 울프 (Virginia Woolf)	제7권	시몬 드 보부아르 (Simone de Beauvoir)	제6권	요지프 브로즈 티토 (Josip Broz Tito)	제7권
베티 프리단 (Betty Friedan)	제6권	이리엘 도르프만 (Ariel Dorfman)	제5권	요한 바오로 2세 (Pope John Paul II)	제2권
브래드 피트(Brad Pitt)	제5권	아서 밀러(Arthur Miller)	제2권	우디 앨런(Woody Allen)	제3권
브리지트 바르도 (Brigitte Bardot)	제1권	아우구스토 피노체트 (Augusto Pinochet Ugarte)	제2권	움베르토 에코 (Umberto Eco)	제1권
블라디미르 나보코브 (Vladimir Nabokov)	제4권	아웅산 수지 (Aung San Suu Kyi)	제2권	워런 비티(Warren Beatty)	제1권
블라디미르 푸틴 (Vladimir Putin)	제5권	앤서니 기든스 (Anthony Giddens)	제4권	워렌 버핏(Warren Buffett)	제2권
비달 사순(Vidal Sassoon)	제3권	앨 고어(Albert, Jr. Gore)	제1권	이디 아민(Idi Amin)	제7권
빌 브래들리(Bill Bradley)	제1권	앨런 그린스펀 (Alan Greenspan)	제3권	이매뉴얼 월러스틴 (Immanuel Wallerstein)	제6권
빌 코스비(Bill Cosby)	제7권	앨빈 토플러 (Alvin Toffler)	제2권	자크 라캉(Jacques Lacan)	제7권
샐먼 루시디 (Salman Rushdie)	제3권	앨프리드 히치콕 (Alfred Hitchcock)	제6권	장 마리 르 펜 (Jean-Marie Le Pen)	제3권
		어니스트 헤밍웨이 (Ernest Hemingway)	제1권	장 보드리야르 (Jean Baudrillard)	제2권

제니퍼 로페즈
(Jennifer Lopez) 제4권
제리 양(Jerry Yang) 제7권
제인 폰다(Jane Fonda) 제3권
제임스 레스턴
(James Reston) 제7권
조디 포스터(Jodie Foster)
　　　　　　　　　　제4권
조지 부시
(George W. Bush) 제1권
존 레논(John Lennon) 제4권
존 매케인(John S. McCain)
　　　　　　　　　　제1권
존 케네스 갤브레이스
(John Kenneth Galbraith)제5권
존 하워드(John Howard)
　　　　　　　　　　제3권
줄리아 로버츠
(Julia Roberts) 제6권
지미 카터(Jimmy Carter)
　　　　　　　　　　제2권
찰스 슐츠
(Charles Monroe Schulz)제4권
카를로스 메넴
(Carlos Saul Menem) 제1권
칼 포퍼(Karl Raimund Popper)
　　　　　　　　　　제6권
칼리 피오리나
(Carly Fiorina) 제7권
커트 코베인(Kurt Cobain)
　　　　　　　　　　제5권
케이트 밀레트
(Kate Millette) 제6권
크리스토퍼 리브
(Christopher Reeve) 제4권
크리스토퍼 콕스
(Christopher Cox) 제2권
클로드 레비스트로스
(Claude Lévi-Strauss) 제3권
타이거 우즈(Tiger Woods)
　　　　　　　　　　제3권
테드 터너(Ted Turner) 제2권
팀 버튼(Tim Burton) 제7권

파멜라 앤더슨 리
(Pamela Anderson Lee) 제1권
파블로 피카소
(Pablo Picasso) 제5권
파울로 프레이리
(Paulo Freire) 제5권
패트릭 뷰캐넌
(Patrick J. Buchanan) 제1권
페드로 알모도바르
(Pedro Almodovar) 제7권
펠레(Pele) 제2권
폴 존슨(Paul Johnson) 제1권
푸미폰 아둔야데트
(Bhumibol Adulyadej) 제3권
프리드리히 폰 하이에크
(Friedrich A. von Hayek)
　　　　　　　　　　제6권
피터 드러커
(Peter F. Drucker) 제5권
하산 알 투라비
(Hassan Al-Turabi) 제3권
하페즈 알 아사드
(Hafez Al-Assad) 제4권
한나 아렌트
(Hannah Arendt) 제2권
허버트 쉴러
(Herbert I. Schiller) 제7권
헤르베르트 폰 카라얀
(Herbert von Karajan) 제6권
헬렌 토마스
(Helen Thomas) 제4권
호르헤 루이스 보르헤스
(Jorge Luis Borges) 제1권
호세 까레라스
(Jose Carreras) 제4권
후안 안토니오 사마란치
(Juan Antonio Samaranch)
　　　　　　　　　　제3권
휴 헤프너(Hugh Hefner)
　　　　　　　　　　제2권
힐러리 클린턴
(Hillary Rodham Clinton)
　　　　　　　　　　제4권